子
界
庄
的
世

王景琳　徐匋 —
著

中华书局

图书在版编目（CIP）数据

庄子的世界/王景琳,徐匋著. —北京:中华书局,2019.10
(2021.7 重印)
ISBN 978 – 7 – 101 – 13934 – 1

Ⅰ.庄… Ⅱ.①王…②徐… Ⅲ.①道家②《庄子》– 通俗读物
Ⅳ.B223.5 – 49

中国版本图书馆 CIP 数据核字（2019）第 126166 号

书　　名	庄子的世界	
著　　者	王景琳　徐　匋	
责任编辑	傅　可	
出版发行	中华书局	
	（北京市丰台区太平桥西里 38 号　100073）	
	http://www.zhbc.com.cn	
	E – mail:zhbc@ zhbc.com.cn	
印　　刷	北京瑞古冠中印刷厂	
版　　次	2019 年 10 月北京第 1 版	
	2021 年 7 月北京第 4 次印刷	
规　　格	开本/880 × 1230 毫米　1/32	
	印张 18¾　插页 2　字数 400 千字	
印　　数	36001 – 42000 册	
国际书号	ISBN 978 – 7 – 101 – 13934 – 1	
定　　价	68.00 元	

目录

齐物论的世界

养生主的世界

人间世的世界

德充符的世界

大宗师的世界

应帝王的世界

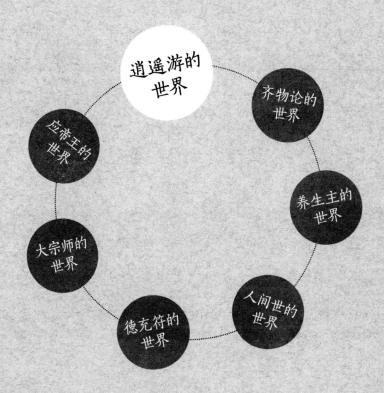

逍遥游的世界

齐物论的世界

养生主的世界

人间世的世界

德充符的世界

大宗师的世界

应帝王的世界

"鹏"也有所待

　　庄子在世时或许从来没有想到，两千多年来在中国家喻户晓、妇孺皆知的，并非他那洋洋洒洒、汪洋恣肆的三十三篇文章，而是他在《逍遥游》中尽情渲染的那由"鲲"变化而来的"鹏"。"鲲鹏水击三千里"（苏轼），"九万里风鹏正举"（李清照），"万里奋鹏程"（张弘范），勾勒出一幅幅多么宏伟、多么震撼的画面，自然，"鹏"也就当之无愧地成了后人志向远大宏伟的象征。然而，细究起来，大鹏如此受人追捧并不完全来自《庄子·逍遥游》的精彩描述，其中一大半的功劳还要归于中国文化史上的另外两位名人。其一是"竹林七贤"之一阮籍的孙子阮修，是他最早看中大鹏，并直接给大鹏注入新生命的。阮修的《大鹏赞》中有这样的句子：

　　　　苍苍大鹏，诞自北溟。假精灵鳞，神化以生。如云之翼，如山之形。海运水击，扶摇上征。翕然层举，背负太清。志存天地，不屑唐庭。

这大概是《逍遥游》中的鲲鹏第一次脱离《庄子》，而以崭新的面貌呈现出来吧。经阮修再创造的大鹏，虽仍然遗传了庄子笔下"鲲鹏"的特质，具有如茫茫云海般的翅膀，雄伟如苍山的形体，一飞冲天，带着"水击"千里、海运磅礴的宏伟气势，但是其中最具独创的一笔却是"志存天地，不屑唐庭"，充分表露了阮修自视天下无双、蔑视一切的独立傲然与远大志向。可以说，是阮修的《大鹏赞》为日后大鹏高大完美、傲视群雄的形象奠定了基调。

不过，阮修笔下的大鹏并没有马上成为文人志士奋发向上的精神象征。大鹏的真正涅槃，还要再等几百年，直到唐代李白写下了《大鹏赋》以及《上李邕》诗。这里，李白不但把《逍遥游》中大鹏乘"扶摇羊角"从北冥飞往南冥的气势渲染得淋漓尽致，而且以大鹏自喻，写出了"大鹏一日同风起，扶摇直上九万里。假令风歇时下来，犹能簸却沧溟水。世人见我恒殊调，闻余大言皆冷笑。宣父犹能畏后生，丈夫未可轻年少"（《上李邕》）这样脍炙人口的名句。李白笔下的大鹏，活生生就是他自己非凡才能、高远志向的化身。从此，这只经过阮修、李白再创造的大鹏，就一直翱翔在中国人的心中，与《庄子·逍遥游》中的鲲鹏化而为一，被理解为庄子哲学中自由的象征与理想的图腾，但后人却完全忽略了阮修和李白对大鹏的"颠覆"与修正。

那么，庄子心中的鲲鹏究竟应该是什么样子的呢？

一 什么是"逍遥游"

鹏，源于《庄子》的第一篇文章《逍遥游》。《逍遥游》是从鲲化为鱼、鱼化为鹏开始写起的，一开篇就创造出一个极其恢宏壮观的场面。可是庄子的目的却不是要说什么大鹏，而是要借大鹏说"逍遥游"。所以，要理解庄子的大鹏，先得说说什么是"逍遥游"。

顾名思义，《逍遥游》全篇说的就是如何才能逍遥而游。"游"字好理解，庄子从《逍遥游》开篇一直到"至人无己"一节所列举的，无论是乘九万里风高飞的大鹏，还是"以息相吹"的野马尘埃，无一不可以游。"游"就是"活动"，就是"生存"。只是"逍遥"二字的含义究竟是什么，那可就众说纷纭了。不过，庄子在《逍遥游》中说过这么一段话，完全可以当作他自己对"逍遥"的注解：

> 夫列子御风而行，泠然善也，旬有五日而后反。彼于致福者，未数数然也。此虽免乎行，犹有所待者也。若夫乘天地之正，而御六气之辩，以游无穷者，彼且恶乎待哉![1]

郭象《庄子注》在解释这段话的时候，把"犹有所待者也"和"彼且恶乎待哉"两句话概括为"有待"和"无待"两个概念。这是郭象对庄子哲学的一个很大的贡献，也为我们理解庄子《逍遥游》提供了一把钥匙。所谓"有待"，就是万物行动时都有所凭借，凡事依靠外在的力量而不是凭借自己的能力；所谓"无待"，就是万物行动时无所凭借，凡事都依仗自己的能力而不是借助外在的力量。所以，"有待"和"无待"其实就是庄子评判万事万物是不是逍遥游的一把尺子。用这把尺子来衡量列子，他当然算不上逍遥游了。因为列子"虽免乎行，犹有所待者也"，就是说列子还有所待，还要"御风"。而那位"乘天地之正，而御六气之辩，以游无穷者"，则是逍遥而游了。

---

① 本文中的《庄子》引文均见郭庆藩《庄子集释》，中华书局，1961。

那么，什么是"天地之正""六气之辩"呢？郭象《庄子注》解释说：

> 天地者，万物之总名也。天地以万物为体，而万物必以自然为正。自然者，不为而自然者也。……故乘天地之正者，即是顺万物之性也；御六气之辩者，即是游变化之涂也。

按照郭象的解释，"大鹏之能高，斥鴳之能下，椿木之能长，朝菌之能短，凡此皆自然之所能，非为之所能也。不为而自能，所以为正也"。据此我们可以知道，"天地之正"就是自然，顺应自然就是"御六气之辩"。所以，凡顺应自然而不强求外在力量，顺应自我本性以生存的万物，不管是鲲鹏、蜩与学鸠、斥鴳，还是椿木、朝菌，在某种程度上都是可以逍遥游的。

现在我们就来看看《庄子·逍遥游》中的大鹏，是不是可以逍遥而游？

二 "鲲"是鱼卵

《庄子·逍遥游》中的大鹏极其恢宏硕大。可这大鹏却不是由鹏而生，而是由鱼"化"来的。在《逍遥游》的开篇，庄子写道：

> 北冥有鱼，其名为鲲。鲲之大，不知其几千里也；化而为鸟，其名为鹏。鹏之背，不知其几千里也；怒而飞，其翼若垂天之云。是鸟也，海运则将徙于南冥。南冥者，天池也。

《逍遥游》中这条能变为大鹏的鱼叫"鲲"。"鲲"是什么？自向秀、郭象以来，大多数解释《逍遥游》的人都认为这里的"鲲"是大鱼之名。成玄英《庄子疏》引《十洲记》和《玄中记》证明鲲即大鱼，还说"鱼论其大，以表头尾难知；鸟言其背，亦示修短叵测"。崔譔《庄子注》甚至将鲲落得更实，解释为大鲸。这些看起来有根有据的说法，其实都是根据庄子对鲲的描述附会而来的。更可靠的解释，当来自《尔雅》。《尔雅·释鱼》说："鲲，鱼子。凡鱼之子名鲲。"段玉裁《说文解字注》也说："鱼子未生者曰鲲。鲲即卵子。"可见"鲲"就是我们今天所说的鱼卵，并不是什么大鱼。真正理解庄子的，是郭庆藩《庄子集释》的说法：

> 凡未出者曰卵，已出者曰子。鲲即鱼卵。……庄子谓绝大之鱼为鲲，此则齐物之寓言，所谓汪洋自恣以适己者也。

所以，"鲲"不是大鱼，甚至连小鱼都不是，只不过是微不足道的鱼卵。庄子之所以将一个鱼卵描述成"不知其几千里"的大鱼，只是彰显了他"汪洋自恣以适己"的行文风格，是用来说明"逍遥游"的思想的。

既然"鲲"是鱼卵，那么，鱼只有生活在水中，才是自然之道。顺从自然之道，凭借自然赋予鱼的环境与生存能力，随潮起，随潮落，悠然自得，随遇而安，这便是"逍遥游"。但是，我们在《逍遥游》里见到的"鲲"，不但不安于水中的生活，还要"化而为鸟"——从水中游嬉之鱼化而为空中翱翔之鸟。两个完全不同的物种相互之间的转化需要多么强劲的力量才能成功，庄子笔下的一个"化"字，隐含了多少惊心动魄的变动！

鸟不是水中的生物，自然不能生活于水中，它要飞往高空，去寻找一个适于自己生存的地界。由鲲变化而来的"不知其几千里"的鸟自然不是小鸟，其飞当然也就不是轻盈而飞，而是"怒而飞"了。可是，这个"怒而飞"并不是大鹏依靠自己本身的力量展翅鼓翼，而是需要依靠海运时产生的大风才能升上天空。倘若没有海运，鲲就化不了鹏，鹏也就不能脱离海水而上九霄。鲲和鹏的"化"，不是"无待"之"化"，而是"有大待"之"化"。大鹏的飞，也不是"无待"而飞，而是"有大待"之飞。不借助外在海运时产生的大风的力量，鹏就飞不上九天；没有海运，它就只能是倘徉在大海里的鲲，不过是个鱼卵而已。

三 鹏是骑在风背上的

大鹏的原型是漂浮在浩瀚无际的北冥中的一个小小鱼卵，倘若按照自然逍遥的轨迹，鱼卵本应悄无声息地孵化成一条普普通通的小鱼，从此过着平平淡淡的生活，可谓悠闲自得。如果我们把鹏和后文中所描述的蜩、学鸠、斥鷃放在一起加以比较，便不难发现，蜩、学鸠、斥鷃等虽然生活的领域不同、个性不同，但都不需要借助外在的力量生存，因而都可以说是逍遥地活着。可是一个小小的鱼卵在海中突然变成了一条"不知其几千里"大的鱼，而这条大鱼又猛然间化成了背有"不知其几千里"的大鹏，至此，它的生活已经不再顺从自然，不再平淡，当然也就不再逍遥了。

北冥的鱼卵化成大鹏以后，借着海运的大风要去南冥了。"南冥者，天池也"，司马彪《庄子注》解释"冥"字说："冥，谓南北极也。去日月远，故以冥为名也。"所以这"南冥"应是南极之海，"北冥"应是北极之海。南冥是天池，北冥也是天池。一个在极北之地，一个在极南之地。鲲化成鹏以后，要由北冥"南徙"去南冥了。

鸟的起飞是需要风的。庄子引经据典，来补充上文未曾说到的大鹏起飞时所需要凭借的风力：

> 《齐谐》者，志怪者也。《谐》之言曰："鹏之徙于南冥也，水击三千里，抟扶摇而上者九万里，去以六月息者也。"

"其背不知几千里"的大鹏起飞时要"水击三千里"。倘若大鹏"水击三千里"靠自己的双翼振翅飞上九天，也不失为自然之举。可大鹏起飞最重要的因素是六月海运产生的大风。有风托着，大鹏才能"抟扶摇而上者九万里"。所以，在大鹏起飞时，庄子浓笔重墨地大写了一番将鹏托到九万里高空的风：

> 风之积也不厚，则其负大翼也无力，故九万里则风斯在下矣。而后乃今培风，背负青天而莫之夭阏者，而后乃今将图南。

历来解释《逍遥游》的，对"而后乃今培风，背负青天而莫之夭阏者，而后乃今将图南"一句中的"培"字，都说得颇为费力、勉强。相比较之下，还是王念孙的解释更为确切：

> 培之言冯（凭）也。冯（凭），乘也。风在鹏下，故言负；鹏在风上，故言冯（凭）。必九万里而后在风之上，在风之上而后能冯（凭）风，故曰而后乃今培风。

"培"就是乘，"培风"就是"乘风"。值得一说的是，历来为《逍遥游》断句者，都认为"而后乃今培风背负青天而莫之夭阏者"中的"背"字属下句。其实，把"背"字属上句，文理才更完整。这一句的句读应该是："而后乃今培风背，负青天而莫之夭阏者，而后乃今将图南。"这里，庄子是想说，大鹏凭借着海运，骑在风背上，靠着九万里长风的力量，往南而去。而只有能翻动扶摇羊角、搅得地动山摇的大风，才有力量将这只其背不知几千里的大鸟托起来。所谓"成也大风，败也大风"。郭象《庄子注》曾说过一段很有意思的话："夫翼大则难举，故抟扶摇而后能上，九万里乃足自胜耳。既有斯翼，岂得决然而起，数仞而下哉！此皆不得不然，非乐然也。"就是说，大鹏高飞是为势所迫，"不得不然"，这又怎么能算是"逍遥游"呢？庄子极尽笔力去渲染大鹏所乘之风，其用意是显而易见的。

四　天上地下都一样

鹏是由鲲化来的。鲲生活在北冥的时候，不管它的形态是微乎其微的鱼卵还是"不知其几千里"的大鱼，只能自下视上，看到的只是苍苍茫茫的天空。那么，当鲲化成大鹏并被抟扶摇的大风托上九万里高空之后，鹏终于可以向下望了。原来自下视上与自上望下所见竟然是一样的：

> 野马也，尘埃也，生物之以息相吹也。天之苍苍，其正色邪？其远而无所至极邪？其视下也，亦若是则已矣。

野马，形容天空中飘游着的团团游气，与尘埃一样，都是小到几乎看不见的东西，微风甚至各种生物的呼吸都可以让它们飘浮于空中。即便没有了风，它们还可以轻轻地、不着痕迹地自然飘动。所以，"野马""尘埃"在空中的浮动是顺从自然，即便飘落于地也是顺从自然。退一步说，"野马""尘埃"也有所凭借，但它们凭借的是自然之气，顺从的也是自然之气。可是大鹏却不是。大鹏倘若离开了"海运"，没有了"扶摇羊角"，它就只得待在北海，升不到九万里高空，也不可能像野马、尘埃那样逍遥自在了。

"野马""尘埃"与鲲鹏相比，是小与大的两极，在常人看来，它们是无法相提并论的。但是庄子却把它们放在了一起，加以对比。"野马""尘埃"自下而上视九万里高空的大鹏，其大小亦如"野马""尘埃"，这恰恰与大鹏下视所见到的完全一样。这么说来，折腾出偌大动静的大鹏这一南迁之举，岂不是毫无意义了吗？郭象

《庄子注》对这一段曾有过一个很好的注释：

> 今观天之苍苍，竟未知便是天之正色邪，天之为远而无极
> 邪。鹏之自上以视地，亦若人之自地视天。则止而图南矣，言鹏不
> 知道里之远近，趣足以自胜而逝。

如果说在"野马也，尘埃也"一段之前，庄子反复渲染大鹏起飞需要超自然的大风，其翼不能自举而必须骑于风背之上，是对大鹏"有大待"而不是"无待"的说明的话，那么这一段的描述，其实已经流露出庄子对大鹏南迁之举的不以为然。在庄子看来，"小"和"大"都是相对而言的，世上无所谓大，也无所谓小。所谓"天下莫大于秋毫之末，而太山为小"（《齐物论》）。所以，庄子笔下的鲲与鹏，鹏与"野马""尘埃"，虽然形体不同，行为有异，却并没有优劣高下之别。成玄英《庄子疏》说：

> 仰视圆穹，甚为迢递，碧空高远，算数无穷，苍苍茫昧，岂天
> 正色！然鹏处中天，人居下地，而鹏之俯视，不异人之仰观。人既
> 不辨天之正色，鹏亦讵知地之远近！自胜取足，适至南溟，鹏之图
> 度，止在于是矣。

郭象、成玄英是真正参透了庄子写鲲鹏自北冥徙往南冥之本意的。庄子之所以要这样夸张地大写鹏之举，不过是为了说明"其背不知几千里"的鲲鹏与微小不足道的"野马""尘埃"一样，它们之间只有大小之别，却没有高下之分。更重要的是，"野马""尘埃"游于空中是"生物之以息相吹"，是顺应自然的活动，而大鹏的腾飞却需要等待时运，否则，"风之积也不厚，则其负大翼也无力"。可见鹏所凭借的不是寻常之风，也不是自己鼓动双翼所产生的风，而是可以

"负大翼"、"积"而"厚"的风。两相比较，谁"有待"，谁"无待"，据此，不是可以看得很清楚了吗？

五　大鹏到了南冥又会怎么样

如果说大鹏自上视下"亦若是则已矣"，还只是透露出庄子对鲲化为鹏翻动扶摇羊角之举的不以为然的话，那么，庄子接下去所用的一系列对比，以及对鹏凭借大风南行的描述，就可以看成是对大鹏南徙之举的否定了：

> 且夫水之积也不厚，则其负大舟也无力。覆杯水于坳堂之上，则芥为之舟；置杯焉则胶，水浅而舟大也。风之积也不厚，则其负大翼也无力，故九万里则风斯在下矣。而后乃今培风背，负青天而莫之夭阏者，而后乃今将图南。

大船需要大水，没有大水之力，大船无法航行。但对于一粒草籽来说，小坑里只要有一杯水，它就能像大船航行于江河湖海之中一样了。可是杯子进到这样的小水坑中就浮不起来，所谓"水浅而舟大也"。所以，草籽应生活在适于草籽生活的环境，杯子则应生活在适于杯子存在的环境。依此类推，鲲就应当生活于北冥，不必化为鸟，更不必水击三千里，还要借助于六月海运的大风，抟扶摇羊角而上者九万里了。对鲲鹏来说，倘若没有机遇骑在风背上，不管鲲变为鹏的过程如何动人心魄，也是翻不起来扶摇羊角，到不了南冥的。也就是说，大家都应该生于陵而安于陵，长于水而安于水。当然了，大船、草籽、杯子，都不能主宰自己的命运，但是如果它们都"安于水"、安于自己生存的环境的话，那么，自得其所、安然生存的机遇恐怕远比靠"海运徙于南冥"的鲲鹏要大得多。

所以我们不妨设想一下，大鹏费了如此大的周折，水击三千里，骑着九万里高的风背到了南冥以后，又能怎么样？是从此将自己"翼如垂天之云"的巨大躯体悬于南冥之上，还是从九万里的高空下来再一次化而为鱼，生活于南冥之中？庄子没有说。

但是从庄子屡屡说到鲲鹏"图南""徙于南冥"，足以看出南冥正是大鹏此行的目的地。北冥，极北之海；南冥，极南之海。虽两者有南北地域之别，但究其性质却是相同的，两地都是水，都是鱼类赖以生存的地方，而非鸟的领地。所以，南冥这片汪洋大水仍然属于鲲，而不属于鹏。鲲在北冥之时，曾举首望苍天："天之苍苍，其正色邪？"而到了南冥的鹏，俯首下望，大概也只能发出同样的感叹："地之苍苍，其正色邪？"南冥与北冥，在庄子看来，并没有什么不同。

这样看来，鹏到了南冥之后，大概会有这样几种选择。其一，回到北冥去，再次"化"而为鲲，继续过它未曾"徙于南冥"之前的生活。其二，落入南冥，但仍需化而为"鲲"，以便继续在南冥过与北冥相似的生活。还有一种可能，那就是李白早早预见到了的："假令风歇时下来，犹能簸却沧溟水。"一旦风"积"不"厚"、再也支撑不住大鹏或者不愿让鹏骑了，那骑在风背上的鹏就只能从九万里的高空跌落下来。虽犹可"簸却沧溟水"，却很可能会摔得粉身碎骨。这对大鹏来说，岂不是一个莫大的悲剧和残酷的嘲弄？

至此，倘若我们抛开阮修、李白再创造的大鹏形象而细细体味庄子在《逍遥游》中对鲲鹏的描写，不难发现，庄子的确是以恣意汪洋之笔一次次大力描绘了大鹏南徙的气势，可这一切都不过是为了说明物有大小形体的不同，并没有流露出对鹏的褒奖，更没有在鹏的身上寄予任何宏伟远大的志向，当然也不包含什么对自由的向往了。庄子其实是借大鹏不能逍遥而游，来反衬那些应运而生、顺应自然、不求所待也无所待的"野马"和"尘埃"，甚至是"蜩"与"学鸠""斥鴳"之类所享有的某种"逍遥游"。"野马"也好，"尘埃"也好，"蜩"与"学鸠"也好，都悠然自得地生于此而安于此。它们既不扰"人"，也不互扰。对此，南宋词人辛弃疾显然要比阮修、李白更得庄子之三昧："似鲲鹏、变化能几？东游入海此计，直以命为嬉。……嗟鱼欲事远游时，请三思而行可矣。"（《哨遍》）这就是说，鲲鹏的南徙之举实在是拿小命开玩笑。这应该才是庄子写鲲鹏南徙要告诉人们的道理。

蜩、学鸠与斥鷃

　　《逍遥游》一开篇，庄子就以他那汪洋恣肆的如椽巨笔，描绘出"翼如垂天之云"的大鹏自北海振翅飞往南冥的一幅宏伟壮观的画面，然后，他笔锋突然一转，以轻松幽默的笔调写道："蜩与学鸠笑之曰：'我决起而飞，抢榆枋，时则不至而控于地而已矣，奚以之九万里而南为？'"之后，庄子在引用汤问棘有关大鹏"抟扶摇羊角而上者九万里"时，又再次提到："斥鷃笑之曰：'彼且奚适也？'"

　　显然，《逍遥游》中先后两次出现渺小的"蜩""学鸠"与"斥鷃"的形象，都是相对于堪称庞然大物的鲲鹏而言的。蜩是蝉。学鸠，就是斑鸠。斥鷃，根据前人解释，也是一种类似燕雀的小鸟。后人读《逍遥游》，大都认为庄子笔下的鲲鹏寄寓了他对无拘无束、高远博大的自由精神的追求，而蜩、学鸠与斥鷃则表现了他对目光短浅、孤陋寡闻却又自鸣得意的世俗小人的讥讽与鄙视。这种诠释究竟是不是庄子的原意？蜩、学鸠以及斥鷃在《逍遥游》中究竟是个什么样的形象？庄子又在其中寄寓了怎样的人生思索呢？

一　蜩与学鸠是什么样的形象

在谈这个问题之前，我们有必要追溯一下从什么时候开始，蜩、学鸠、斥鴳这一类形体弱小的鸟雀变成了胸无大志、见识肤浅的代名词。历史上第一位借"燕雀""鸿鹄"以抒怀的，大概是秦代末年被逼得不得不"揭竿而起"的农民起义军领袖陈胜。据司马迁《史记·陈涉世家》记载：

> 陈涉少时，尝与人佣耕，辍耕之垄上，怅恨久之，曰："苟富贵，无相忘。"庸者笑而应曰："若为庸耕，何富贵也？"陈涉太息曰："嗟乎，燕雀安知鸿鹄之志哉！"

陈胜的"揭竿而起"最终虽归于失败，但他"王侯将相宁有种乎"的呐喊，以及在贫贱时表现出的"燕雀安知鸿鹄之志"的远大志向，却对后人产生了巨大的影响。

魏晋时期，"燕雀安知鸿鹄之志"的新内涵又被还原到鹏与学鸠等身上。阮修在他的《大鹏赞》中极力把鲲鹏渲染成具有宏图大志、奋发有为的志士，而学鸠与斥鴳则成了目光短浅、鄙俗可笑的凡夫俗子：

> 苍苍大鹏，……志存天地，不屑唐庭。鸒鸠仰笑，尺鴳所轻。超世高逝，莫知其情。

唐代酷爱大鹏甚至以大鹏自诩的李白，在他的《大鹏赋》中秉承了阮修对大鹏的向往，同时也不忘以轻蔑的口吻奚落学鸠、斥鴳：

而斥鴳之辈，空见笑于藩篱。

一边是"扶摇上征""一鼓一舞，烟朦沙昏，五岳为之震荡，百川为之崩奔"的大鹏，一边是"莫知其情""空见笑于藩篱"的学鸠、斥鴳。无论在阮修还是李白笔下，无知渺小的学鸠、斥鴳都是用来衬托叱咤风云、志向高远的大鹏的，表示大鹏的境界远非凡夫俗子所能企及。

从陈胜、阮修到李白，对学鸠、斥鴳一类显然是极为鄙薄的。那么，庄子又是怎么看待这几个普通的小生命的呢？或者说，庄子到底想用这几只普通小鸟雀的形象说明什么？

《逍遥游》中，蜩与学鸠是这样出现在我们面前的，它们看到被风驭着的大鹏正借着风力，负着青天南行，不禁笑道，我奋起而飞，可以飞到榆树、檀树上去，就算飞不上去，落在地上也没有什么，何必要劳神费力升到九万里高空然后去南冥呢！

假使我们抛却后人加上的释义，仅就庄子这一段的描述来看，难道不觉得蜩与学鸠的形象是那么可爱、生动、真实、质朴吗？它们想飞的时候就飞，想飞多高就飞多高，能飞多高就飞多高，飞不上去、飞累了就落在树枝上、草丛间，耸耸翅膀、抖抖羽毛，和朋友说说闲话、聊聊天，这该是多么惬意的生活！显然，蜩与学鸠都不是弄潮儿，它们不需要像鲲鹏那样去"水击三千里"，翻动"扶摇羊角"。它们也从来不去企盼那可以让人直上九天的"大风"。其实，正如蜩与学鸠无法理解鲲鹏一样，需要凭借"海运"的大风才能"图南"的鲲鹏们，又何尝可以理解蜩与学鸠这种自在逍遥的心境！

对于志在"南冥"的鲲鹏来说，其目光绝不会落到蜩与学鸠身上，因为它们实在太渺小了。而蜩与学鸠却不同，它们周围，都是与自己一样的普通生命。这里没有多少惊天动地、可歌可泣的英雄壮举，有的只是柴米油盐的平凡生活。因而当它们见到鲲鹏轰轰烈烈的南行之举时，免不了会以自己的生活体验去评论一番。它们无意于比较自己与鲲鹏之间的"高卑""优劣"，它们只是把对鲲鹏南徙之事作为自己茶余饭后的一点谈资、一份快乐罢了。这，就是蜩与学鸠最真实、丝毫不作假的生活。仅此而已。

二　庄子是否真的轻视或者否定蜩与学鸠

从庄子对蜩与学鸠的描写来看，我们已经能够感觉到庄子并不轻视它们。

在庄子看来，大鹏要翻动扶摇羊角，需要有海运的机遇，得等待"积"之"厚"的大风供它骑在背上以"图南"。但是，蜩、学鸠、斥鹦之类的小人物只要能够"腾跃而上""数仞而下"，"翱翔"于"蓬蒿之间"，就进入了最佳的"飞之至"的状态。对蜩、学鸠、斥鹦来说，它们既不需要借助外力去"图南"，也不需要千方百计地为自己寻找或者创造"一飞冲天"的机会。它们只要能高高兴兴地居住在适宜自己居住的地方，过着自得其乐的生活，就够了。应该说，蜩、学鸠与斥鹦，正是庄子笔下小人物的理想生活方式。

如果说，学鸠与斥鹦的表白还不足以充分说明庄子对安于所居、自得其乐的生活方式的期冀，那就让我们再看一下庄子紧接着又说了什么：

> 适莽苍者，三餐而反，腹犹果然；适百里者，宿舂粮；适千里者，三月聚粮。之二虫又何知？

这就是说，去郊野的人，只带三餐的粮食回来肚子还会很饱。去百里之外的地方，得花一夜的时间准备干粮。而行千里的人，就要用三个月的时间筹措食物了。这几句话的核心是说，人都是根据不同的生存需要而活着的。既然前边已经说明蜩与学鸠的生活范畴就局限在"榆枋""蓬蒿"之间，那它们只要能在这里自由自在地"翱翔"，也就足够了，也就达到了"自得其乐，自得其所"的自由境界。

这一段话中的"之二虫又何知"，历来被认为是庄子用反问句表示对蜩与学鸠的否定。其实，这个问句应该理解为庄子是说这两个小生物又怎么可以知道大鹏的事。特别是庄子的这句感慨，不是接在"奚以之九万里而南为"之后，而是接在谈"适莽苍者""适百里者""适千里者"之后，显然是要说这两个小生物与那些备粮行路的人一样，由于它们只是生活在"榆枋"之间，从来不需要大张旗鼓地等待"海运"，自然也就无从理解鲲鹏了。而且，从行文的角度来说，这一反问句还起着语意的过渡作用，以便引出下面的一段议论。庄子是这样回答"之二虫又何知"的：

> 小知不及大知，小年不及大年。奚以知其然也？朝菌不知晦朔，蟪蛄不知春秋，此小年也。楚之南有冥灵者，以五百岁为春，五百岁为秋；上古有大椿者，以八千岁为春，八千岁为秋。而彭祖乃今以久特闻，众人匹之，不亦悲乎！

后人多认为"小知不及大知，小年不及大年"进一步表示了庄子对蜩、学鸠与斥鴳的否定，这里的症结在于如何理解"不及"二字。其实，"不及"并非很多人所理解的"不如"，表示孰优孰劣，是"大知"优于"小知"、"大年"优于"小年"的意思。庄子真正要说的是，事物的秉性、人的天赋有所不同，智慧有大小，寿命有长短。由于自身的限制，小智不可能追及大智，小年也不可能追及大年。人活着，就应该随遇而安，自在随缘，凡事不当强求。由此，我们可以说此处对"之二虫又何知"的回答非但不是对蜩、学鸠与斥鴳的否定，相反，我们看到的是庄子通过"小大之辩"，表达了对"小"的肯定。

庄子说，朝生暮死的菌类不会有月终月初的概念，春生夏死、夏生秋死的蟪蛄自然也不知道世上还有春天与秋天。与朝菌、蟪蛄相比，以五百岁为春、五百岁为秋的大树"冥灵"，当然是大年，但是与以八千岁为春、八千岁为秋的大椿相比，冥灵又算不上大了。这里，庄子说朝菌、说蟪蛄、说冥灵、说大椿，其实都不是重点，庄子真正要说的还是人。彭祖，是传说中的长寿者，据说活了八百岁。想长寿的人都将彭祖的八百岁作为自己追求的目标。但是和冥灵、大椿相比，彭祖又算什么呢？说到这里，庄子不禁感慨道："众人匹之，不亦悲乎！"就是说，那些不顾自身情况，一味求"大"而轻"小"之人，不是也很可悲吗？郭象为《庄子》作注时，忍不住议论说：

> 夫年知不相及若此之悬也，比于众人之所悲，亦可悲矣。而众人未尝悲此者，以其性各有极也。苟知其极，则毫分不可相跂，天下又何所悲乎哉！夫物未尝以大欲小，而必以小羡大，故举小大之殊各有定分，非羡欲所及，则羡欲之累可以绝矣。夫悲生于累，累绝则悲去，悲去而性命不安者，未之有也。

人世间，大智与小智，大年与小年，相差悬殊如此之大。如果人总是把自己的期望值设得过高，总是以小羡大，悲剧就在所难免了。因而那"决起而飞，抢榆枋，时则不至而控于地"，生于此则安于此的蜩与学鸠，怎么会是庄子讥讽的对象呢？从某种程度上说，庄子用夸张的笔墨写大鹏，却用极其细腻写实的笔法描述贴近于人世间生活的活泼泼的蜩与学鸠，应该看作是一种对蜩与学鸠的肯定。

　　三　知足常乐、安然自得的人生态度
　　在《逍遥游》中，庄子三次描写南徙的大鹏，两次说到蜩、学鸠与斥鷃。在描写鲲化为鹏、翻动扶摇羊角而上者九万里时，庄子着力渲染的是鲲鹏展翅时那宏大超凡的气势，但在描写学鸠、斥鷃时，却着力表现蜩、学鸠与斥鷃对自己生活的满足：

> 汤之问棘也是已。穷发之北有冥海者，天池也。有鱼焉，其广数千里，未有知其修者，其名为鲲。有鸟焉，其名为鹏，背若太山，翼若垂天之云，抟扶摇羊角而上者九万里，绝云气，负青天，然后图南，且适南冥也。斥鷃笑之曰："彼且奚适也？我腾跃而上，不过数仞而下，翱翔蓬蒿之间，此亦飞之至也。而彼且奚适也？"此小大之辩也。

汤是商代的明君，棘是商汤时博学多闻的贤人。汤视棘为师。这一段中关于鲲鹏和斥鷃的记述，应该都是汤问棘的话。庄子引用这一段故事要说明什么呢？成玄英说其中"深有玄趣"。这"玄趣"就是上段引文的最后一句："此小大之辩也。"

在此之前，庄子已经发表过"小知不及大知，小年不及大年"的议论，而且在引述"齐谐"之言后，还特别说明"且夫水之积也不厚，则其负大舟也无力。覆杯水于坳堂之上，则芥为之舟；置杯焉则胶，水浅而舟大也。风之积也不厚，则其负大翼也无力"。这里的大舟与草芥，朝菌、蟪蛄与冥灵、大椿，彭祖与众人，其实同鲲鹏与蜩、学鸠、斥鷃等一样，其核心就是"小大之辩"。庄子认为世间万物不但在形态上存在着大小的不同，事物的特性也存在大小的不同。但是，庄子的目的并非通过"小大之辩"来贬小褒大，比较大与小的高下，而是要通过"大"与"小"之间的强烈反差，说明精神自由才是突破一切自身束缚的途径。这就是"以道观之，物无贵贱"。蜩、学鸠、斥鷃翱翔于蓬蒿之间，是蜩、学鸠与斥鷃的天性。大水可以负舟，是大水的天性。万物都安然地存在于自己所处的环境，就可以保全万物的天性。也就是说，人生在世，只有安于天性，才不会受外界所累，也才不会被外物所伤。只有这样，人世间才不会有这么多的悲剧。在这段短短的描述中，庄子一连两次写了斥鴳的疑问："彼且奚适也？"意思是："他们到底要去什么地方？"这并不表示斥鴳羡慕大鹏、嫉妒大鹏，而只是由于对大鹏"南徙"的不解而产生的发自内心的疑问，其中透露出的是斥鴳对自己惬意生活的满足。"知足常乐"，这就是学鸠与斥鴳的生活。

　　庄子的哲学是人生哲学，说的是人处于乱世如何求生的处世哲学。庄子生活的时代，是一个"争地以战，杀人盈野；争城以战，杀人盈城，此所谓率土地而食人肉"（《孟子·离娄上》）的乱世。庄子思想的核心，其实就是要告诉人们在这样的乱世应该怎样活着。庄子在《逍遥游》中屡次写到鲲鹏与学鸠、斥鴳，实际上是在写两种不同的人生态度。如果说，大鹏展示的是那些想做一番轰轰烈烈大事业之人的人生态度，那么，学鸠与斥鴳就是生活在人世间的平民百姓的生活写照。所以，庄子做了这一系列看似荒诞无稽、离奇怪异的描述之后，终于将大鹏、学鸠与斥鴳等落实到了人世间：

> 故夫知效一官，行比一乡，德合一君，而征一国者，其自视也亦若此矣。而宋荣子犹然笑之。且举世而誉之而不加劝，举世而非之而不加沮，定乎内外之分，辩乎荣辱之境，斯已矣。彼其于世未数数然也。虽然，犹有未树也。

庄子认为，那些智能可任一方之官、行为可顺从一乡之情、品德可符合一君的要求、才能可以赢得一国信任的人，自己看自己，就如同学鸠与斥鴳"抢榆枋""腾跃而上数仞"一样，也是如此。按照郭庆藩《庄子集释》的解释，"而征一国"中的"而"是"能"的意思。这里的意思是说，这些有"知"、有"行"、有"德"、有"能"的人，彼此之间其实没有什么高下优劣之分。他们之间的不同，不过是展翅于九万里高空还是翱翔于蓬蒿之间而已。而宋国的贤人宋荣子对这些人的态度就像学鸠、斥鷃讥笑大鹏一样，"犹然笑之"。因为宋荣子的人生态度是"举世而誉之而不加劝，举世而非之而不加沮"，所以他无法理解这些有"知"、有"行"、有"德"、有"能"的人，为什么受到赞扬褒奖就会更加努力，而受到批评责难就会变得沮丧。对宋荣子来说，处于人世间，最重要的是懂得什么是内、外、荣、辱，只有把握好其间的度，才能"游刃有余"。这与庄子所阐述的在乱世中求生存的基本法则有相通之处，但在庄子看来，这种人生态度不过是最基本的保全自己性命的生存之道，还远远没有达到他所推崇的最高的逍遥境界。

四　究竟怎样才是"逍遥游"

《逍遥游》讲的就是"逍遥游"。但是究竟怎样才是"逍遥游"呢？后人众说纷纭。有人说，大鹏是逍遥游，而蜩、学鸠、斥鷃则不是；也有人说，大鹏、蜩、学鸠以及斥鷃都不算是"逍遥游"；更有人说大鹏、蜩、学鸠还有斥鷃都是"逍遥游"。那么，到底哪一说才是庄子的原意呢？还是让我们一起来看看庄子自己是怎么说的。

紧接描写宋荣子之后，庄子又推出了另一位不寻常的人物：

> 夫列子御风而行，泠然善也，旬有五日而后反。彼于致福者，未数数然也。此虽免乎行，犹有所待者也。

与鲲鹏、蜩、学鸠、斥鷃以及"知"者、"行"者、"德"者、"能"者还有宋荣子等相比，列子能驾风而行，"泠然善也"，不为物累，比宋荣子等似乎更高一筹。但在庄子看来，他"犹有所待者也"，还不是"无待"。郭象归纳出的"有待"与"无待"这两个概念是理解庄子逍遥游思想的一把钥匙。什么是"有待"？"有待"就是有所依赖，受外物的拘束与限制，因而得不到精神上的绝对自由。而"无待"就是说无所依赖，精神上完全无拘无束，不受任何外在事物的局限而获得的一种绝对的精神自由。这种"无待"的境界就是庄子推崇的最高的逍遥游境界。只有达到这个境界的人，才能"御六气之辩，以游无穷者，彼且恶乎待哉！故曰，至人无己，神人无功，圣人无名"。

可见，真正的逍遥游就是一种不为外物所束缚的精神自由，或者说是一种崇高的精神境界。对生活于现实社会的人来说，要进入这一境界，根据其所处的不同生活境地，有着三种不同的途径：这就是"无己""无功""无名"。"名"是名誉、名声。如果人能放弃名，或者有名而不居名，达到"无名"，那就是圣人。这是达到逍遥游的第一种途径。"功"是成就、功业，如果人有功而不居功，忘了所建之功业，达到"无功"，这就是"神人"。这是进入逍遥游的第二种途径。"己"是自我，是存在于人心中的"成心"。如果人能抛弃了"己"，泯灭了"成心"，一切顺应自然，达到"无己"，那就是"至人"。这是实现逍遥游的第三种途径。

特别值得指出的是，在庄子心目中，"有待"与"无待"并非像后人理解的那样是截然对立的。"有待"与"无待"，实际反映了庄子对人的形体活动、生存的"有待"与人的精神自由的"无待"之间的一种独特的思索。作为物质的人、躯体的人，任何人都只能存在于一个真实的有形的生活环境中，因此都会由于形体的限制而"有待"，但是如果在精神上打破各种外物的束缚，抛却一切外在的功名利禄，把自我与天地精神融为一体，那就进入了"无待"，获得了一种自由自在、无所拘束的精神自由。用这样一种标准来看，蜩、学鸠、斥鴳虽然形体上仍有所待，仍不能做到"无己"，但比起需要倚仗"六月海运"而南行的大鹏来说，似乎享受了更多的"无功""无名"的自由。

"无己""无功""无名"是庄子笔下最理想的三种人生态度，或者说是三种人生境界。可是，理想毕竟只是理想。在《逍遥游》中，庄子虽然那么动情地描绘了他的人生最高境界，渴望自己能靠"吸风饮露"生活，但在现实中却是不可能的。庄子可以不做漆园吏，不做楚国相，可他还得活着，得靠编草鞋换钱度日，得跟监河侯借钱，得蹲在河边钓鱼为生。所以说，理想不等于现实。连庄子都不可以达到他所推崇的理想境地，那么，相对而言，蜩、学鸠、斥鷃的生活就更为现实，更能为人所接受，也更接近于现实社会中普通人的生活了。因此，把《庄子·逍遥游》中的蜩、学鸠、斥鷃说成是庄子所鄙薄、蔑视的对象，其实是后人的误解。

圣人无名

　　《庄子·逍遥游》从大鹏惊心动魄的南徙开篇，然后以轻松的笔调写蜩与学鸠、斥鴳飞跃于榆枋蓬泽间的自我陶醉、自我满足，再以对比的手法写宋荣子辩乎荣辱之境、定乎内外之分的超凡脱俗，最后笔锋一转落在了列子御风而行、泠然善也的飘然世外上。一路写得变幻莫测，奇想迭出，令人目不暇接。可是再接着读下去，才会发现这一切都并非"逍遥游"的重点，而不过是庄子为以"有待"衬托"无待"而做的层层铺垫，最终是要推出"乘天地之正，而御六气之辩，以游无穷者，彼且恶乎待哉"的"至人""神人""圣人"，以及他们的人生态度："无己""无功""无名"。"至人""神人""圣人"这三种人，就其逍遥游的意义与境界而言，是相同的，但在具体的象征意义上，却代表着三种不同的人生层面，或者说是代了三种不同类型的人要达到逍遥游而必须经过的三种不同途径。《逍遥游》中，"圣人无名"虽然排在了"至人无己，神人无功"之后，可是，庄子却最先用"尧让天下于许由"的故事来阐发什么才算是"圣人无名"。一来，恐怕是因为"圣人"是先秦时期百家学说中极为重要的观念之一，二来大概就是出于庄子深深有感于"名"对于"逍遥游"的羁绊了。所以，这里，我们也先从"圣人无名"说起。

一 "圣人"如尧者也能逍遥游吗

作为先秦时期诸子百家反复提及的一个重要概念，"圣人"不但是儒家学说中最高价值理念的体现，而且也是其他许多学派所推崇的最高理想人格。翻阅一下先秦典籍，可以发现，"圣人"一词，在《道德经》中出现了31次，《论语》中3次，《墨子》中35次，《孟子》中19次，《荀子》中35次，《管子》中59次，《韩非子》中54次，而在《庄子》一书中竟高达113次。即便不算出自庄子后学之手的"外杂篇"，仅仅在内七篇中，也有28处提到了"圣人"。"圣人"这一词语在先秦典籍中的频繁出现，以及诸子百家总体上对"圣人"所代表的人格的推崇，可以想见"圣人"这一形象或者概念对当时学术理论、政治思想以及社会现实的重要。例如，孔子曾谦逊地说过"若圣与仁，则吾岂敢"，并且说"圣人，吾不得而见之矣；得见君子者，斯可矣"（《论语·述而》）。孟子也说"圣人，百世之师也"（《孟子·尽心下》），"圣人，人伦之至也"（《孟子·离娄上》）。不但儒家如此，就是道家学派的始祖老子也十分推崇圣人，"是以圣人之治，虚其心，实其腹，弱其志，强其骨；常使民无知、无欲，使夫智者不敢为也。为无为，则无不治"（《道德经》第三章），还说"圣人不积，既以为人己愈有，既以与人己愈多。天之道，利而不害；圣人之道，为而不争"（《道德经》第八十一章）。

尽管当时各派所说的"圣人"的内涵与定义不同，甚至偶尔也可听到指责"圣人"之声，但总体来说，众多学派都把"圣人"视为最高道德与人格境界的典范，是修身齐家治国平天下的君主楷模。圣人，对儒家来说，那就是知行完备、至德至善之人，所谓"才德全尽，谓之圣人"（司马光《资治通鉴》），强调的是有圣人之名的君王，应该为天下、为公，而非为一己之利。而对老子来说，那就要能让天下人吃饱饭、安居乐业，推崇的是圣人应当以"无为不争"之道来治理天下。那么，庄子心目中的圣人又是怎样的呢？为什么庄子要强调"圣人无名"？怎样才能算是真正的"圣人无名"？

春秋战国时期，享有最高名誉的"圣人"，当然非尧、舜莫属。按照常理来看，既然被视为圣人，那就不可能"无名"。圣人本身就是天下最大、最重之名。可是在庄子眼中，名，却是人生之"大累"，只要有"累"就不可能逍遥游。连"举世而誉之而不加劝，举世而非之而不加沮"的宋荣子，还有能驾风飘然来去的列子，都还没有真正达到逍遥游的"无待"境界，更何况负有天下最大之名、最重之累的"圣人"呢！所以本着庄子"无待"的标准去衡量，"圣人"本不应该是逍遥游者。既然如此，那么，庄子为什么还要说"圣人无名"呢？这岂不是多少有些自相矛盾吗？

"圣人无名"究竟是什么意思？历来给《庄子》作注的人都没有给予特别的说明。从字面上看，好像是说没有名声的圣人或者圣人没有名声。可是，一个没有名声的人，如何能被称为"圣人"？况且，谁又会去尊无名之人为圣人呢？所以"圣人无名"一定不是无名的圣人。庄子说了"圣人无名"以后，紧接着讲述了"尧让天下于许由而许由不受"的故事。故事中名满天下的圣人尧把不求名声的隐士许由比作"日月""时雨"，还要将君位禅让给他，似乎庄子是把许由放在圣人尧之上的。那么，许由是不是就是庄子心目中的圣人呢？显然不是。第一，在庄子笔下，许由从来没有沾上过"圣人"之名，充其量是一位"贤人"。第二，从后文来看，庄子写许由，是要借许由之口，引出"名实"之论，以说明许由拒绝的只是"名实不副"之

"名"。第三，许由也仍未能进入"御六气之辩，以游无穷"之列。所以，他最多只能算是与宋荣子、列子同类的"有待"之人，远远称不上庄子"圣人无名"意义上的真正的逍遥游圣人。

其实，庄子所说的"圣人无名"，不是说圣人没有名声，而是说名重如圣人者，虽然举世誉之为"圣人"，却应该有名而不居名，心中无名。圣人一旦做到心中无名，那就是"圣人无名"了。也就是说，名重如圣人者能否逍遥游，关键在于圣人如何对待圣人之"名"。所以，庄子才以天下公认的第一圣人尧为例来说明什么才是"圣人无名"。

庄子有着"葱茏的想象力"，极为善于创造形象，所谓"汪洋自恣以适己"。他完全可以用诸如"至人""神人""真人"乃至"支离疏""南郭子綦"之类的名称去阐释"无名"，可是他为什么却偏偏选中了儒家极为推崇的圣人尧呢？这是因为在庄子看来，倘若圣人如尧都能达到"无名"的逍遥游，成为"逍遥游圣人"，与"圣人"之名相比，其他各种各样的"名"又算得了什么呢？所以，逍遥游的重点，不是要褒许由而贬尧，恰恰相反，逍遥游是要以许由作衬托，要说圣人如尧者，究竟能否成为"圣人无名"的逍遥游者。

那么，圣人如何才能达到逍遥游的境界呢？

二　尧"让天下"就是"圣人无名"吗

尧是中国历史上公认的最为圣明的古昔圣王。孔子赞美尧说："大哉！尧之为君也。巍巍乎！唯天为大，唯尧则之。荡荡乎！民无能名焉。巍巍乎！其有成功也。焕乎！其有文章。"（《论语·泰伯》）尧不仅一生兢兢业业，为公为民，而且他所做的最为人称道的事就是实行禅让，把帝王之位让给了另一位明君舜。可是，按照庄子所说，尧在选定舜之前曾先找到当时隐居深山的隐士许由，想把帝位让给他：

尧让天下于许由，曰："日月出矣而爝火不息，其于光也，不亦难乎！时雨降矣而犹浸灌，其于泽也，不亦劳乎！夫子立而天下治，而我犹尸之，吾自视缺然。请致天下。"

爝火，指照明的小火。尸，这里指主宰。自视缺然，认为自己能力不足。这段话的大致意思是说，尧打算把自己的君主之位让给许由。在他看来，许由就像日月，像时雨，自己只不过是照明的小火，灌溉农田的小水。现在天下既然已经出现了名望比自己高许多、能力也比自己强得多的许由，自己却还占据君主之位，实在是空有其名。尧于是要让光辉如日月、重要如时雨、"名副其实"的许由替代自己来做君主，治理天下。

尽管后人对帝尧是否真的实行过禅让颇有质疑，例如荀子就说尧舜禅让"是虚言也，是浅者之传，陋者之说也"（《荀子·正论篇》）。韩非子也提到尧舜禅让传说的真相其实是"舜逼尧"，并非禅让（参《韩非子·说疑》）。但是庄子显然采用了儒家之说，相信圣人尧确实曾有禅让之举。不过，庄子肯定尧的禅让，肯定尧心甘情愿让出君主之位，抛却君主之名而不要，并不等于他认为此时的尧就已经称得上是"圣人无名"，已经进入所谓没有名声之"累"的"逍遥游"了。

在靠天吃饭的农耕社会，明君往往被赋予"日月""时雨"之名，这是因为他们的决策对普通百姓来说，如"日月""时雨"般重要。因此，尧把许由比作"日月""时雨"，就是要许由担当起"日月""时雨"之名，并以其名而行其实。可见尧让天下，尽管就其个人愿望来说，是要放弃君主之"名"，但却仍未能摆脱"名"的束缚。首先，尧选择继位者的标准还是"名"。尧让天下于许由，是鉴于许由已经拥有或者他认定只有许由才真正当得起"日月""时雨"之名。其次，尧虽然谦逊地把自己比作"爝火""浸灌"之水，但其着眼点仍然是自己给天下带来的"光"（照明）以及"浸灌"的功名。他要实行禅让的根本原因只是因为在他看来，自己的"名"已远远不及许由之名。所以他"让天下"的出发点仍旧是建立在功名大小的比较之上。这时的尧，在知行方面，也许已经与圣人之名相符，但与庄子心目中"圣人无名"意义上的"圣人"相比，还是有相当差距的。

三　什么是"名"，什么是"实"

能够有"让天下"之举的尧还算不上是"圣人无名"，那么，怎样做才能算是"无名"，称得上是当之无愧的"圣人无名"意义上的圣人"逍遥游"，或者说是"逍遥游"的"圣人"呢？要理解这个问题，先得理解什么是"名"，什么是"实"。关于这对概念，庄子通过许由之口是这样说的：

> 子治天下，天下既已治也。而我犹代子，吾将为名乎？名者，实之宾也。吾将为宾乎？

意思是说，尧治理天下几十年，天下已经达到大治。而尧的名声是与他作为君主治理天下的功业相伴而来的。我许由并没有做过任何与治理天下有关之事。倘若我许由接受尧已经治理好的天下，那就是盗用了尧的名声，尧与许由便都名实不副了。所以许由反问道，难道人应该为了这种虚"名"而放弃自己的"实"吗？许由拒绝接受君主之名，并厌恶天下最显赫之"名"。对他来说："名者，实之宾也。"也就是说，"名"是外在的，"实"才是内在的。"实"在前，"名"在后。如果没有"实"，也就没有"名"，"名"依附于"实"。在现实生活中，人应该弃"名"求"实"。所谓"吾将为名乎？""吾将为宾乎？"说的就是这个意思。所以许由才不愿意空有其"名"，不要做

"名"的附属品。这不仅是许由的人生哲学、处世原则，更是庄子的人生哲学、处世哲学。

值得一提的是，"名实"是先秦时期诸子百家几乎都参与论辩的一对哲学概念。特别是名家如公孙龙子、惠子对"名实"概念的争论、辨析几达诡辩的程度。但庄子说"名实"却不是就概念而阐释概念，而是以"名"与"实"的关系来说明现实社会中"名"的虚妄。"名者，实之宾也。"短短一语，看似简单，却凝聚了庄子名实观的精髓，对理解庄子思想十分重要。说其简单，是指庄子对当时这个辩论十分激烈、在哲学史上又极为重要的命题在《逍遥游》中仅仅一笔带过。说其重要，是因为几千年来，这句话对中国文人心态产生了巨大影响，乃至成为后世文人士大夫处事、处世的行为准则之一，成了所谓"儒道互补"的一个心理支柱。

如果说，许由所说的"名"指的是君主之位、君主之名，那么，许由所说的"实"又是什么呢？成玄英在《庄子疏》中说：

> 许由偃蹇箕山，逍遥颍水，膻腺荣利，厌秽声名。而尧殷勤致请，犹希代己，许由若高九五，将为万乘之名。然实以生名，名从实起，实则是内是主，名便是外是宾。舍主取宾，丧内求外，既非隐者所尚，故云吾将为宾也。

许由眼中的"实"应该就是他"偃蹇箕山，逍遥颍水"的生活。许由之所以选择隐居箕山，是因为只有这样的生活才能远离"荣利""声名"。荣利、声名，如君主之位、君主之名等等，对于像许由这种重视个体生命而不以天下之名为事的人来说，就是人生的大累。他怎么会因为负"名"之"累"而伤害自己生命之"实"呢？显然，庄子在这里要告诫人们的是：名是外，是宾；实是内，是主。权重位高的君主之"名"只是人生的枷锁，而不是生命的本质，不是个体生命所需要的东西。

庄子对"名"与"实"的看法，显然源于他对现实社会的深刻观察与思索。在那个时代，他就已经清醒地意识到，人们在对名声与权力的追逐过程中，实际上已经把个体生命的本质完全忽略、抛弃或者说是自我消解掉了。正如他在《人间世》中所尖锐指出的那样："德荡乎名，知出乎争。名也者，相轧也；知也者，争之器也。"

为了进一步说明"实"的重要，庄子继续借许由之口说：

> 鹪鹩巢于深林，不过一枝；偃鼠饮河，不过满腹。归休乎君，予无所用天下为！庖人虽不治庖，尸祝不越樽俎而代之矣。

据说，"鹪鹩"是一种小鸟，喜欢居于密林深处，善于营建安适的鸟巢。"偃鼠"是一种在田野里觅食的小老鼠。"庖人"就是厨师。"尸祝"是祭祀时主祭的人。"樽俎"是厨房中用的厨具。在此之前，庄子已经多次描述过诸如"蜩""学鸠""斥鴳""适远者"等逍遥于蓬泽之间、街头巷尾的小生命、小人物，现在庄子在"尧让天下与许由"的故事中再一次说到与之类似的"鹪鹩""偃鼠""庖人""尸祝"等等，不难看出，其中蕴含着的"逍遥游"的思想与前面提到的"蜩""学鸠""斥鴳""适远者"的故事所包含的深意一以贯之。森林虽深广繁茂，但鹪鹩所赖以生存的地方，不过是无数大树中一根小小的树枝，它决不贪图占据整个森林甚至一棵大树。所以，鹪鹩在深林"巢于一枝"就是鹪鹩的逍遥游。江河湖泊千千万万，偃鼠抵达水边不过是喝几口水解渴，满足于自己最基本的生存需要，它从来不曾想过要拥有整个江河湖泊。所以，"偃鼠饮河，不过满腹"就是偃鼠的逍遥游。庖人治厨，尸祝祭祀，各司其职，互不干涉。即便"庖人"不去烹饪，主管祭祀的"尸祝"也不会"越俎代庖"。反之亦然。这便是庖人、尸祝的逍遥游。倘若有一天，鹪鹩起了贪婪之心，想占据整个"深林"，偃鼠希冀以拥有整个河流为荣，尸祝企图"越俎代庖"，其结果又会如何？那就不免会反客为主，纷争杀戮竞起了。所以，庄子所说的"名也者，相轧也"并非危言耸听。

庄子心目中的"逍遥游"其实是分多种层次的。虽然"无待"的逍遥游才是庄子最理想的人生境界，但是如果做不到"无待"，那就应该如同蜩与学鸠、斥鷃、鹪鹩或者偃鼠那样退一步，在现实生活中营造一个可以让自己得到自我满足的逍遥游环境。庄子认为，这样的逍遥游环境并不难营造。只要人人各得其所，各安其分，不作非分之想，不谋非分之举，不贪图那些外在如"宾"的功名利禄，忧患就会远离生命。所以，许由才说："归休乎君，予无所用天下为！庖人虽不治庖，尸祝不越樽俎而代之矣。"即便尧不愿意继续有君主之名，行君主之实，许由也不会越俎代庖的，他要远离这个拖累，像蜩与学鸠、斥鷃、鹪鹩与偃鼠一样，在有待的、不逍遥的现实社会生活中寻得一个逍遥的处所、逍遥的生活。

四 尧最终是否做到"圣人无名"

许由对"名"的淡然甚至蔑视，确实做到了心中无"名"，是现实生活中的"逍遥游"者。但是庄子用尧让天下而许由不受的故事，不仅仅是要说明许由的心中"无名"，更重要的是要说明像尧这样有天下、有圣人之名的人如何"无名"，如何达到逍遥游的境界，成为"逍遥游圣人"。于是，庄子在描述了藐姑射之山的神人以后，又回到了"尧"的话题：

> 尧治天下之民，平海内之政，往见四子藐姑射之山，汾水之阳，窅然丧其天下焉。

"四子"是谁？历来有很多的解释。司马彪说是王倪、啮缺、被衣、许由四位传说中的隐者。成玄英则根据道教典籍，认为"四子"是"四德"："一本，二迹，三非本非迹，四非非本非迹也。言尧反照心源，洞见道境，超兹四句，故言往见四子也。"其实，司马彪和成玄英等人的说法都不免有牵强附会之嫌。还是郭象说的对，"四子者盖寄言"。所谓"四子"不过是庄子创造的又一个寓言。藐姑射之山是庄子描绘出的一个逍遥游的理想境地，居住在藐姑射之山的"四子"无论是谁，他们都是心中无名、无功、无己的逍遥游者。"窅然"，描绘的是深远、深邃的样子。"丧"就是忘，一如《齐物论》中南郭子綦"吾丧我"之"丧"。尧来到逍遥游的理想之境，见到"四子"之后，"窅然丧其天下"。也就是说有过圣人之名、曾建过类似"日月""时雨"之功名的尧，一旦进入"逍遥游"的境地，心中便顿时没有了天下，没有了"日月""时雨"之念想，没有了"名"的打扰。换句话说，尧只有在心中真正丧其天下、丧其名，才能达到"逍遥游"的境界。所以，到了藐姑射之山，尧才真正成为了"圣人无名"意义上的"逍遥游圣人"，在形体和精神上都成为了真正的逍遥游者。

　　"圣人"肩负着治理天下的君主之责，被世人视为"日月""时雨"，不可能没有"名"。但是，如果圣人不以"名"为"名"，不受"名"的羁绊，做到"圣人无名"，就成为了"逍遥游圣人"，同样可以进入逍遥游的境界。庄子在这里借尧的故事强调，如果曾经拥有天下、拥有圣人之名的尧都能够"窅然丧其天下焉"，做到心中无名，那世上之人，谁的名声又能超过尧呢？还有什么"名"不能放下呢？这，便是庄子"圣人无名"的真正内涵。

神人无功

　　《庄子·逍遥游》所推崇的"圣人""神人""至人"以及他们所代表的"无名""无功""无己"三种境界，从不同的角度、不同的层面点出了庄子"逍遥游"思想的精髓。在前文《圣人无名》一节中，我们已经探讨了庄子是如何以尧为例来阐释"圣人无名"的。"圣人无名"说的是，即便名如圣人，也当有名而不居于名，只要心中无名，就同样能为个体生命留出一个可以"逍遥游"的空间。然而，人生在世，"名"并非是获得精神自由的唯一羁绊，与"名"相连的"功"，在庄子看来，也是进入"逍遥游"的一大障碍。

　　"名"与"功"向来紧密相连。"功名"一词，"功"在前，"名"在后，就很清楚地点出了"名"与"功"的关系。尧选择许由作为他的继位者，看中的也正是许由的"名"与"功"。"日月出矣而爝火不息，其于光也，不亦难乎！时雨降矣而犹浸灌，其于泽也，不亦劳乎！夫子立而天下治，而我犹尸之，吾自视缺然。请致天下。"尧的这番话，看起来是一番自谦之词，其实却透露出尧对许由提出的素质与职责要求，那就是作为国家栋梁之材的许由，不仅应具有"日月""时雨"之名，还应建立与之相应的"日月""时雨"之功。可以说，自尧以来，能否为国建立"功名"，就成了文人士大夫价值观的核心，功名也就像磁石一样牢牢地吸引着历代的有志之士。稍晚于庄子的韩非子在《功名》中曾经这样描述君主人臣如何才能建立功名："圣人德若尧舜，行若伯夷，而位不载于世，则功不立，名不遂。故古之能致功名者，众人助之以力，近者结之以成，远者誉之以名，尊者载之以势。如此，故太山之功长立于国家，而日月之名久著于天地。此尧之所以南面而守名，舜之所以北面而效功也。"功名如此重要，于是，也就有了"吾幽囚受辱，鲍叔不以我为无耻，知我不羞小节而耻功名不显于天下也"（《史记·管晏列传》）的痛苦，有了"老冉冉其将至兮，恐修名之不立"（屈原《离骚》）、"男儿功名遂，亦在老大时"（杜甫《送高三十五书记十五韵》）以及"白头未觉功名晚，青眼常蒙今昔同"（陈师道《别黄徐州》）之类的感慨。但是，庄子却深深有感于功名对人精神的桎梏，以及世人"汲汲于功名"对个体生命的损害，因而提出要达到"逍遥游"，除了"无名"之外，还要"无功"，也就是他所说的"神人无功"。

一　神人是神还是人

要说"神人无功"，首先得了解何谓"神人"。庄子在阐释"圣人无名"时所列举的，无论是儒家圣人如尧，还是隐士如许由，尽管其品德远远居于常人之上，但毕竟还是食人间烟火的实实在在的人。而庄子用来阐释"无功"的，却是位看起来有些虚无缥缈的"神人"。较之"圣人"与"至人"，"神人"不可避免地带上了一层神秘色彩。那么，神人究竟是神还是人？

先秦典籍中，"神人"并不独见于《庄子》。《尚书·舜典》记载道："八音克谐，无相夺伦，神人以和。"《左传·昭公元年》中也有"为晋正卿，以主诸侯，而侪于隶人，朝不谋夕，弃神人矣"之说。杜预注说："民为神主，不恤民，故神人皆去。"这两部典籍中提到的"神人"，都是"神"与"人"两个词的连用。但是"神人"在《庄子》中一共出现了8次，其中内篇4次，外杂篇4次，却都是用为同一个词语的。庄子笔下的"神人"显然与《尚书·舜典》及《左传·昭公元年》中的"神人"含义不同。

神与人本来是两个相对的概念，庄子却把二者合并在一起，创造出一个新的概念"神人"，而且与"至人""圣人"并列。要了解庄子"神人"所包括的内涵，首先得看看庄子是如何描述神人的：

> （神人）不食五谷，吸风饮露。乘云气，御飞龙，而游乎四海之外。

郭象认为神人就是圣人。理由是，既然圣人是一种人，神人应该也是一种人。可是他又说："神人者非五谷所为，而特禀自然之妙气。"由此看来，"特禀自然之妙气"的"神人"似乎应该是介乎神与人之间的一种非神非人的独特体。成玄英说得比较具体，他认为至人、神人、圣人三位本来就是一体的：

> 至言其体，神言其用，圣言其名。故就体语至，就用语神，就名语圣，其实一也。诣于灵极，故谓之至；阴阳不测，故谓之神；正名百物，故谓之圣也。一人之上，其有此三，欲显功用名殊，故有三人之别。此三人者，则是前文乘天地之正、御六气之辩人也。

成玄英"就体语至，就用语神，就名语圣"，原本不错。他的意思是至人就"体"而言，说的是如何才能"无己"，神人就"用"而言，说的是如何才能"无功",而圣人就"名"而言,说的是如何才能"无名"。因为在庄子看来,"己""功""名"是人生的三大"累",因此他要用人们最放不下的"己""功""名"来逐一说破、说透,用"无己""无功""无名"来说明人间"有己""有功""有名"者进入逍遥游境界的几种途径。但是,成玄英用道教"三清一体"的理念来解释至人、神人、圣人,却失之有误。特别是他说神人"阴阳不测",把庄子笔下原本贴近于人世的神人凌驾于人世之上,从而拉开了神人与人之间的距离,使神人脱离了人而成为神,忽视了庄子所说的"无功"之中的"功",也就违背了庄子的本意。

神人究竟是不是神?如果神人是神,那么神原本就不生活于人世间,并不存在摆脱人世种种羁绊的问题,这样来说,"神人无功"的论题本身似乎就没有任何意义了。因此在我们看来,庄子所说的神人应该指的是那些能建"太山之功长立于国家",为人世创建了神奇功业的人。换句话说,就是只有"其神凝",心中毫无杂念,并能建立起"使物不疵疠而年谷熟"的丰功伟业的人才是"神人"。因此,所谓"神人无功",是说神人能建天下最大之功,却可以摆脱"功"的羁绊,有大功、神功而不居功,不以功为功,心中无功。一旦如此,神人便能进入逍遥游的境界,获得人格的独立和精神的自由。所以我们说,神人当是与圣人并列的不同类型的另一种人。如果说"圣人无名"的圣人指的是君主尧之类,那么"神人无功"的"神人"应该指的就是于国有功的臣子。

二 为什么神人要出自接舆之口

庄子以平实简朴、不作铺陈的笔法写"圣人无名",却以高度夸张、先声夺人的气势描写"神人无功"。《逍遥游》中,神人尚未露出端倪,其声势已经骇人:

肩吾问于连叔曰："吾闻言于接舆,大而无当,往而不返。吾惊怖其言,犹河汉而无极也;大有径庭,不近人情焉。"

这里的不少词语如今已经演变为成语,可见其写法所具有的感染力与震撼力。肩吾、连叔、接舆应该都是当时的隐士。三人中,肩吾、连叔二人均不见于先秦其他典籍,但是接舆却是历史上确有其人的真实人物。肩吾告诉连叔他是从接舆那里听说了"神人"之事的,接舆的话让他听得目瞪口呆,"惊怖其言",只觉得那都是些"大而无当""往而不返""大有径庭"的一派狂言。庄子这样的一番大肆渲染,当然不是随意为之,而是要借接舆之口充分烘托出"神人"的"不近人情"。

接舆之语"不近人情",接舆之行也非常人所能理解。《论语·微子》中这样记述接舆道:"楚狂接舆歌而过孔子,曰:'凤兮凤兮!何德之衰?往者不可谏,来者犹可追。已而,已而!今之从政者殆而!'孔子下,欲与之言。趋而辟之,不得与之言。"《庄子·人间世》中也有类似的记载:"孔子适楚,楚狂接舆游其门曰:'凤兮凤兮,何如德之衰也。来世不可待,往世不可追也。天下有道,圣人成焉;天下无道,圣人生焉。方今之时,仅免刑焉!福轻乎羽,莫之知载;祸重乎地,莫之知避。已乎,已乎!临人以德。殆乎,殆乎!画地而趋。迷阳迷阳,无伤吾行。吾行却曲,无伤吾足。'"据说接舆与其妻"躬耕以为食",当时楚王曾派使者"持金百镒、车二驷"聘接舆入仕治理淮南,被他笑而拒绝。此后,接舆与其妻隐姓埋名,藏入深山,"莫知所之"(刘向《列女传》)。晋皇甫谧《高士传·陆通》中说:"陆通,字接舆,好养性,躬耕以为食。楚昭王时,通见楚政无常,乃佯狂不仕,故时人谓之楚狂。"

根据这些零星的记载我们可以知道,接舆是与孔子同时代的人,以"楚狂"闻名于世。接舆深深有感于当时的社会已经黑暗至极，人生的灾祸如同脚下的大地一般沉重，无法逃避。他看透了生活在这个社会中的人们不可奢望任何福祉，只要能免除"刑罚"之祸已是不幸中的大幸，所以他劝告孔子应该远离政治，以避祸患；并且坦然拒绝了楚王赏赐的功名利禄；为了逃避出仕，他不惜披长发，佯装发狂，遁入深山。

接舆就是这样一位"佯狂不仕"、不同凡响的人物。不难理解，辞去漆园吏、拒绝楚威王"使使厚币迎之，许以为相"（《史记·老子韩非列传》）、视相位如腐鼠、同样大彻大悟的庄子，很自然地在楚狂接舆身上获得了某种共鸣。在《逍遥游》中，庄子以这样一位看透功名、能有机会建功立业却不愿出仕的"狂人"引出"神人"，正说明在他心目中，建有大功的"神人"与从不曾出仕、也不愿出仕从政的隐士之间在精神上的相通。对比几乎与庄子同时的屈原，在他晚年所作的《九章·涉江》中所发出的感喟"接舆髡首兮，桑扈裸行。忠不必用兮，贤不必以"，足以见出两者着眼点的不同。

接舆是一位"狂人"。他清醒地看到大凡从政者最后只会惨遭殒命之祸。而对庄子来说，只有在精神上进入"逍遥游"的人，才会对在乱世中建功立业有如此清醒的认识，才会深知"功"对个体生命造成的危害，于是，庄子选择了由接舆推出"神人"，并且用"大而无当""往而不返""惊怖其言""河汉无极""大有径庭""不近人情"等一系列有强烈震撼效果的词语描述神人，目的就是要在这一番渲染、铺垫之后再写神人所建之功。庄子同时也要用这种先声夺人的手法告知有功于世者，神人是如何有大功而不居功、心中无功、飘然于世外的。

三 "神人无功"源于"神凝"后产生的大功

庄子是这样描述令人"惊怖""不近人情"、住在藐姑射之山的神人的：

连叔曰："其言谓何哉？"曰："藐姑射之山，有神人居焉，肌肤若冰雪，淖约若处子。不食五谷，吸风饮露。乘云气，御飞龙，而游乎四海之外。其神凝，使物不疵疠而年谷熟。吾以是狂而不信也。"

这段话中，庄子把世间最美丽的外貌、人可建立的最大功勋以及对生活最美好的愿望，都赋予了藐姑射之山的神人。"肌肤若冰雪"，形容神人体肤洁白如冰雪，通体毫无瑕疵。"淖约"，描绘神人体态轻盈柔美。宋玉《登徒子好色赋》描写东邻之女"增之一分则太长，减之一分则太短；著粉则太白，施朱则太赤。眉如翠羽，肌如白雪，腰如束素"，很可能就是由庄子对神人的描绘演化而来的。"处子"，指待字闺中的女子。庄子描写神人"淖约若处子"，是说神人内心之纯洁如同处子，从不为柴米油盐酱醋茶之类的琐事所烦扰，自然也就没有了运筹帷幄、著书立说的建功立业之念。"不食五谷，吸风饮露"，描写神人已经摆脱了人世之"累"。食五谷杂粮，原本是人生最基本的生存之需，一旦一个人不再需要为吃喝担忧，自然也就摆脱了人生所受的最大束缚。

如果说以上描写还只是在渲染神人形象与精神的超凡脱俗的话，那么后面的"其神凝，使物不疵疠而年谷熟"则是点睛之笔，点出了"神人之功"与"神人无功"的主题。过去很多注释《庄子》的人都认为"无功"就是不求有功。其实，"无功"非但不是没有功，而是要以"有功"为前提，然后才可有功而不居功。虽然神人自身已不食五谷，可以吸风饮露，完全摆脱了常人的生活局限，但是藐姑射之山的常人却还是要依赖五谷丰登而生存的。"神"，指神人的内在精神；"凝"，积聚一处。"其神凝"，是描述神人把自己全部的精力凝聚在一起，便为藐姑射之山的人们建立了"使物不疵疠而年谷熟"的大功：万物不再遭受疾病劳顿的折磨，五谷丰登，到处一派丰衣足食的景象。这里的"物",不但囊括"五谷"万物,还包括了居住在藐姑射之山的人们。"疵疠",指万物包括五谷以及人类所生的各种疾病。"年谷熟",农业社会中人们最企盼的五谷丰登实现了。

"使物不疵疠而年谷熟"何尝不是神人所建的大功、奇功甚至是神功呢? 由此可见,庄子所推崇的逍遥游者,不在于有功或无功,而在于如何对待功。神人虽然为人们带来了赖以生存的五谷,自己却不食人间烟火,不牵挂人间任何物质的东西,不为物所累,追求的是"乘云气,御飞龙,游乎四海之外"的精神自由,所以才能做到有功而不居功,心中无功。可以说,在庄子看来,"神人无功"并非说不建功的人才能称作神人,而是建功之后如何对待功、如何成为逍遥游的神人,这才是"神人无功"的精髓。

四 功名都是尘垢秕糠

接舆口中的神人建有如此奇功却不居功,在常人看来未免"不近人情"而"惊怖其言",其实,这正是一切求功名者所共有的感受。我们知道,庄子所面对的社会现实是"方今之时,仅免刑焉。福轻乎羽,莫之知载;祸重乎地,莫之知避"(《庄子·人间世》)。倘若一个人终日汲汲于功业,看不透"功名"背后的性命之忧,那无异于目盲耳聋之人,是很危险的:

> 连叔曰:"然。瞽者无以与乎文章之观,聋者无以与乎钟鼓之声。岂唯形骸有聋盲哉? 夫知亦有之。是其言也,犹时女也。"

"瞽者""聋者",眼盲耳聋之人。"文章之观"和"钟鼓之声",指色彩的美妙和音乐的动听。"时女"指的应该是肩吾之类对神人的行为不能理解、感到"惊愕"的人。这些人听接舆之言,就如同"瞽者"看不见漂亮的色彩,"聋者"听不到美妙的音乐,无法与之谈论色彩与音乐之美一样，是没有办法理解"神人"之境界的。说到此，庄子不禁对那些汲汲于功名的人当头棒喝道：岂止是人的形体会有残缺，人的智力也同样有残缺啊！在你们看来，接舆之言，不近人情，可是，你们就是智力残缺之人，有眼看不到祸象万千，有耳也听不到危险的警钟。

既然这是一个祸患四伏的社会，对庄子来说，最重要的还是教人如何免祸。

> 之人也，之德也，将磅礴万物以为一。世蕲乎乱，孰弊弊焉以天下为事！

"之人"，指神人；"之德"，指神人的内心修养，这里指神人有功而不居功，心中无功。"一"，指同一；"世蕲乎乱"，意思是世人都在寻求治乱，"弊弊焉"，形容苦心经营的样子。这几句话说，神人之德就在于他不但能"使物不疵疠而年谷熟"，而且能"磅礴万物以为一"。在神人眼中，世间万物都是平等的，没有高低贵贱之分。尽管世人都在为治理乱世建立功名而忙碌，但建立了"使物不疵疠而年谷熟"之丰功伟业的神人，却怎么可能把天下之功当作一回事，又怎么可能会为这些琐事而费心劳神呢？"孰弊弊焉以天下为事"的"天下"，既指天下之事，也指神人以及所有功臣建下的天下之功。唯其如此，不管天下发生了什么事，无论是人为的祸患还是自然的灾难，都伤害不了他：

> 之人也，物莫之伤，大浸稽天而不溺，大旱金石流土山焦而不热。是其尘垢秕糠，将犹陶铸尧舜者也，孰肯以物为事！

"大浸稽天"，形容洪水滔天。这就是说，即便遇到洪水泛滥淹没了一切，或者大旱之年天下的金石都被烧焦熔化，神人也不会受到任何的伤害。而这种不受伤害的根本原因，就在于神人虽有天下之功却不以天下之功为"事"，因而也就摆脱了"物"的束缚与羁绊。

值得一提的是，庄子说"是其尘垢秕糠，将犹陶铸尧舜者也"，并非菲薄尧舜，将尧舜比作是"尘垢秕糠"，而是说，一个人倘若为建功而建功，或者为一己之名而去建功，"弊弊焉以天下为事"，即便建有尧舜之功，也不过是神人的"尘垢秕糠"。这是因为在庄子看来，所谓功名，不论大小，都如"尘垢秕糠"一样"无用"。

于是，庄子用宋人卖帽子的故事为"尧让天下于许由"和"肩吾问于连叔"两段作结，来说明"功名"对于"逍遥游"的"圣人"和"神人"来说都是无用之物：

> 宋人资章甫而适诸越，越人断发文身，无所用之。尧治天下之民，平海内之政，往见四子藐姑射之山，汾水之阳，窅然丧其天下焉。

"资"，是卖；"章甫"，就是帽子。宋人戴帽子，以为天下人都戴帽子。可宋人把帽子贩到越地去卖，却没人要买。因为"越人断发文身，无所用之"。对"宋人"来说，帽子有"大用"；可是对"越人"来说，帽子却一无所用。帽子于越人，恰恰如同功名于"神人"一样，是完全"无所用"的东西。尧在见到藐姑射之山"四子"之前，尚不理解"圣人无名""神人无功"的道理，视功名就像宋人看待"章甫"一样，所以他才要把天下让给不以名为名而向往逍遥游的许由。而当尧在"藐姑射之山，汾水之阳"见到神人所建"使物不疵疠而年谷熟"之功时，终于悟出了什么是"功"，什么是"名"，理解了自己"弊弊焉"所建之功与神人相比，不过是"尘垢秕糠"罢了。于是尧"窅然丧其天下焉"，心中不再有名，不再有功，从而进入了"无名""无功"的逍遥游境界。

至人无己

庄子在《逍遥游》中首先用尧与许由的故事阐发"圣人无名"。"圣人"指的是如尧一类"举世闻名"的圣人。对圣人而言,"名"是最大的枷锁,因而庄子强调圣人当有名而不以名为名,心中"无名"。接着,庄子又借接舆之口,诠释"使物不疵疠而年谷熟"的"神人无功"。神人是能建神奇之功的人,指于国于民能建大功的功臣。对神人来说,"功"是最大的羁绊,因而庄子强调神人虽建功而不居功,心中无功。《逍遥游》的最后两节,庄子把笔墨落在了"无功""无名"的至人身上。"至人"指的是那些不但没有"名"没有"功",而且连"己"都没有的人。这样的人在身份地位上比起"圣人""神人"来,没有任何特别之处,他们就是人世间的普通人。但是,庄子认为普通人仍然可以成为"独与天地精神往来"的"逍遥游"至人,而其中的唯一途径便是庄子最为推崇的"无己"。

一　什么是"至人无己"

至人，是庄子心目中境界最高的逍遥游者。庄子把"至人"排在了神人、圣人之前，但在阐释"无己""无功""无名"时却颠倒顺序，先各用一节来阐发什么是"圣人无名""神人无功"，最后用了两节来说什么是"至人无己"。这一方面说明"至人无己"在庄子"逍遥游"思想中的重要，另一方面也隐喻着做到"至人无己"之难。

有意思的是，庄子说"圣人无名""神人无功"，都是直接明确地点明"圣人"如何"无名"，"神人"又如何"无功"。然而，对于"至人无己"，庄子却没有像"圣人无名""神人无功"那样说得那么明晰，那么直截了当。所以，要想探索"至人无己"的内涵，还得结合《庄子》"内篇"中其他篇章谈到"至人"的片段来一起考量。《齐物论》中谈到"至人"时说：

> （至人）死生无变于己，而况利害之端乎！

意思是说，至人对生死这种性命攸关的大事都无动于衷，那些日常生活中大大小小的"利"与"害"，又能奈"至人"何？对此，郭象是这样理解的：

> （至人）无己，故顺物，顺物而至矣。（《逍遥游》注）
> （至人）无心而无不顺。（《齐物论》注）。

今人徐复观《中国人性史论》说："庄子的'无己'，让自己的精神，从形骸中突破出来，而上升到自己与万物相通的根源之地。"（转引自陈鼓应《庄子今注今译》）陈鼓应也解释说："无己，意指没有偏执的我见，即去除自我中心，亦即扬弃为功名束缚的小我，而臻至与

天地精神往来的境界。"（同上）

郭象注重的是至人在人世间的具体生活表现，"唯至人乃能游于世而不僻，顺人而不失己"（《庄子·外物》）。意思是至人混迹于街头巷尾，看似与终日为生计而劳碌的普通人并无二致，这是因为他们首先得"活着"。所以郭象的"顺物"着眼于"无名""无功"的普通人如何才能成为现实生活中的"至人"，以及"至人"的真实生存状态。徐复观、陈鼓应强调的则是已经达到"无己"的至人"乘天地之正，而御六气之辩，以游无穷者"的精神境界。其中陈鼓应所说的至人"没有偏执的我见，即去除自我中心"的"无己"，与郭象所说的"无心"其实是一脉相承的。

根据庄子对"至人"的阐释和以上对庄子的诠解，我们可以知道"至人"至少有这样三个特点。其一，"顺物"。顺从自然，顺从变化，不惧生死，不计利害。"死生无变于己"是"顺物"的具体体现。其二，"无心"。不以一己之心衡量万物、评判万物之是非，以"无心"待人待物待世。在"顺物"和"无心"的关系之中，"顺物"是结果，"无心"是前提。人一旦"无心"，不论处于何等生活环境，都能"无不顺"，都能远离精神和物质上的束缚与羁绊。所以，"无心"的"顺物"，就是"无己"。其三，一旦做到"无己"，便可进入"独与天地精神往来"的逍遥游境界。

就所进入的逍遥游境界而言，圣人、神人与至人三者之间并无任何区别，但三者进入逍遥游的途径却大不相同。这是由现实社会中三者身份、地位以及生存状态的差异所决定的。作为现实生活中的圣人与神人，他们不必也无须为生计担忧，他们所要"放下"或者摆脱的，只是名与功。然而，"至人"指的是"游于世"的普通人，生于乱世，他们的物质生活乃至个体生命都没有任何保障。为了生存，他们不得不在现实中采取"顺物"的方式，以顺应自然之变、社会之变、生死之变、利害之变等各种大大小小之变。但他们的"顺"，又不是无所不为的"顺",不是为虎作伥的"顺",而是始终都得遵循"不逾矩"的原则,"游于世而不僻,顺人而不失己",站在"独与天地精神往来"的境界去看待、对待人世间的一切。这才是"至人"有别于普通人的灵魂。倘若失去这一灵魂,就不能称为是"无己"的至人了。这是庄子"至人无己"思想的精髓,也是"至人"不同于圣人、神人乃至普通人之所在。

成为心中"无己"的至人,远比成为心中无名的"圣人"、心中无功的"神人"难得多。这就是为什么庄子将"至人无己"列在首位,却用远远多于阐发"圣人无名""神人无功"的篇幅来解释"至人无己"的原因。

二 大瓠之"用"与"有己"

与用平实而又冷峻的笔调叙说"圣人无名"、用先声夺人的气势渲染"神人无功"不同,庄子在说"至人无己"的时候,用的是现身说法的寓言式描述:

> 惠子谓庄子曰:"魏王贻我大瓠之种,我树之成而实五石,以盛水浆,其坚不能自举也。剖之以为瓢,则瓠落无所容。非不呺然大也,吾为其无用而掊之。"

"贻",给;"大瓠",大葫芦;"剖",切开;"掊",打碎。这段话是说,魏王给了惠子一个葫芦种子,经过栽培,惠子收获了一个巨大的葫芦。用这个大葫芦装水,其坚固程度不足以承受水的重量。把它剖开做成瓢,又过于大,无所可容,所以只好把它砸碎了。

惠子即惠施,是名家学派的代表人物,做过梁惠王的宰相。梁惠王都城原在安邑,国号"魏",后迁都大梁,改国号为"梁",魏王因此也改称梁惠王。惠子这里显然是借无所用的"大瓠"来讥讽庄子之说不过是"大而无用"之言，正如成玄英所说："惠子所以起此大瓠之譬，以讥庄子之书，虽复词旨恢宏，而不切机务，……刺庄子之言，不救时要，有同此瓠，应须屏削也。"惠子位高权重，自以为自己所做的都是些"切机务""救时要"的大事，而庄子的"恢弘"之言，在他眼里却不能解决一丝一毫的现实生活问题，就如同无用的大葫芦一样，不但应该被抛弃，还应该被砸碎。面对惠子的讥讽，庄子不禁感慨地说：

> 夫子固拙于用大矣。

在庄子看来，"大瓠"因太大而不合惠子之用，过不在"大瓠"而在惠子的不会"用大"、不善"用大"。为了说明何谓"拙于用大"，庄子紧接着讲了个"不龟手之药"的故事：

> 宋人有善为不龟手之药者，世世以洴澼絖为事。客闻之，请买其方百金。聚族而谋曰："我世世为洴澼絖，不过数金；今一朝而鬻技百金，请与之。"客得之，以说吴王。越有难，吴王使之将，冬与越人水战，大败越人，裂地而封之。

"龟手"，受伤的皮肤裂开如龟背上的纹路；"不龟手之药"，防止手生冻疮的药。"洴澼"，在水中漂洗东西。故事说宋人因掌握了防止手生冻疮的良药，即便冬天在水中漂洗丝絮，手也不会发生冻裂的问题。于是有人以重金买得药方，说服吴王，将药用于冬季的吴越水战之中，结果吴王大胜。而此人也因此裂地封侯。庄子的结论是：

> 能不龟手，一也；或以封，或不免于洴澼絖，则所用之异也。

"不龟手之药"无论在宋人还是"客"的手中，药性并无差别，但因用者不同，用的对象与场合不同，所得结果也就不同。

后人一般认为这里庄子是借"不龟手之药"讽刺宋人不会像"客"那样"用大"，有贬宋人褒"客"之意。其实未必。庄子用这个故事只是想说明如何"用"。同样的东西，只要能"用"得恰到好处，就不能说是"拙于用大"。宋人"以洴澼絖为事"，能用不龟手之药保护自己，还能换取"百金"，这是宋人会"用"。"客"用不龟手之药"说吴王"，最后"裂地以封"，这是客会"用"。难怪郭象读到此而感慨道："此章言物各有宜，苟得其宜，安往而不逍遥也。"就是说，万事万物，只要各尽天性，得其所在，而不被"掊之"，就可以"逍遥"了。接着，就如何"用大"，庄子进一步发挥道：

> 今子有五石之瓠，何不虑以为大樽而浮乎江湖，而忧其瓠落无所容？则夫子犹有蓬之心也夫！

能盛五石之大的葫芦，原本就不应该装水，也不可以剖开做瓢。这种可"大用"之物到了不会"用大"之人的手中，当然没有用。倘若拥有这个大葫芦的人能用之漂浮于江湖，还会忧虑葫芦长成之后无所可容吗？这样的人，其心就像被塞上了茅草一样不开窍啊。

"大瓠"在惠子的手中最终遭到"掊之"的命运，固然是惠子不会"用大"，但"大瓠"在世人面前呈现出的"有用"，无论是用于盛水浆或剖为瓢，甚至"为大樽而浮乎江湖"，都暴露了"大瓠"心中因"有己"而求为世所用的一面。在庄子看来，但凡"有己"之人，很难避免不去求"有用"，而一旦求"有用"，被"掊之"的悲剧就不可避免。所以对普通人来说，"无己"的过程，是要先放弃"用"，没有了"用"，才能无所"忧"，也才能去除"蓬之心"。

通过庄子对"用"以及"用大"的这一番议论和感慨，我们不难看出，庄子"至人无己"的核心是人如何看待"用"以及如何"用"。

三 "大樗"之"无用"与"无己"

大"瓠"由于"有己"又"有用"，故难逃一劫。虽然庄子说"有用"之大"瓠"如果掌握在会"用大"者手中，很可能发生"浮乎江湖"的命运转机，但这距离"至人无己"的境界还相差甚远。其实，庄子先举"大瓠"之例，不过是为了铺垫出后面的正题，那就是如何通过"无用"来达到"无己"。用庄子的话来说，这样的"无用"就是"无用之用"。所谓"无用"是对外而言，"无用之用"则是对一己而言。如何才能做到"无用之用"呢？最重要的就是得"无己"。于是，庄子又用了一则寓言：

> 惠子谓庄子曰："吾有大树，人谓之樗。其大本拥肿而不中绳墨，其小枝卷曲而不中规矩，立之涂（通"途"），匠者不顾。"

大树是"大材"，于世有大用。匠人常常为寻找大材而不惜远赴深山。可是这棵大树就长在路旁，只因为长得臃肿盘结不合绳墨，而且枝蔓卷曲不中规矩，匠人经过时甚至看也不看它一眼。对用者匠人来说，"樗"虽大，却"不材"，所以无用；而对"樗"来说，却因其对外呈现出全然无用的形象而免遭刀斧之祸。这种对外的无用岂不正是对一己之大用？这，就是庄子所说的"无用之用"。

"瓠"与"樗"在世人眼中同为"大物"，其命运却如此不同。瓠的种子为魏王所赠，又经惠子精心培育，原本很有希望成就世人眼中的"大用"。不幸的是，其"大材"因远远超出培育者所能想到之用，结果被视为"无用"而遭"掊之"。"樗"则不同。"樗"也大，却深谙"有用之用"的危害。为了免于砍伐之灾，"樗"不但不求为人所用，甚至不惜"扭曲"自己。"其大本拥肿而不中绳墨，其小枝卷曲而不中规矩。"一棵树只有长成了这副模样，才能使自己免遭斧斤之伐，解除外在忧患。而这种对外呈现出的"无用"，正是源于"樗"内心深处的"无己"。因为只有"无己"，才能无所顾忌、无所畏惧，才会不在乎外在世界对自己的看法如何。倘若"樗"心中"有己"，恐怕就连"立之涂，匠人不顾"所带来的心理压力都会承受不起，那"独与天地精神往来"的逍遥游境界也就无从谈起了。这是为什么在庄子笔下，每每提及箕子、接舆之类佯狂之狂人，以及那些呈现出似"樗"一般的"畸人"如支离疏、哀骀它、申徒嘉、王骀、叔山无趾、子舆、子来等，字里行间都流露出一种独特的深情。不难看出，庄子思想中的"无用"与"无己"是紧密相关、互为因果的。

庄子的"无己"境界，对于守着"腐鼠"不肯放弃的惠子来说，是无法理解的。所以他只能以一个常人的眼光去评判庄子：

今子之言，大而无用，众所同去也。

惠子认为庄子只会说些"大而无用"的话，既不能匡时济世，又不能传道授业，注定一生只能是孤家寡人，穷困潦倒。面对惠子的再次讥讽，庄子用了一个有趣的比喻作为回答：

庄子曰："子独不见狸狌乎？卑身而伏，以候敖者；东西跳梁，不辟高下；中于机辟，死于罔罟。"

"狸狌"就是野猫；"候"，是等待；"敖者"，指的是"鸡鼠之属"（司马彪语）；"机辟""罔罟"，都是捕兽所用的机关。野猫"卑身而伏"，等待着猎物，上蹿下跳，利令智昏，最后却死于猎人之手。

那么，如何才能避免"中于机关之法，身死罔罟之中"（成玄英语）？
庄子接着说：

> 今夫牦牛，其大若垂天之云。此能为大矣，而不能执鼠。

这里，庄子自喻为"牦牛"，说"牦牛"与"樗"一样，能"为大"，图的是顺从天性，追求逍遥自由，当然不可能像"狸狌"一样费尽心机地忙着"执鼠"。虽然在惠子看来，牦牛大而无用，可正因为它不屑于"执鼠"也不会"执鼠"，才不致为"机辟""罔罟"所害。庄子用牦牛"不能执鼠"来回答惠子，一方面把惠子引以为豪的宰相之位比作不屑一顾的"鼠"，另一方面说明只有像牦牛这样顺性生长、物我两忘，才能进入"无用之用"乃至"至人无己"的境界。

四 "无己"的意义

很多人说惠子是庄子的朋友，其实不然。惠子与庄子的交往，在先秦典籍中仅见于《庄子》一书。据《庄子》记载，庄子的确是把惠子当朋友的。有一次，庄子还曾远道去探望惠子。可是惠子对庄子却极尽讽刺挖苦之能事。《庄子·秋水》记述说，惠子在相位时，庄子曾前去探望。惠子唯恐庄子会取代自己，竟派兵搜捕庄子。庄子见到惠子后，自比鹓雏，而把相位比作"腐鼠"，说鹓雏"非梧桐不止，非练实不食，非醴泉不饮"，怎么可能去跟惠子抢食"腐鼠"呢？由此可见，惠子完全不理解庄子，根本算不上是他的朋友。尽管如此，庄子还是把惠子当朋友看待，至少他对惠子所说的，都是坦荡赤诚的肺腑之言：

> 今子有大树，患其无用，何不树之于无何有之乡，广莫之野，彷徨乎无为其侧，逍遥乎寝卧其下。不夭斤斧，物无害者，无所可

用，安所困苦哉！

所谓"无何有之乡，广莫之野"，是一个没有战争、没有暴力、没有残杀、没有功名利禄，也没有是非、没有高低贵贱的地方，也就像《逍遥游》所描绘的"藐姑射之山"一样。在这个世界里，人人如同巢于深林的鹪鹩、饮于江河湖泊的鼹鼠，"不问何物，悉皆无有"（成玄英语），没有欲念，无所牵挂，"无所可用"，自然也就"无为""无己"了。一旦行动上"无为"，心中"无己"，就能进入"无用之用"的"逍遥游"自由世界了。庄子用"彷徨乎无为其侧，逍遥乎寝卧其下"，勾勒出了一幅多么怡然自得、超然世外的理想人生图景啊！这里人人没有"斤斧"之虞，万物齐一。没有"害者"，也就没有了被"害者"；没有什么可用，也就不需要去"用"，自然也就没有任何困苦祸害的存在。

庄子说惠子"拙于用大"，他既不识大瓠之用，自然也不识"樗"的"无用之用"。在惠子看来，庄子的学说，正如这棵"匠人"不顾的"樗"一样，一无所用，因此"众所同去"。但在庄子看来，"无用"就是"大用"，正因为"无用"，"樗"才得以顺性生长，才可以像成玄英说的那样：

> 不材之木，枝叶茂盛，婆娑荫映，蔽日来风，故行李经过，徘徊憩息，徙倚顾步，寝卧其下。亦犹庄子之言，无为虚淡，可以逍遥适性，荫庇苍生也。

这"不材"之树，不但因"无用"而免遭斤斧，而且还可以为自己提供一个逍遥的养生场所，为一代又一代过客提供憩息之地。可见庄子"无用"之说的着眼点是以"无用"为"大用"，以"无用"为人们提供一个自由心灵的住所，教人们在乱世中如何避祸、如何摆脱人生的种种羁绊，从而进入自由逍遥的境界，达到"无用之用"，这才是"至人无己"的最重要的意义，而并不像后来某些人所理解的那样，是一种极端自私的处世方法。

"游于羿之彀中，中央者，中地也，然而不中者，命也。"（《德充符》）处于这样的社会环境中，只有懂得"无用之用"的人，才能了解"樗"的生存之道；只有懂得"无己"的人，才会理解庄子人生哲学中"无用"的深刻含义。

在庄子看来，如果一个人能看透尘世中的"有用"与"无用"，达到"无用之用"，那就不但可以避免像"大瓠"那样不幸被人"剖之"，而且还可以如同"樗"那样得以颐养天年。这样的人，就是"至人"了，而"至人"就是"无己"的人。一旦做到"无己"，就可以不顾忌世俗的一切，超越所有的利害得失而逍遥游：

> 至人神矣！大泽焚而不能热，河汉冱而不能寒，疾雷破山飘风振海而不能惊。若然者，乘云气，骑日月，而游乎四海之外。死生无变于己，而况利害之端乎！（《齐物论》）

"无己"的至人不会在意世上发生的一切，更不会在意世人的"不顾"以及世俗之人投来的轻视鄙夷的目光，他们对外在世界所发生的一切都可以无动于衷，始终保持内心的平静安适，"大泽焚而不能热，河汉冱而不能寒，疾雷破山飘风振海而不能惊"。于是，其精神便得以"乘云气，骑日月，而游乎四海之外"。这样的人，自然无所畏惧，没有什么能威慑到他们；自然得到了庄子由衷的赞叹"至人神矣"。

总而言之，庄子的"至人无己"，就是要在心中"无己"、对外"无用"、不求"有用"，在现实社会中"顺物"而游，却又不失自己的独立人格，能守住心中的"独与天地精神往来"的"净土"，达到"吾丧我"的境地。这样的人，就是"无己"的"至人"。庄子把"至人无己"摆在三种逍遥游者的首位，已经说明进入"至人无己"远比进入"圣人无名""神人无功"的境界难得多，也更具有挑战性。然而，这却是庄子心中进入精神自由的"逍遥游"的最高人生境界。

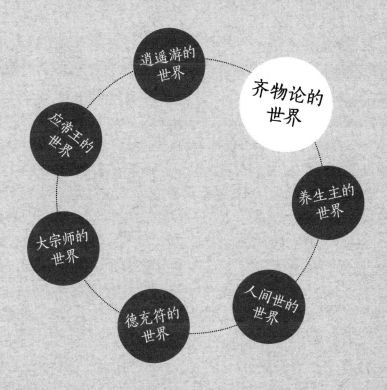

逍遥游的
世界

齐物论的
世界

应帝王的
世界

养生主的
世界

大宗师的
世界

德充符的
世界

人间世的
世界

吾丧我

读过庄子的《逍遥游》，再来读《齐物论》，就好像忽然从汪洋自恣、自由自在、适意飞翔的九万里高空掉进了"槁木死灰"般寂静的死穴，不免产生一种无可名状的突兀困惑感。尽管《齐物论》开篇有关"地籁"的描写被誉为"大风赋"，足以引发人无穷遐想的"天籁"，甚至成了对音乐最高境界的褒奖之词，而结尾那脍炙人口的"蝴蝶梦"，更在文学史上一次又一次地被演绎。但深究起来，这《齐物论》究竟要说些什么，还是让人感到十分费解。这不仅仅是由于《齐物论》的文辞隐晦独特，其中论及的许多概念抽象玄奥，也由于自魏晋以来，涌现出众多的解庄注庄者，往往"以庄注我"，各取所需，留下了很多值得商榷的问题。虽然《齐物论》的确读之不易，但此文在《庄子》中的地位以及对中国传统士大夫的影响，却不亚于《逍遥游》。如果说，《逍遥游》是以一系列寓言、比喻形象地勾画出了庄子思想的框架，那么，《齐物论》则主要以抽象思辨的方式对这一框架所涉及的各个方面作了补充与说明，两篇文章相辅相成，构成了庄子思想的完整体系。这里，就让我们试着走进《齐物论》，探索一下庄子究竟想告诉我们什么。

一 "齐物论"："齐论"还是"齐物"

读《齐物论》，首先要理解、要研究的，便是"齐物论"本身的含义。归纳起来，大致有以下四种解释。其一，"齐物论"中的"齐物"二字应该连读，意思是"论齐物"。如左思《魏都赋》："万物可齐于一朝。"刘渊林注："庄子有齐物之论。"就是说庄子《齐物论》说的是万物一齐的道理。其二，"齐物论"中的"物论"二字应该连读。王应麟《困学纪闻》说："《庄子·齐物论》，非欲齐物也，盖谓物论之难齐也。"认为庄子的意图在于"齐论"而非"齐物"。其三，"齐物论"包含了"齐物"与"齐论"两个含义。王先谦《庄子集解》："天下之物、之言，皆可齐一视之，不必致辩，守道而已。"其四，认为"齐物论"以"齐物"为主，兼及"齐论"。如关锋《庄子内篇译解和批判》说："题旨兼有'齐物、论''齐、物论'二义，而以'齐物、论'为主导方面，庄子正是以此去齐各种物论。"

以上几种说法在《庄子》研究领域都颇有影响。通观《齐物论》全篇，应该说王先谦和关锋的说法更切合庄子"齐物论"的本意。特别是关锋提出的以"齐物"来"齐论"的看法颇具启发性。不过，《齐物论》中，庄子既"齐同万物"，也"齐同物论"，但他作《齐物论》的目的，却并非"齐物""齐论"平分秋色，也不是以"齐物"去"齐论"，而是以"齐同物论"来"齐同万物"。也就是说，庄子的"齐论"其实是"齐物"的一个部分，而"齐同物论"的目的还在于"齐同万物"。

那么，庄子为什么要通过"齐论"来"齐物"？这是由庄子"万物一齐"的基本思想所决定的。庄子所说的"物"，不仅仅是"物"，其中也包括人。在"万物"之中，人同样为一"物"，"天地与我并生，而万物与我为一"（《齐物论》）。在庄子看来，物论的不齐使物有了是非之分，使人有了高低贵贱之别。而世间万物原本是平等的，没有等级之分。"天下莫大于秋豪之末，而大山为小；莫寿于殇子，而彭祖为夭"（同上）。世间万物的不平等产生于人心，产生于人的是非观念。所以，要还原万物一齐的本来面目，首先就得齐同物论。物论齐了，万物自然在人们的心目中是平等的，人也就没有了等级之分。

值得一提的是，在庄子的时代，儒家、墨家以及其他学派注重的都是人的社会属性，而忽略或有意挤压人的自然属性。如与庄子同时的孟子就说："夫物之不齐，物之情也。或相倍蓰，或相什百，或相千万。子比而同之，是乱天下也。巨屦小屦同贾，人岂为之哉？从许子之道，相率而为伪者也，恶能治国家？"（《孟子·滕文公上》）可见儒家思想就是要用礼义道德去建造一个君子小人、尊卑有序的道德社会，而庄子恰恰有感于这种把人划分为尊卑高下不同的物论，掩盖或扭曲了人本性的"一齐"，所以才要从"齐物""齐论"的角度，把人与物并提，强调在这个世界上，"与天为徒者，知天子之与己，皆天之所子"（《人间世》）。就是说，如同世上的万事万物一样，人人都是天子，都是自然物，故人人生而平等，没有尊卑贵贱的分别。在《齐物论》中，庄子以象征物论的人籁、地籁开篇，以象征齐物的物化蝴蝶梦收束全文，便是其平等观的一个最好证明。

李白曾在《大鹏赋》中说庄子"发天机于漆园，吐峥嵘之高论，开浩荡之奇言"。的确，如果说《逍遥游》的"高论""奇言"，描绘的是人在"无己""无功""无名"之后，"乘天地之正，而御六气之辩，以游无穷者"的绝世独立的"无待"而游，追求的是遗世独立的精神自由，那么，《齐物论》之"峥嵘高论""浩荡奇言"，就是庄子站在大写的"人"的高度，以"齐同物论"达到"齐物"，泯灭一切尊贵卑贱君子小人的等级界限，呼吁归还人的自然本性。由此，我们可以说，追求人的平等自由，把人还原为天赋平等的自然人，才是庄子写《齐物论》的本意。

二 "隐机而坐"：南郭子綦是谁？他怎么坐

庄子的《齐物论》以"论"名篇，自然会以大量抽象思辨的议论文字阐述他"齐论""齐物"的思想，其行文明显不同于前面的《逍遥游》，也有别于其后的《养生主》《人间世》等。可有意思的是，这样一篇以"论"为题的文章，开篇却十分怪异突兀，既不像《逍遥游》那样先来一番大笔重墨的渲染夸张，也不同于《养生主》的开门见山，一句警世箴言便足以给人当头棒喝，而是以记事的叙述体先推出了一位古怪离奇的名为南郭子綦的老师形象：

南郭子綦隐机而坐，仰天而嘘，荅焉似丧其耦。

南郭子綦是否真有其人？成玄英说他是"楚昭王之庶弟，楚庄王之司马，字子綦"。可是楚昭王生活于公元前523年至前489年。楚庄王生年不详，卒于公元前591年。楚庄王死后六十多年楚昭王才出生，显然，南郭子綦不可能是楚昭王的弟弟。想必南郭子綦应该跟支离疏、王骀、叔山无趾、哀骀它一样，都是庄子笔下的寓言人物。

"隐机"一词，在《庄子》中一共出现了四次。除《齐物论》，还见于《秋水》："公子牟隐机大息，仰天而笑。"《知北游》："神农隐机，阖户昼瞑。"《徐无鬼》："南伯子綦隐几而坐，仰天而嘘。"如何"隐"？司马彪解作"冯（凭）"，就是"靠"。后来的注释者，也大都采用此说，把"隐机而坐"，解释为靠着几案（小矮桌）坐着。

释"隐"为"靠"，好像说得通，可是这"坐"却得跟今人的坐法一样才行。然而，先秦时人铺席于地，两膝着席，臀部压在脚后跟上,谓之"坐"。《礼记·曲礼上》说"先生书策琴瑟在前,坐而迁之",注:"坐,跪也。"《左传·昭公二十七年》也说"执羞者坐行而入"。杜预注:"坐行,膝行。"就是说,先秦时人所谓的"坐",其实是跪着的。这样的话,"南郭子綦隐机而坐"就成了他臀部压在脚后跟上,还能向后仰靠在几案上。试想人要靠着几案而坐,无非两个原因,一是可以给自己一些支撑,避免倾倒;二是为了"坐"得更舒服。可是臀部压在脚后跟上如何倚靠几案?无论前倾或后靠似乎都很不容易。如此,"南郭子綦隐机而坐"的"隐机"应当不是靠着几案而坐。

《庄子》中用到"隐"字,还见于"道恶乎隐而有真伪?言恶乎隐而有是非?……道隐于小成,言隐于荣华"(《齐物论》)。另外,《人间世》《大宗师》《天运》《缮性》《庚桑楚》等也都曾用到"隐"。而这些"隐"都当"蔽"解。先秦其他典籍中,"隐"字也大都含有隐蔽、掩藏的意思。如《国语·齐语》中之"隐五刃",注:"隐,藏也。"《荀子·致仕篇》之"隐忌雍蔽之人",注:"隐,亦蔽也。"而把"隐"字解释为"凭"或"靠",在先秦文献中似乎并不多见。所以,我们认为,把"隐"解为"蔽",把"隐机"解释为"遮挡住了几案"才更说得通。如此一来,"南郭子綦隐机而坐",就成了南郭子綦坐在小几案上,身体和宽大的衣服遮蔽住了小几案。那么,南郭子綦在做什么呢?庄子形容他在"仰天而嘘"。"嘘",成玄英说是"叹",可"叹"带有浓重的情感色彩,与这里的描述显然不符。而卢文弨解释的"吐气为嘘"更合乎情理。这里所说,应该是南郭子綦仰起头来长长地出了一口气,表现出"荅焉似丧其耦"的古怪样子。

三 "丧其耦":南郭子綦丧了什么

话说回来,南郭子綦究竟是谁,到底怎么坐,虽然从训诂角度来看颇有意义，但对理解庄子思想来说，却无足轻重。在此，更能体现或者说明庄子思想的还是"荅焉似丧其耦"一句。"荅焉"，成玄英说是"解体貌"，就是形容南郭子綦靠在几案上，好像瘫成了一堆，失了骨架，有点儿类似庖丁解过的牛，"謋然已解，如土委地"。那"丧其耦"又是什么意思呢？郭象说："若失其配匹。""配匹"就是妻子。按照郭象的解释，这句是说南郭子綦坐在几案上，没有一点儿精神，如同刚刚经历了丧妻之痛一样。这种解释，应该是沿袭把"嘘"释为"叹"的思路而来。可是一路读下去，细细品味南郭子綦所言以及说话的口气，都丝毫显示不出任何悲痛之意。所以把"似丧其耦"说成是"似丧其妻"，不免牵强。俞樾对"丧其耦"的解释十分值得注意：

> 丧其耦，即下文所谓"吾丧我"也。郭注曰"若失其配匹"，未合"丧我"之义。司马云"耦，身也"，此说得之。然云"身与神为耦"则非也。耦当读为"寓"。寓，寄也，神寄于身，故谓身为寓。

司马彪说"耦"是身体，俞樾又进一步从训诂学的角度说明"耦"就是"寓"，是"寄寓"，是人的"神"居住的地方，因而"耦"也就是人的身体。按司马彪和俞樾之说，"似丧其耦"就是南郭子綦靠在几案上好像丧失了自己的身体一样。可是，南郭子綦分明就坐在那里，还"仰天而嘘"，怎么能像是丧失了自己的身体呢？可见司马彪和俞樾的解释也有问题。

虽然，俞樾所说的"身与神为耦"是不对的，却为我们理解这句话开启了一条新思路。"耦"，偶也。"偶"，的确应当像郭象所解的那样，为"配匹"，不过这个"配匹"不是指妻子，而是指与"身"相匹配的另一方，也就是俞樾所说的"神寄于身"的"神"。所谓"丧其耦"，其实就是"丧其神"，而非"丧其身"。南郭子綦"似丧其耦"就是说他如丧其神。"神"是人的"魂",也就是与人的形体相对应的"意识",说白一点,就是人们通常所说的"精气神"。一旦人的"魂"或"精气神"离开了形体,人就没有了一点儿精神,丧失了意识,就会形同"解体"。明白了这个"耦"字,反过来,就不难想象出南郭子綦"荅焉"的状态,不难理解他是如何"形如槁木,心如死灰"地坐在几案上"如土委地"的了。

南郭子綦"隐机而坐,仰天而嘘,荅焉似丧其耦",呈现出这么一副松懈怪异的样子,他在做什么?成玄英解释道:

> 其人怀道抱德,虚心忘淡,故庄子羡其清高而托为论首。……谓身与神为匹,物与我为耦也。子綦凭几坐忘,凝神遐想,仰天而叹,妙悟自然,离形去智,荅焉坠体,身心俱遣,物我兼忘,故若丧其匹耦也。

在成玄英眼中,南郭子綦是"怀道抱德"之人。只有这样"虚心忘淡"的得道高人,才能坐在几案上"凝神遐想",悟到自然的妙趣,于是"仰天而叹(嘘)",摆脱了"形体"与"心智"的羁绊,进入了一种"身心俱遣,物我兼忘"的境地。严灵峰先生据此认为这是后世禅僧所说的"坐禅"、道士所说的"打坐"入定以后的境界:"'今之隐几'与'昔之隐几'乃指子綦在同地所行之事,不过在时间上稍有距离。《庄子》的'坐忘',犹如佛家的'入定'。子綦由'隐机'至于'吾丧我',就像和尚由'打坐'至于'入定'。'昔之隐机'指'打坐'时言,'今之隐几'指'入定'时言。"(转引自陈鼓应《庄子今注今译》)此说的确一语中的。据说,僧道在坐禅或者打坐入定之时,其呼吸细微,一切思维都停止了活动,对外部世界几乎没有任何感觉,完全处于一种无内、无外、与天地宇宙浑然一体的混沌状态,既不知自己身处何时何地,也无法控制自己的形体。想必此时此刻的南郭子綦正是入了定，才会显现出这样一副"似丧其耦"的形态。

四 "吾丧我"：我是谁

庄子当然并不要人只是惊异于南郭子綦"荅焉"的样子，更重要的还是要阐发他的"齐物论"：

> 颜成子游立侍乎前，曰："何居乎？形固可使如槁木，而心固可使如死灰乎？今之隐机者，非昔之隐机者也。"

颜成子游是南郭子綦的学生，他正服侍在老师的跟前。见到老师的这副样子，不禁惊异疑惑，于是发问道："何居乎？""居"有解为"安处"的（见成玄英《疏》），也有释为"故"的（司马彪说，见《释文》）。从上下文看，理解为"故"更为准确。也就是说"您这是什么缘故啊？"一句问话，不仅表现出颜成子游的惊异，更道出了他的疑问。人的形体固然可以瘫成一团，如同干枯的树枝，可是人的心智也可能如同死灰一般吗？作为学生，颜成子游特别注意到，今日的南郭子綦与往日的有很大不同："今之隐机者，非昔之隐机者也。"于是特别想探索其中的原因何在。成玄英说这是颜成子游在向南郭子綦请教打坐的方法："神识凝寂，顿异从来，遂使形将槁木而不殊，心与死灰而无别。必有妙术，请示所由。"但从颜成子游的问话中，可以知道他感兴趣的不是达到"心如死灰"的途径与步骤，而是缘由与道理。这从下文南郭子綦的借题发挥中可以看得更为清楚。

> 偃，不亦善乎，而问之也！今者吾丧我，汝知之乎？

一句"不亦善乎，而问之也"（你问得好啊！）在写作上堪称是最重要的转折，为的就是要点出这一段文字的主题："吾丧我"。

"吾丧我"不但是这段话的"点睛"之笔，也是读懂《齐物论》的关键。那么，"吾丧我"又是什么意思呢？郭象认为"吾丧我"就是"忘我"："吾丧我，我自忘矣；我自忘矣，天下有何物足识哉！故都忘外内，然后超然俱得。"郭象虽然说"吾丧我"就是"我自忘"，可是，"我"又是谁？郭象并没有说。"我自忘"以后，"超然俱得"，"得"了什么？他也没有说。而且，把"丧"等同于"忘"，也不应该是庄子的本意。

"吾丧我"中的"我"究竟是什么意思，"吾"与"我"这两个第一人称代词之间是否有不同，直到宋代林希逸才第一次注意到：

> 吾丧我，不曰我丧我，而言吾丧我，言人身中有一毫私心未化，则物我之间亦有分别矣。吾丧我三字下的极好。洞山曰：渠今不是我，我今正是渠，便是此等关窍。（《南华真经口义》）

林希逸对"我"的解释确为卓见。他认为"我"即人之"私心"。这个"私心"就是我们现在所说的人的主观意识，也就是人在社会中形成的对各种是非能发出评判的"自我"。"吾丧我"就是在看待万事万物时抛却个人成见，以超然是非之外的心态看待是非。虽然林希逸没有明确地说明"吾"与"我"这两个同义人称代词的不同，但是他确是把两者分开来谈的第一人。事实上，在先秦文献中，"吾"与"我"时常混用，但在用法以及所指代的意思上，又确实有细微的区别。例如《论语》中的"吾"多指"我、我的、我们、我们的"，多用作主语，而"我"只是一般的自称代词。又如《老子》中，虽然"吾"与"我"都有用作主语的，但在表述看法、意见时，多用"吾"，"我"则更多地用于宾语。而在《庄子》中，"吾"与"我"的分别似乎更为明显些。如《逍遥游》中的："子治天下，天下既已治也。而我犹代子，吾将为名乎？名者，实之宾也，吾将为宾乎？"《齐物论》中的"非彼无我，非我无所取。……百骸、九窍、六藏，赅而存焉，吾谁与为亲"以及"自我观之，仁义之端，是非之涂，樊然殽乱，吾恶能知其辩"，还有《大宗师》中的"彼近吾死而我不听，我则悍矣，彼何罪焉！夫大块载我以形，劳我以生，佚我以老，息我以死。故善吾生者，乃所以善吾死也"等等，都显示出"吾"多指一般化的、客观的我，而"我"多指具体的、情态的我。由此可知，"吾丧我"中的"我"指的是那个偏执于己见、汲汲于世的世俗之我。

在这段短短的描述中，庄子两次说到"丧"："似丧其耦"与"吾丧我"。推究起来，这两个"丧"之间有没有关系？如果有，又有什么关系？"丧其耦"与"吾丧我"是否相同？俞樾认为"丧其耦"就是"吾丧我"："丧其耦，即下文所谓吾丧我也。"可知他是把"丧其耦"与"吾丧我"二者联系起来来看，并认为二者指的是同一状态。

上文我们已经说过，"丧其耦"的"耦"指的是人的"魂"，也就是人的精神，而"我"指的是人评判万事万物的主观意识，虽然都是"丧"，两者之间还是有所不同。"似丧其耦"是颜成子游从旁观者的角度，观察到的一种外在具象，是"吾丧我"的外在表现形式，是旁人所能感受到的，是一种表象；而"吾丧我"才是"似丧其耦"表象之下的实质内容。南郭子綦"隐机而坐"所进入的也正是这样一种"吾丧我"的境界。至此，我们认为，"吾丧我"中的"吾"，指的是作为物体形态存在的人，也就是形如槁木之"身"，是瘫坐在几案上的那一堆"肉"，而"我"则是那个能衡量万事万物是非之心的主观意识，是那个为世俗之念所限制的情态之我。所谓"吾丧我"就是要放弃自己的一切主观看法，达到"天地与我并生，万物与我为一"，这才是庄子《齐物论》开篇这则寓言中"吾丧我"所要表明的基本思想。

人籁与地籁

　　南郭子綦"隐机而坐"进入"吾丧我"的境界之后，侍立在一旁的颜成子游已经看出"今之隐机者，非昔之隐机者也"，但是他对"形固可使如槁木，而心固可使如死灰乎"却深感困惑不解。南郭子綦告诉颜成子游，今之"隐机"与昔之不同就在于"吾丧我"。可是，"吾丧我"又是什么呢？颜成子游仍感到"一头雾水"。于是，庄子借南郭子綦之口谈起了"人籁""地籁"与"天籁"。

　　"三籁"之说，对后世的影响极大。不仅"天籁"已成为后世评判音乐造诣的最高标准，而且庄子对"地籁"的描绘也成为先秦文学成就中最精彩的片段之一，而为历代文学评论家所称颂。如明杨慎《庄子解》就说："庄子'地籁'一段，笔端能画风。掩卷而坐，犹觉寥寥之在耳。"清刘凤苞《南华雪心编》说："止就地籁极力摹写。地籁莫妙于风，不作则音响全无，作则众窍怒号。窍之应风也，先绘其形，继绘其声，千奇百态，涌现毫端。形之所在，声即随之，然后落到'前者唱于'六句，回风舞雪，机趣环生。"但是这仅仅是就文学谈文学，并没有解释人籁、地籁、天籁究竟说的是什么。而且，庄子为什么要写"三籁"，也一直是仁者见仁、智者见智的问题。这里，我们先来谈谈"人籁"与"地籁"。

一 人籁：人为的"万殊之声"

"三籁"中写得最简单的就是"人籁"，庄子在解说"吾丧我"时仅仅是一笔带过：

> 偃，不亦善乎，而问之也！今者吾丧我，汝知之乎？女闻人籁而未闻地籁，女闻地籁而未闻天籁夫！

"女"，即"汝"，指颜成子游；"籁"，据郭象说是"箫也。夫箫管参差，宫商异律，故有短长高下万殊之声"。箫是一种由竹管制成的乐器。《说文解字》说："参差管乐。象凤之翼。从竹，肃声。"段注："其声肃肃而清也。""肃肃"是形容箫吹奏出来的风声。这也可以在《后汉书·列女传·董祀妻》中得到佐证："处所多霜雪，胡风春夏起。翩翩吹我衣，肃肃入我耳。"因箫有十、十六或二十四根竹管，而且长短不一，"参差象凤翼"，还有"无底"与"有底"的区别（见《通典·乐器》引《世本》《广雅·释乐器》），故竹箫可以吹出各种不同的"风"声来。也因为竹箫是古时最常见、最普通的乐器之一，人们平素经常接触到的音乐大概就是箫声。所以这里南郭子綦说"女闻人籁而未闻地籁，女闻地籁而未闻天籁夫"，就是说颜成子游只是听到过由竹箫演奏出来模仿风声的乐音"人籁"，却没有亲耳聆听过"地籁"；即便有机会聆听过"地籁"，也一定没有听过什么是"天籁"。

从这几句话中不难看出，庄子心中的"人籁""地籁"和"天籁"是由低到高的三个层次、三种境界。要理解天籁，首先得理解什么是"人籁"与"地籁"。于是，南郭子綦从最易于理解的"人籁"入手，作为铺垫，而把重点放在了解释"地籁"上，并通过人籁与地籁的对比，引导颜成子游去体会什么是天籁。

"人籁"，据陈鼓应先生《庄子今注今译》，"是人吹箫管发出的声音"。用庄子自己的话来说，就是"比竹是也"。可是，正如郭象所注意到的，比竹之"声虽万殊，而所禀之度一也，然则优劣无所错其间矣"。他的意思是人们吹箫所用的乐器都是一样的，乐曲的音律也相同，不同的人却吹奏出大不相同的乐音来。郭象的解释对理解庄子的"人籁"很有启发。因为庄子所说的"人籁"，必定是扣着"齐物论"的主题而来，同时也是打开"吾丧我"的一把钥匙。庄子在这里提出"人籁"之说，就是要指出人们虽然所遵循的音律相同，所用的乐器一样，但由于心中有了"我"，有了"成心"，即便是同一事件、同一物品，由于人们站的角度不同、视角不同、想法不同，也同样可以得出千差万别甚至截然相反的结论。这种"物论"不齐的根本原因就在于人的一己之见，所以才会出现"万殊"之声，才有了"物论"的纷杂。这才是庄子在"齐同物论"之前，要先写"其形参差象凤翼"的"竹箫"所发出的不同声音的目的所在。

不过，在郭象看来，"三籁"并无不同，"夫天籁者，岂复别有一物哉！"陈鼓应先生《庄子今注今译》也采用此说："人籁是人吹箫管发出的声音，譬喻无主观成见的言论。地籁是指风吹各种窍孔所发出的声音。天籁是指各物因其各己的自然状态而自鸣。可见三籁并无不同，它们都是天地间自然的音响。"这样的解释，应该并非庄子原意。如果结合上下文来看，"三籁"的提出显然是在南郭子綦感到无法用言语解释"吾丧我"之后才做出的一种比喻。这几句话，看似是一种意识流般地随意诉说，其实庄子却是以"人籁"比喻"物论"，说明不同的人虽然掌握着同样的器乐，都模仿着"肃肃"风声，可是只要掺杂进"我"，发出的声音就会有很大的差异。在某种意义上，"人籁"可以视为不同的人在有了统一标准的前提下，仍对同一事物发出"万殊之声"的"物论"的象征。

二 "敢问其方"："方"是什么

承上所说，南郭子綦是由于颜成子游理解不了他的"形如槁木，心如死灰"的"吾丧我"境界，才只好用"三籁"来进一步解说的。这种比喻之间的内在联系，颜成子游是否完全明白，南郭子綦仍心存疑问。于是，他一边称赞颜成子游"不亦善乎，而问之也"，一边说"女闻人籁而未闻地籁，女闻地籁而未闻天籁夫！"这里连用两个"未闻"就是要以"三籁"为比喻，去解开颜成子游心中的疑团。于是：

　　　　子游曰："敢问其方。"

"敢问其方"看似简单，却是理解"吾丧我"与"三籁"之间关系的重要一环，也是开启下文的一座桥梁。所以，解释清楚这一句，对理解庄子的"齐同物论"思想有着重要的意义。否则，"三籁"便不免游离于《齐物论》之外了。

在这句话中，"敢问"是谦辞，意思是"冒昧地请教""大胆地问一下"。"其"指的是"三籁"。这些都没有异议。可是其中的"方"字由于不在冷僻字之列，却往往为后人所忽略。翻阅前人的注释，只有成玄英提到了这么几句：

　　　　方，道术也。虽闻其名，未解其义，故请三籁，其术如何。

按照成玄英的说法，"方"是"道术"，也就是如何演奏"三籁"的方法，或者"三籁"形成的方法。陈鼓应先生《庄子今注今译》没有注解"方"字，索性将这一句直接译为"请问三籁的究竟？"流沙河《庄子现代版》也翻译成"敢请老师指点明白这三籁的模样"。不管释"方"字为"道术"还是"究竟""模样"，恐怕都很难理解下文南郭子綦的回答，因为其间缺乏逻辑关系。

"敢问其方"在先秦时期是向他人请教问题时常用的表示尊敬的问句。除《齐物论》外，同样的表述还见于《庄子》"内篇"中的《人间世》与《大宗师》。

《人间世》中写颜回将去卫国说服卫君放弃暴行，孔子问他有何良策可以达到自己的目的，颜回虽然讲了很多，却都被孔子否定：

> 颜回曰："吾无以进矣，敢问其方。"仲尼曰："斋，吾将语若！"

意思是："我没有更多的办法了，请问老师，（我说了这么多的办法您都说行不通，）这究竟是为什么？"这里的"方"字可以解释为"道理""原因"或者"为什么"。

又如《大宗师》中说孔子派子贡去帮孟子反、子琴张料理子桑户的丧事。回来后，子贡就孟子反和子琴张的"怪异"行为向孔子请教：

> 子贡曰："然则，夫子何方之依？"孔子曰："丘，天之戮民也。虽然，吾与汝共之。"子贡曰："敢问其方。"孔子曰："鱼相造乎水，人相造乎道。相造乎水者，穿池而养给；相造乎道者，无事而生定。故曰：鱼相忘乎江湖，人相忘乎道术。"

这里"敢问其方"的"方"，还有《庄子·外篇·秋水》中的"今吾无所开吾喙，敢问其方"，"是所以语大义之方，论万物之理也"。这几处的"方"都有"道理""原因"或者"为什么"的意思。大约成书于春秋战国时期的《黄帝内经·宝命全形论》中也曾用到"敢问其方"：

> 帝曰：人生有形，不离阴阳，天地合气，别为九野，分为四时，月有小大，日有短长，万物并至，不可胜量，虚实呿吟，敢问其方。
> 岐伯曰：木得金而伐，火得水而灭，土得木而达，金得火而缺。

从黄帝之所问以及岐伯之所答中，都可以清楚地看出，"方"的意思就是"道理""原因"或者"为什么"。

南郭子綦用"吾丧我"来说明"今之隐机者非昔之隐机者也"，然后又用有关声音的"三籁"来比喻"吾丧我"，说明"吾丧我"正是"今之隐机者非昔之隐机者"的内在原因。由于"吾丧我"是一种个人的心灵体验，无法直接用语言表述清楚，所以南郭子綦只得采用比喻的方法来解释"吾丧我"的精神境界，而颜成子游的"敢问其方"问的就是"三籁"与"吾丧我"之间的关系。

三 地籁：一石激起千层浪

如果我们把"敢问其方"的"方"解释为"道理""原因""为什么"，那么，颜成子游的问话就可以理解为：为什么老师会用"三籁"解释"吾丧我"呢，请问其中的原因。于是，南郭子綦尽情渲染了"地籁"：

> 子綦曰："夫大块噫气，其名为风。是唯无作，作则万窍怒呺。而独不闻之翏翏乎？山林之畏佳，大木百围之窍穴，似鼻，似口，似

耳,似枅,似圈,似臼,似洼者,似污者;激者,謞者,叱者,吸者,叫者,譹者,宎者,咬者,前者唱于而随者唱喁。

这一段"只是形容风字,而用字奇怪不常"(明王宗沐《南华经别辨》)。在理解庄子写"地籁"的用意之前,先要明白其中的几个字句。首先,什么是"大块"?这是理解这一段话的关键。郭象说:

> 大块者,无物也。夫噫气者,岂有物哉?气块然而自噫耳。物之生也,莫不块然而自生,则块然之体大矣,故遂以大块为名。

按照郭象的解释,"大块噫气"是用来形容"气"的,因为万物都是"块然而自生",因而"大块噫气"就是自然生出来的一大块气。其实,郭象的这种解释应当只是根据下文的"其名为风"望文生义而来。这个解释并不符合庄子的原意。成玄英在解《庄》时虽然大都沿袭郭象之说,但在"大块噫气"的解释上,却有独到的见解。他说:

> 大块者,造物之名,亦自然之称也。言自然之理通生万物,不知所以然而然。大块之中,噫而出气,仍名此气而为风也。

成玄英解释"大块"为"造物之名",意思是大块即造物主,亦即自然,"噫气"是"吐气""出气";"大块噫气"就是"大自然吐出来的气"。这个解释确实比郭象高明了不少。但是说"大块"是"造物主",是"自然",却仍嫌牵强。因为在先秦众多的古籍中,以"天"代自然的说法很多,却不曾见以"大块"代"天"或代"造物主"、代"自然"的。这里真正值得注意的还是郭庆藩《庄子集释》所引俞樾之说:

> 大块者，地也。块乃由之或体。《说文》土部：由，墣也。盖即
> 《中庸》所谓一撮土之多者，积而至于广大，则成地矣，故以地为
> 大块也。司马云大朴之貌，郭注曰大块者无物也，并失其义。此本
> 说地籁，然则大块者，非地而何？

俞樾释"大块"为"大地"，确为真知灼见。由此而来，"大块噫气"不过就是"大地吐出来的气"。

人吐出来的气，吹在排箫之中，就有了"人籁"。大地吐出来的气，吹在窍穴之中，则是"地籁"，"是唯无作，作则万窍怒呺"。庄子描写了自然界中万物所呈现的各种形态、千奇百怪的窍穴，大者如凹凸不平的山陵、布满了大洞小穴的百围大树，小者如嘴、如耳，深者如山洞，浅者如小池塘等等。庄子以极其细腻生动的笔触尽情描写洞穴，其目的就在于渲染大风经过这些洞穴时所发出的各种各样的声音。成玄英这样解释说：

> 激者，如水湍激声也。謞者，如箭镞头孔声也。叱者，咄声也。吸者，如呼吸声也。叫者，如叫呼声也。譹者，哭声也。宎者，深也，若深谷然。咬者，哀切声也。略举树穴，即有八种；风吹木窍，还作八声。

大块吐出的气相同，但是洞穴却有高低、大小、形状的差别，因而洞穴接收到这些气时所产生的反应、所发出的声音也就千姿百态。即便是同一树上的窍穴，声响也会迥然有异，所以庄子说风过窍穴时，"前者唱于而随者唱喁"。这一句在行文上有着连接上下文的功能。宋刘辰翁《评点庄子》就说"'于''喁'一语映带，前后皆活"，因为一个"于"和一个"喁"很自然地引出了下面"唱和"的一段绝妙比喻。成玄英说："于、喁，皆是风吹树动前后相随之声也。"这里

的"于""喁"不应该只是描述风吹大树所发出的响声,而应该是承上文来渲染风吹众窍穴所发出的种种音响。这里,字面上写的是风吹过大小不等的窍穴时所发出的声音,大同小异,没什么区别,实际上却是说当时"物论"的众流派,当其领袖人物"唱于",发出一种"物论"时,其门下弟子及其盟友,无不随着"唱喁",这种"物论"之声看似声势浩大,实际却如同风过众窍穴,不过是应"风"声附和罢了。

四 厉风济则众窍为虚:窍中并无一物

风过众窍穴时看似"拉杂并至,视若飘风骤雨,不可端倪"(清胡文英《庄子独见》),其实不过是"前者唱于而随者唱喁"而已。在大小不同的风中,这些窍穴又是如何"表现"的呢?

> 泠风则小和,飘风则大和。

"泠风"即清风,也就是小风;"飘风"即疾风,也就是大风。有"泠风"的时候,众窍穴随风发出小声;有"飘风"的时候,众窍穴便在狂风中怒号。风是相同的,而且风自身并没有声音,声音只是风触自然万物之后,万物在风的作用下发出的反应。风声有大小,不过是由于窍穴的尺寸不同、深度不同、位置不同、承受风的能力不同罢了。在风中,各种不同的窍穴"争相"作声,尽情地表现自己。那么,没有风的时候呢?

> 厉风济则众窍为虚。

"厉风",向秀说是烈风。"济",郭象说:"止也。""厉风济"是说烈风停止了。"烈风作则众窍实,及其止则众窍虚。虚实虽异,其于各得则同。"（郭象注）郭象以"实"释"虚"，意思是说，烈风吹来的时候，众窍穴被风灌满，故而发出声音，当烈风停下来，众窍穴原本鼓满的风因失去了来源，故而恢复到烈风发作之前，所以说是"众窍为虚"。所谓风来窍满，风停窍虚。"虚"是"虚空"，意思是什么都没有。但是这一段一直都在说风过众窍穴所发出的声响，如果把"虚"只解作什么都没有的"虚空"，就会在"地籁"的"声"字上失了着落。于是，郭庆藩把郭象的说法加以发挥："厉风济，济者，止也。《诗·鄘风·载驰》篇'旋济'，《毛传》曰：济，止也。风止则万籁寂然，故曰众窍为虚。"郭庆藩用"万籁俱寂"来解释"众窍为虚"，意思是说，风停了，众窍穴也就没有了声音，显然比郭象的"虚实"之说更有道理。

风停了，原本应是"万籁俱寂"，可是庄子偏偏又补上一句说：

而独不见之调调，之刀刀乎？

郭象解说："调调刀刀，动摇貌也。言物声既异，而形之动摇亦又不同也。动虽不同，其得齐一耳，岂调调独是而刀刀独非乎！"可是说"调调""刀刀"是大小树枝在风停之后还在不停地摇动，似乎难以与"厉风济则众窍为虚"的意思衔接。特别"地籁"一段本来一直在描绘各种各样的声音，为什么终结一句，庄子不继续作听觉的夸张，却改而描写视觉的所见呢？而且，从常理上看，"树欲静而风不止"可以有，但"风已停而树犹动"却不可以有，所以我们认为郭象的解释有所不通。其实，郭象应该是被"见"字所惑，"见"的意思固然是看见，属于视觉描写，可是"见"也可解释为"见说"，"见说"有"听到"的意思。而且，这里的"而独不见之调调，之刀刀"与上文"而独不闻之翏翏乎"对举，"翏翏"，郭象说是"长风之声"，那么这里的"之调调""之刀刀"，也应该是"风之声"。如王夫之《庄子解》就说:"风息窍虚,但见余风之触物者,调调刁刁而已。调调,缓也;刁刁,细也。"意思是说,烈风虽然停止,但是"余风"吹在洞穴上,还会发出细微的声音,正所谓"余波荡漾"。这样,庄子的"厉风济则众窍为虚。而独不见之调调,之刁刁乎"就可以理解为,烈风停止了,原来鼓满风、嘈杂作响的众窍穴已经空无一物,可还是可以听到余风拂过洞穴时细小的声音。这样,庄子"地籁"一段就写得有起有收,有开有合,自"夫大块噫气""作则万窍怒呺""而独不闻之寥寥乎"开始,而以"厉风济则众窍为虚。而独不见之调调,之刁刁乎"作结,恰如宣颖《南华经解》所评"初读之,拉杂奔腾,如万马奔趋,洪涛汹涌;继读之,稀微杳冥,如秋空夜静,四顾悄然"。

我们在文理上疏通了庄子"地籁"的段落,现在再回过头来看看庄子为什么这样铺张地描写"地籁"。成玄英在解释万众窍穴所发出的各种各样的声音之后,有一段话很值得注意。他说:

> 亦犹人禀分不同,种种差异,率性而动,莫不均齐。假令小大夭寿,未足以相倾。

成玄英说窍穴的不同犹如人"禀分不同"。那么,我们可不可以说,人的"禀分不同"一如窍穴的位置大小不同呢?正因为人在社会上的地位不同、经历不同、身份不同,所以一旦有"风"经过,自然众"窍穴"便会发出各种各样的声音了。释德清《庄子内篇注》有一段话说:

> 调调刁刁,乃草木摇动之余也。意谓风虽止,而草木尚摇动不止。此暗喻世人是非之言论,唱者已亡,而人人以绪论各执为是非者。

释德清直接指出庄子的"地籁"是在暗喻当时的"物论",可谓一语中的。至此,我们可以很清楚地看出为什么庄子差不多以"赋"的手法来描写"大块噫气"经过万物时所发出的声响了。如果我们把"风吹万窍"与"物论"联系起来看,那么,这"万窍"发出的声音,正是用来比喻当时众说纷纭的"物论"的。如果说"人籁"比喻的是人们对同一事物的不同看法,那么,"地籁"就是在说一件事情发生之后,人们所表现出的不同反应。这才是庄子写"地籁"的真正原因。而且,庄子在"地籁"一节中,已经隐喻了"齐同物论"的意思,那一句"厉风济则众窍为虚",不就是说,诸子百家所谓的"物论",只是随"风"而起的一片杂音,那原本发出大小声响的"窍"内,竟然是空无一物的"虚空",甚至在最后失了"风"的情况下,还要发出些"调调""刀刀"的细微声音来显示自己的存在,不也是十分可笑的吗?庄子写"人籁""地籁"的用意,至此已经显而易见了。

天籁

    《齐物论》中提到的"三籁"是理解"吾丧我"的一把钥匙。"三籁"中,庄子对"天籁"的着墨胜过"人籁"却又远远不及"地籁",而且最后以一个问句作结,给后世留下了许多悬念与阐释发挥的空间。清刘凤苞《南华雪心编》从文学评论的角度说:"子游方问天籁,而子綦不答天籁,仍只就地籁之忽起忽止,提在空中盘旋摩荡,隐隐敲击天籁,却含蓄不露,神妙欲到秋毫巅矣。"这"神妙"二字不仅说的是庄子的文法,而且包括对"天籁"的理解,二者都到了"羚羊挂角""香象渡河",几至于"无迹可求"的地步。后人解释"天籁"往往望文生义,从"人籁"的人吹竹箫、"地籁"的风吹万窍推出"天籁"即自然之声。例如唐刘禹锡《武陵北亭记》就说:"林风天籁,与金奏合。"意思是风过林间所发出的声音就是天籁,今人对"天籁"的运用和理解也都与此相似。那么,"天籁"究竟是不是就是自然之声呢?如果是自然之声,"天

籁"与"地籁"又有什么不同?如果不是,"天籁"又是一种什么
样的声音呢?在谈"人籁"与"地籁"时,我们已经说过,"人籁"
与"地籁"包含了暗喻当时百家争鸣的"物论",那么,"天籁"是
否也与百家争鸣有关?如果说,"人籁"与"地籁"是庄子想要"齐
同"的"物论",那么,在"齐同物论"中,"天籁"又起着什么样的
作用?当如何理解呢?

一 天籁:不是人籁与地籁

"天籁"在《齐物论》中共有两次被提及,都出现在南郭子綦
"隐机而坐"的寓言中。第一次是南郭子綦为颜成子游解释"吾丧
我"时,他说"今者吾丧我,汝知之乎?女闻人籁而未闻地籁,女闻
地籁而未闻天籁夫!"第二次是颜成子游闻听南郭子綦有关地籁
的描述之后,问道:"地籁则众窍是已,人籁则比竹是已。敢问天
籁?"于是,南郭子綦说:

> 夫吹万不同,而使其自己也,咸其自取,怒者其谁邪?

这是《庄子》中唯一一段对"天籁"的直接阐述。这一解释在当时
特定的环境下颜成子游也许能够理解,可是时过境迁,却给后世留
下了许多的疑惑。大概郭象是第一个很认真地琢磨"天籁"的人。
他说:

> 夫天籁者,岂复别有一物哉?即众窍比竹之属,接乎有生之
> 类,会而共成一天耳。无既无矣,则不能生有;有之未生,又不能为
> 生。然则生生者谁哉?块然而自生耳。自生耳,非我生也。我既不
> 能生物,物亦不能生我,则我自然矣。自己而然,则谓之天然。天然
> 耳,非为也,故以天言之。以天言之,所以明其自然也,岂苍苍之谓

哉！而或者谓天籁役物使从己也。夫天且不能自有，况能有物哉！故天者，万物之总名也，莫适为天，谁主役物乎？故物各自生而无所出焉，此天道也。

郭象对"天籁"的解释，说得玄而又玄，简直比理解庄子原文还难！庄子不过是设了一问，让人们根据对"地籁"的描述去理解"天籁"。郭象却像是布了一个连环阵，借"天籁"大力发挥自己的思想。难怪有人说："曾见郭象注庄子，识者云：却是庄子注郭象。"（《大慧普觉禅师语录》卷二二）不过，郭象有关"天籁"的第一句，说得还是很清楚的，那就是"夫天籁者，岂复别有一物哉？即众窍比竹之属"。"比竹"即"排箫"，是"人籁"；"众窍"即"洞穴"，是"地籁"。这"二籁"分明有着很大的不同，可在郭象看来却没有任何区别。而且，郭象还认为，人籁、地籁、天籁这三者都是相同的：人籁即地籁；人籁、地籁亦即天籁。不管是人吹竹箫还是风吹万窍发出的声响，都属天籁。所以"天籁"也就等同于"人籁"与"地籁"。成玄英基本上沿袭了郭象的说法：

　　夫天者，万物之总名，自然之别称，岂苍苍之谓哉！故夫天籁者，岂别有一物邪？即比竹众窍接乎有生之类是尔。

明确点出"天籁"就是自然的声响。从某种意义上说，这是成玄英对理解"天籁"的独到贡献，但他最后的结论仍是"三籁"相同，结果又回到了郭象的说法上。郭象、成玄英这种无视"三籁"差异的说法，很长时间以来成了"三籁"的权威解释，其后很少有人指出"三籁"的不同。如清刘凤苞《南华雪心编》引宣颖注："写天籁更不须另说，止就地籁上推醒一笔，使陡地豁然。待风而鸣者，地籁也；而风之使窍自鸣者，即天籁也。"又说："无一语及天籁，而天籁已透入空虚矣。"陈鼓应先生的《庄子今注今译》也继承了郭注成疏的说法：

> "籁"，即箫，这里意指空虚地方发出的声响。"人籁"是人吹箫管发出的声音，譬喻无主观成见的言论。"地籁"是指风吹各种窍孔所发出的声音，"天籁"是指各物因其各己的自然状态而自鸣。可见三籁并无不同，它们都是天地间自然的音响。

虽然"三籁"之间并无本质不同的说法一直占据庄子注释的主流，但也有人注意到其中的差异。近人刘武《庄子内篇集解补证》就说：

> 子游至此方问天籁，是前所言者为地籁，而非天籁也。子綦因子游之问，再将地籁之义补足，此以后方言天籁。

刘武已经意识到地籁"而非天籁"，但他认为《齐物论》中自"大知闲闲"以下"所言者，乃天籁"却不然。庄子所写的"三籁"，都与声音有关。"三籁"中，地籁高于人籁，天籁高于地籁。但《齐物论》中"大知闲闲"一节，描述的都是"物论"者终日钩心斗角的种种情态，"近死之心，莫使复阳也"，这怎么可能是庄子所标举的进入最高境界的"天籁"呢？我们认为，"地籁"与"人籁"不同，"天籁"与"人籁""地籁"更有着质的不同，应该是完全不同的另一种声音。清吴世尚《庄子解》中有一句评论很是精辟：

> 大造化生万物，怒而呺者其谁邪？此所谓天籁也。盖天籁无声也。

吴世尚虽继承了郭注成疏"天籁"乃自然之声的说法，但他提出"天籁无声"则在一定程度上暗示了"天籁"与"人籁""地籁"的不同就在于"有声"与"无声"。近人朱桂曜《庄子内篇证补》进一步指出：

> 人籁者有意之声，地籁者无意之声，天籁者无声之声。

在朱桂曜看来，"人籁"是人为之声，即人吹竹箫，是人有意识制造出来的声音；"地籁"是大地吐出来的气，即风吹众窍，是不掺杂人的意识的自然之声；而"天籁"既不需要人"吹"，也不需要风"作"，所以是"无声之声"。尽管吴世尚、朱桂曜没有说明"天籁"的"无声之声"究竟指的是什么，却明确地意识到"天籁"与"人籁""地籁"之间的不同。

人吹竹箫可得"人籁"之声，没有气"吹"则声音不显。风过万窍可得"地籁"之声，无风则万籁俱寂，"众窍为虚"。"人籁"的"有意之声"与"地籁"的"无意之声"都需凭借"气"或"风"，通过"吹"才得以呈现。那么，"天籁"的"无声之声"又如何呈现出来？什么才是"无声之声"的"天籁"呢？

在进一步探索"天籁"之前，庄子这一段话中还有一个问题需要疏解，这就是"咸其自取，怒者其谁邪"中的"怒者"究竟指的是谁或者是什么？这是理解"天籁"的关键。

二　怒者：通往天籁的桥梁

南郭子綦解释"天籁"所说的"夫吹万不同，而使其自己也"两句，显然是承上文的"厉风济则众窍为虚"一句而来。这句的意思是"烈风停了，众窍穴也不再发出声响"，于是万籁俱寂。那么，"夫吹万不同，而使其自己也"与"厉风济则众窍为虚"的意思应该是一样的。这是一个省略了主语的句子。从上文对"地籁"的描述来看，这个"吹万不同"的主语应该是上文所说的"大块噫气"。

"吹"应该与"作则万窍怒呺"中的"作"同义。"夫吹万不同"的
"万"与"作则万窍怒呺"的"万"同义。不过,"作则万窍怒呺"
中的"万"修饰"窍",指那些大小不同、位置高低各异的窍穴,而
"吹万不同"中的"万",是在详尽描述了众窍穴的形状以及窍穴
所发出的声音之后才出现的,因而这里的"万"包括了两层意思,
一是"万窍",二是万窍发出的"万声"。"不同"既指"万窍"的不
同,也指"万声"的不同。"而使其自己也"这一句的主语也应该是
"大块噫气"。"其"指的是"万窍",这两句的意思是:大块噫气
吹过大小不同、形状各异的万窍,众窍穴各自发出了不同的声响;
而大块噫气最终又使万窍回到了原本的状态,所谓"厉风济而众
窍为虚"或者"而使其自己也"。

　　"夫吹万不同,而使其自己也,咸其自取,怒者其谁邪",历来
句读者都在"而使其自己也"之后加逗号,于是,下文"咸其自取,怒
者其谁邪"中的"怒者"也就指"是唯无作,作则万窍怒呺""其名
为风"的"大块噫气"了。如此,"怒者其谁邪"的意思也就成了"使
万窍发出声音的'怒者',除了'大块噫气',还能是谁呢?"由此推
来,"天籁"自然也就成了"地籁"与"人籁"。难怪郭象、成玄英等
都说"夫天籁者,岂复别有一物哉?即众窍比竹之属"。而且,郭象
在"怒者其谁邪"之后又说:"物皆自得之耳,谁主怒之使然哉!此
重明天籁也。"他是将"怒者"直接等同于"大块噫气",进而等同于
"天籁"。释"大块噫气"为"怒者"的说法对后世有很大的影响。
如陈鼓应先生在注解"怒者其谁邪"时也说:

　　　发动者还有谁呢?这话意指万窍怒号乃是自取而然的,并没有
其他的东西来发动它们。马其昶说:"万窍怒号,非有怒之者,任其
自然,即天籁也。"冯友兰先生说:"《齐物论》对于大风不同的声
音,作了很生动的描写。它是用一种形象化的方式,说明自然界中

有各种不同的现象。归结它说：'夫吹万不同，而使其自己也，咸其自取，怒者其谁耶？'在这里并不是提出这个问题寻求回答，而是要取消这个问题，认为无需回答。……'自己'和'自取'都表示不需要另外一个发动者。"

陈先生引了马其昶和冯友兰先生的话作为佐证，以证明"三籁"是相同的，究其根本，都是按照郭注成疏的思路来理解这句话的。退一步想，如果"三籁"真的同为一物，"怒者其谁邪"的"怒者"就是"大块噫气"的话，不仅"怒者其谁邪"的"怒者"是多余的，就连这一段解释"天籁"的话也是多余的了，自然也就如陈先生所说"无需回答"了。可是，子游明明白白地说："地籁则众窍是已，人籁则比竹是已。敢问天籁。"显然，在庄子心目中，"三籁"之间是截然不同的，否则的话，他也用不着花费如此多的笔墨去写"三籁"了。

现在，我们再回到刚才提出的断句问题。假如我们在"夫吹万不同，而使其自己也"之后断为句号，那么下面"咸其自取，怒者其谁邪"两句的主语就不再是"大块噫气"了。"咸"的意思是"都""全部"，这个"咸"包括"人籁""地籁"，同样也包括"大块噫气"。我们再来看什么是"自取"。成玄英说：

> 自取，犹自得也。言风窍不同，形声乃异，至于各自取足，未始不齐，而怒动为声，谁使之然也！欲明群生纠纷，万象参差，分内自取，未尝不足，或飞或走，谁使其然，故知鼓之怒之，莫知其宰。此则重明天籁之义者也。

成玄英大概也意识到将"怒者"解释成"大块噫气"有所不妥，所以他把"怒者"这个"发动者"的角色换成了众窍穴的"怒动为声"。

就是说,能使"万窍怒吗"的根本不在"大块噫气",而是众窍穴自身。如此,"怒者"就不是外来者,众窍穴发出声响就成了"各自取足",成玄英也就圆了"天籁"是自然发出的声响之说。应该说,成玄英的解释触及到了"怒者"的要害,但遗憾的是他却擦边而过,转了一个圈儿,又回到了郭象"故知敳之怒之,莫知其宰。此则重明天籁之义者也"的立场上。而且,成玄英也没有说明"谁使之然也","怒者"究竟是谁。

让"人籁"发出声响的"怒者"是人,使"地籁"发出声响的"怒者"是"大块噫气"。当然,"天籁"也应该有"怒者"。那么,"天籁"之声究竟是"谁使之然"呢?这位"怒者"应该正是使"天籁"发出声响的"发动者"。近人王先谦在《庄子集解》中有一段精彩的解说:

> 风所吹万有不同,而使之鸣者,仍使其自止也。且每窍各成一声,是鸣者仍皆其自取也。然则万窍怒吗,有使之怒者,而怒者果谁邪?悟其为谁,则众声之鸣皆不能无所待而成形者,更可知矣,又何所谓"得""丧"乎?"怒者其谁",使人言下自领,下文所谓"真君"也。

王先谦认为"怒者"的确存在,而且这个"怒者"就是《齐物论》中所说的"真君"(至于这里所说的"真君"究竟是什么,留待下文再议),确为卓见。

既然"怒者"存在,且不是"大块噫气",那么,"怒者"到底是什么?在"内篇"中,庄子多次用到"怒"字。如《齐物论》中"众狙皆怒""名实未亏而喜怒为用";《人间世》中的"夫传两喜两怒之言,天下之难者也。夫两喜必多溢美之言,两怒必多溢恶之言""汝不知夫螳螂乎?怒其臂以当车辙""不敢以生物与之,为其杀之之怒也"。在《德充符》《大宗师》中，庄子也曾用到相同意义的"怒"字。可见，"怒"是一种带有强烈的人的主观意志并极力为之的一种形态。也就是说，这个"怒者"，指的是产生人的主观意图的"人心"。人心可以怒，亦可以不怒。在庄子看来，只有心不静而至于"怒"，才会产生"籁声"，才会产生"物论"，才会产生如下文描述的"物论"者几近变态的形态。而人心"静"了，进入了"吾丧我"，自然也就达到了无声之声的"天籁"之境。由此看来，使"万窍怒呺"的原动力是"怒者"，使"万籁俱寂"的原动力还可以是"怒者"。"怒者"，是可以向两极发展的，既可以是"物论"的制造者，也可以是通往"天籁"，进入"无何有之乡""广莫之野"，享受无是无非的"无声之声"的途径。深得《庄子》精髓的苏轼曾写过一首《琴诗》："若言琴上有琴声，放在匣中何不鸣？若言声在指头上，何不于君指上听？"声不在琴上，也不在指上，声无哀乐，皆在心中。

三 天籁的功用：齐同物论

如果理解了"怒者"就是"人心"，再回过头来看庄子所说的"夫吹万不同，而使其自己也。咸其自取，怒者其谁邪"，其意义就更清楚了。在文法上，"夫吹万不同，而使其自己也"收束有关"地籁"的上文，而"咸其自取，怒者其谁邪"不仅总结上文，一笔抹杀"物论"，而且开启以下"大知闲闲"一段。在语意上，这两句说"大块噫气"使众窍穴发出万种不同之声，最终又是"大块噫气"使万窍穴停止作响，而这一切的生与灭都是自取的。刘武对这两句话作的解释很值得注意：

> "咸其自取"二句，倒句也。言怒呺者谁使之乎？无他，皆其所自取也。

他的意思是，这两句其实应该读作：

> 夫吹万不同，而使其自己也。怒者其谁邪？咸其自取！

按照刘武的解读，庄子的原意似乎更加明确了。那就是，这里哪儿有什么其他的原因，"人籁""地籁"的声音都是由它们自己产生的。也就是说，"物论"犹如"二籁"一样，一切声音都是"自取"，都是人心造出来的。

现在，我们再来探讨"天籁"究竟是一种什么样的声音。

庄子写南郭子綦"隐机而坐"这一段，显然是要用"天籁"比喻"吾丧我"，而"人籁"与"地籁"又是衬托"天籁"的。那么，"天籁"到底是什么？在"齐同物论"中又起着怎样的作用？

庄子写"三籁"之前，先写南郭子綦"隐机而坐"所表现出的"今之隐机者非昔之隐机者"的状态。颜成子游看到南郭子綦"苔焉似丧其耦""形如槁木"的外在形象，猜测他"心如死灰"。而南郭子綦的回答则是"吾丧我"。"吾丧我"这三个字很难用语言描述出来。所以南郭子綦才要借"三籁"来打比喻。"人籁"是"有意之声"，也就是"做"给人看、"吹"给人听的，是有意或者无意之中的作秀；所谓人吹竹箫，本来就是要取悦于人的，这是"物论"的一种形态。"地籁"是"无意之声"，不是做给人看的，也不是作秀，而是自然的"应声而起"的反应；所谓风吹众窍，属于自然的声音，是人在不计利害的前提下发出的"物论"，不同于表演给人看的"人籁"。这是"物论"的另一种形态，也是大多数学者的"争鸣之声"。而"无声之声"则是一种脱离了人世社会和人赖以生存的自然环境之后进入的一种境界。这种境界就是"吾丧我"，也就是庄子在《逍遥游》中所推崇的"无名""无功""无己"的"至人""神人""圣人"的生活状态，以及他所描绘的"藐姑射之山""无何有之乡，广莫之野"那样自由随意的理想社会。进入了这种"无声之声"、没有人世纷争的境界,一切是非曲直都泯灭了,人人平等,自然也就没有了"物论",没有了高低尊卑之分,这才是"天籁"的境界,也才是"天籁"之声。这种"天籁"之声只有在抛却人世间的一切功名利禄之后,用"心"而不是用耳去聆听,方可聆听得到。这是一种以超然于万物之上的心态、境界才可以听到的声音。所以,"天籁"之声是与"吾丧我"相映成趣、相互解释的。否则,颜成子游的"敢问其方""敢问天籁"以及南郭子綦讲述"三籁",就与"苔焉似丧其耦""形如槁木""心如死灰"失去了关联,"三籁"的比喻也就随之成了画蛇添足了。

"天籁"就是"吾丧我"的境界。这种以无声为最高之声的境界,才是庄子所推崇的。那么,"天籁"在《齐物论》中究竟有着什么样的作用?我们认为,"天籁"其实是用来齐同"人籁"与"地籁"的。

前面说过,庄子所说的"人籁""地籁"都指的是不同形态的"物论",是人的"成心"导致了种种"物论"(参见《庄子·齐物论》)。所以"齐同物论"必先"齐心"。而"天籁"是"齐心"之后的一种境界,也就是"吾丧我"的境界。就是说,倘若人能进入抛弃一切的"吾丧我"之境,自然就没有了"是非"之心,没有了"物论",也就"物论一齐"了。诚如清藏云山房主人《南华大义解悬参注》所说:

> 所以以"齐物论"名篇者,……即以天籁齐人籁之说也。

这里所说的"人籁"应该包含着"地籁",也就是"物论"。而"天籁"的作用恰恰就是齐同"人籁""地籁",也就是"齐同物论"。人倘若能进入"吾丧我"的"天籁",自然"万籁俱静"。这就是"天籁"在"齐同物论"中的作用。只有作如是解,我们才能明白"天籁"与"吾丧我"之间的关系,也才能明白"三籁"与"齐同物论"之间的内在联系。

大知小知

　　《庄子·齐物论》开篇先以他精心设计的"南郭子綦隐机而坐"的寓言，引出"吾丧我"的重要命题，然后用"人籁""地籁"的描绘暗示"天籁"，并以"天籁"比喻"吾丧我"的境界。接着，庄子用"夫吹万不同，而使其自己也。咸其自取，怒者其谁邪"的"天籁"结束了《齐物论》开篇的寓言，突然把视线投向了现实社会，开始以极其犀利辛辣的笔触摹写出一幅幅现实社会中"咸其自取"的众生相，把批判的矛头直接指向了那些热衷物论、自以为是、忙于你死我活争斗的"大知"与"小知"。那么，在庄子看来，"大知""小知"究竟是些什么样的人？他为什么要写这些人物？庄子又是怎样借这些人物来呼应"吾丧我"这一命题的呢？

一　大知小知：都是些是非之人
　　庄子把当时热衷"物论"的人分为"大知""小知"两类。"知"

同"智"。"大知""小知"与《逍遥游》中"小知不及大知，小年不及大年"的"大知""小知"用法相似，如同今人所说的大、小学者。这些所谓"大知""小知"都是当时各种各样"物论"的主要制造者。在庄子看来，当时社会的混乱、人与人之间的尔虞我诈，与"大知""小知"密切相关，是他们的种种议论让人们的视听变得混乱。而他们对一己之见的执着，不仅造成了现实社会中的你争我夺，而且也成为对一己心灵的桎梏，使人的精神距离自由的逍遥愈加遥远。所以要说明"吾丧我"，首先就得抨击"大知""小知"对精神自由的危害。于是，庄子先为他们勾勒出一幅肖像画：

　　大知闲闲，小知间间。大言炎炎，小言詹詹。

"闲闲"，成玄英解释为"宽裕"，并说："夫智惠宽大之人，率性虚淡，无是无非。""无是无非，故闲暇而宽裕也。"他又解释"间间"为"分别"，说"小知狭劣之人，性灵褊促，有取有舍。有取有舍，故间隔而分别"。成玄英将"大知"与"小知"对立起来，褒"大知"而贬"小知"，认为"大知"指的是心胸恢宏、知识广博之人，而"小知"则是那些学识浅薄、心胸狭隘的小聪明之人。成说应该是从郭注的"此盖知之不同"演绎而来。成玄英的这一解释对后世的影响非常之大。今人凡谈及所谓大智慧者与小智慧者的差异，往往引用庄子的这句话，认为这里说的是有大智慧的人总是表现得豁达大度，小有才气的人才会终日为区区小事而斤斤计较。其实，这完全是对庄子思想的误解。

　　首先，如果"大知"确实指的是"率性虚淡，无是无非"之人，那么按照《庄子·逍遥游》所说的"无己"、"无名"、"无功"的逍遥游境界来看，其内心应该是已经进入"吾丧我"境界的，因而也就不会再参与是非之辩。但下文庄子提到的"大言"，显然与此处的"大知"对举,"小言"与"小知"对举。如果把"大知"理解为庄子所推崇的智者,那下面的"大言炎炎,小言詹詹"乃至以后的一系列描述都只落在了一个"小知"上,显然于文法、于逻辑都说不通。其实,这里说的"大知""小知",正如我们在分析《逍遥游》中"小知不及大知"所提出的看法一样,庄子谈"大"与"小",只是指出"物"之表面形式不"齐"的现象,并不因此而对"大"与"小"有任何褒贬抑扬的倾向。在庄子看来,"大知"与"小知"的表现形式有异,但也只是异在争辩是非之能力的大小以及表现出的情态、心态不同而已。在人格的异化、心灵的桎梏、执着于自我方面,并没有本质的不同。

"闲闲",郭庆藩《庄子集释》说:"李云:无所容貌。""闲闲"也用来形容强盛。如《诗经·大雅·皇矣》:"临冲闲闲,崇墉言言。"王引之《经义述闻·毛诗中》说:"言言、仡仡,皆谓城之高大,则闲闲、茀茀,亦皆谓车之强盛。"又说"《广雅》曰:闲闲,勃勃,盛也"。此外,《汉书·叙传下》也有"戎车七征,冲輣闲闲,合围单于,北登阗颜"的描述。可见,此处的"大知闲闲"是说,所谓"大知"者不能容忍别人的言论,一副盛气凌人的样子。"间间","俞樾曰:《广雅·释诂》:间,覞也。小知间间,当从此义,谓好覞察人也"(郭庆藩《庄子集释》)。"小知间间"是说,"小知"者喜好暗中窥视别人,以便随时随地抓住别人的小辫子。只有这样解释"大知闲闲,小知间间",才能在文义上与下文对举的"大言炎炎,小言詹詹"理顺。

"大言""小言",成玄英认为是与"大知""小知"并列的另外两类"物论"的制造者:"炎炎,猛烈也。詹詹,词费也。夫诠理大言,犹猛火炎燎原野,清荡无遗。儒墨小言,滞于竞辩,徒有词费,无益教方。"意思是"大言"在争辩是非时,气势汹汹,犹如烈火燎原,猛烈不可阻挡,大有置论敌于死地的架势。而"小言"在争辩时喋喋不休,却言之无物,不着痛痒,废话连篇。成玄英进而认为"小言"指的是"儒墨",恐怕有过于坐实之嫌。这里的"小言"应该指所有参与"物论"是非之辩而学识有限之人的言论,并不单单指"儒墨"两家。倘若把"小言"仅仅局限于"儒墨",反而限制了庄子抨击的范围。所以,这里的"大言"与"小言"两句应该是承"大知"与"小知"而来,描绘大知、小知这两类人在"物论"争辩是非时的具体表现。王夫之《庄子解》对此有一段颇有见地的分析:

> 非知则言不足以繁,知有大小,而言亦随之。小者非独小也,以大形之而见为小;大者非能大也,临乎小而见大。然则闲闲者亦间间耳,炎炎者亦詹詹耳。以闲闲陵小知而讥其隘,以间间伺大知而摘其所略;以炎炎夺小言之所未逮,以詹詹翘大言之无实;故言竞起以成论。万有不齐者,知之所自取,而知之所以发者又谁耶?

意思是大知、小知都是相对而言的,大言、小言也是如此。可是,无论是大知还是小知,大言抑或小言,尽管其表现形式有异,或自以为是、盛气凌人,或私下搞些小动作,攻其一点,不及其余,但在本质上,"闲闲"者即"间间"者,"炎炎"者即"詹詹"者,两者之间并没有任何本质的不同。从这个意义上看,这"万有不齐",其实都是大知小知自己生出来的,正应了庄子前文所谓"咸其自取"的意思。

"大知闲闲"四句仅仅十六个字,不但精彩地概括出古往今来无数"论者"热衷"物论"的种种情态,而且重在说明不管是大知的大言还是小知的小言,无论表现出"闲闲""炎炎"还是"间间""詹詹",一旦"风过众窍","众窍"仍旧空空如也,那几声"鸣响"不过是在世间多添了些是非之声,让原本嘈杂的世界更加嘈杂而已。这些"大知""小知"和"大言""小言"充其量仅仅是一群是非之人罢了。这样的人,自然是无法理解"吾丧我",也不可能进入"心如死灰"的境界的。

二 日以心斗：异化的人格，恐怖的人生

在庄子看来，大知、小知的是非之争如同风吹窍穴，一遇风吹草动，便起劲地随风鼓噪，相互攻击，而这些拼了性命的你争我斗，实质上却是在残害自己的个体生命。也就是说，大知、小知的是非之辩非但不能解决现实社会中的任何问题，反而由于争辩而使得自己的个体生命受到严重摧残，人格的异化也达到了极点：

其寐也魂交，其觉也形开，与接为构，日以心斗。

"其"，指所有"物论"的制造者，包括大知、小知；"寐"，睡着；"魂"，精神；"交"，交斗；"魂交"，梦中争斗；"觉"，睡醒；"形开"，司马彪说："目开意悟也。"意思是说，睡醒以后，人终于从争斗的噩梦中醒了过来，才知一夜的"魂交"不过是场梦。"与接为构"中的"接"与"魂交"中的"交"意思相似，只不过这里指的是大知、小知与其他论者的接触。"构"，构成，指构成一种争斗的场景。

这四句写的是"大知小知"们的内心活动，他们夜晚与白天的心态以及所处的情景。"魂交"与"形开"互文，说的是这些人夜里魂灵不宁，白天争斗不已，终日处在极度紧张的氛围之中，日有所辩，夜有所梦，夜以继日，日以继夜。"与接为构"一句，历来注者认为是接着"其觉也形开"而来，描述物论者们醒来之后白天的情形。其实，如果把这四句话连在一起来看，这一句描述的应该是"物论"制造者们在梦中争斗的情景。这样，"其寐也魂交"四句的行文就与前面"大知""大言"那四句一样，可以相互阐释。"与接为构"承"其寐也魂交"而来，写的是夜晚的情形。而"日以心斗"则承"其觉也形开"而来，说的是白天的形态。这四句生动地描绘了"大知小知"不论白天黑夜，不论醒来还是沉睡，内心永远与外

界发生着种种交集,不但白天如同在"竞技场"上,终日相互争斗;而且在睡梦中也依然一刻不停。正如陈鼓应先生《庄子今注今译》引释德清所说:"接,谓心与境接。心境内外交构发生,种种好恶取舍,不能暂止,则境与心,交相斗构。"这该是一幅何等恐怖的图景。

如果说"其寐也魂交,其觉也形开,与接为构,日以心斗"四句描画的是外在可见的大知小知们几近恐怖的人生景象,下面的几句则重在揭示他们内心深处的恐惧与变态:

缦者,窖者,密者。小恐惴惴,大恐缦缦。

"缦者,窖者,密者",历来解释颇多。林希逸说"缦者,窖者,密者"是指三种参与"心斗"的人:"'缦'者,有一种人,做事缦怛怛地。又有一种人,出著言语,便有机阱,故曰'窖'。又有一种人,思前算后,不漏落一线路,故曰'密'。此皆言世之应物用心者,然皆不得自在,皆有忧苦畏惧之心,所谓小人长戚戚是也。"释德清说:"'缦',谓软缓,乃柔奸之人也。'窖',谓如掘地为阱以限人,乃阴险之人也。'密',谓心机绵密,不易露也。"林希逸和释德清的解释应该十分接近庄子的原意。只是他们在"者"字的解释上有一个小小的失误。他们都把"者"释为人,如同现代汉语中的"读者""听者"之"者"。但是,"者"字除了代指人以外,还指原因,《战国策·魏策四》:"秦王谓唐雎曰:'……秦灭韩亡魏,而君以五十里之地存者,以君为长者,故不错意也。今吾以十倍之地请广于君,而君逆寡人者,轻寡人与?'"其中"者"的意思相当于现代汉语中"……的原因"。所以,"缦者,窖者,密者"就是"缦的原因,窖的原因,密的原因"。"缦",是没有花纹的布,常用来做衣服遮体,或者用作车帏以不让路人看到车内的人,可以引申为遮挡、藏起来。"窖",郭庆藩

《庄子集释》说："司马云：深也。李云：穴也。案穴地藏谷曰窖。"意思是深穴。"密"，成玄英说"隐也"。《说文》："密，山如堂者。"这三个词都有隐藏起来的意思，可是隐藏的程度有所不同，应该是一个比一个深。"缦"只是遮挡，"窖"是藏于窖穴之中，"密"则藏于深山之中。这三句是说，大知小知们都把自己的真实面目、真实意图隐藏起来，各有其自身的原因。承接上文，这几句是说大知小知们终日争论是非，而在争论之前，每个人都极力隐藏自己的真实想法，要深藏不露，以便出其不意。这样才会有庄子下文所写的"其发若机栝"的狠毒。

那么，这些大小知者表现出"缦""窖""密"的真实原因究竟是什么呢？他们如此费尽心机地隐藏自己真实意图、真实目的的原因又何在？除了自我保护，更是出于内心的极度恐惧。由于他们无论睡着还是醒来身心都不得安宁，自然就会"小恐惴惴，大恐缦缦"。"小恐""大恐"，犹如"小言""大言"，指的是他们所经历或面临的小的恐惧、大的恐惧。成玄英说："惴惴，怵惕也。缦缦，沮丧也，夫境有违从，而心恒忧度，虑其不遂，恐惧交怀。是以小恐惴栗而怵惕，大恐宽暇而沮丧也。"就是说，尽管大知小知们极力把自己的真实面目、真实意图隐藏起来，但仍无法避免身处惴惴、缦缦的恐惧之中的命运。更由于大大小小的恐惧终日不停地交互来袭，他们不得不愈发绞尽脑汁让自己内心世界深藏不露。这两句对大知小知内心活动的描述，与前文"其寐也魂交，其觉也形开"相呼应，重在点出大知小知之流每日惊恐如此，那么，生命的意义何在？人生的自由又何在？

三　近死之心：莫使复阳也

"小恐惴惴，大恐缦缦。"一方面，大知小知们内心极度恐惧，不得不时时提防着论敌的致命一击；另一方面，他们又无时无刻不在寻找一切机会置论敌于死地。于是，庄子笔锋一转，以犀利的言辞揭露了大知小知们试图置对手于死地的狠毒与策略：

> 其发若机栝，其司是非之谓也；其留如诅盟，其守胜之谓也。

"其"，仍指大知与小知；"发"，发射，喻进攻；"机"，弩牙；"栝"，箭栝。这两句描写大知小知们向别人发起进攻时，如同快箭离弦一般，必定要置对方于死地。如果说"其发若机栝"两句写的是"攻"，"其留如诅盟"两句则说的是"守"。"留"与"发"对举，说静守以待时机。"守胜"的意思是以守为攻。成玄英解释说："诅，祝也。盟，誓也。言役意是非，犹如祝诅，留心取境，不异誓盟。坚守确乎，情在胜物。"可知这种"守"并非安安静静地放松休息，而是像在战争中坚守誓言一般，不但处于高度紧张的状态，还要紧紧地盯着对方，随时寻找反扑的时机，以便将对手一击毙命。这两句说大知小知们终日非攻即守，如同处于战争状态，心与形都没有片刻的安宁。

大知小知们终日处于战争状态，一旦攻不下或者守不住，他们便会表现出：

> 其杀若秋冬，以言其日消也。

"杀"，衰败。成玄英解释说："夫素秋摇落，玄冬肃杀，物景贸迁，骤如交臂，愚惑之类，岂能觉邪！唯争虚妄是非，讵知日新消毁，人之衰老，其状例然。"这两句描述大知小知们在是非争辩声中一天天衰落下去。这里庄子既描绘大知小知们"日以心斗"、不珍惜自己生命的情形，也对"人生在世，如白驹过隙，忽然而已"发出了由衷的感慨。每个个体生命都会经历由盛而衰的过程。如果说，大知小知们在盛年之时，尚能"其发若机栝"，如"风过众窍"，发出"怒号"之声，那么，人到暮年，犹如草木到了秋冬，"物景贸迁，骤如交臂"，终究不免"日消"，面临死亡。在死亡面前，大知小知们又该做何感想呢？可惜的是，即便到了暮年，如此多的大知小知们仍然执迷不悟，不能理解正是一天天的是非之辩销蚀了自己的生命。于是，庄子不禁感叹道：

> 其溺之所为之，不可使复之也。其厌也如缄，以言其老洫也。

"溺"，沉溺。"复之"，恢复到正常状态。前两句是说大知小知们终日沉溺于自己的争执或者所谓的"事业"之中，并没有人强迫他们这样做，都是自己"所为之"，其人格之扭曲、行为之变态已经到了无法恢复到正常状态的地步。庄子对大知小知们背离了人之本性、背离了生命的真谛是非常感慨的。仔细揣摩这两句话，不难体会出庄子感触之深，心痛之切。特别是那一句"不可使复之也"，道出了庄子对那些有才华的大知小知不知珍惜自己身心与生命的同情。作为所谓"知识阶层"，大知小知们的是非之争、互"攻"互"守"，毕竟与统治者的攻城略地不同，也与为富不仁的剥削者、压迫者的欺诈杀戮不同。他们中的很多人，为了所谓的是非之争付出了一生的心血，却一无所得，甚至因言获罪。最可悲者，是"其溺之所为之"。就是说由于这种是非之争已经成为他们的爱好，情之所在，心志之所在，甚至是生命之所在。然而，就在这种"其溺之所为之"的状态中，却不可避免地走向衰老，走向人生的终点。

疏通了"其溺之所为之，不可使复之也"，我们再来看后两句"其厌也如缄，以言其老洫也"。"厌"，郭象释之为"满"，说："其厌没于欲，老而愈洫，有如此者。"成玄英也认为"厌"的意思是"没溺"，"颠倒之流，厌没于欲"。但是庄子这一段主要说大知小知们的种种情态以及他们的心理路程，并没有说到"欲望"，所以释"厌"为物欲所淹没恐怕不妥。《荀子·强国》中有一句："如墙厌之。"意思是重物像墙一样压在身上。《说文》："厌，笮也。"段注："此义今人字作压，乃古今字之殊。"庄子这里的"厌"应该也跟《荀子》中的一样，有"压"的意思。"缄"的本义是绳索，这里意指捆绑。"沩"，也有几种不同的解释。据林希逸说："至老而不可救拔，故曰'老沩'。'沩'者，谓其如坠于沟壑也。"意思是大知小知们衰老之后如同掉进了深沟，没有人可以救他们，他们自己也无法自救。林希逸的说法虽然于意理可通，却不免牵强。而刘武引《庄子·则阳》与《释文》为证说："老沩即老败也，与下'近死'句方贯。"刘武的意思是这些人日见其老，身体一日不如一日，几近于死，从上下文看，应该更符合庄子的原意。也就是说，这两句描述的是大知小知们的晚景，说他们身上背负着沉重的负担，犹如被绳索牢牢地捆绑住，无法摆脱，晚年时，已经身心俱衰，无可救药。这种至死不悟的状况，才是人生最大的悲剧：

> 近死之心，莫使复阳也。

"莫"，没有。"复阳"，获得新生、重生。就是说这些大知小知们的心已经到了死亡的边缘，却仍然执迷不悟，已经没有什么办法能让他们恢复生机、获得重生了。难怪成玄英感慨地说："耽滞之心，邻乎死地，欲使反于生道，无由得之。"

庄子从大知小知们论辩的情态入手，描述并分析了他们在由盛而衰的生命途中所经历的一切，而这一切应该都是从反面说明"吾丧我"境界的难得与不易。在庄子看来，只有"吾丧我"，排除一切"我"的干扰，人才能领悟什么是"天籁"，什么是精神自由的"逍遥游"。为了说明什么是"无声之声"的"天籁"，庄子就必须立足于现实，首先把现实社会中一切执着于"我"的是非之辩对人性的摧残与扭曲一层层地剥开示众。尽管这一段中，庄子遣词用句极其辛辣锋利，但其中却又浸透着对大知小知们沉溺于"心斗"、无法自拔的深切惋惜与同情。特别是他最终发出的"近死之心，莫使复阳也"，不难让人感受到，其中凝聚着的庄子对人生命所受到的摧残以及人格的异化所流露出的无限惋惜与感慨。

真宰与真君

"吾丧我"是庄子《齐物论》一篇的点睛之笔。南郭子綦的"心如死灰"也好,"人籁""地籁""天籁"也好,其中最关键的一步就是要"忘我""去我"乃至"丧我"。所以在写过"三籁"之后,庄子不惜笔墨,以极其辛辣而又浸透着无限惋惜的笔触描绘出"大知小知""大言小言"们"其寐也魂交,其觉也形开,与接为构,日以心斗"那一幅幅恐怖残酷的画面。这其中,庄子虽从未点明一个"我"字,但字里行间却无时无刻不在揭示着"我"的危害:先是"日消",一天天被摧残;继而由于沉"溺"于其中,"不可使复之";然后"老洫";最终异化到"近死之心,莫使复阳"的地步。这,就是那些大知小知们受"我"的钳制而终究无法逃遁的必然命运。但是,庄子的深刻还在于他不是局限于揭示出因"我"而"心斗"的表层现象,而是从人性、人情的角度进一步剖析大知小知、大言小言乃至芸芸众生心中之"我"产生的心理根源,展示出"我"是如何操纵人

"心"，使人"心斗"，因而无法丧"我"的。

一　喜怒哀乐："我"之根源

庄子在指出大知小知、大言小言们的"心"已经"近死"之后，笔锋一转，写道：

> 喜怒哀乐，虑叹变慹，姚佚启态。

"喜怒哀乐"说的是人皆有之的四种最基本的情绪或者情态。"虑"，思虑，指对未来的谋划；"叹"，叹息或感慨，当指对往事的反思与悔恨。"变"，是变化，形容犹豫不决，无法做出抉择；"慹"，不动，指对事情执着的态度；"姚"，姚冶，指美女；"佚"，奢华放纵；"启"，开拓，开张，指对财富的向往；"态"，形貌，指对外貌的追求。这十二个字所描述的人的心理与情态，在庄子看来，是造成人们心中之"我"的最基本要素或者说是"我"之根源。

一般《庄子》研究者都认为这十二个字承"大知闲闲"而来，仍在描述"大知小知"。例如郭象就说："此盖性情之异者。"陈鼓应《庄子今注今译》索性直接给这几句加上主语："他们时而欣喜，时而愤怒，时而悲哀，时而快乐，时而忧虑，时而嗟叹，时而反覆，时而怖惧，时而浮躁，时而放纵，时而张狂，时而作态。"这种理解当与各种版本《齐物论》的分段有关。迄今为止，我们所见到的《齐物论》版本大都从"大知闲闲"到"其所由以生乎"合为一段。这样自然就把"喜怒哀乐"一段的主语归属为"大知小知"。但是仔细揣摩文意，不难看出，从"大知闲闲"开始，庄子描述的都是大知小知、大言小言们"心斗"的种种行为、心态，但"近死之心，莫使复阳也"，已经为此段做结。从"喜怒哀乐"开始，庄子转而展开了对人的情态与人性的剖析，探讨的已不再仅仅是大知小知、大言小言，而是人所共有的心理现象与行为活动，是要从人的情态的萌发揭示出"我"所产生的根源，故而另起一段才更合乎庄子的原意。

"喜怒哀乐，虑叹变㦯，姚佚启态"，一般认为这三句是对人的心理活动所作的描述，在写法上是并列的。其实，这三句之间有着各自不同的侧重，展示了不同的层次，但三者又相互关联，互为表里，形成一种循环。"喜怒哀乐"属于人们所具有的最基本的心理活动，也是人最基本的情态表现。人们的"喜怒哀乐"源自人们日常生活中所经历的种种悲欢离合、得失输赢，是外在世界带给人的情态反应，也是人释放心理压力的一种方式。"虑叹变㦯"说的是人在遇到大小事物时内心的不安与思虑，其中既包括对以往成败的总结，也包含对未来如何获取更大成功与利益的谋划。与"喜怒哀乐"不同的是，"虑叹变㦯"带有明显的理性色彩，属于更高层次的心理活动。而"姚佚启态"则是人对物质生活或者感官刺激的追求与享受，说的是人在现实社会中面对各种诱惑所产生的各种欲望以及对各种欲望的追求与满足，是"喜怒哀乐"的外在表现。可见，这十二个字精炼地概括出人所具有的一种周而复始、互为表里的心理与情态活动。

庄子认为人的这种情态与心理活动是周而复始的，不但片刻不会停止，而且无时无刻不在滋生。那么，这种心理活动是如何产生的，又是从何产生的呢？

乐出虚，蒸成菌。日夜相代乎前，而莫知其所萌。

"乐出虚，蒸成菌"两句，成玄英的解释是："夫箫管内虚，故能出于雅乐；湿暑气蒸，故能生成朝菌。亦犹二仪万物，虚假不真，从无生有，例如菌乐。浮幻若是，喜怒何施！"陆长庚《南华副墨》解释为："如乐之出虚，乍作乍止；如蒸之成菌，倏生忽死。"他们都认为庄子"喜怒哀乐"这十二个字所描述的人的心理活动是虚幻不实、变幻无常的。其实，庄子这里只是用了两个简单的比喻来说明"喜怒哀乐，虑叹变慹，姚佚启态"对于任何个体来说，都是最普通不过的心理与情态现象。它们的滋生与萌发，犹如风过窍穴会发出声音，湿气蒸发便会产生菌类一样简单、平常。因为这种心理活动是人与生俱来的原始萌动，所以才会"日夜相代乎前"，而不可能像自然界的其他事物一样找到一个产生"情态"与"心理"的根或者根源。

"喜怒哀乐，虑叹变慹，姚佚启态"就是这样日夜不息地纠结于人"心"，却从未有人去思考探索这一切从何而来，缘何而生。于是庄子禁不住发出了由衷的感叹：

　　　　已乎，已乎！旦暮得此，其所由以生乎？

"已乎"，意思是"算了吧"；"此"，指的就是"喜怒哀乐，虑叹变慹，姚佚启态"；"由"，由来，根据。此处的"生"是理解这句话的重点所在。郭注成疏都认为这里说的是"喜怒哀乐，虑叹变慹，姚佚启态"皆为"自生"。陈鼓应也直接把这一句译作"岂能找出这些情态变化所以产生的根由呢！"照此理解，"旦暮得此，其所由以生乎"与上文"日夜相代乎前，而莫知其所萌"在意思上几乎完全重复。然而，如果我们把"生"解作生存、生活，意思就完全不同了。这几句话应该是说：算了吧，算了吧！终日沉溺于"喜怒哀乐，虑叹变慹，姚佚启态"之中而不可自拔，人，难道就是为了七情六欲而生存吗？这一句可视为是庄子对芸芸众生对待生存、生命的态度的感喟，也是对产生"我"的根源的一种揭示。不但与上文对大知小知"近死之心，莫使复阳也"的感慨相呼应，同时，也开启了下文对"真宰""真君"的论说。

二　若有真宰：真宰是谁

庄子向众人发出了"其所由以生乎"的反问之后，便开始了自己对这一哲学命题的阐述：

> 非彼无我，非我无所取。是亦近矣，而不知其所为使。

"非彼无我，非我无所取"是《齐物论》中的难点之一，而其中的"彼"又是理解这段话的关键词。对"彼"的解释最具代表性的是郭象、成玄英，他们都认为"彼"就是"自然"，于是"彼"与"我"就成了自然与我。而其后的"真宰"也就理所当然地解释为"自然"了。

郭注成疏对后世的影响非常大，后来注《庄子》者大都沿袭其说。可是，如果将"彼"解作"自然"，下句的"而不知其所为使"就很难理解了。而宣颖《南华经解》对"彼"的解说虽然响应者寥寥，却提供了一把开启理解之门的钥匙。他认为"彼"指的是上文"旦暮得此，其所由以生乎"中的"此"，也就是上文所说的"喜怒哀乐，虑叹变熟，姚佚启态"，指的是人的七情六欲。

"非彼无我，非我无所取"两句中的"我"，显然指的是生存于社会群体中的一员，亦即形形色色、具有"喜怒哀乐"七情六欲的个体的人。而"吾丧我"的"我"正是通过个体的人体现出来的。在这个意义上，"非彼无我"中的"我"与"吾丧我"中的"我"相同。"非我无所取"中的"取"，前人多采成说，解作"禀受"。这是把"彼"解作"自然"的结果。其实，这里的"取"就是获取、取得。这几句的意思，简单来说，就是没有人们周而复始的"喜怒哀乐，虑叹变熟，姚佚启态"的心理与情态活动，作为个体的、有着喜怒哀乐的"我"这个人在社会中就无从体现；而没有了社会群体中作为个体的、有着七情六欲的人，也就没有了获取"姚佚启态"的需要。如果有了这样的看法，离切中问题的实质也就不远了，只是众人还是不能理解究竟是谁在主宰着这一切并使之发生。那么，能够让一切发生的这个"其"究竟是谁或者是什么呢？庄子说：

> 若有真宰，而特不得其眹，可行己信，而不见其形，有情而无形。

"若"，历来都解作"好像""仿佛"。陈鼓应《庄子今注今译》就译作"仿佛"。可是在这一段话中，庄子对"真宰"的存在是肯定的而非假设的。所以"若"不能解作"好像""仿佛"。"若"在先秦时期常用作代词，意为"你""你们"。如《小尔雅》："若，汝也。"《国语·晋语四》："命曰三日，若宿而至。"就是在《齐物论》中，也有用"若"作"你"的例子："既使我与若辩矣，若胜我，我不若胜，若果是也。"由此可知，"若"代指包括大知小知在内的所有人。"若有真宰"是肯定句，说"你（们）有真宰"，而不是假设句"仿佛有真宰"。

"真宰"是一个可以大做文章的题目，历来说法甚多。郭注成疏都说"真宰"就是自然。此后，也有说"真宰"是"道"，或认为"真宰"是"造物主"的。这里用词虽异，但意思相似，都认为庄子的"真宰"是指一个超乎于人类之上的"主宰"。

那么，这是否就是庄子的原意呢？我们不妨先看一下《齐物论》中"真宰"的特点。按照庄子所说，其一，"真宰"出现或者行动时没有征兆，所谓"不得其眹"；其二，可以让人按照自己已有的经验去做事，所谓"可行己信"；其三，没有形状，也就是说看不见、摸不着，所谓"不见其形"；其四，"真宰"虽无形，却"有情"，所谓"有情而无形"。就庄子所说的这些特点来看，"真宰"与"自然"或者"造物主"明显不符。显然，"真宰"不是"自然"或"造物主"。

那么，"真宰"究竟是什么？

我们在上文谈及"天籁"时曾引用过王先谦有关"怒者其谁

邪"的"怒者"就是"真宰"的一段话。虽然王先谦没有指出"真宰"究竟是什么,但从庄子的这一段文字中,我们还是可以清楚地看出,"真宰"就是那个让"喜怒哀乐,虑叹变慹,姚佚启态"的心理与情态周而复始、反复出现的发动者,那个"吾丧我"的"我"的实施者,也是那个"怒者",因而也就是人"心"。

"真宰"和"我"指的都是人"心",但"真宰"与"我"还是有所区别。"我"是存在于人心中根深蒂固的成见,是不可改变的衡量外在是非的标准,是有着七情六欲的个体;而"真宰"是这些成见的实施者、标准的衡量者,是将心中无形的思想或欲望变为现实的执行者。

三 其有真君存焉:真君又是谁

"真宰"和"我"虽有不同,但都源自"心"。"心"对人体而言,是至关重要的。"心"死了,不仅作为肉体的人死了,"我"也会随着"心"死而死,这就是庄子在下文所说的"其形化,其心与之然"。由于"心"是人观念的形成者,行为、情态的执行者与实现者,当然是人体最为重要的器官。所以庄子又以人的身体各部分之间的关系来进一步说明"心"的重要:

> 百骸,九窍,六藏,赅而存焉,吾谁与为亲?汝皆说之乎?其有私焉?

"百骸,九窍,六藏",指的是人体的各个部分与器官。"百骸",就是"百骨节";"赅"的意思是"完备""全部",指百骸、九窍、六藏;"说",同"悦";"私",偏爱。这几句的意思是,"百骸,九窍,六藏"都是我身体的一个部分。我和哪一部分的关系最为亲近?对它们,我是同样喜爱还是有所偏心?庄子认为,在"百骸,九窍,

六藏"中，各个器官之间并非是平等、并列的关系，其中"心"最为
重要：

> 如是皆有为臣妾乎？其臣妾不足以相治也。其递相为君臣乎？
> 其有真君存焉。

这里需要说明的是，"其臣妾不足以相治也"中的"也"字，郭庆藩
本作"乎"，断为问句；并把"其有真君存焉"也断为问句。王先谦
《庄子集解》作"也"，并断"其有真君存焉"为陈述句。我们这里
采用王说，是认为把庄子只问不答改为有问有答能更好地表达庄子
的原意。"臣妾"，指地位低下的服役者；"递相"意为轮流。这四句
说，"百骸，九窍，六藏"，都是"臣妾"吗？可是"臣妾"之间是不能
相互支配的。它们可以轮流做君臣吗？也不可以，因为在他们之间
有一个占主导地位的"真君"。

然而，谁是"真君"？成玄英说："真君即前之真宰也。言取舍
之心，青黄等色，本无自性，缘合而成，不自不他，非无非有，故假设
疑问，以明无有真君也。"成认为"真君"即"真宰"，这固然不错。
但他旋即又说这只是假设，还说没有真君，不免陷入了自相矛盾。
王先谦说"真君"即上文的"真宰"。陈鼓应也认为"真君"和"真
宰"同义，指的都是"真心""真我"。我们在上文说过，"真宰"是
指人的"心"。庄子在这一段谈"真君"的文字中，把"真君"归属于
六脏，显然也是指心。"真宰"是心，"真君"也是心，假如"真宰"与
"真君"毫无差别，那就很难理解庄子为什么要在短短一段文字中
用"真君"与"真宰"这样两个概念。既然要用两个不同的概念，
它们就应当有一定的区别，这个区别应该就在"宰"与"君"这两个
词上。

"宰"有"掌管"的意思，也是官吏的统称，是指令的执行者

而不是决策者。庄子在说到形成"喜怒哀乐，虑叹变慹，姚佚启态"种种心理与情态活动时曾说"而不知其所为使"，这个"使"者，亦即情态的执行者，就是"真宰"，所以"若有真宰"的"宰"指"心"的动作功能，是说在人的身体中有一个使"喜怒哀乐，虑叹变慹，姚佚启态"成为现实的执行者。而"其有真君存焉"中"真君"的"君"，是统帅众"宰"之"君"，强调的是"君"在"百骸，九窍，六藏"之中所具有的至高无上的地位。所以"真宰"与"真君"虽然说的都是"心"，却分别指出"心"在人的心理与情态活动中两个不同的侧面："宰"指的是心的功用，而"君"指心的地位。

由此可知，在庄子看来，"心"的作用体现在三个方面：其一，"心"是"君"，具有统领身体各个部分的至高无上的地位，负责对事物进行判断并做出决策。其二，"心"是产生"我"的根源。一旦"我"形成，人往往以"我"作为衡量是非以及外在世界的一种标准。其三，"心"是"宰"。当凭着"我"的成见或者标准去看待事物时，"心"就会"主宰"人的躯体，将心中所想变为现实。这就是"心"所具有的三种职责与功能，也是"真君""真宰""我"之间的关系。

这也就是说，人所做的一切以及对外界的反映，都与"心"相关联。所以庄子说：

如求得其情与不得，无益，损乎其真。

"其"，指"人"。"情"，指的是"喜怒哀乐，虑叹变慹，姚佚启态"。"益"，益处，好处。"损"，损害，伤害。"真"，真性，人的生命。这是说，人倘若执着于种种欲望，执着于"得其情与不得"，都会损伤自己的"真性"，也就是人的生命。

"无益损乎其真"，所有《庄子》版本都断为一句。我们认为倘若在"无益"后断开，意思才更加明确。这两句的意思是，无论一个人是否得到他所追求的七情六欲，对个人来说都不会有任何好的结局，只可能伤害了自己的生命。这里，庄子以反证的方式再次回到他的主题，说明只有"丧我"才可保全"其真"。

四　与物相刃相靡：人生之大哀

接着，庄子进一步说明人如何从刚降临到这个世界上，就在"心"的控制与主宰之下，一步步地走向异化，以致受到残害：

一受其成形，不忘以待尽。

这里的前一句好理解，说一旦人来到这个世界，形成一个个体生命，就"不忘以待尽"。可是，这个"忘"到底指的是什么？陈鼓应认为这里"亡失"的是人的"真性"，意思是人"一旦禀承天地之气成形，便要不失其真性以尽天年"。但这样的解释与下文庄子所描述的"不忘以待尽"的种种表现显然不符。从上下文来看，我们认为这一句中的"忘"，与《齐物论》开篇时提到的"似丧其耦""吾丧我"的"丧"同义。"丧"的对象是"耦"、是"我"，那么，"忘"的对象应该是前面所说的"喜怒哀乐，虑叹变慹，姚佚启态"，指人的种种心理与情态。所以这两句其实是说，人一旦来到这个世界上，如果不丧失"喜怒哀乐，虑叹变慹，姚佚启态"种种七情六欲，其死亡也就指日可待了。

与物相刃相靡，其行尽如驰，而莫之能止，不亦悲乎！

"物"指除自己生命之外的一切东西，包括种种欲望以及他人。"刃"，这里用作动词，是切、砍的意思。"靡"借作"磨"。"相靡"与"相刃"意思相仿，都指对人的摧残。"行"，奔驰。"尽"，与"不忘以待尽"的"尽"意思相同，指生命的尽头。这里是说，人一旦来到这个充满物欲的世界，如果一味追求种种欲望，就如同终生被刀砍，被磨刀石磨切一样，并且以很快的速度走向死亡，却没有什么能够阻挡，这不是很可悲吗？庄子这里所表达的对人生的感喟与现代哲学家萨特的名言"他人即地狱"的意思几乎完全相同！

"与物相刃相靡"是可悲的。但更大的悲哀还在于：

> 终身役役而不见其成功，苶然疲役而不知其所归，可不哀邪！
> 人谓之不死，奚益！其形化，其心与之然，可不谓大哀乎？

"苶然"，极度疲惫。一生"与物相刃相靡"，却不见成功；终生奋斗，极其疲惫，却不知道自己最后的归宿在哪里！这还不足以让人感到巨大的悲哀吗？这样的人即使不死，活着又有什么意义？最可悲的是，他们的形体老了，人死了，而那颗永远不停地追求物欲的心，亦即"真君""真宰""我"也随着形体的灭亡而灭亡了！这才是人生最大的悲剧！于是，庄子极其感慨地说：

> 人之生也，固若是芒乎？其我独芒，而人亦有不芒者乎？

"芒"，昏惑，愚昧。人来到世上，难道都如此昏惑吗？还是只有我如此昏惑，而别人都不昏惑？其实，人生最可悲的是身在"芒"中却不知自己是"芒"者，反以为自己是最清醒、最理智的。"终身役役"为"芒"奔驰，至死不悟，人生之哀莫大于此。读到这里，我们不难理解庄子的一生其实是十分悲哀的。"人之生也，固若是芒乎？其我独芒，而人亦有不芒者乎？"这令人不免唏嘘的绝望之声，与屈原"举世皆浊我独清，众人皆醉我独醒"（《渔父》）的悲愤之呐喊有着异曲同工之处。

成心

在庄子看来，人的一切活动以及对外界的反映都与"心"相关。首先，"心"是"君"，统领着人体的一切活动；其次，"心"是"宰"，是把人的一切愿望想法转化为现实的驱动者；第三，"心"是产生是非曲直判断标准的"我"的根源。庄子之所以用了"真君""真宰""我"这三个不同的概念论述"心"，是为了强调"心"对人的言行所起的不同作用，以及所具有的不同功能。如果说"其形化，其心与之然"中的"心"，既指生理上维持人性命之躯的器官，又指可与"是非""言""我"发生关系、支配人言行的思维活动，那么，在阐述"真君""真宰"之后，"成心"的提出则是为了专门阐述"心"如何与"是非""言"发生关系，又如何支配并操纵人的言行的。

一　成心："一家之偏见"抑或"天理浑然"之心

在庄子看来，"成心"是人皆有之的：

夫随其成心而师之，谁独且无师乎？奚必知代而心自取者有之？愚者与有焉。

"随"，意为按照、依据。"师"，效法，取法，衡量。"之"，指成心。"奚"，意思是为什么。"知代"，据林希逸《庄子口义》："贤者之称也。'代'，变化也。言其知变化之理也。"此处当指大知小知之类。"心自取者"，指凭着本心自发地获取所需之人，这里当指有着"喜怒哀乐，虑叹变㥦，姚佚启态"之情的普通人。"愚者"，与"智者"相对之人。庄子这几句话说的是，无论"知者"、普通人甚至是"愚者"，人人都有"成心"，都可师法自己的"成心"，这种"成心"并非只有了解自然变化之理的"智者"才有。

那么，这种所谓人皆有之的"成心"，对庄子来说，究竟是肯定的还是否定的，是正面的还是负面的？历代《庄子》注解中出现了两种截然对立的见解。最早解释"成心"的是郭象：

夫心之足以制一身之用者，谓之成心。人自师其成心，则人各自有师矣。人各自有师，故付之而自当。夫以代不成，非知也，心自得耳。故愚者亦师其成心，未肯用其所谓短而舍其所谓长者也。今日适越，昨日何由至哉？未成乎心，是非何由生哉？

由"夫心之足以制一身之用者，谓之成心"与"未成乎心，是非何由生哉"两句，可以见出郭象认为"成心"既对人起着支配作用，也是产生"是非"的根源。此后，成玄英对郭象的说法做了进一步的发挥，他说：

夫域情滞著，执一家之偏见者，谓之成心。夫随顺封执之心，师之以为准的，世皆如此，故谁独无师乎。

成玄英的解释显然偏重于"成心"是产生"是非""彼我"对立的根源，而且他直接把"成心"等同于"一家之偏见"或者"封执之心"，从而明确开启了负面阐发"成心"的先河。如宋陈景元《庄子注》："夫不师道法古而自执己见，谓之成心。……心未成而有是非，越未适而云先至，理本无而强谓之有，因是有而有有莫穷，虽至德神人，亦不能知其所以。"明吴伯与《南华经因然》："未有成心，何有是非？今日适越，昔何由至？"清林云铭解释说："成心，谓人心之所至，便有成见在胸中，牢不可破，无知愚皆然。"（《庄子因》）以及王闿运的"成心"为"己是之见"（《庄子注》），就都接受了成玄英的说法。但在对立的另一派看来，"成心"虽可评判是非，却并非产生是非的根源，而且与"偏见"说恰恰相反，这一派把"成心"等同于人的本性，肯定"成心"为明辨是非的"真心"。例如宋吕惠卿《庄子义》就说：

> 成心，吾所受于天而无亏者，故足以明真是非。苟为物所亏，则所谓是非者，未定也。

在吕惠卿看来，"成心"是受之于天、没有受到外物损害的自然之心，因而可以判断是非。与吕惠卿同时的王雱甚至认为，"众人丧其成心"（《南华真经新传》）才是造成天下是非纷争的根源。此后，吕、王之说被诸多注家采用并大加发挥，如宋林希逸说"成心"是"天理浑然"之心，明释德清说是"现成本有之真心"，清宣颖说是"妙道存焉"之心，近人蒋锡昌说是"真君所成之心""天然自成之心"（见陈鼓应《庄子今注今译》）等等。

"成心"的这两种截然不同的说法，对《庄子》研究的影响都非常大。虽然两种见解都认为"成心"是衡量是非的标准，可是，一派认为"成心"指的是"一家之偏见"，是产生是非之根源；而另一派则以"成心"来"明真是非"，泯灭是非。如果仅仅从《庄子》"夫随其成心而师之，谁独且无师乎"一段话来看，确实很难判定《庄子》的"成心"究竟是"一家之偏见"还是"足以明真是非"之心。但是如果接着读下去，从《庄子》后文的论说中，还是可以比较清楚地看出"成心"蕴含的深意的：

> 未成乎心而有是非，是今日适越而昔至也。是以无有为有。无有为有，虽有神禹，且不能知，吾独且奈何哉！

"未成乎心"，指"成心"尚未在人的心中形成。这几句话的意思是：人心中有是非，是由于有"成心"。如果有人说他的是非观念不是来自于"成心"，那就如同说今天他准备去越国而昨天就到了一样荒谬可笑。这样的说法如同把"无"说成是"有"。如果把"无"说成"有"，即便神明如大禹，都无法理解，更何况我呢！

结合《庄子》的这两段话来看，在以成、吕为代表的两种说法中，成玄英的说法显然更符合庄子的原意。"成心"，就是"一家之偏见"，是人胸中"牢不可破"的成见，就是上文所说的"可行己信"之"己信"，也是《齐物论》开篇南郭子綦所"丧"之"我"的又一种体现。然而，庄子谈"成心"，并非仅仅局限于指出"成心"人皆有之，是产生一切是非的根源，还在于要引出下文，进一步阐述"成心"与"是非""言"的关系，说明"大言小言"的荒谬可笑。

二 言：出自"成心"抑或"公心"

"成心"既然只是人们在社会生活中形成的个人主观成见，那么，以"我"的"一家之偏见"看待世间万物，衡量是非，自然就会表现出"大言炎炎，小言詹詹"，但凡以"我"看来为"是"者则为"是"，以"我"看来为"非"者则为"非"，在此基础上所发之

"言"，便有了"是非之辨"，正所谓"以仁心说，以学心听，以公心辨"（《荀子·正名》）。但是庄子认为，这一切"是非之辨"都出于"我"的"成心"，出于一己之偏见，所谓"公心"不过是自我标榜罢了：

> 夫言非吹也，言者有言。其所言者特未定也。果有言邪？其未尝有言邪？其以为异于鷇音，亦有辩乎，其无辩乎？

"夫言非吹也"之"言"，指"大知小知"以及所有热衷评判是非之人的种种言论，也就是上文所说的"是非"之"言"。"吹"，承接上文的"人籁"与"地籁"而来。"夫言非吹也"是说人们所发出的是非之言出自"成心"，自然与人吹竹箫、风吹万窍不同。"言者有言"中的"言者"，当指"大知小知"以及所有评判是非之人。那么，"有言"又是什么意思？成玄英认为是"诠辩"。他在解释"果有言邪？其未尝有言邪"时说：

> 此以为是，彼以为非，此以为非，而彼以为是。既而是非不定，言何所诠！故不足称定有言也。然彼此偏见，各执是非，据己所言，故不可以为无言也。

意为辩者双方各执一端，互相攻讦，都是凭着自己的是非标准进行辩解，故而不能说他们有诠辩，也不能说他们没有诠辩。成玄英的这个解释影响很大。例如陈鼓应《庄子今注今译》就根据成玄英的解释把这两句译为："果然算是发了言吗？还是等于没有发言呢？"但是，如果结合上下文来看，把"有言"解作"发言"，似乎不免牵强。庄子在上文已明确说过"夫言非吹也，言者有言"，肯定了"言者有言"的现象，那么，紧接着的"果有言邪？其未尝有言邪"，如果做"发言"解，于义理就说不通了。

值得注意的是，"有言"在先秦典籍中连用时，虽然的确可译为"说了话""发了言"，做"诠辩"解，但也常常被解作"名言""善言"。如《论语·宪问》："有德者必有言，有言者不必有德。"这里的"有言"指的不是随口而出的言谈或者"诠辩"，而是指"名言""善言"。再如《孟子·离娄上》："自暴者，不可与有言也；自弃者，不可与有为也。"其中的"有言"，也是"善言"之意。可见，"有言"连用时，可引申为"至理""真理"。如果按照这样的解释来理解"言者有言"中的"有言"，这句话的意思就是，辩者都认为他们所说的就是真理，他们的是非之争都是出于"公心"而非"成心"。

这几句话中，还有一个被人所忽略未作解释的词——"其"。从行文上看，这段话中的四个"其"字的意思应该相同。陈鼓应先生将"其"译作"他们"，指"言者"，亦即辩论之人。如果"其"果真是代词"他们"，放在"其所言者特未定也。果有言邪？其未尝有言邪"中尚可解通，但放在"其以为异于鷇音，亦有辩乎，其无辩乎"中，就显得有些滑稽了。何谓"鷇音"？成玄英说："辩，别也。鸟子欲出卵中而鸣，谓之鷇音也。"鷇音，就是小鸟破壳而出时发出的叫声，指幼稚之言。如果把"其"解为"他们"，这句话的意思就成了"言者认为自己所发出的言论与将要破壳而出的小鸟的鸣叫声有所不同"。如此一来，就很难理解辩者为什么要把自己的言论与将要破壳而出的小鸟的啼叫相提并论。

"其"在先秦典籍中虽常用作代词，但也可用作副词，意为"大概""或许"。如《左传·隐公六年》："善不可失，恶不可长，其陈桓公之谓乎！"还有《国语·晋语》："其自桓叔以下。"这几处的"其"都是副词。如果释"其"为"大概""也许"，那么"其以为异于鷇音"就成了或许"言者"认为他们出自"成心"的所谓"至理名言"与将要破壳而出的小鸟之鸣有所不同。

　　疏通了文字上的歧义，我们再回过头来看庄子的这几句话，其意应是：言论出口，并不像一阵风吹过一样，辩者总是认为他们说的都是真理。其实，或许连他们自己也不能确定他们所说的是不是真理。他们说的果真都是真理吗？或许他们说的根本就不是真理？或许他们认为自己的言论与将要破壳而出的小鸟的鸣叫声有所不同，可是二者有区别吗？也许根本就没有任何区别。庄子言下之意是说，言者虽然总是振振有词，虽然他们自认为自己的"是非之言"不是出自"成心"而是出于"公心"，但他们的言论实际上与那些刚刚出壳的小鸟发出的鸣叫并没有什么区别，都是极其幼稚可笑的。这一段应该视作庄子对于"言者"自以为自己的是非之论都是出自"公心"的一种讽刺。

　　三　道与言："真伪""是非"缘何而生

　　庄子以一句带有冷幽默口吻的"其以为异于鷇音，亦有辩乎，其无辩乎"否定了"言者"自恃为真理的言论。然而，这样的"是非"之辩又从何而来？庄子说：

　　　　道恶乎隐而有真伪？言恶乎隐而有是非？道恶乎往而不存？言恶乎存而不可？

这是"道"的概念第一次在《庄子》中出现。先秦诸子著作中，"道"的出现频率极高，诸子百家几乎个个都或多或少地谈到"道"，其含义却各有不同。那么，庄子所说的"道"又是什么呢？从《齐物论》中对"道"的论说来看，庄子的"道"指的是万物之中共同存在、能使物成之为物的因素，也是"物"之所以为"物"的本质（关于这一看法，将在"道通为一"一节中阐释，此处不赘）。

这几句中的"言"，历来解《庄子》者都认为是"言论""诠辩"。如果将"言"解作"言论""诠辩"，那么"言恶乎隐而有是非"的意思就是"言论被遮蔽而后有是非"。可是庄子前文中已经清楚地指出"言"就是是非。所以，这里的"言"当另有其义。在这段话中，庄子将"道"与"言"对举，说"道"与"言"都被遮蔽了，才出现"真伪"与"是非"。换句话说，就是"道"与见"真伪"相关，而"言"与见"是非"相关。倘若"道"与"言"不被遮蔽，则真伪自现，是非自明。可见这里的"言"指的不是是非之论者的言论，而是上文的"有言"，即真理。"可"，认可，肯定。这几句话的意思是，"道"被什么遮蔽了，以至于真伪难辨？真理被什么遮蔽了，才造成是非之争？"道"去了何方，为什么不存在于人的心中？真理处于何地，为什么得不到人们的认可？这是因为：

道隐于小成，言隐于荣华。

前面四句都是设问，而这两句才是回答。"小成"，成玄英说："小道而有所成得者，谓之小成也。"林云铭《庄子因》说："小成，谓安于一察以自好。""小成"应该指人一时所得的小成就，也就是大知小知们所执着的"是"，所谓"成功"。从表面上看，有些人似乎有成，可是"道"却被这种"小成"遮蔽了。"荣华"，成玄英说："荣华，浮辩之辞，华美之言也。只为滞于华辩，所以蔽隐至言。所以《老子》云，信言不美，美言不信。"指华美的辞藻。后世解《庄》者皆以其说为据。可是如果"言隐于荣华"的"荣华"指的是华美的辞藻，那么辩者之"言"怎么会被华美的辞藻所遮蔽，隐而不现呢？而且，庄子认为辩者之"言"是出自"成心"的是非之言。如果辩者之"言"为华美的辞藻所遮蔽，那么，辩者所争论的是非也被遮蔽了，"言"就成了无是非无内容之言。可见这里的"荣华"不应解作华美的辞藻。

在这两句中，"道"与"言"对举，"小成"与"荣华"对举。既然"小成"是庄子所否定的遮蔽"道"的所谓"成功"，"荣华"就不应该是华美的辞藻，而应与"小成"相关，应该是与"小成"同类的名词，而非形容词"华美"。其实，郭象早就把"荣华"当作与"小成"相同的名词，只不过被后人忽视了而已：

> 夫小成荣华，自隐于道，而道不可隐。

这段话中，郭象将"荣华"与"小成"并举，认为"小成"是遮蔽"道"的屏障，而"荣华"是遮蔽"言"的屏障。"荣华"确可指言辞华美，但更常常解作荣华富贵。如《庄子·田子方》中就有："子三为令尹而不荣华，三去之而无忧色。"《管子·重令》有："而群臣必通外请谒，取权道，行事便辟，以贵富为荣华以相稚也，谓之逆。"王符《潜夫论·论荣》也有："所谓贤人君子者，非必高位厚禄富贵荣华之谓也。""言隐于荣华"的"荣华"，应该也是荣华富贵之意。这样，这两句说的就是："道"被微小成就所遮蔽，真理被荣华富贵所遮蔽。人人都只看到自己微小的成功，自以为是，故而遮蔽了"道"；而且人人又都追求荣华富贵，因而湮没了真理。如此，方可理解为什么人们会以一己之偏见的"成心"作为衡量是非的标准了。

四　莫若以明："以明"究竟是什么

虽然"小成"隐蔽了"道"，"荣华"隐蔽了"言"，但小成和荣华确实是人们所梦寐以求的，是实实在在存在于人世间的。据此而言，究竟有没有一个出自"公心"而不是"成心"的衡量标准呢？是不是人们只可能各执己"是"而攻彼之所"非"呢？庄子选择了当时颇为重要的儒墨是非之争为例来加以说明：

故有儒墨之是非，以是其所非而非其所是。欲是其所非而非其所是，则莫若以明。

"儒墨"，注家多以为特指儒墨两家，其实不尽然。郭象已经指出："儒墨更相是非，而天下皆儒墨也。故百家并起，各私所见，而未始出其方也。"所以这里的"儒墨"应该泛指所有"是非"论者，亦即郭象所说的"百家"。这些是非论者为了标榜成就，追求荣华，大都表现出真理就在自己手中的居高临下的姿态，"以是其所非而非其所是"为使命。庄子认为，既然儒墨等百家都想证明对方所说的"非"为"是"，而对方所说的"是"为"非"，最好的办法就是"莫若以明"。

但是，所谓"以明"究竟指的是什么？郭象认为"莫若以明"就是"反复相明"。成玄英继承了郭象的说法：

世皆以他为非，用己为是。今欲翻非作是，翻是作非者，无过还用彼我，反覆相明。反覆相明，则所非者非非则无非，所是者非是则无是。无是则无非，故知是非皆虚妄耳。

郭注成疏的意思都是，只要儒墨等百家各自站在对方的立场上，互相之间以对方之非去非自己之所非，以对方之是去是自己之所是，就会明白"是非皆虚妄耳"，于是也就没有了是非之争。

但后来的研究者在郭注成疏的基础上又提出了新的看法，如吕惠卿《庄子义》说："因是因非，因非因是，更相为用而已。圣人不由而照之于天，则以明之谓也。"明焦竑《庄子翼》也说："盖行乎是非无穷之途，而其无是无非者自若，非照之以天者不能，所谓莫若以明也。"吕惠卿与焦竑都释"明"为"天"，认为"明"就是《庄子》后文中所说的"照之以天"的"天"。清宣颖《南华经解》则认为"以明"之"明"是"本明之地"。他说："两家欲以己之是非正彼之是非而愈生是非，无益也！莫若以道原无隐，言原无隐者，同相忘于本明之地，则一总不用是非，大家俱可省事矣！"宣颖认为如果"道"与"言"没有被"小成""荣华"所遮蔽，那么，大家就可"同相忘(我)于本明之地"，也就不再会有是非。王先谦《庄子集解》就宣颖的"明"为"本明之地"的这一说法又做了进一步发挥，他说："莫若以明者，言莫若即以本然之明照之。"又说："惟本明之照，可以应无穷。此言有彼此而是非生，非以明不能见道。"

归纳以上种种看法，可知所谓"欲是其所非而非其所是"的方法，其实就是"以天照之"、以"本明之地"照之、以"本然之明"照之。只有"照之"，才可如王先谦所说，能够见"道"，能齐百家之是非。那么，具体怎样才能"见道"和齐百家之是非呢？或者说见"道"、齐百家之是非的方法究竟又是什么？结合《齐物论》开篇南郭子綦所进入的境界，这个方法应该就是"丧我"。只有"丧我"，人心才可大"明"，万物皆可大"明"，是非自然也随之大"明"。也就是说，"以明"的"明"就是"丧我"、泯灭了"成心"之后所进入的境界，是去了"小成"与"荣华"之后，"道"重新回归人心中的境界，也就是"道"的境界。归根结底，"莫若以明"，其实就是"莫若以道明之"。以"丧我"之后、没有了"成心"的无"我"有"道"之心去看待是非，才会发现，儒墨等百家的是非之争不过像"鷇音"一样可笑荒谬。故而庄子才有"欲是其所非而非其所是，则莫若以明"之说。

物无非彼，物无非是

　　庄子在阐述了"成心"是产生"是非"的根源之后，举"儒墨"为例，说明以儒墨为代表的"是非之争"不过是"以是其所非，而非其所是"，是无法作为客观的"是"与"非"的衡量标准的。因此，庄子提出了"莫若以明"的方法。所谓"以明"，就是"以道明之"，意思是要站在"道"的高度、"道"的立场"明之"。具体来说，就是要人"丧我"，去掉由"我"而形成的"成心"，从"道"的角度、立场去看待"物"的"是非""彼我""彼是""荣华""小成"，乃至"生死"，这便是庄子在《齐物论》中论述"物无非彼，物无非是"一段的基本出发点。此前，庄子在谈及"彼我"时指出："一受其成形，不忘以待尽。与物相刃相靡，其行尽如驰而莫之能止，不亦悲乎！"说明人与世间万物（包括人）发生的种种纠缠才是造成人心异化的本源。那么，"物"究竟有些什么属性？"物"的本质究竟又是什么？这是庄子"以道明之"首先要"明之"的问题。于是，庄子在提出"莫若以明"

之后，着重详细阐发了人应该如何看待"物"，应该如何认识"物无非彼，物无非是""万物一齐"的道理。

一　如何看"物"——"自彼则不见，自是则知之"①

题目"齐物论"三字，已清楚地揭示出本篇的核心是要齐"物论"，齐世间种种之"物"，齐"物"的"彼"与"是"，齐"物"的"彼"与"此"，齐"物"与"我"，齐"物"的"是"与"非"。但是，如何"齐"？如何认识"物"之"齐"？这才是庄子真正要阐发的。值得注意的是，庄子所谓的"齐"并非像以往一些注家所解释的那样，是要取消事物的差别、个性，否定事物的独特性。恰恰相反，庄子的真正用意是一方面要用"道"来"齐"人心，灭"成心"；另一方面又要让人从世间万"物"的千姿百态中认识"物"的共性，认识"道"在万物中的共同属性。换句话说，就是人应该如何站在"道"的立场上去认识"物"：

> 物无非彼，物无非是。自彼则不见，自是则知之。故曰彼出于是，是亦因彼，彼是方生之说也。

这是庄子在《齐物论》中第一次详细论及"物"，也是庄子看"物"的立场与方法。如果说《庄子·齐物论》中在齐他人"物论"时也有所谓自己的"物论"的话，那么，这便是庄子"齐物""齐论"的"物论"基础。所以，如何理解这段话，直接关系到对庄子"齐物""齐论"思想的理解。

---

① 今本《庄子》"自是则知之"的"是"多作"知"，据严灵峰《庄子章句新编》："'是'字原作'知'。按：作'知'于义不合。本节上下文并以'彼''是'对文，此不当独作'知'。疑涉下'知'而误。上句'自彼则不见'，则下句作'自是则知之'，'彼'与'是'对，'见'与'知'对，文法井然。"本文采用严说，改"知"为"是"。

在这短短的七句话中，庄子多次说到"物"之"彼"与"是"，以及"彼"与"是"之间的关系。那么，此处的"彼"与"是"究竟指的是什么？郭象说：

> 物皆自是，故无非是；物皆相彼，故无非彼。无非彼，则天下无是矣；无非是，则天下无彼矣。无彼无是，所以玄同也。

郭象把这段话中的"彼"看作一物，把"是"看作另一物，认为万"物"都是相互依存的，没有"是"物，也就没有"彼"物，"是物"与"彼物"是相互对立而又相互依存的两个物。如果不非"是物"，也就不非"彼物"，如果不是"是物"，也就不是"彼物"，如此，天下便无彼物之是非，也无是物之是非。成玄英极为推崇郭象的说法，认为"此注理尽，无劳别释"。今人对庄子这段话的解释也多采用郭象的说法。如陈鼓应《庄子今注今译》就将前四句译作："世界上的事物没有不是'彼'的，也没有不是'此'的。从他物那方面就看不见这方面，从自己这方面来了解就知道了。"

用郭注解释前四句"物皆自是，故无非是；物皆相彼，故无非彼"的确可以说得通，但是到了下面的"故曰彼出于是"以及其后的"方生"数句就很难理解了。我们认为庄子"物无非彼，物无非是"中的"彼"与"是"指的并非是两个不同之"物"，而是同一"物"的两个方面。"彼"，指同一物的那一面，"是"指这一面。这两句话是说客观存在之物的两个方面，或者说是表与里。如同一块布有正反两面一样，离开了"表"的这一面，另一面的"里"也就不复存在。"自彼则不见，自是则知之"，意思是对同一个物体从"彼"的那一面去看，就看不到"是"的这一面；但从"是"的这一面去看，也看不到"彼"的那一面。庄子在这里阐述的是一个看问题的角度、立场问题。一方面说明所处的立场、角度不同，得出的结论也就不同；

另一方面又指出任何"物"都有不同的面，往往此面是由于彼面的存在而存在，两面互相依存，又互为表里，所谓"彼出于是，是亦因彼"，说的就是这个道理，所以，无论执着于"是"或"彼"，都是"一家之偏见"。

后面"彼是方生之说也"一句，"生"的意思是产生，陈鼓应《庄子今注今译》把这句译作"彼和此是相对而生的"，大致是不错的。但是"说"的含义没有在译文中体现出来。"说"在这里用作名词，有"看法""言论""道理"之意，正如《庄子·天下》："庄周闻其风而悦之，以谬悠之说，荒唐之言，无端崖之辞，时恣纵而不傥，不以觭见之也。"其中的"说"也是一样的意思。此外，这一句中的"方"字也值得探讨。在说过"彼是方生之说也"之后，庄子又连续用了八个"方"字："方生方死，方死方生；方可方不可，方不可方可。"短短一段话，句句用到"方"，足见"方"字对此段语义表达的重要。成玄英说："方，方将也。"意思是"刚刚"。宣颖《南华经解》说："随起亦随仆，随仆又随起。"这样，"方生方死，方死方生"就成了"刚生便刚死，刚死又刚生"，或者"随生随死，随死随生"。虽不免勉强，但还说得通，可下文的"方可方不可，方不可方可"又怎么解释？特别是回到"彼是方生之说也"一句中的"方"，就更加难以说通。所以，"方"一定不是"刚刚"或者"随"的意思。刘武《庄子集解内篇补证》的说法值得重视：

> 《说文》："方，并船也。象两舟省总头形。"《仪礼·乡射礼》："不方足。"注："方，犹并也。"彼是方生，即彼是并生。下文"方生方死，方死方生"，即并生并死，并死并生也。就时间言，即同时之意。

先秦诸子文中，"方"常有"一并""一起""同时"之意。如《墨子·备城门》：“甲兵方起于天下。”《荀子·致士》：“忠言、忠说、忠事、忠谋、忠誉、忠愬，莫不明通，方起以尚尽矣。”唐杨倞《荀子注》：“方起，并起。”把“方”解作“一起”“同时”，庄子的这段话就很容易疏通了。“方生”就是“同时生”。结合前句“故曰彼出于是，是亦因彼”，“彼是方生之说也”的意思是说，这就是“彼”与“是”同时产生的道理，是在为前几句做总结。

有必要指出的是，各本《齐物论》中这一段的断句均在“是亦因彼”后断为句号，把“彼是方生之说也”一句属下读。其实，在这段话中，“是亦因彼”后应断为逗号，“彼是方生之说也”后当断为句号，属上读，这样，“彼是方生之说也”作为结语，不单单概括了前六句的内容，同时又开启下文。

“彼”与“是”是同时产生、同时存在的。所以，庄子认为所有“物”的“彼”与“是”都是相互依存的：

> 虽然，方生方死，方死方生；方可方不可，方不可方可；因是因非，因非因是。

“方生”，一起生，同时生；“方死”，一起死，同时死。这几句话是说：同一“物”的“彼”与“是”同时产生，同时灭亡；同时灭亡，也同时产生。如果说“彼”是对的，那么，“彼”与“是”就都是对的；如果说“彼”是错的，那么，“彼”与“是”就都是错的。如果依据“物”的一面就认定此“物”为“是”而另一面为“非”的话，那么在认定此物为“是”的同时也就否定了此物，反之亦然。这里，庄子是用同一事物中两方面相互对立而又相互依存的特点，说明“物”虽有两面，却是不可分割的统一体。无论执着于“彼”抑或执着于“是”，都是片面的、不真实的；并借此进一步说明所谓“是”与“非”，并非是“物”本身就存在着“是”与“非”，而是人的“成心”生出来的。

二　圣人看是非："彼亦一是非，此亦一是非"

"物无非彼，物无非是。"既然"物"的"彼"与"是"不可分割，儒墨等百家所争辩的"是"与"非"自然也就无法反映客观事物的真相。那么，圣人是如何看待"物"的呢？

> 是以圣人不由，而照之于天，亦因是也。

此处的"圣人"，即《逍遥游》中"圣人无己"的圣人，是已经"丧我"、没有"成心"的圣人。"不由"，宣颖《南华经解》："不由是非之途。"意思是圣人看问题时不把同一物的两面对立起来，而是"照之于天"。"照之于天"，和"以明"的意思同，指的是进入了"吾丧我"之后看待万物的"天籁"之境。这里强调的是，圣人理解"物"的"彼"与"是"是一个统一体，"物"本身并不存在"彼"与"是"之间的是非之别。而"彼"与"是"的出现以及由此引发的"物论"之争，都是出自人们的"成心"以及对"小成""荣华"的追求或者由于执着一端而造成的。只有"无己"的圣人，自身没有求"名"之"小成""荣华"的欲望，泯灭了"成心"，超脱于是非之外，才能以物的本来面目看物，同时能看到物两面的真相。"亦因是也"，是说圣人之所以能够如此，就是因为这个缘故。

圣人用"以道明之"的方法看待万物，而作为个体的物并没有是非对错之别，在这个意义上，世界上的万物在本质上都是相同的。本质相同，自然也就没有是非之争。接着，庄子又由个体的"物"推而广之到物与物的比较：

> 是亦彼也，彼亦是也。彼亦一是非，此亦一是非。果且有彼是乎哉？果且无彼是乎哉？

既然每一物都有相互依存的两面，而这相互依存的两面又不可分开，因此这一面也就是那一面，那一面也就是这一面。"彼"与"是"不可割裂，所以说"是亦彼也，彼亦是也"。"彼"与"是"因为同属一物，所谓"是非"不过是人们以"成心"强加给"物"的，并非"物"的自然本性。于是才有"彼亦一是非，此亦一是非"。有必要指出的是，此前，庄子对同一事物相互依存的两面一直用代词"彼"与"是"以示区别，但是这里庄子却不再用"彼"与"是"，而是用了"彼"与"此"。这就是说"彼"与"此"和"彼"与"是"所指是有所不同的。"彼"与"是"指的是同一物的两个方面，而"彼"与"此"则是指两个不同之"物"了。"彼亦一是非，此亦一是非"的意思是说，如果说"物"有是非的话，那么，彼物的是非存在于彼物之中，而此物的是非则存在于此物之中。世间万物在"彼"与"是"以及"是"与"非"的问题上都是一样的。因而在审视万物时，每一物都是一个独立的存在体，既不能用同一物的"彼"去否定它的"是"，也不能用同一"物"的"是"去否定它的"彼"。

"彼""是"并存，它们的关系是"是亦彼也，彼亦是也"。如果要理解"物"是如何"是亦彼也，彼亦是也"，了解"物"的真相，那就必须站在圣人的立场。庄子称这个立场为"道枢"：

　　　　彼是莫得其偶，谓之道枢。

偶，对。枢，门轴，这里的意思是关键、重要。所谓"道枢"，是说"道"如同"枢"一样重要。这句话是说，不把事物的彼与是对立起来、分割开来，这才是"道枢"。唯其如此，才能站在圣人的高度去看待万物，才不会对同一事物产生肯定或否定两种截然不同的看法。

"彼是莫得其偶"是圣人看待万物的立场和方法。那么，如何

才能像圣人一样站在"彼是莫得其偶"的立场上呢? 庄子比喻道:

> 枢始得其环中, 以应无穷。是亦一无穷, 非亦一无穷也。故曰莫若以明。

蒋锡昌《庄子哲学·齐物论校释》说:"'环'者乃门上下两横槛之洞, 所以承受枢之旋转者也。枢一得环中, 便可旋转自如, 而应无穷。此谓今如以无对待之道为枢, 使入天下之环, 以对一切是非, 则其应亦无穷也。"这里的"环"其实是比喻"物"的。庄子的意思是说, 站在"道"的立场, 无论万物如何变化, 万物的外形如何参差不齐, "道"就像门的轴心居于"环中"(亦即万物之中)一样, 不为"物"的形式所改变, 也不为"是""非"所拘泥、牵制, 故而可以"以应无穷"。倘若不"得其环中", 那么, "是"是无穷的, "非"也是无穷的, 是非的争辩永无止境。这是为什么庄子再次重申"莫若以明"的原因, 不如以"道"明之。

三　万物一齐:"天地一指也, 万物一马也"

为了进一步说明如何"莫若以明", 庄子引用了当时著名的"指马"命题:

> 以指喻指之非指, 不若以非指喻指之非指也; 以马喻马之非马, 不若以非马喻马之非马也。

这几句的意思是说, 用概念的"指"来说明具体的"指"不是"指", 不如用不是概念的"指"(也就是具体的"指")来证明概念的"指"不是指。用概念的"马"来说明具体的"马"不是"马", 不如用不是概念的"马"(也就是具体的"马")来证明概念的马不是"马"。

　　"指非指""白马非马"出自当时名家代表人物公孙龙的《指物论》与《白马论》。当时，名家与墨家在论说中常常以"马"代指抽象的"物"，也就是说，名墨所说的"马"不仅仅指具体的马，还是抽象的"物"的代名词。而"指"的意思，据公孙龙《指物论》说：

　　　　物莫非指，而指非指。天下无指，物无可以谓物；非指者天
　　下，而物可谓指乎？指也者，天下之所无也；物也者，天下之所
　　有也。

可知公孙龙的"物"指的是现实中存在的具体的"物"，"指"则是一个涵盖万物的"物"的抽象概念。"物莫非指，而指非指"的意思是，天下具体的万物都属于"指"，而这个"指"却不是具体的"物"，而是抽象的"物"的概念。然而，概括万物的抽象的"指"，并不存在于天下，也就是说天下没有抽象的"物"，而天下所存在的，只有具体的"物"。在公孙龙看来，"指非指""白马非马"。但是在庄子看来，既然"指"是物，"马"是物，天地万物凡是可以命名的"物"就都可以用"指""马"来概括。所以，庄子连用两个"不若"，破了名家"指非指""白马非马"的命题，认为天地万物都是"指""马"：

　　　　天地一指也，万物一马也。

这两句中的"一"不是数词，而是表示"相同""齐一"。天下万物千差万别，但就其属性而言，无非"指""马"，都是"彼"与"是"的统一体，在这个意义上，天地归于"一指"，万物归于"一马"。"是亦彼也，彼亦是也"，天地万物都是一样的，相通的。可见庄子引进公孙龙"指""马"命题，不过是要进一步说明他"万物一齐""道通为

一"的主张。

在庄子看来，"天地一指也，万物一马也"，天地万物都属于"指""马"，都是"物"，都具有相同的属性，因而也就没有必要去分辨什么"马"是"马"还是"白马"，"指"是"指"还是"拇指"了。所谓"自其同者视之，万物皆一也"（《德充符》）。当然，这个结论是不会为所有人认可的。所以庄子说：

> 可乎可，不可乎不可。

"可"的意思是肯定，"不可"是否定。郭象解释说："可于己者，即谓之可。不可于己者，即谓之不可。"成玄英说："夫理无是非，而物有违顺，故顺其意者则谓之可，乖其情者则谓之不可。违顺既空，故知可不可皆妄也。"郭注成疏都是从人之常情去理解庄子这两句话的，认为人人都肯定自己认为是对的，而否定自己认为是错的。可是郭注成疏的解释割裂了这两句话与上下文的关系。我们认为"可乎可，不可乎不可"这两句是针对"天地一指也，万物一马也"的"万物一齐"的结论而来。所以这两句的意思是：你认为"天地一指也，万物一马也"的主张是对的，自然有对的道理，你认为这个主张是错的，自然也有错的道理。

"天地一指也，万物一马也"，是庄子推倒了种种"是非"之辩，指出各种"物论"不过都是出于人之"成心"而提出的"万物一齐"的崭新的理论主张。"万物"包括天，包括地，当然也包括天地之间的人与物。这个"万物一齐"的主张，固然包含有万物平等的内涵，在某种意义上，其中所体现出的对"人"的关怀甚至超越了孔子的"伤人乎？不问马"（《论语·乡党》），及孟子的"民为贵，社稷次之，君为轻"（《孟子·尽心下》）的民本思想，但是从庄子的思想整体来看，这一主张更深远的意义还在于从理论上、哲学上建立起的人生价值的新体系，说明由"道"而生的世间万物原本是一体相通的，每一事物自身以及物与物之间都是相互依存、互为前提的，因而任何热衷于"是""非"之辩的争议都是荒谬的、虚假的、无意义的，从而也进一步说明只有实现"吾丧我"才是唯一可以摆脱"不亦悲乎"的人生境遇的道路。当然，庄子也深知这一惊世骇俗的看法不会为人所苟同，所以，在接下去的文章中，庄子会从"道"的高度进一步解释"天地一指也，万物一马也"的主张，从"可乎可"与"不可乎不可"的肯定与否定两方面继续展开论述。这便是庄子下文"道行之而成，物谓之而然"所要阐述的道理。

道通为一

"是亦彼也，彼亦是也""彼是莫得其偶，谓之道枢"。这几句话点明了庄子审视万物的立场与方法。站在这样的立场，用这样的方法，庄子不仅破了名墨二家"指非指""马非马"的命题，而且还得出了"天地一指也，万物一马也"的结论。

"天地一指也，万物一马也"是庄子"齐物"的理论根据之一。既然天地万物同属于"指""马"，同属于"物"，那么，天地万物在本质上就没有什么不同。拇指是指，食指也是指，白马是马，黑马也是马，拇指与食指、白马与黑马都是指与马的具体体现。而是拇指而非食指、是白马而非黑马的争论，在庄子看来不过是在"成心"作用之下产生的"一家之偏见"。只有放下"成心"，放下"一家之偏见"，站在"道枢"的立场"以道明之"，才会认识到万物的本质原本相同，才会理解万物外在形式与功能的千差万别正是"道"丰富多彩的形式体现，这便是庄子接下来特别要阐述的"道通为一"的思想主旨。

一 万物都是"道"的体现

"道"在《庄子》中出现的频率非常高,达263次之多。"道"第一次出现于《齐物论》中,说的就是"道"与物论是非的关系:"道恶乎隐而有真伪?言恶乎隐而有是非?道恶乎往而不存?言恶乎存而不可?"在指出"道隐于小成,言隐于荣华"的现实之后,庄子提出了"莫若以明"。"莫若以明"就是要以"道"来"明"物论之是非,"明"道与物的关系。道与物的关系清楚了,物论之是非自然也就随之"齐"了。那么,"道"与"物"之间究竟是一种什么样的关系呢?庄子说:

> 道行之而成,物谓之而然。

这是庄子在《齐物论》中第一次直接阐述道与物之间的关系,其中如何理解"道"的含义显得十分重要。本来,自郭象开始的解庄者都把此处之"道"释为存在于万物之中的"大道",但自从宣颖《南华经解》把"道行之而成"的"道"解释为道路之道以后,很多人都接受了这种说法。如王先谦《庄子集解》说:"行之而成,《孟子》所云'用之而成路'也。为下句取譬,与理道无涉。"陈鼓应《庄子今注今译》索性将"道行之而成"译为"道路是人走出来的"。但从上下文看,"道行之而成"的"道"与紧接着下文的"道通为一"的"道"含义相同,而"道通为一"的"道"无论如何都不能解释为人所行走的道路。所以,"道行之而成"的"道"不应解作"道路",而应还原为庄子一向所用的"理道"之"道"。成玄英是这样解释"道行之而成"的:

大道旷荡，亭毒含灵，周行万物，无不成就。

"亭毒"一词出自《老子》"长之育之，亭之毒之，养之覆之"。其中"亭之毒之"也作"成之熟之"，意思是养育、化育万物。成玄英理解的"道"，如同一个"造物主"。"道"不仅创造、养育了万物，而且还高高凌驾于万物之上。那么，庄子所说的"道"与"物"的关系，是否果真如成玄英所说，是创造与被创造的关系呢？《庄子·知北游》中东郭子与庄子的一段对话，有助于理解庄子所说的"道"与"物"的关系：

> 东郭子问于庄子曰："所谓道，恶乎在？"庄子曰："无所不在。"东郭子曰："期而后可。"庄子曰："在蝼蚁。"曰："何其下邪？"曰："在稊稗。"曰："何其愈下邪？"曰："在瓦甓。"曰："何其愈甚邪？"曰："在屎溺。"东郭子不应。

这就是说，"道"是无所不在的，不分高低贵贱，万物之中皆有"道"，即便蝼蚁、稊稗、瓦甓、屎溺中也仍有"道"在。可见，在庄子看来，"道"与"物"的关系之中，"道"并非是一个造物主，也不凌驾于万物之上，而是存在于万物之中，是万物所共有的一个基本特征。尽管世间万物形状各异，大小不同，高低有别，但都是"物"，都是"道"的载体，是"道"的一种表现形式。也就是说，"物"不过是"道"的不同形式的外在体现。因而"道行之而成"的意思显然不是"道"创造了万物。

"道行之而成"的"行"，应该指的是"运行"，如《荀子·天论》中的"天行有常"；"之"，指万物；"成"，在这个句子中是一个动词，但庄子省略了宾语。"成"了什么？成玄英说"周行万物，无不成就"，意思是成就了万物，也就是说"道"创造了万物。这个说法对后世的影响虽大，却有待商榷。根据《知北游》以及《齐物论》中庄子对"道"与"物"关系的解释论说来看，"道行之而成"应该是呼应上文"天地一指也，万物一马也。可乎可，不可乎不可"，来说明"道"与"物"的关系。这个"成"是要说明"道"有齐物之"可"的原因。如果要补出宾语的话，那就是"道行之而成道"，意思是"道"存在、运行于万物之中才成其为"道"，这也是"道"之所以成为"道"的根本所在。

"物谓之而然"则进一步说明"道"与"物"之间的关系。"物谓之"的意思是"万物各有称谓"。但"然"当如何理解？郭象说"无不然也。……各然其所然，各可其所可"。后世遂将"然"解作"肯定"。如此，则"然"与"可"同义，下文的"物固有所然，物固有所可。无物不然，无物不可"，就成了同义的反复。但庄子在句式完全相同、仅有一字之别的两句中既用"然"，又用"可"，显然两句中的"然"与"可"是有所区别的。实际上，先秦典籍中，"然"也可解作"形成"。如《大戴礼记·武王践阼》："楹之铭曰：毋曰胡残，其祸将然；毋曰胡害，其祸将大；毋曰胡伤，其祸将长。"如果"物谓之而然"的"然"的意思是"形成"，那么"形成"的宾语又是什么？结合上下文看，应该是指形成了物的形态或样子。这句是说万物有了称谓才成了这个样子。总起来说，"道行之而成，物谓之而然"两句的意思是：道之所以为道，是因为道存在、运行于万物之中；物之所以形成这个样子或者形态，是由于人们的称谓才如此形成的。这样，下面的几句话也就容易理解了：

> 恶乎然？然于然。恶乎不然？不然于不然。物固有所然，物固有所可。无物不然，无物不可。

这几句主要描述"物"的形态的千差万别及其由来：为什么此物的

形状是这样的？此物有这样的形态是由于人们如此称呼它。为什么彼物的形态不是这样的？彼物不是这样的形态是由于人们不如此称呼它。每一物本来就是这样形成、这样存在着的，每一物本来也是这样被认可的。万物都有自己的存在形态，万物都有被如此认可的原因。在庄子看来，尽管万物从存在形态上看，名称不同，功用不同，千姿百态，但究其本质，却又都是"道"的体现，"道"存在于万物之中。正是在这个意义上，庄子认为万物之间没有高低贵贱、是非短长之分，"万物为一也"。

二　丑与美原本相同

为了进一步说明"道"与"物"之间的关系，庄子又举现实生活中的常例说：

> 故为是举莛与楹，厉与西施，恢诡憰怪，道通为一。

"故为是"，由于这样的原因。"举"，郭注、成疏都解作"举例"。可是因为这句话中已经有了"故为是"，所以此处的"举"，如解为"举例"，不免语义不通。如果解作"莛"的修饰语，从语义与句式上看都更为准确。"举"的本意是双手托起东西。如《庄子·逍遥游》："其坚不能自举也。""举莛"是说轻轻一举就可以举起的"莛"，形容"莛"很轻。司马彪以为"莛"是"屋梁"，"楹"是"屋柱"。于是，郭象据此把"举莛与楹"附会为"纵横"，说"夫莛横而楹纵，厉丑而西施好。所谓齐者，岂必齐形状，同规矩哉！故举纵横好丑，恢诡憰怪，各然其所然，各可其所可"。对此，清俞樾有一段很好的辨析：

> 案《说文》：莛，茎也。屋梁之说，初非本义。《汉书·东方朔

传》以莛撞钟,《文选·答客难篇》莛作筳。李注引《说苑》曰:建天下之鸣钟,撞之以筳,岂能发其音声哉! 筳与莛通。是古书言莛者,谓其小也。莛楹以大小言,厉西施以好丑言。

俞樾的说法多为今人所采纳。而把"举"视为"莛"的修饰语,正好可作"莛"为小茎的佐证。这里庄子用可轻轻举起的小茎"举莛",与"楹"相对,突出两者所代表的大小两极,也为下文的"太山""毫末"之说打下伏笔。"厉",司马彪说是"病癞",成玄英解作"病丑人"。《庄子·天地》中有"厉之人夜半生其子,遽取火而视之,汲汲然唯恐其似己也"一段,据此可知,"厉"的确是极丑之人,与美貌的西施形成对比,代表美丑两极。这一句与上句"举莛与楹"的句法相同,都是用排比与比喻来说明即便小如"举莛",大似"房楹",丑若"厉人",美如"西施",在本质上,都不过是"道"的体现。

"恢恑憰怪",成玄英说:"恢者,宽大之名。恑者,奇变之称。憰者,矫诈之心。怪者,妖异之物。"认为指四种形态。而刘武《庄子集解内篇补证》说:"若莛与楹,大小虽异,然同为物;厉与西施,美恶虽异,然同为人;恢恑憰怪,其情虽异,然同于性。"认为指人的四种性情。形态也好,性情也好,"恢恑憰怪"可以理解为指世间所存在着的种种千奇百怪之"物"的状态,而最终都归结为"道通为一"。就是说,世间万物从形态上看,有大小,有美丑,可以千奇百怪,但从"物"的内在因素上看,却又都与"道"相通,都有"道"存在于其中,所以就体现"道"的本质而言,万物之间是没有什么分别的,这就是所谓的"道通为一"。

"道通为一"是庄子哲学的又一个重要命题。所谓"道"与上文的"道行之而成"的"道"相同,都指的是"理道"。"通"是"相通","为"指"成为"。那么,"一"究竟指的是什么? 在这几句中,"一"

是理解"举莛与楹，厉与西施，恢恑憰怪，道通为一"的奥秘的关键。如果不能理解"一"的概念，就很难理解"道通为一"的命题。《齐物论》中，庄子多次用到"一"这个概念，如前文说过的"此亦一是非，彼亦一是非""是亦一无穷，非亦一无穷"。这里又说"道通为一"，后文中还有"复通为一""唯达者知通为一""万物与我为一"。这几处"一"的用法相同，其中包含的内容也相当一致，强调的都是"一体"。"为一"就是成为一体。其实，庄子在谈"道枢"时，已经透露了"一"的真谛："彼是莫得其偶，谓之道枢。枢始得其环中，以应无穷。"意思是万物之间，如在环中，循环往复，是相对于非，彼相对于此，大相对于小，美相对于丑，以及各种相差甚远的"恢恑憰怪"都互为依存而成为一体。可见，庄子的一体，不但要说明"大小""美丑""恢恑憰怪"都是"道"的体现，"道"已经超越了诸如大小、美丑、高低、贵贱、内外等的界限，而且揭示出这些相对的概念或事物都是相互依存、互为前提的。没有了彼，也就无所谓此；没有了丑，也就无所谓美；没有了小，也就无所谓大。这些看似对立的事物、观念本来都是一体的，无法割裂开来。由此，我们也可以清楚地看出庄子用"道通为一"作为这几句的结语，不是要把万物整齐划一，更不是要否定万物的差别性与多样性，而是要揭示出道与物之间的这种关系。这里，庄子真正要强调的就是大小一体，美丑一体，万物一体。

三 分散离合都是"道"

"道"可齐万物，通万物为一体，是就物的本质而言。但天地万物在对"道"的体现上，不仅存在着外在形式的差别，还有着"成"与"毁"的不同：

其分也，成也；其成也，毁也。凡物无成与毁，复通为一。

郭象解释"其分也，成也"说："夫物或此以为散而彼以为成。"认为"成""毁"不过是不同的人站在不同角度对同一事物产生的截然不同的看法，从"此"的角度看，可以把某物看成是"散"，而从"彼"的角度看，又可以把同一物看成是"成"，并由此视"散"为"非"，视"成"为"是"。其实，这里庄子是以制作器物为例来说明万物虽然形状不同但本质相同的道理，并不是要谈看问题的角度问题。"其"，指的是物。"分"，指的是物的解体。正如王先谦《庄子集解》所说是"分一物以成数物"。"成"，形成，指某一物解体之后又用原材料做成新的器物。"毁"，毁灭，指某一物原材料形状的毁灭。对此，成玄英有一段很好的解释："或于此为成，于彼为毁。物之涉用，有此不同，则散毛成毡，伐木为舍等也。"站在"毡"的立场看，"散毛"毁了，"毡"成了；站在"舍"的立场看，"树"毁了，"舍"成了。这种"成"与"毁"的观念，其实仍然是出于"成心"来衡量事物、判断是非的一种偏见。在庄子看来，无论"成"还是"毁"，"物"仍然是"物"，其形态虽有不同，表象虽有不同，但就体现"道"而言，或者在"道"的面前，万物之间没有形成与毁灭的截然不同的差别，而是相通为一的，也就是说"成"与"毁"这两个相辅相成的概念其实是"一体"的，无所谓"成"或者"毁"。这就是"凡物无成与毁，复通为一"。庄子的这个看法是针对世间的物论是非而来。那些热衷物论是非之人，往往以"成""毁"作为衡量事物的标准之一，倾向于褒"成"而贬"毁"，却不懂得无"毁"便无"成"，无"成"亦无"毁"，"成"与"毁"本身就是同一事物的两个不同方面的道理。而这是只有得"道"之人才能明白的：

> 唯达者知通为一，为是不用，而寓诸庸。

"达者"，指圣人、大智慧者，也就是得道之人。"知通为一"，懂得

"道"通万物为一体。"为是",由于这样的缘故。"不用",此处省却了宾语,指得道之人不会采用一定要把事物分出"成"与"毁"的方法。"寓",寄予。"庸",成玄英释为"用",大概是根据庄子下文所谓"庸也者,用也"而来的。但倘若"庸"就是"用"的话,庄子大可不必重复而言。刘武作《庄子集解内篇补证》时引用了大量资料证明"庸"即"常"。如《论语·雍也》:"中庸之为德也,其至矣乎。"何晏《集解》:"庸,常也,中和可常行之道。"刘说应当更符合庄子原意。所以,"寓诸庸"的"庸"应该就是下文的"中和可常行之道",与孔子所说的"中庸"之意相似。这样,"唯达者知通为一,为是不用,而寓诸庸"的意思,就是只有大智慧的"达者"才懂得"道"通万物为一体的道理,由于这个缘故,他们不会执着于一定要区分出"分"与"成"、"成"与"毁"这样出自"成心"的观念,也不会固执地坚持事物的某一种形态,而会寄居在"中和可常行"的自然状态中。

那么,从自然"庸常"的状态,如何达"道"?庄子接着指出了这样一条由"庸"而"用",由"用"而"通",又由"通"而"得",最后进入"道"的思维途径:

> 庸也者,用也;用也者,通也;通也者,得也;适得而几矣。因是已。已而不知其然,谓之道。

意思是有了这种没有任何是非"成心"、寄予在平常自然状态的庸常之道,就可以因循万物的天性而尽显其用。这里的"用"应与庄子在《逍遥游》中所提出的"无用之大用"相同,显示了庄子看待"用"与"无用"的智慧。而理解了这种"无用之大用",才能明白"道"通万物为一体,人与物、此与彼、是与非、美与丑、大与小,都同属一个整体的道理;而通晓了这个道理,人的心灵就会处在一个自得开放的状态，这样，就差不多得"道"了。而得"道"之后，就可以因循自然，因任万物，不会再去计较万物之所以然或之所以不然的争论，这就叫作"道"。

四　名实未亏而喜怒为用

庄子在指出应当如何以"道通为一"的方法认识万物的同时，也从反面指出那些抱着"成心"来看待万物之人的愚昧：

> 劳神明为一，而不知其同也，谓之朝三。

"劳"，耗损；"神明"，指精神、心智；"为一"，指为寻求与一己之见相同。这几句话是说，人们终日争辩，耗尽心智，殚精竭虑，以证明物的是与非，追求一致，却全然不理解万物本来就是"道"的体现，种种是非，彼此原本都是一体的，并不存在是非的差异。于是，庄子用了先秦时期广为流行的寓言来说明何谓"道通为一"，众人又是如何为人的"成心"所障而看不到事物真相的：

> 何谓朝三？狙公赋芧，曰："朝三而暮四。"众狙皆怒。曰："然则朝四而暮三。"众狙皆悦。名实未亏而喜怒为用。

这就是著名的"朝三暮四"的寓言。这则寓言又见于《列子·黄帝》：

> 宋有狙公者，爱狙，养之成群。能解狙之意，狙亦得公之心。损其家口，充狙之欲。俄而匮焉，将限其食，恐众狙之不驯于己也，先诳之曰："与若芧，朝三而暮四，足乎？"众狙皆起而怒。俄而曰："与若芧，朝四而暮三，足乎？"众狙皆伏而喜。物之以能鄙相笼，皆犹此也。圣人以智笼群愚，亦犹狙公之以智笼众狙也；名实不亏，使其喜怒哉。

比较一下《庄子》中"朝三暮四"的寓言与《列子》中的有何不同，或许更能见出庄子的用意。列子引用这则寓言的目的在于赞扬圣人之"智"，说明圣人如何以"智"来对付"喜怒"无常的"愚民"。而庄子的寓言则完全摒弃了其中"圣人以智笼群愚"的寓意，既不抨击狙公欺骗的权术以及其"智"，也不强调"名实不亏，使其喜怒哉"的圣人之"使"，而只落在分析猴子自身"名实未亏而喜怒为用"的心态上，重在点出猴子对"朝三"与"暮四"之"实"的理解误区。在《逍遥游》中，我们已经知道庄子重实轻名，"名者，实之宾也"。在庄子看来，"实"，是"物"的本质；而"名"，不过是称谓而已。然而，对于汲汲于"名"的人来说，却会由于"朝三而暮四"与"朝四而暮三"这种完全没有任何实际亏损的不同，而引起"喜怒"的变化。所以庄子说：

亦因是也。是以圣人和之以是非而休乎天钧，是之谓两行。

"亦因是也"，与上文"因是已"的意思相同，说的是由于这样的缘故；"圣人"也就是上文所说的"达者"，得道之人；"休"，止；"钧"，崔譔《庄子注》说是"陶钧"，是制作陶器所用的转轮。这几句话是说，由于这样的缘故，圣人不以是为是，不以非为非，而是站在不偏不倚的"道枢"立场看待是非，圣人也会停止使用那些用于制作器物的东西，在一种静止的状态下，"以应无穷"。这就是"两行"。

庄子从道与物的关系说明万物一体，又用"朝三暮四"的故事说明种种是非物论其实就跟猴子们不理解"名实未亏"却"喜怒为用"一样，其产生的根源就在于为"名""实"所局限，不明白"道通为一"的道理。所以，只有理解万物本质一齐，世间种种对立物实则"一体"，才可放下是非争论之心，摆脱"名实未亏而喜怒为用"的猴子式的悲剧。

"道之所以亏，爱之所以成"

　　庄子"齐物"，"齐"的既不是物的外在形式，也不是物的具体功能，而是物的本质，"齐"的是人心，是人对万物的认识，这就是"举莛与楹，厉与西施，恢恑憰怪，道通为一"所包含的丰富内容。如果用分别的眼光来看，世间万物有着千姿百态的不同，但如果用"道"的眼光去审视，即使是截然对立的两极，却由于道的存在，由于与道相通，而构成了一个互为存在的整体。"朝四而暮三"与"朝三而暮四"，形式上是有所区别，本质上却没有任何不同。但是，为什么人们还会执着于这些外在的分别呢？在庄子看来，归根结底是"喜怒为用"。因此，庄子在以"道通为一"的思想主旨说明了"万物一体"的思想之后，又以"喜怒为用"为出发点，追溯人的"喜怒"之情态的由来。庄子认为，人们的"喜怒"之情源于"爱"，"爱"直接造成了对"道"的损害："道之所以亏，爱之所以成。"爱愈成，道就愈亏。那么，亏"道"之"爱"又是如何产生的？"爱"是怎样在

"亏道"的过程中成为人们现实生活中的桎梏？庄子转而从人类历史发展的角度为"道"与"爱"的关系揭秘，进一步阐述了"爱"与"物"，"物"与"是非"，"是非"与"道"，"爱"与"道"之间的内在联系。

一 "未始有物"的远古时代

庄子首先把目光投向了远古时代：

> 古之人，其知有所至矣。恶乎至？有以为未始有物者，至矣，尽矣，不可以加矣。其次以为有物矣，而未始有封也。其次以为有封焉，而未始有是非也。

知，是人对物的认识；至，极至，达到了最高境界；封，界域，界限。这段话中，庄子根据对物的不同的认识，把远古之人分成了三种，"以为未始有物者，至矣，尽矣"为第一种；"以为有物矣，而未始有封也"为第二种；而"以为有封焉，而未始有是非也"为第三种。前人解释庄子这一段话时，往往只从字面上指出庄子所说的是三种不同类型、不同层次的人，代表了人们对"物"的三种不同的认识境界。所以把这里的两个"其次"译作为"次一等的人"和"再次一等的人"，似乎这三种人都生活于同一时期。这实在是没能理解庄子思想的博大精深。实际上，庄子的这段话不是将同一时期的"古之人"划分为三大类，而是从人类认识史发展的角度，揭示了在产生"物论""是非""成心"之前，人类对"物"的认识所经历的三个不同的发展阶段。

在庄子看来，远古之人，"其知有所至矣"，就是说他们的"知"已经达到了极致。什么是"至"？"至"就是到了极限，到了尽头。因而他们对物的认识，是"未始有物"。"未始有物"，其实包含了两层意思：第一层是说"古之人"认为宇宙间没有物与物的不同，没有物与"我"的区别。"我"即物，物即"我"。物之于"我"，"我"之于物，在本质上都是相同的，也是相通的，都是道的体现，一切都是形而上的。第二层则透露了庄子的宇宙观和他所赋予"道"的内涵。在庄子看来，"道"是世界的本质，世上的一切原本都处于一种超越时空、无时不在，无所不在却又是"无何有"的状态，也就是"道"的状态。这一层实际上表达了庄子对宇宙起源的理解。而从人的境界上来说，这又是一种"知"的最高境界：对一切不做任何分别，把一切都视为一体。这样的人、这样的境界以及智慧已经到了尽善尽美、无以复加的地步了。

而到了"其次"的时代，人们已经意识到物与物、物与我的存在，却还没有开始将万物的界限分别开来，也不在意物与物或者物与我之间的分别。这时，人们对外在世界的认识开始从"无何有"进入到"有所在"的阶段。在这个阶段，人们对物的认识仍然是没有分别的，也是朦胧的、混沌的。而到了"再其次"的时代，人们不仅认识到物与我的不同，也了解到此物与彼物之间的分别，但人们仍然没有对万物做出大用与小用、高贵与低贱、美与丑等掺杂着是非功用的判断，因而也就不会以此物为是而以彼物为非。在这三个时代中，人们对物的认知、对"道"的理解虽然存在着境界上的差别，但仍处于"道"之未亏、人的"成心"尚未形成的时代，所以庄子把他们都列入"古之人"的行列。但是随着人们对"物"的认知越来越深入，把人与物、物与物的界限划分得越来越清晰，人们对物的实用性、功利性的追求也就随之而生，于是就有了"成心"，有了对"物"的是非功用的判断，从而也就标志着一个新时代的到来：

是非之彰也，道之所以亏也。

"古之人"生活的时代，是万物一体、无物之分别的时代；是物虽存在，但人们却不以物为意的时代；是人们虽然意识到物的分别，却不计较"物"之功用是非的时代。然而一旦是非出现，一旦是非观念变得强烈彰显，人对物的认识、人与物的关系也就随之彻底改变了。从此，人们进入了一个"亏"道、"损"道、"隐"道的时代。

二 "爱"是"是非"之源

随着人们对世上万物的认识的不断深入，人们对物的是非美丑的判断也变得更加主观，更加强烈。但是在庄子看来，人们对"物"的认识越清楚，是非判断越明确，对"道"的认识的亏损也就越多，对"道"的遮蔽也就越严重，就越使"道"不能在他们面前完满地呈现出来，这就是：

道之所以亏，爱之所以成。

庄子所说的"爱"指的是人对物的"偏爱"，人的私欲。这两句的意思是人的欲望与"道"是相互盈亏的。人的欲望越强、越大，对物的期望值越高，对"道"的认识的亏损也就越严重。这里庄子再次用到"成"这个概念，与此前提到的"成心"的"成"是同一个意思，说的是对"道"的认识的亏损，造成了人的"成心"以及人对物的追求。这种对物的"偏爱"与追求，最终导致了人与道、人与物之间关系的根本性变化。但是，从"道"的高度来看：

果且有成与亏乎哉？果且无成与亏乎哉？

庄子行文的一个显著特点就是往往用反问句式来表明自己的看法。这两句也是如此。在一般人心目中，物是有"成亏"的，但实际上

"物"果真有"成亏"吗？果真没有"成亏"吗？在庄子看来，"道"是没有"成亏"的，因而"物"也不会有"成亏"的变化。成玄英说："夫道无增减，物有亏成。是以物爱既成，谓道为损，而道实无亏也。"物依然是原来的物，道依然是原来的道，道与物、物与物之间的关系并没有发生任何"亏"与"成"的变化，发生变化的只是人心中的观念，是人对物产生的"物爱"以及人心中对"小成"与"荣华"的看法，亏的只是道在人心中的地位，亏的是人心。故而，庄子又以昭氏鼓琴为例，说明这种"物"的所谓"成"与"亏"是如何产生的。

> 有成与亏，故昭氏之鼓琴也；无成与亏，故昭氏之不鼓琴也。

昭氏即昭文，是战国时期著名的乐师。郭象解释说："夫声不可胜举也。故吹管操弦，虽有繁手，遗声多矣。而执钥鸣弦者，欲以彰声也，彰声而声遗，不彰声而声全。故欲成而亏之者，昭文之鼓琴也；不成而无亏者，昭文之不鼓琴也。"意思是，演奏音乐时，一个音符的声音出现了，其他音符的声音就会被遗漏。只要演奏音乐，就必然会彰此声而亏彼声。如果不亏声，最好的办法就是昭文不鼓琴。其实，庄子所说的昭文鼓琴的"成与亏"并不是郭象所说的声音的成与亏，而是与上文"爱成道亏"中的意思一致，指的是对道的认识的成与亏。成玄英说：

> 夫昭氏鼓琴，虽云巧妙，而鼓商则丧角，挥宫则失徵，未若置而不鼓，则五音自全。亦犹有成有亏，存情所以乖道；无成无亏，忘智所以合真者也。

成玄英的前几句，承袭了郭象的说法，后几句才是他解释庄子这段话的精要所在。昭文鼓琴，宣泄了情，成了音乐，却亏了道。昭文不鼓琴，心中无爱无欲，一片宁静、平和，因而无须宣泄，于声虽然无成，于道却无亏损，所谓"忘智所以合真者也"。这便是"无声之声"。这种无声之声所达到的境界，才是庄子所推崇的音乐与境界，亦即《齐物论》开篇所说的"天籁"以及古之人"未始有物"的至高境界。

在《齐物论》的开篇，庄子曾详细地描述了地籁，对人籁只是作为地籁与天籁的陪衬一笔带过。在这一段话里，庄子呼应开篇，完成了"三籁"中对人籁的阐释。在庄子看来，人籁，包括昭氏之鼓琴，不过都是人对"物爱"的宣泄，是人的欲望的一种表达方式，所表达的不外乎是"喜怒哀乐，虑叹变慹，姚佚启态"，"存情所以乖道"而已。所以，庄子认为，昭氏鼓琴，看似与物无关，实际上却是他内心欲望的一种表达方式，是沉溺于"物"的一种表现。这种技能表现得越高超、越成功，人与道的距离也就越遥远，所谓"道之所以亏也"。

三　三子之技都是什么

"昭氏鼓琴"中的昭文是古代著名的乐师，他的故事见于《列子·汤问》。历史传说中，昭文擅长音乐。为了进一步说明技能遮蔽了人对"道"的认识，庄子又提到了另外两个可与昭文相提并论之人：

> 昭文之鼓琴也，师旷之枝策也，惠子之据梧也。三子之知几乎，皆其盛者也，故载之末年。

在探讨这个问题之前，有必要先研究一下这三子之技能究竟是什么。"昭文之鼓琴"显然是说昭文的乐器演奏技能，但"师旷之枝策""惠子之据梧"又究竟指的是什么?"枝策",据崔譔说,是"举杖以击节"。"梧",据司马彪说,是"琴"。这样的话,这两句说的就是师旷以木杖打击乐器,惠子坐在琴旁弹琴。如此一来,昭文、师旷与惠子三人就都以音乐见长。但是,郭象对这两句的解释却为后人打开了另外一条思路:"夫三子者,皆欲辩非己所明以明之,故知尽虑穷,形劳神倦,或枝策假寐,或据梧而瞑。"意思是师旷拄着木杖假寐,惠子靠着梧桐树睡觉。这个解释似乎有点儿离奇。昭文鼓琴的确称得上是一种技能,而拄杖假寐、靠着树睡觉恐怕不能算作是师旷和惠子的技能吧?成玄英沿着郭象的思路进一步解释说:

> 师旷,字子野,晋平公乐师,甚知音律。支,柱也。策,打鼓也,亦言击节也。梧,琴也;今谓不尔。昭文已能鼓琴,何容二人共同一伎?况检典籍,无惠子善琴之文。而言据梧者,只是以梧几而据之谈说,犹隐几者也。几,尽也。昭文善能鼓琴,师旷妙知音律,惠施好谈名理。而三子之性,禀自天然,各以己能明示于世。世既不悟,己又疲怠,遂使柱策假寐,或复凭几而瞑。三子之能,咸尽于此。

成玄英的说法中最值得注意的是关于惠子"据梧"的解释。他认为"据梧"不是弹琴,而是"谈说",即辩论。庄子《德充符》中正好有一段可作为"惠子之据梧"是惠子据梧辩论的佐证:"今子(惠子)外乎子之神,劳乎子之精,倚树而吟,据槁梧而瞑。天选子之形,子以坚白鸣。"可知这里说的"惠子之据梧",就是《德充符》中所说的"据树而吟"。"吟"的内容则是"坚白",这正是惠子赖以成名的"坚白论"。成玄英说:"昭文已能鼓琴,何容二人共同一伎?"意思是为什么要惠子和昭文有相同的技艺,按照这样的思路,师旷"枝策"也当另有所指才对。

先秦两汉典籍中,有关师旷的记载传闻很多。据说师旷是春秋时期晋悼公、晋平公两朝的乐官,精通音律,有着极高的音乐造诣。但与昭文不同的是,师旷既是乐师,又是乐官。师旷在世时,常常向君主提出治国安邦之策。每当晋悼公、晋平公遇国事向他请教,师旷都"因问尽言",讲出一番治国宏论。所以师旷不但是音乐家,而且是政治家。《淮南子·主术训》甚至说:

> 晋无乱政,有贵于(师旷)见者也。

可见当时师旷地位之显赫,以及他在国家政治决策与实施方面所起的重要作用,以至于后人把晋国政治之清明都归功于他。由此,我们认为庄子所说的"师旷之枝策也"当与师旷干政有关。"枝策",蒋锡昌说:"'枝'借为'支',《世说》二五注引'枝'做'支'可证。《说文》:'支,去竹之枝也,从手持半竹。'支有持意,故可训持。"(见陈鼓应《庄子今注今译》)而"策",就是策略、谋略。桓宽《盐铁论·本议》:"立盐铁,始张利官以给之,非长策也。"贾谊《过秦论》:"惠文、武、昭襄蒙故业,因遗策。"这就是说,"师旷之枝策也"指的应该是师旷以其乐官之位在政治上所持有的策略。

如此的话,庄子举昭文、师旷、惠子三人为例的目的就很清楚了。"三子之知几乎,皆其盛者也,故载之末年。"意思是昭文凭着鼓琴、师旷凭着以技干政、惠子凭着论辩而盛誉一时,他们的才艺技能已达到了顶峰,即使到了末年,各自成名的光环仍旧笼罩在自己的头顶之上。

四 三子能算是有"成"吗

昭文、师旷、惠子三人的技能的确享誉一时,但归根结底又如何呢?

唯其好之也，以异于彼。其好之也，欲以明之。彼非所明而明
　　之，故以坚白之昧终。

历代对这一段的解释，都认为这里的"其"指昭文、师旷、惠子这三
个人，这三句话概括了庄子对三子的总体评价。如郭象说："言此三
子，唯独好其所明，自以殊于众人。"但是最后一句"故以坚白之昧
终"分明说的是惠子，与昭文、师旷无涉。所以这里的"其"不应该
是指三个人，而是每一句各指一人。否则，庄子特意点出惠子的"坚
白论"于文意就难以解通。第一句"唯其好之也，以异于彼"是对
"昭文之鼓琴也"的评价，意思是说，昭文鼓琴技艺很高，确实不同
凡响，与众不同；"其好之也，欲以明之"是对"师旷之枝策也"的评
价，意思是，师旷以技艺干政的才能很高，他试图以音乐使国家的
政治清明；"彼非所明而明之，故以坚白之昧终"，则是对"惠子之
据梧也"的评价，意思是众人都不解惠子的"坚白"学说，然而惠子
毕其一生致力于此，结果是惠子与众人都沉迷于"坚白论"却不知
所云。

　　接着，庄子又进一步指出，尽管在世人看来，昭文鼓琴、师旷枝
策、惠子论辩，都算得上是名声显赫的有"成"之人，其事迹足以载
入史册。但是，这种所谓"成"的技艺却不能传承：

　　　而其子又以文之纶终，终身无成。

其子，指的是昭文的儿子；文，指昭文；纶，郭象解释为"续"："昭
文之子又乃终文之绪，亦卒不成。"意思是昭文的儿子虽继承父亲
之业，但终其一生，却没有能够像昭文那样有"成"。

　　庄子所举的三人中，师旷、惠子是否有子，是否也有子承父业之
事，已不得而知。但昭文之子却是子承父业，一生以鼓琴为业的。

那么，庄子为什么在三人之中唯独详写昭文及其子，却把师旷、惠子只是做为陪衬而出现呢？这是因为在庄子看来，能让师旷和惠子有"成"之"技"实在算不上是"技"，不过是曹商之流的"手段"①而已，他们所获得的显赫地位不过如同"腐鼠"②一般，不值得一提。而昭文鼓琴之技，至少还是一种纯粹的技艺，但这种技艺却是无法传承的。

昭文鼓琴的故事见于《列子·汤问》。昭文在《列子》中被称为师文。据说师文跟随师襄学琴，三年弹不成一个曲子。师襄认为师文不是学琴的材料，要他改学其他技艺。师文离开不久，后来又回去见师襄。这时，师文弹南吕，琴声如秋风拂面，果实在其琴声的感召之下即将成熟。他弹夹钟，犹如春风拂面，春意盎然……师襄感叹地说，即便是著名的乐师师旷、邹衍也无法与你相比。师文如何练得一手绝技，《列子》没有说。但其中记载的师襄与师文之间的一段对话却很耐人寻味：

> 师襄曰："子可以归矣。"师文舍其琴，叹曰："文非弦之不能钩，非章之不能成。文所存者不在弦，所志者不在声。内不得于心，外不应于器，故不敢发手而动弦。且小假之，以观其后。"

师襄教的是"技"，师文要宣泄的却是内心之"情"，他"所存者不在弦，所志者不在声"，他要的是"内得于心，外应于器"，可知师文的老师不是师襄，而是他自己的"心"。这是师襄不能教会师文弹琴的根本原因。既然师襄不能改变甚至影响师文已"存"之"心"，师文又如何能改变其子之"心"呢？可见，"心"中一旦有了"成心"，任何外人也无法改变。即便是昭文与其子，终究因其"心"不同，其"爱"

---

① 曹商故事见《庄子·列御寇》。
② 庄子视相位如腐鼠的故事见《庄子·秋水》。

有异，尽管昭文也曾倾心相授，其子却"终身无成"。

不过，这个"终身无成"应该只是以世俗眼光来看的。值得指出的是，庄子举昭文之子的例子并非是要讥笑他的无所"成"，恰恰相反，他是要由昭文之子的"终身无成"引出他对所谓"成"与"不成"的独特见解：

> 若是而可谓成乎？虽我亦成也。若是而不可谓成乎？物与我无成也。

这几句话的意思是，如果这三个人都算是有"成"的话，那么，人人都可以算是有"成"。如果这三个人不算有"成"的话，那么，"物"与"我"也就都无所谓有"成"。对庄子来说，"成"是物"爱"的结果。假如人人心中没有"物爱"，没有"成心"，不以是非之心去认识物，判断物，物就无所谓"成"。而物无成，人对"道"的认识就不会有亏损。只有"是非"不"彰"，人们才会像"古之人"那样，万物一体，无是无非。

这一段庄子通过对"古之人"时代的回顾，对昭文、师旷、惠子几位技艺出众人物的"成"与"亏"的评析，再一次重申了"以明"的命题：

> 是故滑疑之耀，圣人之所图也。为是不用而寓诸庸，此之谓以明。

滑疑，纷乱的样子。"滑疑之耀"指当时各种迷乱人心的炫耀。图，应为"啚"，是鄙视的意思。这里采用闻一多《庄子内篇校释》的注释："'鄙'，古只作'啚'，校者误为'图'字，遂改为图也。"这里是说，庄子认为那些种种迷乱人心、巧言辩说的炫耀，都是为圣人所鄙视、所摒弃的。只有顺应万物，对万物都抱着不"用"的心态，"寓诸庸"，才能"以道明之"。说到底，庄子反复论说的就是在现实社会中如何认识物的方法，那就是站在"道枢"的立场上的一种"中庸之道"。如是，则"成心"丧去，物"爱"消失，物无是非，万物一体，被"亏损"了的"道"才能重新回到它在人心中应有的位置，才可以真正实现 "万物与我为一"。

万物与我为一

　　为了进一步说明"道通为一"，庄子首先把目光投向了"古之人"的远古时代。说明那时人们原本并没有"物"的观念，即便后来心中有物，也不曾有"是非"，只是随着人们对物的认识的不断深入，人与物相互关系的改变，是非才变得愈加彰显。在庄子看来，是非不仅直接亏损了"道"，隐蔽了"道"，而且助长了人们对"物"的偏爱与私欲："是非之彰也，道之所以亏也"；"道之所以亏，爱之所以成"。接着，庄子又把自己的视线投得更远，他试图从宇宙万物以及时空的起源着手，从更具哲学本体意味的"有""无"之论出发来阐述宇宙间万物的起源，并且得出了"天地与我并生，而万物与我为一"的结论。这个结论的提出，与其说是一种对宇宙本源的思考，不如说是庄子提出的一种"无我""吾丧我""物我一体"的人生境界。这种"为一"的言论显然不同于《齐物论》所要"齐"的"百家"之论，但是庄子既然把这个命题提了出来，就成了一家之言，从而不可避免地把自己也卷入了是非之中，迫使他不得不首先面对这个问题。

一 "有"从"无"中来

庄子要齐百家之"论"，可是如果自己也立一"论"，岂非自相矛盾？庄子自己一定也意识到了这是一个问题，于是在提出"天地与我并生，而万物与我为一"的论题之前，他先用幽默却又带着几分自我调侃的口气解释说：

> 今且有言于此，不知其与是类乎？其与是不类乎？类与不类，相与为类，则与彼无以异矣。虽然，请尝言之。

所谓"言"，郭象以为同于《齐物论》前文中论说的"无是非"之"言"。其实这个"言"，指的就是庄子所说"请尝言之"以后的文字。"有言"，说的是庄子自己的言论。"今且有言于此"，是说现在我就要说出我对世间万物的看法了。"不知其与是类乎？其与是不类乎"中的"其"，指庄子对"齐物""齐论"的看法；"是"，则指他人之"物论"。总起来说，这几句的意思是：我在这里阐述我对宇宙万物的看法，不知世人如何看待我的言论，是把我的言论看作与其他人的物论相同的一"论"呢还是不同？如果世人把我的言论当作一种新的或者和别人一样的物论，那么，我所说的话就与他人的没有什么区别。尽管如此，我还是要说出我的看法。可见庄子已经意识到自己的看法其实也是一种"物论"，但是在正式立"齐物""齐论"之"论"以前，只好先声明自己并非要另立一"论"，而是要以自己的言论齐了百家之论连带自己的"齐物"之"论"。

那么，庄子对宇宙万物的起源有着什么样的看法呢？

有始也者，有未始有始也者，有未始有夫未始有始也者。

这几句话读起来有些绕。"始"无疑是指"开始"。郭象在解释此句时只笼统地提了一句"有始则有终"。但是，"有始""有终"的主语是什么？郭象却没有说。成玄英认为"有始"是在诠释"道"："以明至道无始无终，此遣于始终也。"按照成玄英的说法，似乎庄子这几句是在解释"道"的发生发展，说"道"是无始无终的。然而，这一段文字中庄子只是一再提到"始"，从未提到"终"，更没有论及"道"。所以，这个"始"说的绝不是"道"的始与终，不是"道"的发生发展，而应该是时间。只有把"有始也者"的"有始"理解为时间的开始，才可以进一步理解庄子下文所说的"有未始有始也者，有未始有夫未始有始也者"。

"有始也者"字面上说的是时间有一个开始，可是从紧接着的"有未始有始也者，有未始有夫未始有始也者"看，庄子在这里真正要揭示的并非是时间有一个开始，而是说人们从开始认识到时间是一个存在的那一刻起，时间在人们的认识中才有了一个开始。人意识到时间，时间固然存在；人意识不到时间，时间依然存在。就是说，在人们开始认识到时间存在之前，已有一个没有开始的时间的存在，在人们认识到时间没有开始以前的那个还没有开始的时间之前，时间也仍然存在，庄子所说的"有未始有夫未始有始也者"就是这个意思。"始""未始"以及"未始有始"，只是人们对时间的认识而已，时间自身是没有开始与终结的。

如果说，"有始也者，有未始有始也者，有未始有夫未始有始也者"表示了庄子对时间的永恒性的看法，那么，下一段庄子则从宇宙发展空间的角度对万物的发生发展提出了自己的见解：

有有也者，有无也者，有未始有无也者，有未始有夫未始有无也者，俄而有无矣。而未知有无之果孰有孰无也。

　　"有有也者"的第一个"有"是动词，第二个"有"是名词，指万物的存在。"有无也者"的"无"和"有有也者"的第二个"有"相同，也是一个名词，指万物产生之前能够孕育万物的一个"存在"。"有"和"无"看上去是相互对立的，可是，庄子认为，"有"存在于"无"之中，在"有"产生之前，"无"就已经作为一个孕育"有"的存在而存在了。不但如此，在孕育"有"的"无"产生之前还有一个"无"存在，也就是"有未始有无也者"。而在"有未始有无也者"之前，还有一个"无"存在，也就是"有未始有夫未始有无也者"。换句话说，庄子认为在"有"产生之前的"无"存在了无限久的时间。在无限久的时间中，产生了"无"，终于，忽然之间，在"无"中孕育出了"有无也者"的时代，又开始了"有有也者"的时代。

　　近代注《庄子》者往往在"有未始有夫未始有无也者"之后断为句号，在"俄而有无矣"之后断为逗号。其实，在"有未始有夫未始有无也者"之后断为逗号，在"俄而有无矣"之后断为句号，才更为合理。作为孕育"有"的"无"显然与"有"同等重要，而且，如同"有"是一个"存在"一样，"无"同样也是一个"存在"。没有"无"的存在，便不会有"有"的出现。是"无"产生了"有"。那么，"无"又是怎么产生的呢？这就是"俄而有无矣"所透露的。这一句揭示了"无"是如何在漫长的时间中产生的。"有"需要在"无"的状态中经过长期孕育才能产生，而"无"却是在"俄而"间，也就是瞬息间突然产生的。两千多年前，庄子对宇宙万物形成的猜测竟然与近现代科学家的认识有着惊人的相似之处！

　　但是，在"无"的时代开始以后，这个"无"作为孕育"有"的存在，究竟是"有"还是"无"？这个"无"究竟算不算一个存在？虽然庄子说的是"而未知有无之果孰有孰无也",其实庄子是肯定"无"的存在的。

在万物发生发展的问题上,庄子继承了老子"天下万物生于有,有生于无"的观点,不过庄子又发展了老子的看法。他在肯定"有生于无"的同时,还认为"无"是在"有"之前长时间的一个"存在",而且最初的"无"是"俄而"产生出来的。这既代表了庄子对宇宙以及天地万物起源的理解,也透露出他对人类历史的产生发展的看法。

二 万物与我为一

那么,庄子为什么要去探讨时间以及万物的发生发展呢?说到底,庄子是要从万物起源的角度说明,世上的一切,无论是千姿百态的万物,还是可以感受"喜怒哀乐,虑叹变慹"的人,原本都产生于共同的"有",而"有"又来自于共同的"俄而有无"之"无"。天地万物甚至人既然都源于那一瞬间的共同的"无",在这个意义上,是非时代纷纭的物论包括自己的"齐物""齐论"之论,从根本上来说,都成了多余的。所以,庄子说:

> 今我则已有谓矣,而未知吾所谓之其果有谓乎,其果无谓乎?

"有谓"与"今且有言于此"的"有言"相同,指的都是自己所发表的有关天地万物源于"无"的看法。"而未知吾所谓之其果有谓乎,其果无谓乎"的意思是,如果自己所立之"论"没有达到齐论齐物的目的,那就是在物论中又多了一论;但是如果自己的物论达到了齐论齐物的目的,那么,自己所说的也就不算是物论了,因为自己所立之"论"与百家的物论一并没有了。这一段其实是呼应前文"今且有言于此,……虽然,请尝言之"而来,说明自己所立之"论"虽然也可视为是一种"言论",但如果从"有"与"无"的眼光来看,却可以得出另外的结论。

由此可见庄子对宇宙万物起源的阐述，一方面是要从"言"的角度，齐同"物论"，另一方面则是要从"物"的产生、"物"的由来的角度说明"物"从根本上说，就不存在任何"是"与"非"的价值评价。"俄而有无矣"之后，"有"便孕育其中，有了"有"，才有了"万物"，有了人。那么，在那个"俄而有无"的时刻，万物处于一种什么状态？人又当如何看物、看人？这，才是庄子所要正面阐释的：

> 天下莫大于秋豪之末，而大山为小；莫寿于殇子，而彭祖为夭。

"秋豪之末"，秋天动物毫毛的末端；"大山"，即泰山；"殇子"，夭折的婴儿；彭祖，传说中活了八百岁的长寿者；"夭"，短命早亡的人。从字面上看，这几句是说，天下万物中没有比秋天动物毫毛末端更大的，而泰山却是小的；世上的人没有比夭折的婴儿更长寿的，而彭祖却是短命早亡之人。

如果孤立地看这几句话，的确会让人感到不可思议，甚至荒谬。因为这一说法颠覆了人类对大小、寿夭的基本常识，违背了人们对客观世界的一般认知。所以对这几句话的理解，成了历来注解《庄子》者花费笔墨最多的地方。郭象是从"秋豪之末"与"大山"的共"性"上来解释的，他说：

> 夫以形相对，则大山大于秋豪也。若各据其性分，物冥其极，则形大未为有余，形小不为不足。苟各足于其性，则秋豪不独小其小而大山不独大其大矣。若以性足为大，则天下之足未有过于秋豪也；若性足者非大，则虽大山亦可称小矣。故曰天下莫大于秋豪之末而大山为小。大山为小，则天下无大矣；秋豪为大，则天下无小也。

人类社会自从有了是非的观念，就开始将世上万物区分为有用与无用两类，物的形体的大小也就随之有了特别重要的意义。泰山与秋毫代表着大小的两极。如果从外在形体上形容泰山为小而秋毫之末为大，显然很是荒谬。所以郭象用了"形"与"性"这两个概念来加以论说。"形"是外在的，就外在形态而言，泰山自然大于秋毫之末。但是泰山与秋毫之末又有内在的"性"。就内在的"性"而言，如果"以性足为大"，那秋毫可以为大，泰山也可以为小。成玄英在郭象的基础上补充说：

> 夫物之生也，形气不同，有小有大，有夭有寿。若以性分言之，无不自足。是故以性足为大，天下莫大于豪末；无余为小，天下莫小于大山。

成玄英把郭象的"形大未为有余"进一步概括为"无余"，并且以"性足"和"无余"作为衡量大山与秋豪之末的标准来说明应当如何理解天下莫大于秋豪之末，莫小于大山。

郭注成疏对后世的影响很大。此后一千多年的解《庄》者或多或少都采用了他们的说法。直到清代王先谦作《庄子集解》才独辟蹊径：

> 此漆园所谓齐彭、殇也。但如前人所说，则诚虚诞妄作矣。其意盖谓太山、毫末皆区中之一物，既有相千万于太山之大者，则太山不过与毫末等，故曰"莫大于豪末，而太山为小"。彭祖、殇子，皆区中之一人，彭祖七八百年而亡，则彭祖不过与殇子等，故曰"莫寿于殇子，而彭祖为夭"。

王先谦的解释其实是沿袭了庄子对宇宙本源的探索而来，他试图把世间万物都置于浩渺无际的宇宙当中，并以一种比较的方法来看待大与小，这样就可以从"大"中看到更大，从"小"中看到更小。这样的话，无论泰山还是秋毫之末，不过都是浩瀚宇宙中的一物而已，从不同的角度看，就会有不同的结论。王先谦的注解为研究庄子的这段话提供了新的视角。

值得一提的是，在众多的解释中，也有人认为这几句话所表示的并非是庄子的思想，而是庄子引用惠施的话，讥讽惠施的说法不合逻辑的。如刘武《庄子集解内篇补证》就说：

> 盖毫大、山小、殇寿、彭夭之说，犹之《天下篇》"天与地卑，山与泽平"，此惠施弱德逐物，外神劳精之谈。庄子一讥之曰"其道舛驳"，再讥之曰"其言不中"，"特与天下之辩者为怪"，与"今日适越而昔至"之言同一不合事理。可证此数句并非庄子自明其道，特借此不合事理之言，以明如斯之谓，与无谓等。

近现代，随着西方哲学观念涌入中国，不少庄子研究者又以西方的哲学概念诠释庄子的这几句话，认为庄子是把相对的东西绝对化，因而陷入了"诡辩"[1]。

假如把庄子的这几句话从《齐物论》中单独拿出，脱离了上下文来看，无论郭注成疏还是近现代庄子研究者的批判，都不无道理。但是，倘若把这几句话放在《齐物论》特定的语境中并了解庄子是在什么情况下提出这一看法的，前人的解释和今人的批判就都值得商榷了。

其实，庄子的"天下莫大于秋豪之末，而大山为小；莫寿于殇子，而彭祖为夭"，与前文"举莛与楹，厉与西施，恢恑憰怪，道通

---

① 见严北溟《从道家思想演变看庄子哲学》与陈鼓应《庄子今注今译》。

为一"的说法如出一辙。只有从"道通为一"的角度去看，才能理解大小美丑以及万物的各种形态都是"道"的形象体现，泰山与秋毫之末自然也不例外。虽然庄子确实常常搞概念的颠覆，例如将本为鱼子的"鲲"说成是其背不知几千里大的鱼，但是他之所以要发表以泰山为小却以秋毫之末为大之说，就是因为庄子已经将宇宙万物的起源从"万物生于有，有生于无"的"无"追溯到了"无"之前的那个"无"之前的"无"。他把万物的产生都放在了无始无终的时间之中，放在了那个"俄而有无矣"的特定时刻。那时，天地万物都还处在"无"而不是"有"的时代，宇宙之中什么都没有，自然也不存在后世才有的所谓大小的概念。所以从"道通为一"的观点来看，庄子当然不会用后来才产生的"大"与"小"的概念来衡量泰山或者秋毫之末，他的眼中甚至根本没有"大"与"小"的概念。

那么，在"俄而有无矣"的那个时刻，究竟发生了什么？这就是庄子在"天下莫大于秋豪之末，而大山为小；莫寿于殇子，而彭祖为夭"之后紧接着提出来的：

天地与我并生，而万物与我为一。

这两句不但是庄子"齐物""齐论"的理论依据，也是庄子思想的核心。"我"，指的是"人"；"并"，同时；"一"，就是同一，一体。"天地与我并生"的"生"，不但包括泰山与秋毫之末，也包括彭祖与殇子。"万物与我为一"的"一"，自然也把泰山、秋毫之末、殇子、彭祖统统包容为一体。在"俄而"生"无"之时，万物一体，既没有泰山、秋毫之末、殇子、彭祖的不同，也没有大、小、寿、夭这些在是非时代才出现的观念。于是才有了秋毫之末不小，泰山不大；殇子不夭，彭祖不寿之说。而后来人们对万物、对寿夭有了"是非"判断、有了好恶之心，或者说是有了"成心"，随之也就产生了泰山大、秋

毫之末小、彭祖寿、殇子夭之类的观念。所以庄子的本意是，在那个
"俄而有无"的时代，天地万物同时而生，天地万物完全是一体的，
平等的，也是相通的，这才是天地万物的根本，也是人的根本。倘若
今日"物论"的制造者们仍然大泰山而小秋毫之末、崇彭祖而低殇
子，除却他们的"成心"之外，就在于他们完全不懂万物的"根本"
原本相同也相通的道理。

三　"为一"与"言"的矛盾

庄子以追溯天地万物乃至宇宙的起源来论证天地万物原本是
一体的，相通的，并不存在高低贵贱美丑大小之分，是为了说明在
"俄而有无矣"之时，既不存在"物"的观念，没有"是非"之分，更
没有什么物论。但是，当有人感悟到"天地与我并生，万物与我为
一"时，其实"物论"也已经孕育其中了：

> 既已为一矣，且得有言乎？既已谓之一矣，且得无言乎？

这里庄子又一次接触到前文他所提到的"今且有言于此"时所不得
不面对的道与言之间的矛盾。远古之时，人们没有"物"的观念，也
不曾意识到物的分别，即便后来意识到物，也不存在任何价值判
断，当然也就没有"物论"与"是非"之争。此时，"道"只是一个存
在，世间的一切都是"道"的形象体现，"道通为一"，只有在这个
意义上才可以说天地与我并生，万物与我为一。但是如果把"道通
为一"的看法用言论表述出来，那么庄子自己实际也陷入了"是非"
的争辩之中，因为道是无法用语言表达的。语言的局限性一方面注
定了它无法表达出"道"的内容，一方面由于语言的介入，会把原
本为一的"道"衍生出无穷多的是非来。所以庄子才不得不带着几
分感慨地发出了这样的疑问：既然天地万物已经"道通为一"，还需

要有什么"言论"吗？既然天地万物已经"道通为一"，还需要有什么"无言论"吗？这里集中体现了庄子对"言"与"道"之间的矛盾的思考。按照庄子的思想，"道"是一个存在，大道不言，一旦有言，那么这个"道"就不再是那个"道通为一"的"一"，而成了概念的"一"，于是就有了：

> 一与言为二，二与一为三。自此以往，巧历不能得，而况其凡乎！

"巧历"，指善于计算的人。这几句的意思是说，一旦有了"一"和"言"，"道"成了一个概念，是非物论也就开始了，而且会一发不可收拾。成玄英说：

> 夫妙一之理，理非所言，是知以言言一而一非言也。且一既一矣，言又言焉；有一有言，二名斯起。复将后时之二名，对前时之妙一，有一有二，得不谓之三乎！从三以往，假有善巧算历之人，亦不能纪得其数，而况凡夫之类乎！

这就是说当人们开始意识到"万物与我为一"之时起，"一"就离开了"道"，变成了一个概念，于是乎便像滚雪球一样，一而二，二而三，即便是"善巧算历之人"，也难以计算清楚到底会引发出多少是非曲直来，更何况普通人。这里庄子不仅点明"言"不尽意的语言的束缚，同时又暗喻人们的是非之争只会越来越纠缠不清。所以庄子最后再次感慨地说：

> 无适焉，因是已。

意思是照着"一与言为二，二与一为三"类推下去，物论是非将无所不在，永无终结。既然永远没有终结，那就到此为止吧。

　　这里庄子着重阐释了万物的起源，是要以此证明宇宙万物原本都是浑然一体的，不存在任何价值的判断，甚至希望人们可以终止物论，终止是非之争，重新回到"古之人"的时代。但是，庄子也清楚地知道，这一切不过是他的梦想而已，一如他的"大漠之野""无何有之乡"一样，只存在于得"道"之人的心灵世界之中。故而庄子说："无适焉，因是已。"这既是庄子的无奈，也透露了他呼唤众人而不得的一种悲哀。

"八德"

　　庄子心目中的理想世界原本是一个"天地与我并生,而万物与我为一"的"道通为一"的世界。但是,自从由"一"引发出了"二",由"二"又引发出了"三","自此以往,巧历不能得,而况其凡乎",于是,各种各样的物论是非,各种各样的道德观念也都随之泛滥而出,以至于"隐没"了"道"。所谓"道恶乎隐而有真伪,言恶乎隐而有是非","道隐于小成,言隐于荣华"。有感于此,庄子明确提出了"道通为一"的思想主旨。庄子不但追溯了远古之人对"物"的认识的产生与发展,说明"是非之彰也,道之所以亏也",而且也从宇宙的起源的角度,揭示了"有"与"无"之间的关系。然后,庄子再次回到"道"与"言"的讨论上,从"道"的无疆无界入手,进一步阐述"道通为一"的基本内涵。

一 "八德"之"德"是"道德"之"德"

在庄子看来，"道"是万物共通的内在因素。从"天地与我并生，而万物与我为一"的远古时代到如今物论是非纷纭的现实社会，无论"物"的外在形式如何千差万别，"道"不但无所不在，而且始终如一。然而，人们的观念、物论是非的标准却是"一与言为二，二与一为三"，以至于"巧历不能得"。针对这种由"一"与"言"引发出的无穷无尽的"物论"，庄子接着分析了人们为什么会陷入这样的思维困境：

> 夫道未始有封，言未始有常，为是而有畛也。

这段话中，"封"，指疆界；"言"，指各种言论，尤其是物论；"常"，指衡量"言"之是非的标准；"是"，指"道未始有封，言未始有常"；"畛"，界；"有畛"，分出界限，这里指将物划分出种类、类别。这几句话的意思是，道存在于天地万物之中，从不曾变化，无疆无界。而评判万物"是非"之"言"却总是在不断地变化，没有一个可以让人所共用的定准。由于这样的原因，才出现了评判是非的界定，也就是"畛"。那么，"畛"的内容又是什么呢？

> 请言其畛：有左，有右，有伦，有义，有分，有辩，有竞，有争，此之谓八德。

"其"，指"言未始有常"之"言"，也就是是非物论。"请言其畛"，是说让我试着来谈谈左、右、伦、义、分、辩、竞、争这些有"常"之"言"的界定吧。

鉴于"言未始有常，为是而有畛"，故有"请言其畛"之说。可是令人费解的是，庄子列举了"左、右、伦、义、分、辩、竞、争"八个概念之后，不称其为"八畛"，却称之为"八德"。这"八德"之"德"究竟指的是什么？这当是理解这段话的关键。

或许是由于"八德"的字面义看起来过于简单，或许是由于其中所蕴含的深意过于难解，相对于《庄子》中出现的其他概念而言，后人对"八德"的解释甚少。郭象只笼统地说："略而判之，有此八德。"成玄英进一步解释说："德者，功用之名也。群生功用，转变无穷，略而陈之，有此八种。斯则释前有畛之义也。"在现实生活中，"有左，有右，有伦，有义，有分，有辩，有竞，有争"，这八个概念确实都有实际功用。成玄英着眼于此，遂将"八德"之"德"释为"种""类"，"八德"也就成了"八种"或"八类"。陈鼓应《庄子今注今译》也接受了"德"为"种"的说法，认为"八德"是指"儒墨等派所执持证论的八种"，并且把这几句译为："为了争一个'是'字而划出许多界限，如有左，有右，有伦序，有等差，有分别，有辩论，有竞言，有争持，这是界限的八种表现。"只有王先谦《庄子集解》把"德"释为"得"："德之言得也，各据所得，而后有言，此八类也。"

然而，如果释"八德"之"德"为"种"或"类"，那么"德"的意思就与"畛"重复。既然前边庄子已经说过"请言其畛"，假如"畛"就是"德"，这里完全可称之为"八畛"，而不应称为"八德"，可见"八德"与"八畛"不同，"德"不作"种"或"类"解。

先秦典籍中，"德"的确可训为"得"。"得"为动词。但假如以"得"来解释"德"，这里所说究竟是"得左、得右、得伦、得义、得分、得辩、得竞、得争"，还是在左、右、伦、义、分、辩、竞、争之中各有所得？而且"得"与前面所说的"请言其畛"的"畛"在逻辑上也毫不相干，所以释"德"为"得"也不妥。

"德"在《庄子》中是一个很重要的概念，凡144见。在这144处用法中，无一处可以解作"种"或"类"，只有3处可释为动词"得"。而绝大多数用到"德"字的句中,"德"都可释为"道德""品德"之"德",或者其义与"道德""品德"相关联。如《逍遥游》中对神人的描述:"之人也,之德也,将磅礴万物以为一,孰肯弊弊焉以天下为事";《齐物论》后文还有"昔者十日并出,万物皆照,而况德之进乎日者乎"。而《德充符》通篇说的都是"德"以及如何修"德"得"道"。[①]这里"八德"之"德"应该如同《逍遥游》《德充符》中的"德"一样,用的是"德"的本意,作"道德""品德"之"德"解。

二 "八德"与"八畛"

确定了"八德"之"德"是"道德""品德"之"德",我们再来看"左、右、伦、义、分、辩、竞、争"的内涵以及庄子为什么要把"请言其畛"之后所说的八"畛"称为八"德","畛"与"德"之间有着什么样的关系。

从字义上划分,"左、右、伦、义、分、辩、竞、争"可分为相关联的四对,即"左右,伦义,分辩,竞争"。

"有左有右"的"左右",成玄英解作"阴阳",这让人很难理解。中国哲学概念中的"阴阳"囊括了天地间万事万物,任何事物都有"阴阳"两面,如此一来,只需"阴阳"二畛便足矣,何必再有"八畛"?也有人认为"左"指"卑或下言","右"指"尊或上言"(蒋锡昌说,见陈鼓应《庄子今注今译》)。以"卑尊"释"左右"虽有先例,但"八德"中的"伦"已包含这一内容,故而释"左右"为"卑尊",与"伦义"有重复之嫌,也不妥。其实,"有左有右"取的就是"左右"的本意,指方位,也就是物理世界最常用的界定。谈方位,不举"东西"或者"南北",而独独举"左右",恰恰是因为"左

---

①参见王景琳、徐匋《庄子内篇道与德》,见《庄子文学及思想研究》。台湾文津出版社2018年11月版。

右"的概念正是"言未始有常"的最好说明。东西南北也是用来确定方位的,但是相对而言,却有着更为清楚的界定,唯独左右却完全以人所面对的方向或所处的"立场"所决定。因而用"左右"来说方位,正好做"未始有常"的极好例证。

"有伦有义",说的是社会道德准则。"伦",指人伦、纲纪、尊卑、法度;"义",是"君子喻于义,小人喻于利""见利思义,见危授命""见义不为无勇也"①之"义",指合宜的道德或者行为准则。但是,现实社会中的伦理纲纪常常遭到破坏,尊卑、法度亦随着人的社会地位与社会秩序的改变而不同。特别是"义"原本应维护"伦",可事实上,"义"往往成为破坏伦理纲常尊卑法度的武器。如《庄子·胠箧》中就有:"跖之徒问于跖曰:'盗亦有道乎?'跖曰:'何适而无有道邪?……入先,勇也;出后,义也;知可否,知也;分均,仁也。五者不备,而能成大盗者,天下未之有也。'"可见"伦义"所包含的伦理纲常尊卑法度从来都是"未始有常"的。

"有分有辩",指的是人类对周围事物的辨析与认知。郭象说:"群分而类别也。"成玄英说:"辩,别也。飞走虽众,各有群分;物性万殊,自随类别矣。""分"指物的分与识别,即郭象所说的"群分"。"辩",就是"别",指从同一类事物中分析出各物的特性,认知物与物之间的异同。庄子在谈"朝三暮四"时,已经指出人们"名实未亏而喜怒为用"的主观性,就是说人类对周围万物的认知很容易为自己的主观意志所左右,很难采用一个统一的标准或尺度。这也是之所以产生如此纷纭的物论与是非之争的由来,也是庄子之所以要做"齐物论"来"齐论""齐物"的根本原因。由此可见,在庄子看来,人们在认知的过程中,对物的"分"与"辨",同样也"未始有常"。

---

① 见《论语·里仁》《论语·宪问》《论语·为政》。

"有竞有争"，指人们在现实生活中的生存方式与行为方式。郭象说："并逐曰竞，对辩曰争。"《说文》："争，引也。"段玉裁注："凡言争者，皆谓引之使归于己。""竞"指人们为了达到某一目标或者获取某一利益而进行的追逐；"争"有以武力相夺，将物占为己有的意思。在各种各样的竞争中，究竟哪种行为方式对？哪种行为方式错？同样的事，也许此时是对，而彼时则错；甚至同样的竞争，也可能对此人为对，对彼人则为错。可见"竞争"虽然说的是对人为达到某一目标或者获取某一利益方式的评判，却也"未始有常"。

"八畛"中所提到的"左右""伦义""分辩""竞争"四对概念，每一对都既有切合之处，可相互转化，又相互矛盾。"左"可轻易地转化为"右"；"伦"与"义"之间既有冲突又相辅相成；而"分"时总需有"辩"；有"竞"就会有"争"。庄子之所以将左右、伦义、分辩、竞争称为"八德"，而不说左右、伦义、分辩、竞争就是"八德"，实际上是人要站在"德"的立场，以"德"去看待、处理左右、伦义、分辩、竞争之间的矛盾。

那么，"德"的立场又是什么呢？这就是庄子前文一再所强调的"寓诸庸"。即站在左与右、伦与义、分与辩、竞与争的中间，不偏不倚地去看待、处理其间的是非矛盾，通过"寓诸庸"的途径，"处于环中"，"和之以是非而休乎天钧"，以达到"两行"。庄子认为只有这样，才能把各种各样的"畛"化为"德"，于是，天下便只有"德"而无"畛"，自然也就达到了"天地与我并生，而万物与我为一"，也就不会再有是非物论之争了。

这就是庄子化"畛"为"德"的方法，也是庄子为什么要称"八畛"为"八德"的原因所在。

三 圣人化"畛"为"德"

庄子是一位理想主义者，他创造出了"藐姑射之山""无何有之乡""大漠之野"的逍遥游世界,也从理论上论证了那个曾经存在过的"天地与我并生,而万物与我为一"的无是无非、"道通为一"的社会。然而,庄子并不是一位幻想家,他同时又是一位对现实生活有着深刻体验、极富理想主义色彩的冷峻的现实主义者。他以理想主义者的精神去追求浊世中孑然独立的人格,树立起精神世界的榜样,同时又以冷峻的现实主义者的目光去看待现实,审视人生,以图在"技经肯綮"盘根错节的现实社会中找出游刃有余之方。这种"因其固然"而不执着一"畛"的方法,便是以"寓诸庸"的平常之心化"八畛"为"八德"。

既然"八畛"可化为"八德",可通过"寓诸庸"的方式将"畛"化为无形无界,化为"德",那么,具体来说又当如何付诸现实呢?庄子举圣人为例说:

> 六合之外,圣人存而不论;六合之内,圣人论而不议。春秋经世先王之志,圣人议而不辩。

"六合之外",指宇宙天地之外;"六合之内",指人间社会;"春秋经世",指历史;"先王",古代君王;"志",记载、记录。"春秋经世先王之志"说的是史书上记载的古代君王的所作所为。这段话中的"论""议""辩"三词很值得细细体味。"论""议""辩"三词的字面义虽然相近,但在庄子笔下却分为"存而不论""论而不议""议而不辩"三个层次。"论",指陈述,叙说,对事物或者言行只记录,不加评判,如同《论语》一书,就是孔门弟子专门记录孔子的言行事迹,却不对孔子其人其言加以评判。"议",指评议,谈论,是要谈论事物的起因与成因,对事物加以分析,如《韩非子·五蠹》中的"故圣人议多少论厚薄为之政"以及《礼记·间传》的"大功言而不议"。"辩",是辩论,争辩,辨明是非与对错。总起来说,这几句的意思是，宇宙天地之外的事，诸如"怪力、乱神"，圣人的态度是保留而不陈述传播；人间社会所发生的事，圣人只是陈述，并不分析其原因；对于历史记载的先王言行，圣人只是分析先王为什么这样说、这么做，而不去评论是非对错。

"存而不论""论而不议""议而不辩"是庄子所主张的对待历史、对待现实社会、对待世上万物的一种态度和方法。这些问题，人人都可能遇到，但是只有圣人才知道"论""议""辩"之间的"畛"在哪里，所以才能以"寓诸庸"的心态"存而不论""论而不议""议而不辩"，化极富争议的"畛"为"德"。

接着，庄子特别提出辨别物之特性的"分"与"辩"的方法，进一步说明圣人是如何化"畛"为"德"，说明圣人与"众人"之不同：

> 故分也者，有不分也；辩也者，有不辩也。曰：何也？圣人怀之，众人辩之以相示也。故曰辩也者有不见也。

对于万事万物，实际都存在着"分"与"不分"，"辩"与"不辩"两种态度。"有左，有右，有伦，有义，有分，有辩，有竞，有争"是一种"分"。在"分者"眼中，这八"畛"各自有"畛"，各有各的疆界，不容混淆。可是面对同一事物，从"左"与从"右"的立场所见会全然不同，于是在"分"者之间就不可避免地会引发出"辩"，最终带来无穷的是非争执。而圣人面对万物之"畛"，却是抱着一种"怀之"的态度。所谓"怀之"，郭象说"以不辩为怀"，王先谦说是"存之于心"，意思都是以一种博大的胸怀去包容一切，对一切采取一种默认的态度，唯其如此，最终才可以以"德"化"畛"，化"畛"为"德"。所以庄子才说，众人"分"，而圣人"不分"；众人"辩"，而圣人"不辩"。可见圣人与众人最根本的不同，就在于"众人"在八畛面前，非但不能"怀之"，而且还热衷于"辩之以相示"，喜欢自以为是地争辩。在庄子看来，导致众人热衷于这种"其寐也魂交，其觉也形开，与接为构，日以心斗"的不休争辩，最根本的原因是由于众人"有不见也"。所谓"不见"，是说"众人"受视野以及精神境界的局限，看不到如何以"德"化"畛"，无法像圣人一样胸怀博大，"注焉而不满，酌焉而不竭"，因此不可避免地为"畛"所困。

四 "故知止其所不知，至矣"

在庄子看来，圣人之所以可以"不分""不辩"，是因为他们心中有"道"，理解"道通为一"的道理，知道世间万物原本无"畛"，因而不需要分辨，这就是：

　　　　　夫大道不称，大辩不言，大仁不仁，大廉不嗛，大勇不忮。

"称"，叙说，陈述。"嗛"，同"谦"，指谦逊。"忮"，成玄英说："忮，逆也。"指暴力。这段话是说，大道是默默地存在着的，因而从不张扬；真正的"辩"者，无须通过言论来表述；最大的仁爱是没有偏爱，不显示仁爱；最廉洁的人从不贪腐，因而也就无须谦逊地宣称家无余财；而大勇之人是不会用暴力显示其勇的。在庄子看来，称"道"、言"辩"、示"仁"、展"嗛"、现"忮"，都是"众人"所为。而不称"道"就能使人明"道"，不辩就能使人知其"言"，不示仁而可仁及天下，不展嗛却能让人了解其廉洁，不现"忮"而让人知其勇力，这才是圣人之所为。

那么，如何才能"大道不称，大辩不言，大仁不仁，大廉不嗛，大勇不忮"？庄子提出：

　　　　　道昭而不道，言辩而不及，仁常而不成，廉清而不信，勇忮而不成。五者园而几向方矣。

"昭",彰显;"园",即"圆",与"执于环中""寓诸庸"的意思相似。这几句是说彰显示人的"道"就不是真正的"道",争辩之言必定有所不及,仁爱常在就会有所不周,过于清廉就失去了真实,勇而暴力伤人就不会获得成功。只有能以"五者"(即道、言、仁、廉、勇)为"圆"而居于其中,才差不多能算是圣人了。

在庄子看来,理解"道""辩""仁""廉""勇"不难,难的是能"道昭而不道,言辩而不及,仁常而不成,廉清而不信,勇忮而不成"。从"大道不称"到"勇忮而不成",庄子一连使用了十个极其醒目的"不"字,无论是正论还是反论,旨在强调"不"对理解"道"的重要。一般来说,就人的本性而言,自以为"是"容易,承认他人为"是"难;对他人说"不"容易,而对自己说"不"难;明知自己"不能"而又甘心在"不能"前止步,比承认自己"不能"更难。所以,只有"圣人"才知道"不"的力量,知道"不"对人的作用:

故知止其所不知,至矣。

知就是知,不知就是不知。在这方面,庄子继承并发展了孔子"知之为知之,不知为不知,是知也"(《论语·为政》)的思想。不过,庄子比孔子更强调"不",要求人们不但要"知之为知之,不知为不知",还要知道在自己"所不知"之前止步,这样才算是达到了智慧的最高境界。然而,进入这样的境界,又谈何容易。所以,庄子才感慨地说:

孰知不言之辩,不道之道?若有能知,此之谓天府。

"天府"，即自然之府。一个人倘若懂得"知止其所不知"，懂得什么是"不言之辩，不道之道"，他的心胸便会像天地一样宽广，容得下日月星辰宇宙万物，自然也会像"道"一般"未始有封"，这样的胸怀，当然也就不会有"畛"的界限：

> 注焉而不满，酌焉而不竭，而不知其所由来，此之谓葆光。

"葆光"，隐藏的光明。郭象说："至理之来，自然无迹。"成玄英说："夫巨海深弘，莫测涯际，百川注之而不满，尾闾泄之而不竭。体道大圣，其义亦然。万机顿起而不挠其神，千难殊对而不忤其虑，故能囊括群有，府藏含灵。又譬悬镜高堂，物来斯照。能照之智，不知其所由来，可谓即照而忘，忘而能照者也。"海之所以为海，是因为海纳百川。圣人之所以为圣人，是因为圣人胸怀无畛，能包容一切。有了这样的胸怀，不仅能将"有左，有右，有伦，有义，有分，有辩，有竞，有争"的"八畛"化为"八德"，还能平息天下种种物论是非。这样的胸怀，就像大海一样，无论注入多少也不会漫溢，无论撷取多少也不会枯竭，不但如此，没有人可以知道哪里是它的源泉，这就叫作"葆光"——至光至明却含而不露。

"物之所同是"

　　要化"畛"为"德"，以"道"化物论是非为"一"，这不仅要求人的心胸博大犹如"天府"，装得下天地宇宙，"注焉而不满，酌焉而不竭"，而且还要能有"知其所由来"而不言不辩的"葆光"。这样的人，就是庄子心目中的"圣人""神人""至人"。在这三种人中，"神人"居于虚无缥缈的"藐姑射之山"，属于可建"神功""奇功"，却又远远超越于现实之外的一种理想人格。由于神人与庄子着重阐说的生存之道、生命之说相对而言距离较远，因而在《庄子》一书中，"神人"一共只出现了8次，"内篇"中仅仅提到过4次。而庄子谈论最多、给予更多关注的还是处于现实社会之中的"圣人"与"至人"。在《齐物论》中，庄子为"圣人"如何处世、如何看待物论是非再次定位，并且重点阐发了至人当如何对待"利"与"害"。

一　尧究竟算不算是圣人

在《逍遥游》中，庄子曾用"尧"欲让位于许由之事来阐发"圣人无名"，并设想尧有一天终于来到"藐姑射之山"往见四子，于是乎"窅然丧其天下"。显然，《齐物论》中出现的尧尚未进入"窅然丧其天下"的境界，仍然是那个心怀"治天下之民，平海内之政"的君主：

> 故昔者尧问于舜曰："我欲伐宗、脍、胥敖，南面而不释然。其故何也？"

"故"，为发语词，承上文的"天府""葆光"而来。宗、脍、胥敖，据成玄英说是尧时的三个小国。但林希逸《庄子口义》已经指出"宗、脍、胥敖之事，无经史，亦寓言耳"，林说当更符合庄子一贯的行文特点。况且，倘若庄子真的要叙说历史，可引用的历史事件很多，大可不必选择这三个名不见经传的小国。其实，庄子虚构出宗、脍、胥敖三个国名，正是要以寓言的形式来说明圣人当如何具有"天府"之襟怀，如何"葆光"。"南面"指居于君王之位；"不释然"，形容内心很纠结，类似于"其寐也魂交，其觉也形开"的状态。这段话是说，尧想攻打宗、脍、胥敖三个小国，但内心很矛盾，总是耿耿于怀。故而问舜其中的缘由。由此可知，在庄子看来，被儒家视为"圣人"的尧，并不具有"天府"般的胸怀，对疆土之界、对帝王之事仍摆脱不开"有左、有右、有伦、有义、有分、有辨、有竞、有争"的状态，因而才会想到攻打宗、脍、胥敖三个小国。但尧的迟疑不定，却又在某种程度上透露出他开始为自己的"心动"而自省。

> 舜曰："夫三子者，犹存乎蓬艾之间。若不释然，何哉？昔者十日并出，万物皆照，而况德之进乎日者乎！"

"三子"，指宗、脍、胥敖三国的君主。"蓬蒿之间"，形容宗、脍、胥敖三国位于卑微偏远之地；"十日并出"，据《淮南子·本经训》："逮至尧之时，十日并出。焦禾稼，杀草木，而民无所食。……皆为民害。尧乃使羿……上射十日……。万民皆喜，置尧以为天子。"《楚辞·天问》也有"羿焉彃日？乌焉解羽？"的说法。可见"十日并出"的神话在先秦时代已经广为流传。"进"，意为"过"，是说尧之"德"给世上之人所带来的光明已经远远超过当年并出的十日了。

这段话，较之庄子在《齐物论》中谈"以明""指马""寓诸庸"而言，在字面上并不难理解。后代研究者对尧的故事的解析也多限于疏通文字，而对于庄子为什么要写尧舜之间的问答，这一问一答之中又包含了哪些意思，尧感到难以"释然"的究竟是什么，尧是否真的要向舜征求对攻打宗、脍、胥敖三国一事的看法还是要考验舜，特别是这一段与上下文之间的关系以及庄子记述这段故事所要表达的意图等却语焉不详。

其实，这一段在全篇中具有承上启下的衔接作用，是紧紧扣着上文有关"圣人"的议论而来。庄子上文已经提到圣人对"六合之外"的事，是"存而不论"；对"六合之内"的事，"论而不议"；而对"《春秋》经世，先王之志"等，则"议而不辩"。并且说："故分也者，有不分也；辩也者，有不辩也。"其中的原因就在于"圣人怀之，众人辩之"。可见庄子紧接着引出尧的故事，写尧心中的这种"不释然"，以及他对造成"不释然"的缘由所产生的疑问，一方面是要说当如何对历史记载"议而不辩"，另一方面则是要指出尧的疑问并不在于解释或者证实攻打宗、脍、胥敖三国的必要性与正义性，而是在内省自己的"不知"，自己的"心动"，呼应前文的"知止其所不知，至矣"。

对于舜以"十日并出"发出的光芒比喻尧之德，其中无疑包含了舜对尧的赞美，但同时也寄予了多层的含义。首先，如郭象所说：

"夫日月虽无私于照，犹有所不及，德则无不得也。而今欲夺蓬艾之愿而伐使从己，于至道岂弘哉！故不释然神解耳。若乃物畅其性，各安其所安，无远迩幽深，付之自若，皆得其极，则彼无不当而我无不怡也。"意思是，倘若尧之德犹如十日并出的光芒，普照万物，自然也能照到"蓬蒿之间"的三个小国。于是，尧无须征伐宗、脍、胥敖而"各安其所安"，这才是圣人所应有的"天府"，也就是"注焉而不满，酌焉而不竭"的圣人胸怀。另一层意思则如王夫之《庄子解》所指出的："十日监照，无彼是也，无小大也，无是非也，滑疑之耀，不劳神明于一以为明者也。日在天之中，而为天所寓之庸耳。德为天府，则十日亦其寄焉耳。若三子存乎蓬艾之间，而与较是非，则尧与蓬艾类矣。"就是说，圣人之德当如"十日并出"，是非曲直也好，大小彼此也好，既不会让圣人感到"释然"，亦不会感到"不释然"，任何内心的波动都是"劳神明为一而不知其同也"。如果尧对三个偏远小国仍不免耿耿于怀的话，那就是将自己也等同于"蓬艾"之类了。此外，"十日并出，万物皆照"还有一层意思需联系前文提到的"不知其所由来，此之谓葆光"来看。神话中所说的"十日并出"已经带来"民无所食"的灾害，那么，"德之进乎日者"给"民"所带来的，岂不是更甚于"十日并出"？可见"德之进乎日者"不但与"葆光"背道而驰，而且不免有"滑疑之耀"之嫌。

二　万物有没有共同的标准

谈过尧的寓言之后，庄子又继续沿着"孰知不言之辩，不道之道，若有能之，此之谓天府"的思路，进一步阐发何为"知"，如何"知"，以及是否有可作为共同标准的"知"。

　　　　啮缺问乎王倪曰："子知物之所同是乎？"曰："吾恶乎知之！""子知子之所不知邪？"曰："吾恶乎知之！""然则物无知

邪？"曰："吾恶乎知之！"

啮缺和王倪均不见于先秦任何典籍，却是庄子一书中常常提到的两个人物。因此大多解《庄子》者都认为此二人是庄子用来说理的寓言形象。但由于《庄子》内、外、杂篇并非出自一人之手，且成书于不同时期，其中又多次提及啮缺和王倪，不能排除这两人如接舆一样，也是当时德高望重的隐者。据成玄英说："啮缺，许由之师，王倪弟子，并尧时贤人也。""同是"，共同认可的标准；"恶乎"，怎么。这一段说的是，啮缺问王倪，世上有没有一个衡量万物的标准？王倪回答："我怎么能知道。"啮缺又问，你知道你所不知道的事吗？王倪回答："我怎么能知道。"于是，啮缺再次问道："那么我们就无法了解万物了吗？"王倪仍然回答："我怎么能知道。"

王倪连用三个"吾恶乎知之"，其实已经给出了他自己的回答。这就是所谓"不知之知"。结合上文提到的八"畛"，即"左、右、伦、义、分、辩、竞、争"，既然这些貌似早已为世人划定了界限的观念都不能成为人们共同的标准，也就是啮缺所说的"物之所同是"，遑论其他？因此，王倪不得不一问三不知，连说三次"吾恶乎知之"了。

啮缺想要知道的是衡量万物的标准。王倪的第一个"吾恶乎知之"其实就是对"物之所同是"的否定；第二个"吾恶乎知之"是对"子知子之所不知邪"的否定；第三个"吾恶乎知之"则是对"然则物无知邪"的否定。这就是对庄子所说的"知止乎所不知"的最好理解与应用。尽管如此，庄子还是忍不住要就"知"的问题发挥一番：

> 虽然，尝试言之。庸讵知吾所谓知之非不知邪？庸讵知吾所谓不知之非知邪？

"庸讵",怎么,如何。这几句的大意是,虽然我说"我怎么能知道呢",但我还是尝试着跟你谈谈。你怎么知道我所说的"知"并非"不知",我所说的"不知"并非是"知"?这两个问句,实际上不仅是对"我怎么能够知道"的一个否定,也是对啮缺所问问题的否定。然后,王倪以日常生活中最常见的例子阐述寻求所谓是非观念、知识标准的荒谬:

> 且吾尝试问乎女:民湿寝则腰疾偏死,鳅然乎哉?木处则惴栗恂惧,猿猴然乎哉?三者孰知正处?民食刍豢,麋鹿食荐,蝍蛆甘带,鸱鸦耆鼠,四者孰知正味?猿猵狙以为雌,麋与鹿交,鳅与鱼游。毛嫱丽姬,人之所美也;鱼见之深入,鸟见之高飞,麋鹿见之决骤。四者孰知天下之正色哉?

"湿寝",睡在潮湿的地方;"偏死",偏瘫;"木处",站在很高的树顶;"惴栗恂惧",形容十分恐惧的样子;"刍豢",人饲养的动物;"荐",草;"蝍蛆",蜈蚣;"甘带",以小蛇类动物为美味;"猵狙",指猿类动物;"毛嫱""丽姬",古代美女;"决骤",迅速逃走。这一段说,人睡在潮湿的地方会得各种疾病,甚至会半身不遂,但泥鳅不会;人站在很高的树顶会感到恐惧不安,而猿猴不会有这样的感觉;在这三者之间,究竟哪一个住所可作为评判舒适的标准呢?人食肉,麋鹿吃草,蜈蚣以蛇为美食,猫头鹰、乌鸦则爱吃老鼠,在这四者之中,又以哪种口味作为美味的标准?猵狙这种野兽以猿为伴侣,麋与鹿可以交配,泥鳅与鱼生活在一起。世人都认为毛嫱和丽姬是美女,可是鱼见到她们,立刻潜入水底,鸟见到她们,马上振翅高飞,麋鹿看见她们,会迅速逃离。在这四者之中,究竟以谁的审美观念作为标准?我又怎么能辨别出谁是谁非呢?

既然问题的症结在于"物之所同是",庄子十分智慧地选择从住所的不同、食的不同以及对美色的认知不同三方面来说明世上原本就没有所谓"同是"的"知",没有一个可以为所有人所认同、所接受的共同标准。

人的住所,也就是人所处的位置、所居的立场,决定人看待万事万物、认知一切的角度,这是造成是非物论的关键。由于人们所处的环境不同,个性不同,对住所的要求不同,造成所居立场以及看问题的角度不同,因而得出的结论也会随之不同。所以说"物"没有"所同是"。"食",是人类赖以生存的基本条件。然而,究竟什么才是美食,却由于个人口味的不同而大相径庭。对于美食,虽说是"口之于味,有同嗜焉",可是"南甜北咸东辣西酸"仍不相同,即便是"南甜北咸"或"东辣西酸",程度也大有差异。所以"食"也没有"所同是"。"食"是如此,"色"也不例外。尽管"食色,性也",可是,"毛嫱丽姬,人之所美也;鱼见之深入,鸟见之高飞,麋鹿见之决骤。"不但鱼、鸟、麋鹿不以其为美,即便同样为人,也会由于审美标准的不同,文化习俗的不同,个人偏好的不同而出现差异。所以"色"也没有"所同是"。

三 仁义之端,是非之涂

既然人生最基本的需求包括住所、食、色都没有共同的标准,万物怎么可能会有一个共同的标准呢? 无论是社会的人还是自然界的物,都各有所"是"却没有"所同是"。由此可见,人类社会中由人所制定出来的各种道德是非观念不仅荒谬无稽,而且是产生种种是非的根源:

> 自我观之,仁义之端,是非之涂,樊然殽乱,吾恶能知其辩!

"仁义"是儒家最基本的伦理道德观念,也是儒家衡量人的行为的道德准则。以仁义为标准衡量万物，自然合仁义者为是，不合者为非。这段话一直被视为是《庄子》"内篇"中抨击儒家"仁义"最为犀利、最为直接的语言。"端"，指事物的一端，有"极"的意思，即所谓"极端"。庄子这里所说的"仁义之端"显然指的是"仁义的极端"。万事万物发展到或被强调到极端的程度，必然会走向它的反面。"仁义"也是如此。那么，庄子究竟对"仁义"持有什么样的态度呢？其实，庄子在上文中已经将自己对"仁义"的看法表露得十分清楚："大仁不仁""大勇不忮"。

"大仁不仁"中的"大仁"，指的就是不左不右、"得于环中""寓诸庸"的"仁"，而第二个"仁"字，才是把"仁"强调或发展到极端的"仁"。庄子这里所说的"仁义之端"的"仁"与"大仁"之"仁"是有着清晰的界限的，是两种截然不同的"仁"。而"仁义之端"之"仁"，并非真正的"仁"，而是"不仁"。正是这种不仁之"仁"，"仁义之端"之"仁"，才是产生"是非之涂"，令世界"樊然殽乱"的根源。樊然，杂乱的样子。殽，即"淆"，混杂的意思。所谓"义"则与"勇"相关。庄子在前文中提到"大勇不忮"，这"不忮"之"大勇"正是"义"的具体体现。可见庄子的"仁义之端，是非之涂"，不是说"仁义"是是非的根源，"仁义"本身并不是带来"樊然殽乱"的"是非之涂"，而是说把仁义推向极端，将"仁义"强调到了"极端"，才是造成是非的根源。

庄子在这段寓言中反复宣称"吾恶乎知之"，"吾恶能知其辩"，字面上说的是"我怎么能知道"，"我又如何能把这里的事情都分得清清楚楚"，实际上都是用反问句对"知物之所同是"作出回答。那就是，物没有"所同是"。人们对"知"的探求越深入、越明晰，寓之于其中的"道"也就会越受损害、越被遮蔽。值得指出的是，虽然这里庄子仅仅列举了儒家特别标榜的"仁义"之说而加以评判，其目的与拈出"八畛"一样，都旨在说明"道昭而不道，言辩而不及，仁常而不成，廉清而不信，勇忮而不成"。在庄子看来，圣人之道应该是"寓诸庸"，"执其环中"，无"畛"无"界"的，唯其如此，才可避免将某一观念发展或强调到极致，以至于辩来辩去，最终走向了反面。

四　至人对待利与害的态度

庄子借啮缺与王倪之间的问答，不但说明"知"的局限，不存在所谓"物之所同是"，而且认为涉及价值观的"利"与"害"同样也无法有共同的标准。人处"湿寝"，对人是害，对鳅却是利；攀援树梢，人心惶恐，于人为害，而对猿来说则为利；人食肉，麋鹿食草，蜈蚣吃蛇，猫头鹰乌鸦嗜鼠，世上万物百味，往往也是于彼为害，于此却为利。凡此种种，都说明"利"与"害"如同"知"一样是没有可以让任何人都接受的标准的。

对待"知"的问题，王倪采取的是"论而不议"的方法，并以"吾恶能知其辩"作结。其实，不是王倪真的不知或者不可以辩，而是庄子要借此推出"至人"对待利与害的态度。如果说，上文庄子以大量篇幅说圣人的"天府""葆光"，如何化畛为德，那么，下文庄子要说的就是"众人"如何在"利与害"之间找到"寓诸庸"的方法。这里，庄子重点要谈的是"至人"，并通过啮缺与王倪有关"利"与"害"的探讨，说明"无己"的"至人"是如何对待"利与害"的：

> 啮缺曰：子不知利害，则至人固不知利害乎？

对啮缺来说，或许王倪的确对"利"与"害"全然无知，但他很难理解为什么至人也不知道"利"与"害"的区别。在谈《逍遥游》中的"至人无己"时，我们曾论述了，圣人、神人与至人代表着不同的人群，他们分别通过"无名""无功""无己"的途径达到逍遥游的境地。然而，在《逍遥游》中，相对于圣人与神人，庄子并没有给予至人更多的笔墨，仅仅提到"至人无己"一句而已。作为对《逍遥游》的补充，这是庄子第一次详细地描述至人。在庄子看来，一个人如果达到了"无己"的境界，成为了至人，自然也就会"不知利害"：

> 王倪曰："至人神矣！大泽焚而不能热，河汉沍而不能寒，疾雷破山飘风振海而不能惊。若然者，乘云气，骑日月，而游乎四海之外。死生无变于己，而况利害之端乎！"

"大泽"，山泽，山林。《孟子·滕文公上》："益烈山泽而焚之。""河汉"，黄河、汉水，这里泛指江河；"沍"，封冻。这几句话说，在常人看来，至人是不可思议的，天气热到山林焚烧的程度，至人却不觉其热，江河湖泊封冻、寒气逼人，至人也不觉其冷。即便雷霆劈开山岳，飓风掀起滔天巨浪，至人仍然能若无其事，感觉不到丝毫惊恐。这样的人，能乘云气，驾着飞龙，游于四海之外。生死的变化都不能对至人产生一丝一毫的影响，何况利害呢。

《齐物论》中对至人特征的描写，亦见于《逍遥游》中对神人、圣人、至人的总体描述：

> 若夫乘天地之正，而御六气之辩，以游无穷者，彼且恶乎待哉！

在描述神人时，庄子说：

> 藐姑射之山，有神人居焉，肌肤若冰雪，淖约若处子。不食五谷，吸风饮露。乘云气，御飞龙，而游乎四海之外。其神凝，使物不疵疠而年谷熟。……之人也，之德也，将磅礴万物以为一，世蕲乎乱，孰弊弊焉以天下为事！之人也，物莫之伤，大浸稽天而不溺，

大旱金石流土山焦而不热。

表面上看，至人与圣人、神人似乎没有很大的不同，例如郭象、成玄英就认为至人、神人与圣人实际上是三位一体的。然而细究起来，虽然这三者都代表了进入逍遥游的自由人格，都能"乘云气，骑日月，而游乎四海之外"，但是在进入逍遥游之前，这三种人的地位、所代表的人群却是不同的。所以庄子强调的重点也不一样。特别是《逍遥游》中对神人的描述，似乎与《齐物论》中的至人十分相似，但若仔细审视，就可以看出在《逍遥游》中，庄子强调的是神人所建之功，功臣要心中"无功"才能成为神人。而在《齐物论》中，庄子强调的是至人的"无己"。也就是说，只有心中没有了"己"，至人才可以在生死、利害面前无动于衷，任何外在世界的变化都不会对至人产生丝毫的影响。所以，"至人神矣"不是说至人就是神人，而是说至人在常人眼中十分神奇，不可思议，而这也正是至人与普通人之间的区别，也是至人与圣人、神人的区别。王倪不知利害，至人也不知利害，所以，王倪与接舆等人一样，都是至人，而不是很多解《庄子》者所说的圣人。

成玄英在解释至人时说："夫利害者，生涯之损益耳。既死生为昼夜，乘变化以遨游，况利害于死生，曾何足以介意矣。"对庄子来说，至人的核心首先是摆脱了生与死的羁绊，如果把生与死都看透，以"死生为昼夜，乘变化以遨游"，谁还会去斤斤计较于利与害？更不会为辨清"利"与"害"的观念界定而劳心费神。这样的人，就是至人。

"不从事于务"的圣人

    在讨论庄子《逍遥游》中提出的"圣人无名"时,我们已经谈到在庄子时代"圣人"这一概念的重要。不但儒家、墨家、法家之先哲孔子、墨子、孟子、荀子、管子、韩非子等都曾多次反复地谈论圣人,而且道家代表人物老子、庄子也曾几十次地提到圣人,并且为圣人定义。《逍遥游》中,庄子分别论述了"无己"的"至人"、"无功"的"神人"以及"无名"的"圣人"。虽然"至人""神人""圣人"在"逍遥游"的意义上精神相通,但是在现实社会中却代表着有着不同社会职责与功能的三类人。①有必要指出的是,尽管《庄子》"内篇"中,"圣人"始终与"神人""至人"一样被当作一种进入了"逍遥游"境界的理想人格,然而在外杂篇中,对"圣人"的描述却出现了褒贬不一,甚至加以抨击指责的言论。这一方面证实外杂篇确实出

---

①参见王景琳、徐匋《庄子的圣人观》《庄子的神人观》《庄子的至人观》。见《庄子文学及思想研究》。台湾文津出版社2018年11月版。

自庄子后学之手，另一方面也说明探讨内篇中对"圣人"的阐述才是了解庄子"圣人观"最为可靠的途径。

一　《齐物论》中的圣人

在《齐物论》中，庄子多次以赞誉的笔墨谈论"圣人"。在论及"物"与是非彼此的看法时，庄子首先说"是以圣人不由，而照之于天"，并且说"圣人和之以是非而休乎天钧，是之谓两行"，明确提出只有圣人才可以看到同一事物的两面，可以站在脱离了"成心""照之于天"的"道枢"的立场，对世间一切采取"休乎天钧"的"两行"态度。接着，庄子在阐发"是非之彰也，道之所以亏也"的看法时，又进一步指出"是故滑疑之耀，圣人之所图也。为是不用而寓诸庸"，特别强调了"不用"且"寓诸庸"对于圣人的重要。以后，庄子又着重解释了圣人如何对待"六合之外""六合之内"以及"春秋经世先王之志"等种种是非，如何对待"分"与"辩"，说明圣人与"众人"的不同就在于圣人有着"注焉而不满，酌焉而不竭"的"天府"般的胸怀，故而对是非，对八"畛"，都能统统"怀之"，包容一切，"而不知其所由来"。然后，庄子再一次以儒家圣人尧为例，说明仍在为攻打"宗、脍、胥敖"三个小国而无法"释然"的尧还算不上是真正的圣人。经过这一系列对圣人的阐述，庄子最终落到了长梧子与瞿鹊子之间就何谓圣人、圣人当如何作为的对话上，为自己的"圣人观"作结：

> 瞿鹊子问乎长梧子曰："吾闻诸夫子，圣人不从事于务，不就利，不违害，不喜求，不缘道；无谓有谓，有谓无谓，而游乎尘垢之外。夫子以为孟浪之言，而我以为妙道之行也。吾子以为奚若？"

这里的瞿鹊子与长梧子均不见于先秦其他典籍。向秀根据瞿鹊子所说的"夫子以为孟浪之言"，认为长梧子与瞿鹊子之间是师生关系，

"夫子"指长梧子。崔譔根据下文"是皇帝之所听荧也，而丘也何足以知之"一句，认为"丘"是长梧子之名。成玄英也说"瞿鹊是长梧弟子，故谓师为夫子"。但是宋林希逸《庄子口义》对此提出了异议，认为这里提到的"夫子"当指孔子。其后，清俞樾对林希逸的说法进行了大量考辨，认为：

> 瞿鹊子必七十子之后人，所称闻之夫子，谓闻之孔子也。下文长梧子曰，是黄帝之所听荧也，而丘也何足以知之？丘即是孔子名，因瞿鹊子述孔子之言，故曰丘也何足以知之也。而读者不达其意，误以丘也为长梧子自称其名，故《释文》云：长梧子，崔云名丘。此大不然。下文云，丘也与女皆梦也，予谓女梦亦梦也。夫子者，长梧子自谓也。既云丘与女皆梦，又云予亦梦，则安得即以丘为长梧子之名乎？

就是说瞿鹊子是孔门后学，下文之"丘"即是孔子。而"吾闻诸夫子"以及"夫子以为孟浪之言"两句中的"夫子"也都指孔子。统观上下文，俞樾的见解十分可信。故而现在一般学界都认为瞿鹊子所称的"夫子"以及长梧子两次提到的"丘"都指孔子。

这段话虽然是借瞿鹊子之口转述出来的，但实际表述的却是庄子的"圣人观"。"务"，指事务；"不从事于务"，就是不竭力地做什么事；"就"，趋，迎合；"违"，有躲避的意思，如《左传·庄公四年》："纪侯大去其国，违齐难也。""不喜求"，不喜索求；"缘"，沿着，这里意为"拘泥"；"无谓有谓，有谓无谓"："谓"指各种说辞，也可解为有言好像无言，无言又如同有言，意思是各种说辞、言论的"有无"，在圣人眼中都如同是非彼此一样，不存在一条截然分明的界限。"尘垢"，指人世间以及各种俗物，源自《逍遥游》中的"是其尘垢秕穅，将犹陶铸尧舜者也"；"孟浪之言"，指荒诞不羁、不着边际的言论;"奚若",怎么样。

从这段话中,我们可以看出庄子心目中的圣人具有这样几个特点:其一,圣人有"事"。"不从事于务",不是说圣人不做事,而是说圣人不刻意地去做什么。其二,圣人所处的生活环境与现实社会是一致的,有"利"也有"害"。众人往往"就利"而"违害",而圣人既不追逐于利,在祸患面前也不逃避。其三,圣人能"求",却并不喜好索求。其四,圣人"不缘道"。所谓"不缘道",不是说圣人可以离"道"、叛"道",而是说圣人不攀援于道,不凭借"道"而炫耀,所以才能"无谓有谓,有谓无谓"。其五,圣人能"游乎尘垢之外"。庄子说的"游"实际上是"心游",指其精神境界已经可以达到世俗世界之外,进入一种心灵的"逍遥游"境界。

这样的"圣人"是否就是庄子所屡屡称道的居于藐姑射之山的"之人也,之德也,将磅礴万物以为一,世蕲乎乱,孰弊弊焉以天下为事"的神人?或者是在"无何有之乡,广莫之野""彷徨乎无为其侧"而又"逍遥乎寝卧"于大树之下的"无己"至人呢?显然不是。神人、至人的共同之处就是不以"天下"为事。他们既没有大大小小的俗"事"去"务",不需面对任何可求可避的"利"与"害",也没有任何可"求"可"喜"之事,自然也不会以"缘道"自重。

如果我们把瞿鹊子转述的有关圣人的"不从事于务,不就利,不违害,不喜求,不缘道",与庄子上文所说的"大道不称,大辩不言,大仁不仁,大廉不嗛,大勇不忮"这一连串的"不"联系起来看,就可以发现这一系列的"不"的背后的思路实际是一脉相承的。不称之道,不言之辩,不仁之仁,不嗛之廉,不忮之勇的关键是"寓诸庸",而不竭力于事、不逐利、不避害、不喜求、不缘道的关键同样也是"寓诸庸"。可见庄子心目中的圣人既不同于儒家"齐家治国平天下"的圣人,也不同于居于"藐姑射之山""大漠之野""无何有之乡"的"逍遥游"的神人或至人,而是生活于人世间,居于庙堂之

上，建有"时雨""日月"般的"名"声，却又不以"名"为名，而是以
"无为""不用"的方式来保持社会的最原始、最自然、最纯朴心态
的圣人。这样的圣人与儒家所标举的圣人完全不同，也与逃名遁世
的接舆、许由之类的隐士不同，但只有这样的圣人才算得上是"无
名"的"圣人"。

二 "妙道之行"还是"孟浪之言"

瞿鹊子听说"圣人不从事于务，不就利，不违害，不喜求，不缘
道；无谓有谓，有谓无谓，而游乎尘垢之外"，感到圣人是如此神
奇，故而发出"妙道之行"的惊叹。然而，这样的圣人在孔子眼中却
是荒诞不经的，纯属"孟浪之言"。面对瞿鹊子与孔子对圣人这两种
截然对立的评价，庄子的看法又如何呢? 让我们先来看看庄子的代
言人长梧子是怎么说的：

> 长梧子曰："是皇帝之所听荧也，而丘也何足以知之! 且女亦
> 大早计，见卵而求时夜，见弹而求鸮炙。"

"皇帝"，泛指古代圣王三皇五帝，"皇"，有的版本也做"黄"，指
黄帝；"听"：这里意为考察，如《尚书·洪范》就有"一曰貌，二曰
言，三曰视，四曰听，五曰思"之说，孔颖达注："听，察是非。""听
荧"，据向秀说是"疑惑也"；"大早计"中的"大"通"太"，见《论
语·雍也》："如居简而行简，无乃大简乎?"以及《庄子·天道》：
"大谩，愿闻其要。""大早计"，意为操之过急；"卵"，鸡蛋；"时
夜"，报晓的公鸡；"弹"，射鸟用的弹丸；"鸮"，据说是一种像斑鸠
的鸟，其肉为美食；"炙"，烧烤。长梧子这几句是说，连三皇五帝考
察了这样的话都感到疑惑不解，孔子又怎么会理解呢! 况且你也太
操之过急了。这就像你刚刚见到鸡蛋，立刻就想得到报晓的公鸡，

刚刚见到弹丸，就想马上吃到烤好的美味一样。

从"是皇帝之所听荧也，而丘也何足以知之"这两句来看，长梧子不但对三皇五帝不敬，还大大贬低了孔子，认为三皇五帝与孔子都不能真正理解圣人之所为。或许正是由于这个原因，前人解《庄子》时有意将"皇"改为"黄"，并说"夫子"指长梧子，"丘"是长梧子之名。这样一来，庄子不过是贬低了黄帝一人，并不涉及三皇五帝，更与孔子无关。这样的解释显然没有领会庄子的意旨。

如前所说，孔子所推崇的圣人，是传统儒家的崇高典范，也是儒家理想君主的化身，是如同尧、舜、禹、商汤、周文王、周公那样德仁兼备，能以仁义道德治理天下的圣王，也就是所谓的"内圣外王"。孔子的圣人观反映了孔子对理想政治的诉求，体现了他"为政以德""道之以德，齐之以礼"（《论语·为政》）以及"博施于民而能济众"（《论语·雍也》）的政治理念。以这样的标准来衡量，"不从事于务，不就利，不违害，不喜求，不缘道；无谓有谓，有谓无谓，而游乎尘垢之外"的圣人，确实与孔子推崇的圣人风马牛不相及，自然会被孔子斥之为"孟浪之言"。故而长梧子说，连三皇五帝这些自身被视为是"圣人"的人都不免对这样的"圣人"感到困惑，更何况孔子了。

如此看来，与孔子看法截然相反的瞿鹊子对圣人的看法似乎应该符合庄子的圣人观，其实不然。从瞿鹊子"夫子以为孟浪之言，而我以为妙道之行也"中用到的一个"妙"字，就不难看出他对"道"的理解以及对圣人的认识还处在"道门"之外。庄子的"道"是"大道不称、大辨不言"之"道"，一旦被称之为"道"，还被加上溢美之词"妙"，那就一定不是那个"道通为一"的"道"了。不过，长梧子对瞿鹊子关于圣人的转述并没有完全否定，而是说瞿鹊子"亦大早计"，指的就是瞿鹊子对圣人的理解还仅仅限于皮毛，尚未掌握"道"的精髓，对庄子圣人观的认识还远远不够完整全面，却忍不

住要出来"辨之",就不可避免地落入"辨之以相示也"的窠臼,其
"见卵而求时夜,见弹而求鸮炙"的思维方式也就只能是笑柄了。

那么,庄子圣人观与儒家孔子的圣人观是否真的如人们想象
的那样是全然对立的呢?其实,庄子并不完全否认儒家圣人,甚至
在某种程度上庄子的圣人可以视为是对儒家圣人的补充与完善。这
首先体现在庄子不但不否定圣人"治四海之民,平天下之政",犹如
"日月""时雨"般的社会功能,而且还设想尧最终来到"藐姑射之
山",在"往见四子"之后,"窅然丧其天下焉"。庄子要尧"窅然丧
其天下",不是说圣人必须抛弃天下或者君主之位,采取如接舆一
类人逃世的态度,而是说圣人应该以"寓诸庸"或者说是"两行"的
办法来治理天下。这样,圣人才不会竭力从事于务,才不会顾及利
害得失,同时也不会把天下、君主之位当作一己之私或者一己之功
名,这样的圣人才是"无名"的圣人。在这个意义上,我们可以说,
同样是圣人,同样是尧舜,孔子强调的是圣人的社会功能与社会
责任,而庄子强调的却是圣人的内在修养与个人品德。孔子与庄子
对圣人的标准与要求,看似矛盾,实际上却反映了同一问题的两个
方面。圣人无名,就是心中无名,进入了一种精神上无羁无绊的境
界。比较孔子庄子所推崇的圣人,不难看出,孔子看重的是具有"日
月""时雨"功能的君主圣人,强调的是圣人君主的社会责任。而庄
子同样提到尧的"治四海之民,平天下之政"的社会作用,不过,他
更注重的还是圣人之"德",强调的是圣人"为是不用而寓诸庸"的
立场,并且认为唯其如此,圣人才可以"不从事于务,不就利,不违
害,不喜求,不缘道;无谓有谓,有谓无谓"。所以,我们认为"而丘
也何足以知之",与其说是庄子对孔子的抨击,不如说是庄子对孔子
圣人观的补充与发展。简单地说,对于德行兼备的圣人来说,孔子
强调的是"外",庄子则更注重"内",内外相互补充,才能有"注焉
而不满,酌焉而不竭"的"无名"圣人。

三　"众人役役，圣人愚芚"

为了更全面详尽地阐述庄子的"圣人"观，说明瞿鹊子对圣人的了解还只停留在道听途说、只得皮毛的表面层次上，长梧子接着又进一步为庄子的"圣人"定义：

> 予尝为女妄言之，女以妄听之。奚旁日月，挟宇宙？为其吻合，置其滑涽，以隶相尊。

"妄言"，谬言；意思是随便说说，清王士祯《聊斋志异题辞》一诗中的"姑妄言之姑听之"便由此而来。"奚"，为什么，如何。向秀、郭象《庄子注》将"奚"属上句，于是就有了"女以妄听之奚"的句读，陈鼓应《庄子今注今译》也采用此种断句法。但清王敔《庄子通》把"奚"属下句，当更合乎文意。况且在古汉语中，"奚"多用于句首，做疑问词，表示反问。"旁日月"，犹言在日月之旁，意思是与日月并列；"挟"，怀藏；"吻"，没有分别的样子，"吻合"即合为一体；"置其滑涽"，成玄英说："置，任也。滑，乱也。涽，暗也。"宣颖："是非毂乱置之不问。"（见陈鼓应《庄子今注今译》）意思是任凭世间乱象滋生，不问是非；"隶"，指低贱之人；"以隶相尊"，把尊卑视同一样。这几句是说，我姑妄言之，你姑妄听之。圣人为什么能与日月同辉，胸中装得下宇宙天地？就是因为圣人将自己与宇宙万物合为一体。天下有万物，有各种纷乱不一的事物、言论，但圣人都能把它们包容在胸中，而且不分人世间的尊贵卑贱，统统视之为一。

如同在谈"今且有言于此"时，由于无法回避"言"与"道"之间的矛盾，庄子不得不用"虽然，请尝言之"来表述自己的思想一样，如果庄子要通过长梧子来直接阐述他对"圣人"的看法，同样不可避免地会陷入"大道不称"的逻辑困境，因此他只好再次以幽默自嘲的口吻说自己姑妄言之，你也就姑妄听之好了。

诚然，庄子心目中的圣人，的确"不从事于务，不就利，不违害，不喜求，不缘道；无谓有谓，有谓无谓，而游乎尘垢之外"，这也是瞿鹊子所能理解的圣人，但是庄子的圣人还有瞿鹊子所无法理解或者认识的另外一个重要方面，这就是圣人还要"奚旁日月，挟宇宙？为其吻合，置其滑涽，以隶相尊"，这几句正是对庄子"圣人观"的最重要的补充。"旁日月，挟宇宙"与"天地与我并生，万物与我为一"的意思相同，都是说圣人的胸怀是"注焉而不满，酌焉而不竭"的，装得下天地宇宙万物。而这个"奚"字，恰恰指出圣人之所以能够"旁日月，挟宇宙"就在于圣人可以"为其吻合，置其滑涽，以隶相尊"。这里"为其吻合"中"吻合"二字十分重要，说明圣人只有与"道"相"吻合"才能"旁日月，挟宇宙"，才能视万物为一，也才能对人世间的一切物论是非都以"置其滑涽"的态度处之。一旦天下没有了物论是非，万物一齐，人人都进入了"天地与我并生，而万物与我为一"的境界，这个社会自然也就不会再有所谓高低贵贱的分别，唯其如此，也才能实现"以隶相尊"的无分别的理想社会。概括起来说，这几句话实际上说明庄子的圣人观并非是一种逃世避世的态度，所谓圣人"不从事于务"的重点也仅仅在于强调不要竭力有所作为，而应采取一种"置其滑涽"的应世方法，这才是庄子对现实社会中圣人的标准与要求。

作为圣人，除了对世间万物要能"为其吻合，置其滑涽，以隶相尊"，从个人品德修养上来说，还要：

众人役役，圣人愚芚，参万岁而一成纯。万物尽然，而以是相蕴。

"役役"，终日劳役忙碌的样子；"愚芚"，无知愚钝的样子；"参"，同"糁"，意为糁和一起；"万岁"，万年，指自古至今；"纯"，纯粹，精纯；"相蕴"，相互蕴含。这一段的意思是，世上众人一生都在劳碌，圣人看似"愚芚"，"不从事于务"，这是因为圣人胸中装着上下古今，可将上下古今与天地万物融合成一体，互相包容，平等对待。这也就是说圣人与众人最大的不同就在于"众人役役"而"圣人愚芚"。所谓"众人"，包括所有竭力追逐世间之"利"，终日为利害得失而权衡，为一己之偏爱所掌控的人，特别是那些"日以心斗"的大知小知们。对众人在现实社会中如何"役役"，庄子已经在前文中描述得淋漓尽致："与物相刃相靡，其行尽如驰，而莫之能止"，"终身役役而不见其成功，茶然疲役而不知其所归"。而"圣人愚芚"，是说圣人"不从事于务，不就利，不违害，不喜求，不缘道；无谓有谓，有谓无谓"，看似"愚芚"，却正是圣人不同于"众人"，也不同于"至人"的行为方式。

我们知道，庄子内篇中几乎从不曾正面或者直接阐释庄子的政治观念，这当然主要是因为庄子所看重的是人生境界的自由，人的精神独立、不受外界的干涉，他所要探讨的是处世哲学与人生哲学。但是，庄子为什么如此看重圣人？为什么在《逍遥游》中提出"圣人无名"之后，又在《齐物论》中反复论及圣人在现实社会中的所作所为？实际上，庄子对圣人的论述集中体现了他的政治理念，或者说他的政治观是通过对圣人的描述以及对是非彼此等的阐发显示出来的。从庄子在《齐物论》中对圣人所作的论述上，我们可以看到庄子实际上还是把治世的希望寄托在君主身上。他以儒家所推崇、所塑造的圣人为基础，融进了自己的治世理想，创造出现实社会中的"无名"的君主圣人。庄子其实也是希望这样的圣人能通过"不用而寓诸庸"的方式，"治天下之民，平海内之政"，使四海晏然。如果我们仔细审视一番自庄子以后中国传统文化中的君主圣人形象，就不难发现，圣人头上所具有的理想主义光环更多的来自庄子而不是儒家。

生死与梦觉

　　生与死，自古以来，就是人类一直渴望破解、超越却又始终无能为力、不得不面对的重大问题。在中国古代哲人中，对生死问题感悟最深切、理解最透彻、阐述最精辟的，当首推庄子无疑。庄子不但多次谈论生死，而且把齐一"生死"当作"道通为一"的最重要的组成部分之一。如果说，庄子在《逍遥游》中描述的无名圣人、无功神人、无己至人提出"无待""游乎尘垢之外"的精神自由才是人所当追求的最终境界，那么《齐物论》则指出了一条进入"逍遥游"的途径，这就是齐物、齐论、齐物我、齐是非、齐彼此、齐贵贱、最后齐生死。相对于齐物、齐论等而言，由于死是人生最难以参透的大关，也是人最无法逃脱的命运，庄子的《齐物论》最终以"齐生死"作结，足以说明齐生死对理解庄子学说，特别是"道通为一"命题的重要。那么，庄子究竟是如何看待生死？又是如何将生与死归一的呢？

一 "予恶乎知恶死之非弱丧而不知归者邪"

庄子第一次谈到死，是在论说"道枢"时。为了说明道枢是如何"始得其环中，以应无穷"的，庄子说"彼出于是，是亦因彼。彼是，方生之说也。虽然，方生方死，方死方生；方可方不可，方不可方可；……彼亦一是非，此亦一是非。……是亦一无穷，非亦一无穷也。"这段话，庄子主要从看似对立的"彼"与"是"的一体性角度阐述万物如何由于"道"的存在而相通为"一"。其中，庄子特别提到"生"与"死"这两个在常人看来截然对立的两极，来说明生死不过是同一事物的两种表现形态，两者之间原本并不存在一条泾渭分明的界限。也就是说：生，蕴含着死，生就是死；而死同样也蕴含着生，死就是生。在这个意义上，"生"与"死"本质上都是"天地与我并生，万物与我为一"的体现，死生为"一"。可以说，庄子的生死观是站在"道"的立场上看生死，齐生死，生也好，死也罢，人生亦如处于环中，生死相伴相依，"方生方死，方死方生"。

庄子的生死观完全超越了世俗对生死认识的局限，从理性上揭示了生与死的真谛。在庄子看来，对死的恐惧是人们对死的认识的一个重大误区。因而在谈论至人是如何自由地"游乎四海之内"时，庄子再次涉及生死问题，说至人"生死无变乎己，而况利害之端乎"。意思说，人所经历的种种困惑中，最难、也最能体现人的精神自由的，莫过于在生死面前仍能保持"无变"的心态。那么，如何才能做到"生死无变乎己"？这，就是庄子《齐物论》最后几段所要集中阐述的问题。

本来，瞿鹊子在询问有关圣人的"妙道之行"时，并没有提到生死，但长梧子在说过圣人"为其吻合，置其滑涽，以隶相尊。众人役役，圣人愚芚，参万岁而一成纯。万物尽然，而以是相蕴"之后，却突然把话题转到了生死上。显然，庄子是要借长梧子之口，通过谈论人生最根本的生死问题来为"齐物论"作结：

予恶乎知说生之非惑邪！予恶乎知恶死之非弱丧而不知归者邪！

"恶乎知"，怎么能够知道；说，通"悦"；"惑"，迷惑，困惑；"弱丧"，指年幼背井离乡的人。成玄英说："弱者弱龄，丧之言失。谓少年遭乱，丧失桑梓，遂安他土而不知归，谓之弱失。从无出有，谓之为生；自有还无，谓之为死。遂其恋生恶死，岂非弱丧不知归邪！"这两句是说，我怎么能够知道贪生不是世人的一种困惑呢？我又怎么能够知道恶死不是流落他乡的游子，不知返回故乡的心态呢？

在庄子看来，悦生，是人之"惑"；恶死，同样也是人之"惑"。"悦生"与"恶死"一样都与"无变乎己"相悖，都不是至人的人生态度。如果说，庄子赞扬的至人是以一种近乎漠然"顺之"的态度来对待生死的话，那么，"予恶乎知说生之非惑邪"两句则为世俗之人解开了倍感困惑的生死之大结。"弱丧而不知归"的比喻流露出庄子对客居现世却乐不思蜀的游子的极度惋惜之情，特别是一个"归"字真切地道出了庄子对游子当回归故里的殷切期盼。"予恶乎知恶死之非弱丧而不知归者邪"把人从生到死的旅程说得就像一个人离家远行之后，再从奔波疲惫的旅途回归故里一样轻松自然。从这一段话字里行间透露出来的信息中，我们不难看出，庄子不但不惧死，反而对那个人人不知，又因不知而产生神秘恐惧感的死后世界带有几分向往之意。应该说，这里庄子用的是"矫枉必须过正"的方式来扭转世俗对死的误解。特别这两个"予恶乎知"，虽然说的是"我怎么能够知道"，但以这样的反问句式表达出来，却如当头棒喝，把对世俗悦生之"惑"与恶死之"不知归"的误入迷途的警示展示得淋漓尽致。

对于生死，庄子既不主张恋生厌生，也不主张乐死恶死。特别在最令人恐惧的死亡面前，庄子强调的是以"安时而处顺"，"善生""善死"，以一切顺应自然的态度泰然处之。《庄子·列御寇》中记载了这样一段庄子轶事：

> 庄子将死，弟子欲厚葬之。庄子曰："吾以天地为棺椁，以日月为连璧，星辰为珠玑，万物为赍送。吾葬具岂不备邪？何以加此？"弟子曰："吾恐乌鸢之食夫子也。"庄子曰："在上为乌鸢食，在下为蝼蚁食，夺彼与此，何其偏也！"

生从自然来，死归自然去。来时赤条条，归去亦不为物所累。正如成玄英所说"从无出有，谓之为生；自有还无，谓之为死。"生之前是"无"，生后为"有"，而死则再次回归于"无"，从而完成了人生的一个循环。正是由于拥有这样达观的人生态度，庄子在即将辞世时，不仅拒绝了厚葬，连棺椁也一并放弃，甚至不肯在"为乌鸢食"还是"为蝼蚁食"之间"夺彼与此"，而心甘情愿地怀着"以天地为棺椁，以日月为连璧，星辰为珠玑，万物为赍送"的胸襟"曝尸荒野"。恐怕也只有视万物为一、以死为归的人才能做到如此理性、如此达观吧！

二　"夫死者不悔其始之蕲生乎"？

既然死是人所无法逃避的归宿，又是世人所最为恐惧的一个未知世界，那么，死对于人来说，究竟意味着什么？人死之后，又会进入一个怎样的世界？这个问题，先秦时人无从回答，就连最关注人事的孔子对死也抱着十分谨慎且回避的态度。《论语·先进》中，季路曾与孔子谈到过死：

> 季路问事鬼神。子曰："未能事人，焉能事鬼？"曰："敢问死。"曰："未知生，焉知死？"

"未知生，焉知死"，一方面是说不知道生，怎么会知道死，意思是活着不懂得如何处世的人，怎么会知道死时应当如何去做。但另一方面也可以看出，"不语怪力乱神"的孔子对于"死"的问题采取的是回避的态度，因而语焉不详。然而，死，却是人所无法回避的。即便是孔子，也仍然不可避免地要接触到死。谈到死。《论语》中记载的两件事至少透露了孔子对死的看法。一次是伯牛病重，孔子去探望时说："亡之，命矣夫！斯人也而有斯疾也！斯人也而有斯疾也！"（《论语·雍也》）。可见孔子承认"死"乃命中注定，无法违抗。另一次是颜回死时，孔子伤心之至地悲叹道："噫！天丧予！天丧予！"（《论语·先进》）这两件事显示出，孔子对于死，感到的是一种强烈的无可奈何，表露出的是一种无法与死亡抗争的认命的悲观情绪。同时也说明在孔子不言死的背后，是重生避死，是对生命价值的肯定。诚然，孔子对道德的重视，又使得他把道德的完美至善置于生命价值之上。因此，孔子也曾说过"志士仁人，无求生以害仁；有杀身以成仁"（《论语·卫灵公》）；"朝闻道，夕死可矣"（《论语·里仁》）；"幼而不孙弟，长而无述焉，老而不死，是为贼"（《论语·宪问》）。但这些论述仅仅说明孔子对完美道德、对理想人格的坚持与追求，并非是对死的正面认知。

相对于孔子对死的回避与悲观，庄子对"死"采取的是截然相反的直接面对的态度。庄子对死的看法，不仅仅是在先秦时代，即便是在今天，也足以让人感到"石破天惊"：

> 丽之姬，艾封人之子也。晋国之始得之也，涕泣沾襟；及其至于王所，与王同筐床，食刍豢，而后悔其泣也。予恶乎知夫死者不悔其始之蕲生乎！

"丽之姬"，也就是《齐物论》前文中提到的"毛嫱丽姬，人之所美也"中的丽姬，她是丽戎国艾地守封疆人的女儿，是古代有名的美女，嫁于晋献公。关于丽姬出嫁的记载，见于《左传·庄公二十八年》："晋伐骊戎，骊戎男女以骊姬，归生奚齐，其娣生卓子。"据成玄英说：

> 昔秦穆公与晋献公共伐丽戎之国，得美女一，玉环二。秦取环而晋取女，即丽戎国艾地守封疆人之女也。筐，正也。初去丽戎，离别亲戚，怀土之恋，故涕泣沾襟。后至晋邦，宠爱隆重，与献公同方床而燕处，进牢馔以盈厨，情好既移，所以悔其先泣。一生之内，情变若此，况死生之异，何能知哉！庄子寓言，故称献公为王耳。

当时，丽姬是作为战胜国的战利品而被迫嫁到晋国的。出嫁前，她对自己不得不背井离乡远嫁异国的命运悲痛不已，哭得泣涕沾襟。然而，当丽姬真的来到晋国，等待她的却是意想不到的奢华尊贵，她与晋献公一同住在宽敞方正的大床，每天享受美味珍馐，以至于丽姬对当初自己出嫁时竟然会悲哀地哭泣感到十分后悔。这个故事本身其实与庄子一贯主张的不以"荣华富贵"为意的自由精神大相径庭，可是有意思的是，庄子竟从这么一个完全反映世俗想法的故事中，特别是从丽姬出嫁前后想法变化的巨大落差中，联想到"予恶乎知夫死者不悔其始之蕲生乎！""蕲"，就是祈求。庄子抓住丽姬出嫁后为自己曾经哭泣而后悔的心理变化，说我怎么能够知道人们死了以后不会像丽姬一样后悔自己当初贪生怕死呢？看来，庄子选用这样一个世俗的故事是要以世俗之道还治世俗之心。

用丽姬出嫁前后心境的变化来比喻世俗之人对生死的误解，在今人看来颇有几分荒唐，但其中至少包含着两层隐喻，很值得玩味：其一，庄子首先要说的是人活着，总是会对未知的世界充满恐惧，然而一旦踏进这个世界，接近这个世界，才会发现原本以为恐惧的事未尝不是相反的。其二，"死生，命也；有其夜旦之常，天也"（《庄子·大宗师》）。生与死都是人所无法主宰的。既然无法主宰，那又何不听之任之，顺之处之？更何况，由于对未来的无法预知，丽姬最终竟"后悔其泣"，那么对于未知的死，又为什么一定要感到恐惧，一定要"薪生"而"恶死"呢？正是由于庄子对死有着如此独特的见解，在庄妻死时，他非但不哭，反而"方箕踞鼓盆而歌"。当时惠子前往吊唁，见状感到十分不解，就问庄子："与人居，长子老身，死不哭亦足矣。又鼓盆而歌，不亦甚乎！"庄子回答："不然，是其始死也，我独何能无慨然。察其始而本无生，非徒无生也而本无形，非徒无形也而本无气。杂乎芒芴之间，变而有气，气变而有形，形变而有生，今又变而之死，是相与为春秋冬夏四时行也。人且偃然寝于巨室，而我嗷嗷然随而哭之，自以为不通乎命，故止也。"（《庄子·至乐》）这段故事告诉我们，庄子同样也有人之常情，但是他的"道"为本体的学说，使得他对人的生死有着惊世骇俗的独到看法。庄子认为，人本来自于"无"，后来才变为一团气，再由气变为有形，然后再从有形发展到有生命，最后又变为死。人生就像四季一般循环往复，一切都是自然所赋予的，既不可改变，又无法抗拒。所以对人来说，唯一可行的便是顺应自然，听其自然，"生死无变乎己"。

三 方其梦也，不知其梦也

庄子借用丽姬的故事说，死非但不足为惧，而且死很可能意味着另一种美好生活的开始。尽管如此，丽姬出嫁的比喻仍未能彻底解除人们对死感到的莫名的困惑，不足以消除人们对死怀有的恐惧，特别死究竟是什么，死后人又到了哪里去，毕竟从来没有人死而复生，没有人可以回答死后的世界是个什么样子。为了深入探讨这个根本性的问题，庄子只得另辟蹊径：

梦饮酒者，旦而哭泣；梦哭泣者，旦而田猎。方其梦也，不知其梦也。梦之中又占其梦焉，觉而后知其梦也。

这一段说，夜里做梦饮酒作乐的人，白天醒来却可能痛哭流涕；梦中哭泣的人，白天却可能会高高兴兴地出去打猎。在梦中，人们不知道自己是在做梦，而把梦境当成了现实。有时候人还会在梦中梦见自己做梦，甚至请人占卜自己的梦是吉是凶，直到梦醒之后才知原来是梦。

丽姬出嫁前后心境的不同只能说对未知的恐惧很可能与真相相反，这不能说明死是生的延续，或是另一世界的美好生活的开始，庄子用人人几乎每天都会经历的"梦"与"觉"来比喻生与死的体验，这可以说是独创。人们"觉"时所体验到的种种喜怒哀乐与各不相同的独特经历，几乎都可以在入梦时完全相同地重现，那么，"梦"与"觉"之间，究竟哪一个更真实？哪一个更虚幻？我们可以说，在某种程度上，正是梦的不可知性、不确定性，以及梦的难解和虚幻，使庄子从"梦"与"觉"的体验中发现了梦觉与生死之间的相似之处：梦中可以十分快乐而醒来却可能沉浸在悲哀之中，反之亦然。而人的生死，不亦如此？如果生让人感到愉悦，死同样也可以让人感到愉悦；如果死让人感到悲痛，生也同样可以让人感到悲痛。而人们之所以执着痴迷于生，惧怕厌恶于死，说到底，不过是因为"方其梦也，不知其梦也"。

所以说，探寻庄子所说的"梦"与"觉"究竟哪个隐喻"生"，哪个隐喻"死"，究竟"梦"是死抑或"觉"才是死，其实都偏离了庄子的本意。在庄子看来，"梦"也好，"觉"也好，生也好，死也好，都不过如同白昼与四时的更替，循环往复，表现形态固然不同，本质却都与"道"相通。齐梦觉为一就是齐生死为一。

这里庄子的本意是要借梦觉喻生死，但在文学史与文化史上，这段"梦"论却成为中国梦文学、梦文化的滥觞，对后世产生了极大的影响。唐代沈既济《枕中记》所描述的卢生的黄粱一梦，就是把看透人生种种荣华富贵之后的幡然醒悟，借着对黄粱梦的渲染尽情地展现出来。而对庄子情有独钟的苏轼更是在阅历无数之后，发出了"人生如梦"的无尽感慨，并用"归去，也无风雨也无晴"的意境把庄子"予恶乎知恶死之非弱丧而不知归者邪"的反问转化为对"回归故里"的向往。不独苏轼，自唐宋元明清以来，多少传世的诗、词、文、曲、小说，都是受到庄子"梦"的启示而成为不朽之作。如"临川四梦"是用故事演绎了庄子的梦觉主旨，而中国文学史上最经典的鸿篇巨著《红楼梦》其实写的就是一场人生的"大梦"。《好了歌注》所描述的人生的种种无常："陋室空堂，当年笏满床；衰草枯杨，曾为歌舞场。蛛丝儿结满雕梁，绿纱今又糊在蓬窗上。说什么脂正浓、粉正香，如何两鬓又成霜？昨日黄土垄头送白骨，今宵红绡帐底卧鸳鸯。……"不就是"梦饮酒者，旦而哭泣；梦哭泣者，旦而田猎。方其梦也，不知其梦也"的另番写照？哪个是梦？哪个是觉？哪个又是梦中之梦？一部《红楼梦》，又何尝不是写了一场"方其梦也，不知其梦也"的人生之梦？

四　大觉而后知此其大梦

庄子"人生如梦"的话题不仅仅在于化解世俗对生的执着，对死的恐惧，而且还要给那些活在梦中，却自以为清醒或者沉醉于梦中之梦而不知身在梦中之人点破此中真相：

> 且有大觉而后知此其大梦也，而愚者自以为觉，窃窃然知之。

"觉"，即醒，如前文中的"觉而后知其梦也"。但值得注意的是此处庄子不用"觉"而用"大觉"，来区别"大觉"与"觉"的不同。这种用法，就如此前庄子谈"大道""大辩""大仁""大廉"以及"大勇"一样，"大觉"，指的是大觉悟，是一种看透了生死之后所进入的"生死如一"的境界，指的是精神境界的一种升华，一种超越。而"此其大梦也"的"大梦"也非平常之梦，比喻的是人的一生。"窈窈然"，明察的样子。这两句是说，只有大觉悟的人，才能明白人生不过是一场大梦而已。可惜这样的人却如凤毛麟角。最为可悲的，还是那些愚昧无知却自以为清醒，自以为已经洞察一切的人。于是，庄子感慨道：

> 君乎，牧乎，固哉！丘也与女，皆梦也；予谓女梦，亦梦也。

"君"，君主，指高贵者；"牧"，放牧之人，指卑贱者；"固"，固陋，浅陋，《论语·述而》说"奢则不逊，俭则固，与其不逊也宁固"。这几句的意思是说，不论是尊贵者还是卑贱者，在对生死、梦觉这样的问题上都表现出同样的固陋浅薄。孔子还有你与孔子谈论圣人的事，其实都是在做梦啊。现在我跟你谈论的梦的事，其实也是一梦。有谁能真正理解这梦与觉的真相？充其量，不过是"愚者自以为觉"罢了。

至此，我们才终于可以恍然大悟。原来这才是庄子大谈"梦觉"的真实用意：瞿鹊子与长梧子的这一大篇议论真正要说的其实就是人生不过是一场大梦。不论是在梦中把酒畅饮还是痛哭流涕，也不论是白天去寻欢狩猎还是伤心垂泪，甚至不论是与孔子畅谈圣人之所为，还是这两人今天在这里大谈梦觉，一切的一切都只不过是一场大梦。如果一切都是虚幻的梦，生或死，还有什么区别吗？还有什么可值得痴迷执着的吗？先秦时代，再没有人能像庄子这样坦然地谈死，又坦然地面对死。连孔子都尽量避开死的话题，用"未知生，焉知死"来搪塞，更何况他人？可以说，庄子是先秦时唯一的，也是第一个为人解说死，说透死，又能豁达坦然面对死的哲人。

特别有必要指出的是，庄子虽然把生比喻为旅途在外，把死比喻成回归故乡，把人生比喻成大梦一场，但是庄子决不主张轻生。恰恰相反，一部《庄子》写的就是人应当如何好好儿地活着，如何"全身""养生""保命"，如何在艰难困苦中避开"技经肯綮"以求生存。庄子之所以用"颠覆"性的描述来说死，目的在于告诫人们：活，就要自由自在地活；而死，也要轻松坦然地死。刘武《庄子内篇补正》说："漆园之旨，生则养生以尽年，死则委怀而任命。"可谓一语中的。不难想见，庄子如此颠覆了世俗的生死观，他的言论必然被认为是一番"大而无用"之言，很难为世俗所理解，对此，庄子自己也强烈地预见到了：

> 是其言也，其名为吊诡。万世之后而一遇大圣，知其解者，是旦暮遇之也。

"吊"，至；"诡"，奇特，怪异；"吊诡"，到了怪异的程度。庄子这几句的意思是，我说的这些话，在世人看来是荒诞不经，不可思议的。也许要到一万世之后偶遇一位"大圣人"，唯有他才能将其间的道理解释清楚。庄子相信，这样的"大圣"迟早会出现在这个世界上。

"和之以天倪"

　　齐生死，不但是《齐物论》以"道通为一"来齐物、齐论、齐彼此、齐是非、齐贵贱的最后着眼点，同时也可视为是庄子在洞察世间万象、归纳人生种种议论之后为《齐物论》所作的终结。对于任何个体的人来说，生与死都是超越一切的。是也好，非也好，贵也好，贱也好，在生死面前，统统显得苍白无力。然而，在庄子看来，人们对死的这种普遍的莫名恐惧，却是对人生命理解的一个最大误区。庄子认为，生，如同少小离家，羁旅客乡；而死却是游子还家，叶落归根；归根结底，人生不过是大梦一场而已。可以说，庄子借长梧子之口发表的这一番有关生死的惊世骇俗之论，是"齐物论"的核心所在，也是庄子齐论、齐物之后连带齐了对人来说最根本的生死的必然。有意思的是，《齐物论》最后这几段有关生死的对话都是通过长梧子之口，就瞿鹊子有关圣人的质疑展开的。就行文来说，在长梧子完成了对"人生如梦"的阐发，特别是点明须待"万世之后"的"大圣"之后，完全可以直接过渡到"罔两问景"与"蝴蝶梦"两段以终结全文，然而，出人意料的是，长梧子在说过"万世之后而一遇大圣，知其解者，是旦暮遇之也"，却突然话题一转，大发了一通似乎不着边际的有关辩论胜负的议论。这一段在全文中又起着怎样的作用呢？

一　胜负：我与若不能相知

要回答这个问题，我们有必要首先回顾一下长梧子与瞿鹊子对话的起因。瞿鹊子听说"圣人不从事于务，不就利，不违害，不喜求，不缘道，……"，以为这就是"妙道之行"；而孔子却大不以为然，认为这纯属"孟浪之言"，甚至不屑与瞿鹊子"分辨"。于是，瞿鹊子找到长梧子来评判孰是孰非。显然，瞿鹊子试图争辩是非的出发点本身就是与庄子"齐是非"的主张大相径庭的，但庄子之所以要使用这个寓言，其目的不仅仅在于借此来发表他有关"生死"的宏论，同时也要杜绝这样无益的辩论再继续下去。我们看到长梧子首先以"丘何足以知之"一语就给孔子来了一个彻底的否定，继之又以"女亦大早计，见卵而求时夜，见弹而求鸮炙"讥讽了瞿鹊子的急功近利，并再次以"予尝为女妄言之，女以妄听之"的调侃直接发表自己对生死这个至关重要问题的见解。

庄子一向认为"大道不称，大辩不言"，但是为了表述自己的主张，他不可避免地会一再陷入自己所设置的逻辑悖论。毫无疑问，庄子所说的"齐生死"本身也是一家之言，是一个大是非。一经说出，就必然会引发出更多的争议与辩论。为了尽可能地自圆其说，庄子在《齐物论》中不得不多次使用反问句或者用貌似不经意的方式来阐发自己的看法。如前文谈到"今且有言于此"时，庄子不得不以反问的形式切入主题："不知其与是类乎？其与是不类乎？"然后才说："虽然，请尝言之。"以后，在回答啮缺"子知物之所同是乎"

时，王倪连说了三遍"吾恶乎知之"，好像真的是一问三不知，但话音未落，就又紧接着说："虽然，尝试言之。"可见，庄子虽然把各种纷争、物论归结于儒墨等热衷于是非的纠缠，但实际上包括他自己的言论同样也无法摆脱"是非之辩"的窠臼。要解决这样的矛盾，庄子只好不得已地一次又一次地使用"请尝言之""尝试言之""予尝为女妄言之，女以妄听之"的办法，说自己只不过是随便聊聊而已。

这种"言"与"道"之间的矛盾，同样也深深浸透在庄子对生死的论述中。庄子对生死的议论句句都关切着人生最要害的问题，其震撼力更甚于此前所有"齐物""齐论"之论，连庄子自己都说有关生死之论是"吊诡"，须待万世之后的大圣方能解之。显然，庄子已经预见这种有关人生的"是非"之言必然会引发更多、更激烈的是非之辩，故而采取了防患于未然的策略，以辩论不存在胜负、无法判断辩论的正误，来堵住一切可能引发的争论，并以这样的方式，为"齐生死"作结，同时也为《齐物论》一章作结。物，当以"一"齐；论，当以"一"齐；生死，亦当以"一"齐；最后连同齐物、齐论、齐生死之论也统统一并以"一"相齐。这足以说明世上原本就没有不齐之物论、不齐之齐论，也没有不齐之生死之论。这是庄子在阐释了"人生如梦"的"生死一齐"之后，不得不提出要将自己有关生死梦觉之论通通"一齐"的根本原因，这也是长梧子有关论辩胜负一段话的意义所在：

> 既使我与若辩矣，若胜我，我不若胜，若果是也，我果非也邪？我胜若，若不吾胜，我果是也，而果非也邪？其或是也，其或非也邪？其俱是也，其俱非也邪？我与若不能相知也，则人固受其黮暗。

"若""而"，都指你，对方；或：指辩论中的一方；"黮暗"，暗昧不明。这段话的意思是说，辩论双方就圣人、生死等一系列问题展开辩论，就算你胜了我，或者我胜了你，但实际上你或者我就是对的或者就是错的吗？还是双方都是错的或者都是对的？辩论的双方之间是无法判断究竟谁对谁错的。当事的双方都不能明白，是由于人本身总是受到自己偏见的蒙蔽。

长梧子的这段有关辩论无所谓胜负是非的话充分体现了庄子试图结束一切是非争辩的努力。首先，这段话可以视为是长梧子对瞿鹊子的规劝。无论瞿鹊子与孔子之间是否发生过任何争执，瞿鹊子对孔子所说的"孟浪之言"是颇不以为然的，他要寻一个究竟，讨一个支持，以便继续与孔子争辩谁是谁非。因此，长梧子说："其或是也，其或非也邪？其俱是也，其俱非也邪？我与若不能相知也。"就是说，谁对谁错，还是双方都是对的或者都是错的，我和你都无法判断。这是由于持不同看法的双方不可避免地要受到个人"成心"的蒙蔽，因此也就不可能得出一个真正的结论。所以瞿鹊子没有必要与孔子计较，更何况这样的争辩毫无意义："丘也与女，皆梦也"；既然都是梦，为什么还要去梦中说梦？其次，既然瞿鹊子无法掌握圣人"不从事于务"的真正含义，自然也无法理解长梧子对生死梦觉的阐释。为避免继续争论下去，也为避免瞿鹊子继续寻求有关圣人乃至长梧子这一番"吊诡"之言的验证，长梧子索性以"我与若不能相知也，则人固受其黮暗"齐了一切有关圣人、有关是非、有关生死、有关梦觉之论，当然也包括庄子自己的一家之言。

二 待彼：待万世之后的大圣

庄子所预言的"万世之后而一遇大圣，知其解者，是旦暮遇之也"已经指出不但在当时甚至在万世之内都不会有人能够理解这种贯通生死为一的主张。其根本原因就在于"成心"的蒙蔽，"人固受其黮暗"。不仅辩论的双方无法对争辩的话题做出判定，就是第三方或者旁观者也同样无法做出符合事实真相的评判：

> 吾谁使正之？使同乎若者正之？既与若同矣，恶能正之！使同乎我者正之？既同乎我矣，恶能正之！使异乎我与若者正之？既异乎我与若矣，恶能正之！使同乎我与若者正之？既同乎我与若矣，恶能正之！然则我与若与人俱不能相知也，而待彼也邪？

"正"，评判，确定是非正误。这段话的意思是说在双方观点相持不下、各执己见的情况下，即便有第三方出现，同样仍无法评判确定其中的是非曲直。这是由于如果第三方与辩论中的一方看法相同，既然看法相同，那又如何来评判？反之亦然。所以说，在对某一事物的是非的探讨上，不但辩论中的双方无法得出谁是谁非的结论，即便依靠第三方同样无法做出一个符合事实真相的判断。

从表面上看，庄子是从逻辑推理的角度说明人类对事物的认知不可能有一个共同的或者公正的标准，似乎是在主张事物的不可知性。但如果把庄子的说法置于当时具体的社会环境中，就不难看出庄子对是非辩论的否定，实际上是对现存一切的合理性，特别是当时种种的社会存在以及社会所公认的"标准"乃至"法度"提出的一种最强烈的质疑与批判。值得注意的是，既然这一切"我与若与人俱不能相知"，在谁都无法评判的情况下，庄子并没有陷入一种"虚无"的悲观状态，而是用"而待彼也邪？"指出了获得真相的渠道与方向。

何为"彼"？"彼"，又是谁？旧注有认为庄子所说的"彼"就是指参与评判的第三方。显然有误。因为庄子已经明确指出第三方无论是"同乎若者"或者"异乎若者"都不能评判出谁是谁非，而需待"彼"来裁决。可见这个"彼"不是"我与若与人俱不能相知"的第三方，而是另有其指。由于这个"彼"能"正"争辩双方的是非，首先就必须得站在一个既不同于"我"又不异于"我"，既不同于"你"又不异于"你"的独特立场。在庄子看来，凡是同于"我与若与人"或者不同于"我与若与人"，都无法"正之"。所以，这个"彼"应当是处于同与不同"我与若与人"之外的第四方，是超出"我与若与人"的立场的另一方。换句话说，能正"我与若与人"的"彼"，应该是没有"成心"，没有一家之偏见，不受自己的"黮暗"所蒙蔽的一个特殊存在。而能符合这个标准的，唯有"道"或与"道"同为一体的得"道""大圣"无疑。虽然庄子预言这个"彼"还需等待"万世之后"才会出现，但是待"彼"，待万世之后的"大圣"解之，却是庄子留给这个灰暗世界的一线光明与希望。

三 天倪：是不是，然不然

在说过"然则我与若与人俱不能相知也，而待彼也邪"之后，长梧子并没有沿着谁能"正之"、如何"正之"，以及怎样才能"待彼"的思路继续阐述，却转而大谈起"天倪"来：

> 何谓和之以天倪？曰：是不是，然不然。是若果是也，则是之异乎不是也亦无辩；然若果然也，则然之异乎不然也亦无辩。

这几句在行文上接得颇有几分突然，故宋吕惠卿《庄子义》认为这一段文字可能发生了错置。于是，他把下文的"化声之相待。若其不相待，和之以天倪，因之以曼衍，所以穷年也"二十五字挪在了"何谓和之以天倪"的前面，接在"而待彼也邪"的后面。此后不少《庄子》版本都采用了吕说。但是在"所以穷年也"之后，庄子接着又说："忘年忘义，振于无竟，故寓诸无竟。"这几句从字义上看当是承接"穷年"而来，却又无论如何不能把这三句一起置于"何谓和之以天倪"之前。同时，"化声以相待"二十五字，与"何谓和之以天倪"

一样,也不是对"而待彼也邪"的回答,与前文同样缺乏逻辑关系。况且,如果将"化声以相待"二十五字挪置"何谓和之以天倪"之前,而把"则然之异乎不然也亦无辩"与"忘年忘义,振于无竟,故寓诸无竟"几句接在一起,文义上仍不免有断裂之嫌。故而我们仍采用传统版本的行文顺序。

其实,庄子放下"然则我与若与人俱不能相知也,而待彼也邪"的问句不答,却新起一个问句"何谓和之以天倪"引发下文,可以视作是庄子惯用的先声夺人的笔法。既然"大圣"要万世之后才能出现,一时还无法解决谁是谁非的问题,那么不妨先"和之以天倪"。据庄子说,"和之以天倪",应该说是在"彼"到来之前,调和"我与若与人"之间谁是谁非的最佳方案。

不过,"天倪"指的是什么?又如何"和之"?这是理解这一段的关键。郭象说:

> 天倪者,自然之分也。

按照郭象的解释,"天"是自然,"倪"是分,评判谁是谁非的方法应采用自然之分。这样的解释仍不能让人明白。"自然之分"是自然可以分开还是以自然划分?而且,"分"的是什么?郭象语焉不详。成玄英就此发挥说:

> 天,自然也。倪,分也。夫彼我妄执,是非无主,所以三人四句,不能正之。故假设论端,托为问答,和以自然之分,令归无是无非。

成玄英认为长梧子与瞿鹊子之间、瞿鹊子与孔子之间都各执一端,才无法判定谁是谁非,于是长梧子用自问自答的方式,要"和以自然之分，令归无是无非"。可问题是，"和以自然之分"到底"分"什么？又"和"什么？而且如何"和"？成玄英都没有回答。

郭注成疏在解释"天倪"时，都忽略或者避开了"和之以天倪"中的"之"字。"之"是代词，但在此代的是什么？根据上下文看，"之"应该代指长梧子与瞿鹊子讨论的两个话题：一是对"不从事于务"的圣人的评价，二是有关生死一齐、人生如梦的生死观。关于"圣人"，长梧子的看法既不同于孔子，也有别于瞿鹊子；而对于"齐同生死"的生死观，虽然文中没有交代瞿鹊子的看法是什么，但长梧子称自己的论述是"吊诡"之言，唯有万世之后的大圣方能解之，可见瞿鹊子一定是不赞同的。否则的话，长梧子大可不必再发一通有关论辩胜负是非的议论，也不必提出"和之以天倪"了。

搞清楚"之"的含义，再来看"和之"。长梧子的种种议论，对瞿鹊子以及世俗来说，都属于"吊诡"一类的谬言，因而长梧子说需要将这一切议论，包括他自己与瞿鹊子以及瞿鹊子与孔子之间的论辩和各家的不同看法统统"和之"，调和成无是无非，无生无死。那么，用什么来"和之"呢？这就是"天倪"。"和之以天倪"就是"以天倪和之"。

至于如何"以天倪和之"，按照庄子的解释，那就是"是不是，然不然"。意思是以"是"包容调和"不是"，以"然"包容调和"不然"。这两句不仅是对"和之以天倪"的回答，也是对各种是非之辩的回答。具体来说，"是不是，然不然"的方法就要"是若果是也，则是之异乎不是也亦无辩；然若果然也，则然之异乎不然也亦无辩。"原来，庄子所说的以"天倪"来调和"是"与"不是"，"然"与"不然"，从根本上来说就是要摆脱"正"与"辨"的思维方式，对"是"与"非"的不同，一概不"正"，也不"辨"，始终保持"无辨"的心态。假如你认为"生死一齐"是"是"，对"是"与"不是"之间的不同无须争辩；如果你认为"生死一齐"是"然"，对"然"与"不然"

之间的不同亦不需争辩。这就是"天倪"。其实,庄子自己在《齐物论》也曾经解释过"天倪":"圣人和之以是非,而休乎天钧。是之为两行。"对此,《庄子·寓言》提供了最好的注释说:"天钧者,天倪也。"可知"天倪"其实就是"天钧"。只有站在"天钧"的立场看问题,才能去除"成心",调和"是"与"非"之辨,才能"是不是,然不然"。为了更好地理解"天倪"的概念,我们不妨把"即使我与若辩矣"一段与前文"始得环中"一段相互映照,或许可以把"天倪"的含义看得更为清楚些:

> 彼亦一是非,此亦一是非。果且有彼是乎哉?果且无彼是乎哉?彼是莫得其偶,谓之道枢。枢始得其环中,以应无穷。是亦一无穷,非亦一无穷也。故曰莫若以明。

这段话正好可作为"既使我与若辩矣,若胜我,我不若胜,若果是也,我果非也邪"的注脚。我们以前已经说过,"莫若以明",就是"莫若以道明之",以"丧我"之后、没有"成心"的无"我"有"道"之心去看待是非,唯其如此,才可以泯灭是非。(参见前文有关"真宰与真君"一节)可见"和是非"的"天倪"同样要通过"以道明之"的方式,同样得用"得其环中""寓诸庸""以应无穷"的方法。

四 无竟:天籁之境

庄子认为"和之以天倪"的关键在于无论"是"还是"不是",无论"然"还是"不然",首先要"无辨"。然而,仅仅"无辨"还不够,还应该:

> 化声之相待。

"化声"，前人大都认为是指"是非之辨"；"相待"，指相互对立又相互依赖。郭象说："是非之辩为化声。夫化声之相待，俱不足以相正，故若不相待也。"成玄英在郭象的基础上进一步阐释说："夫是非彼我，相待而成，以理推寻，待亦非实。故变化声说，有此待名；名既不真，待便虚待。待即非待，故知不相待者也。"按照郭注成疏的说法，"化声之相待"与下一句"若其不相待"相连，意思是"辩论的双方把是非化作相互依存的声音而存在，就好像辩论的双方不是相互对立、相互依赖的一样"。不过，如果辩论的双方已经"不相待"了，为什么庄子在已经解释过"和之以天倪"就是"是不是，然不然"之后，还要再一次强调"和之以天倪"，并且说"因之以曼衍，所以穷年也。忘年忘义，振于无竟，故寓诸无竟"，谈到时间呢？所以，我们认为这里的"化声之相待"当作另解。

庄子所说的"和之以天倪"是要化不是为是，化不然为然。这是一种在是非无解又争辩无益的情况下的一种化解是非的方法。但是如前所述，庄子"生死一齐""人生如梦"的生死观实际上也是一个大是非，是庄子自己的"是"，并不是无是无非。但是在当时特定的社会环境下，庄子的生死观又很难为世俗所接受、所理解，只能被视为是"吊诡"之言。故而庄子不得不提出用"是不是，然不然"的方法等待"万世之后"能解之的"大圣"。也就是说，这里的"化声"是指在无法直接验证"生死一齐""人生如梦"的生死观的情况下，不妨"化解是非争辩之声"为"是不是，然不然"的无是无非，或者搁置是非，以待"万世之后"的大圣解之。"相待"，指的是等待大圣的到来。

如果"化声以相待"是说先放下生死一齐、"人生如梦"的是非争论，待万世之后的大圣再做评判只是权宜之计的话，那么，其后的"若其不相待"说的就是如果辩论双方等不及大圣来解释的话，那就只能"和之以天倪"了：

若其不相待，和之以天倪，因之以曼衍，所以穷年也。忘年忘义，振于无竟，故寓诸无竟。

"之"，在此仍指生死一齐、"人生如梦"的生死观；"因"，任；"曼衍"，变化；"忘年"，指忘却生死；此处的"忘"与开篇"吾忘我"同义，都指的是一种修心的境界；"忘义"，忘却是非；"振"，畅；"竟"，境；"寓"，寄。这几句的意思是说，如果辩论双方不愿等待万世之后的话，在目前的情况下，就只能以天倪和之，顺从于生死的变化，尽享天年。并且在心中全然忘失任何的生死是非之念，以在无穷的境界中畅游，这样，就可以把自己置于无是无非的"逍遥游"境界之中了。

在这几句话中，"若其不相待，和之以天倪，因之以曼衍，所以穷年也"是因；"忘年忘义，振于无竟，故寓诸无竟"是果。前者说的是在目前的情况下对待人生的态度，后者说的是在此人生态度基础上所达到的精神境界。应该说，这几句与《齐物论》开篇所描写的"吾丧我"的"天籁"之境遥相呼应，不仅齐一了各种物论，各种是非之争，而且一并把自己齐论、齐物、齐是非、齐生死之论统统齐一，从而为下文连同把庄子自己也一同"齐一"的"蝴蝶梦"打下伏笔。"忘年忘义，振于无竟"说的就是庄子忘了是非，忘了生，忘了死，也忘了自己，在梦中"栩栩然蝴蝶也"的境界，这也是"故寓诸无竟"的意义之所在。

蝴蝶梦

　　"化声之相待"，只能是庄子齐物、齐论、齐生死之说在无法得到验证情况下的一个权宜之计，甚至可以说仅仅是庄子的一厢情愿而已。事实上，那些热衷辩论的"大知小知""大言小言"，既不可能如庄子所愿就此"化声"，也不可能甘心"相待"。于是，庄子又提出了："若其不相待，和之以天倪，因之以曼衍，所以穷年也。忘年忘义，振于无竟，故寓诸无竟。"就是说，要解决眼下的物论是非生死之争，只能"和之以天倪"，以"是"和"不是"，以"不是"和"是"；以"然"和"不然"，以"不然"和"然"。如此一来，就可通过暂时搁置是非，融合是非，达到无是无非，"振于无竟"，进入一种忘却是非，忘却生死，也忘却自己的逍遥游境界，这便是"故寓诸无竟"的意义之所在。

　　一篇《齐物论》从"吾丧我"引出的"三籁"开篇，继而展开了极富思辨的有关齐论、齐物的长篇宏论，再到长梧子与瞿鹊子有关生死的阐发，并针对由于"我与若与人俱不能相知"而造成的无法判断是非、也无法"正之"，提出"化声之相待""和之以天倪"的解决途径，最终落在"不知周之梦为胡蝶与，胡蝶之梦为周与"上，从而将"振于无竟""寓诸无竟"升华到一种虚幻而又富于美学意味的精神境界，正好与开篇的天籁遥相呼应，自此，庄子已可完满地为《齐物论》画上一个句号。然而，庄子却似乎总是不甘心就此收笔，还要一而再、再而三地引发出种种意犹未尽的感慨，插入一段又一段的议论或寓言。"即使我与若辩矣"便是其中之一，紧随其后的"罔两问景"亦是如此。如果说"即使我与若辩矣"一段目的在于要人或者"化声之相待"，或者"和之以天倪"，那么，"罔两问景"一段又要说些什么呢？

一　罔两问景的意义

庄子文章中惯用以问答方式引发出自己的见解，"罔两问景"亦不例外。

> 罔两问景曰："曩子行，今子止；曩子坐，今子起；何其无特操与？"景曰："吾有待而然者邪？吾所待又有待而然者邪？吾待蛇蚹、蜩翼邪！恶识所以然！恶识所以不然？"

"罔两"，指影子之外的微影；景，即影，影子，有版本直接作"影"；曩，以往，刚才；特操，独特的操守，指影子独立的意志、行为；蛇蚹，蛇腹下赖以爬行的鳞皮；蜩翼，蝉的翅膀；恶识，怎么知道。这段话说，影子的微影问影子：以往你行走，现在你却停下来；刚才你坐着，现在又站起来，为什么你没有自己独立的操守呢？影子回答：我是由于我所凭借的才如此的吗？我所凭借的又有所凭借才是如此的吗？我所凭借的是否就如同蛇爬行时要依赖腹下的鳞皮、蝉飞起时要依赖翅膀一样呢？我怎么知道是什么缘故才是这样的？我又怎样知道是什么缘故才不是这样的？

"罔两问景"在《庄子》中是一则相对短小的寓言。这一段在行文句法上与"啮齿问于王倪""瞿鹊子问于长梧子"十分类似，似乎都是通过问答的方式为庄子代言。但是，与前两段相比，"罔两问景"又有着明显的不同。首先，"罔两问景"是一篇纯粹以拟人手法创造出的寓言，而啮齿与王倪、瞿鹊子与长梧子却不能排除在历史确有其人的可能性。就这个层面而言，"罔两问景"的寓言意义似乎更值得探究。其次，尽管王倪对啮齿的提问劈头来了个一问三不知，但马上又用"虽然，尝试言之"把话题转了回来。同样，长梧子对瞿鹊子的疑问也先以"丘也何足以知之""且女亦大早计"给予否定，旋即又以"予尝为女妄言之，女以妄听之"加以回答。显然，庄子在这两段中都是借王倪与长梧子之口直接阐述自己的看法。而"罔两问景"中"景"对罔两的质询却只用了一连串五个反问，然后便缄口不言，不再细说。这一方面可视为是庄子对"我与若与人俱不能相知也"的具体实践，另一方面，则由于罔两说影子"曩子行，今子止；曩子坐，今子起"的行为方式"何其无特操与"并非只是简单表示疑问，其中传达出的是强烈的谴责与质询，颇具攻击性，与啮齿、瞿鹊子那种请教式的口吻截然不同。假如庄子还要回答的话，就不可避免地会陷入一场无法证明孰是孰非、无人可以"正之"的无谓的争论。况且，罔两的责问实际上代表了当时社会的普遍价值观，代表了一种"志士仁人，无求生以害仁，有杀身以成仁"（《论语·卫灵公》）的品行操守的坚守，也代表了对庄子"顺应自然"、"万物一齐"主张的否定。因而"罔两问景"寓言实际上也是对那些所谓来自道德操守层面攻击的回答。

"有待"是庄子谈物与物之间相互关系时常常涉及的一个重要概念。在《齐物论》中，"待"既用来表示等待，也包含着相互依赖、相互凭借之意。"吾有待而然者邪？吾所待又有待而然者邪？吾待蛇蚹蜩翼邪？"庄子连用了四个"待"字，强调的就是物与物之间的依存关系。这里庄子虽然没有明确提到"物与物"之间的主宰，却通过一连串的反问暗示了决定这一切的都是无所不在的"道"。诚如成玄英所说"影之所待，即是形也。若使影待于形，形待造物，请问造物复何待乎？斯则待待无穷，卒乎无待也。"就是说，无论是影子，还是影子所依赖的形体，乃至形体所依赖之物，归根结底是"无待"的道。当一切都是"道"的体现时，"我"与"物"之间不再存在任何界线，而是自然地融合为一体。所以接着影子又说："恶识所以然？恶识所以不然？"这两句紧承上文"和之以天倪"，以然"和"不然，以不然"和"然而来，是说一切都是顺应自然的，既不需要知其所以然，也不需要知其所以不然。

"罔两问景"的另一层意义，还在于"罔两"与"景"是两个虚实共存，有无同体的特别之"物"。它们不仅依附于形，而且在白昼交替的过程中随着"光"的变化而呈现出时隐时现的特征。有光，才能看得到罔两与影，看到影所待之形。无光，不仅罔两与影之间彼此不见，甚至连它们所所待之形体也无法看到。但是，看不到并不等于罔两与影以及形体就不存在。就这个层面上看，罔两与影以及所待之形，其所待之形与其所待，无一不受到自然的制约。可惜这一点连罔两也由于自身的局限而无法看到，否则的话，它一定还会发出"曩子有形，今子无形"的质疑。

有形与无形、看得见与看不见、影子与影子之所待、白天与黑夜、醒与梦，都是周而复始的自然现象，在庄子看来，既用不着穷根究底，探寻谁依赖于谁，是否具有所谓"特操"，更用不着为有而喜，为无而悲。这与庄子所要表达的生死一齐、人生如梦、人的形体从无到有再回归于无的人生历程正相契合，也是"罔两问景"这则寓言所要表达的。

理解了"罔两问景"的寓意，也就很容易理解这则寓言在《齐物论》中所起的作用。"罔两问景"之前，长梧子与瞿鹊子集中探论了死生问题。庄子用梦与觉来说明生死不过是自然的变化，不随人的意志为转移，就像罔两与影，影与所待之形，都不是罔两所待之影、影所待之形、形之所待所能决定的一样。决定其有形抑或无形、隐或现都不是它们自身，而是自然的变化。对于自然的变化，无论其表现形态是从有形化为无形，从看得见化为看不见，不管如何去"化"，物依然存在，只是表现方式不同。这种有形无形之"化"，恰如庄周化为蝴蝶，蝴蝶化为庄周，境界形式虽不同，内涵则一。在这样的变化面前，庄子认为所谓"特操"是毫无意义的。

由此，可以说"罔两问景"这则寓言在《齐物论》中架起了从生死梦觉的讨论向"蝴蝶梦"过渡的桥梁。清刘凤苞《南华雪心编》点评说："末段推倒物之化而为一，无可齐也。借罔两之问，引起庄周之梦，以类相从，幻出一片化境。罔两为影外之影，行坐起止，其理轻微而可征妙道。胡蝶为身外之身，梦境变化，其道融合而全无滞机，归重在'物化'依据。胡蝶与庄周，意境两不相同。当其觉也，各适其适，固不得谓之无所分。而当其梦为胡蝶之时，则不知蝶之为周，周之为蝶，蝶与周合而为一。"刘凤苞的看法很有见地，揭示了"罔两问景"与"蝴蝶梦"之间的内在联系。

二　蝴蝶梦的象征

"罔两与景"要人忘"我"顺物，不求"特操"，顺从于自然之"化"，以达到"忘年忘义，振于无竟"，进入"寓诸无竟"的惬意人生，唯其如此才能过渡到一个梦幻般的逍遥境界。这就是《齐物论》所描绘出的著名的"蝴蝶梦"：

昔者庄周梦为胡蝶，栩栩然胡蝶也，自喻适志与！不知周也。

俄然觉，则蘧蘧然周也。不知周之梦为胡蝶与，胡蝶之梦为周与？周与胡蝶，则必有分矣。此之谓物化。

栩栩然，描述蝴蝶自由自在飞舞的样子；喻，愉悦；适志，合于自己的心志；俄然，很快的样子；蘧蘧然，吃惊的样子；物化，物的自然转化。这段话的意思是说，过去庄子曾做过一个梦，梦见自己是一只蝴蝶，在空中翩翩起舞，从内心深处感到自己所向往的正是这样一种与自己的心志完全相适的境界。在梦中，庄子觉得自己就是一只蝴蝶，完全忘了自己是庄周。而当从梦中醒来时，庄周却惊讶地发现自己又成了庄周。此刻的庄周完全处在了一种迷幻的状态，不知刚刚是庄周梦见了蝴蝶，还是蝴蝶梦见了庄周。庄周和蝴蝶一定是有分别的，可是，庄周可以化为蝴蝶，蝴蝶也可以化为庄周。这就是"物化"。

这里，庄周梦见自己成了蝴蝶，不知自己是庄周。那么，究竟是蝴蝶梦见了庄周，还是庄周梦见了蝴蝶？在梦中，庄周无法分辨，蝴蝶也同样无法分辨。这就是"物化"的刹那间庄周和蝴蝶的切身感受。"蘧蘧然"是醒来的惊惧，"栩栩然"是梦中的欣然。两相比较，栩栩然当然要比蘧蘧然更让人感到惬意。庄子的"蝴蝶梦"做得很美，写得更美。这应该是一个写出来的梦，而不是做出来的梦，只有文学的梦才可能传达出这样一种只可意会不可言传的境界。

蝴蝶梦写的是一种迷离而惬意的境界。进入了这种境界，人便可以完全陶醉于忘我的氛围之中，由现实世界进入到一个梦幻美妙的世界。这个世界，应该更接近于长梧子和瞿鹊子讨论的死后的世界，是庄子物我两忘之后所进入的"道通为一"的逍遥世界。在庄子的笔下，人从生到死的"物化"，就像庄周化成蝴蝶一样，"栩栩然胡蝶也，自喻适志与"。就庄子描绘的这个美好境界来看，由生到死的"物化"，失去"特操"、失去"物我"之分别的"物化"，不但不令人恐惧，反而会让人感到欣慰。而醒来之后意识到自己并非蝴蝶而是庄周时，反倒会多生出几分惆怅。郭象说：

> 夫时不暂停，而今不遂存，故昨日之梦，于今化矣。死生之变，
> 岂异于此，而劳心于其间哉！方为此则不知彼，梦为胡蝶是也。取
> 之于人，则一生之中，今不知后，丽姬是也。而愚者窃窃然自以为知
> 生之可乐，死之可苦，未闻物化之谓也。

昨日对于今日是梦，今日对于明日又何尝不是梦？世上万物包括人
无时无刻不在变化之中，生死之化，不过是万"化"之中的一"化"
而已。"知生之可乐，死之可苦"实在是"未闻物化之谓"啊。

蝴蝶梦是中国文化史、文学史上的第一梦。说它是第一梦，不仅
仅在于蝴蝶梦是文人所创而非为占卜而做的，还在于蝴蝶梦是无数
文人所写的梦中最美奂、影响最大的一个。蝴蝶梦开创了中国"梦
文学"的先河。两千多年来，在庄子蝴蝶梦的影响下，千姿百态的梦
文学连绵不断，终于以《红楼梦》这部文学巨著达到了梦文学的最
高峰。在这条"梦文学"的长河中，庄子的蝴蝶梦无疑是其源头，同
时也是其中最璀璨的一个。

三 庄子对写梦的贡献

其实，把梦记载下来并非庄子的专利。在无法科学解释梦的
远古时代，具有神秘色彩的梦，往往被人们当作现实生活中某种事
件将要发生的暗示。于是占梦师的职业便应运而生。如今我们所能
见到的最早关于梦的记载见于甲骨卜辞。其中有关梦的记载几乎涉
及当时社会生活的各个方面。根据这些记载可知，中国商代就已经
有了专门的占梦机构与专职人员。到了周代，这样的机构与人员更
是十分普及。《周礼·春官》说："占梦中士二人，吏二人，徒四人"，
就专门负责"占梦掌其岁时，观天地之会，辨阴阳之气，以日月星辰

占六梦之吉凶。"《诗·小雅·正月》中也有"召彼故老，讯之占梦"之说。郑玄《笺》："召之不问政事，但问占梦。"春秋战国期间，还出现了专门的占梦书。据《晏子春秋·景公病水》说："景公病水，卧十数日，夜梦与二日斗，不胜。……故请召占梦，是所为也。占梦者曰：请反其书。"其中"请召"的占梦人即为齐国占梦官，"请反其书"，指的就是翻阅占梦书。可见当时各国都设有占梦机构、占梦官，遇到难解之梦遂请占梦官占凶吉、查占梦书已是寻常之事。

先秦典籍中有大量关于梦与占梦的记载。其中尤以《左传》记梦最多，也最为详尽。例如，《左传·成公十年》有关晋侯之梦的著名记载：

> 晋侯梦大厉，被发及地，搏膺而踊，曰："杀余孙，不义。余得请于帝矣！"坏大门及寝门而入。公惧，入于室。又坏户。公觉，召桑田巫。巫言如梦。公曰："何如？"曰："不食新矣。"公疾病，求医于秦，秦伯使医缓为之。未至，公梦疾为二竖子，曰："彼良医也。惧伤我，焉逃之？"其一曰："居肓之上、膏之下，若我何？"医至，曰："疾不可为也。在肓之上、膏之下，攻之不可，达之不及，药不至焉，不可为也！"公曰："良医也！"厚为之礼而归之。六月丙午，晋侯欲麦，使甸人献麦，馈人为之。召桑田巫，示而杀之。将食，张，如厕，陷而卒。小臣有晨梦负公以登天，及日中，负晋侯出诸厕，遂以为殉。

文中一共记载了三段相互关联的梦。晋侯先梦到一个复仇的大鬼，十分恐怖。醒后，占梦师告之，他已活不到新麦入口了。不久之后，晋侯果真身患重疾。请医生来治病时，晋侯又梦见自己的病变身为两个小童，在商量寻找躲避良医的处所。梦中的情景竟与后来医生诊断的结果完全一致。由于晋侯已病入膏肓，最后果然在新麦做成的饭还没入口时便一命呜呼，占梦师的话得到了应验。第三个梦是晋侯身边一个小臣之梦。小臣梦见自己背着晋侯升天。后来晋侯死于厕所，小臣把他背了出来，并在下葬时，做了晋侯的陪葬。

从《左传》记载的这三个梦中，不难见出当时人们记梦的目的，就是要说梦有预言性质，梦预示着将要发生的事情，同时也让人相信梦在生活中的作用。庄子之前以及同时几乎所有典籍中有关梦的记载，大都与《左传》的这段记载相似，是对梦主梦中之事以及占梦后应验与否的记述，而不是要通过记梦、说梦来表达或者阐发一种思想或哲理。

然而，庄子写梦显然与《左传》以及先秦其他典籍中所记之梦不同。《左传》记梦虽叙述完整，有一定的文学色彩，但其目的仍是记梦解梦，而《庄子》之梦已经纯属个人创作。例如《人间世》中的"栎社树之梦"，匠人认为"栎社树"是无用不材之木，于是栎社树当晚便托梦于匠人，解释自己成为不材之木的原因。虽然庄子也写到匠人醒来之后去占梦，但庄子写梦的目的是要借梦说理，表述"无用之用"的人生主张。可见庄子写梦，与其说是在记述梦，不如说庄子是在写梦，创作梦，而不是像《左传》那样去记录某人所做的真实的梦。《齐物论》中，庄子第一次写到梦时，就带有鲜明的以梦说理的特征："梦饮酒者，旦而哭泣；梦哭泣者，旦而田猎。"这虽然也可算作是记梦，但重点既不是占梦，也不像"晋侯梦大厉"那样去说梦的征兆会得以应验，而是以"梦饮酒，旦而哭泣""梦哭泣，旦而田猎"来说明梦与觉的关系，说明人生如梦，梦如人生，进而以梦觉比喻人的死生，点出"予恶乎知说生之非惑邪！予恶乎知恶死之非弱丧而不知归者邪"的哲理。而《齐物论》中最著名的"蝴蝶梦"，描绘出一个迷幻美妙的梦境，更是要用这样的一个梦来说明何谓生死一齐的"物化"。可见庄子笔下的梦都不是在记梦、占梦，而是为了说理而创造出的梦，就如同他笔下的鲲鹏、蜩与学鸠、大橛一样，都是一种以寓言手法进行的艺术创作。

庄子的梦在先秦时期是独一无二的。庄子对梦的最大贡献就是把历史上的记梦、占梦发展成为写梦、借梦说理，将梦当作寓言、当作艺术作品来写。可以说，蝴蝶梦是庄子的独创，用写梦来表述自己的思想主张，不仅使蝴蝶梦充满了哲理意味，同时也成为中国"梦文学"的滥觞，开启了后代源源不断的"梦文学"的创作。

四 《齐物论》前后的呼应

读罢"罔两问景"与"蝴蝶梦"，一篇洋洋洒洒的《齐物论》终于进入了尾声。此时，回过头来再看开篇时南郭子綦"隐机而坐"的描写，不禁有一种恍然大悟的感觉，原来《齐物论》的开篇与结尾呼应得是如此的巧妙。

《齐物论》开篇，说的是颜成子游见南郭子綦"仰天而嘘，苔焉似丧其耦"，感到十分不解，于是提出了一连串的疑问。南郭子綦用"今者吾丧我"来解释"形固可使如槁木，而心固可使如死灰乎"，又从"吾丧我"引出了"三籁"。可是，"吾丧我"中所丧之"我"、以及"天籁"究竟指的是什么，南郭子綦始终没有给予一个明确的答复。现在，当我们把《齐物论》开篇的对话与结尾的"罔两问景"与"蝴蝶梦"两段对照起来看，终于可以找到颜成子游所提问题的全部答案了。

原来这个"何其无特操与"与"今之隐机者，非昔之隐机者也"如出一辙，都是描述"吾丧我"之后所进入的一种随性自然、物我两忘的逍遥境界。所谓"吾丧我"之"我"就是这里提到的所谓"特操"，而"恶识所以然？恶识所以不然"的懵懵懂懂则是呼应"形如槁木，而心如死灰"而来。对于颜成子游特别想要知道的那个"吹万不同，而使其自己也，咸其自取，怒者其谁邪"的"天籁"，其实就是蝴蝶梦所呈现的"栩栩然胡蝶也，自喻适志与！不知周也"的这种惬意梦幻般的境界。如果说，南郭子綦的"丧我"说的是灵魂离开躯体，进入了一个自由无我、不受人形体局限的精神境界，那么，蝴蝶则是庄周的灵魂出窍，飞入了南郭子綦在"吾丧我"之后所达到的物我不分、物我齐一、没有了一切是非彼此的同一境界。颜成子游问南郭子綦，就如同罔两问景一样，蕴含了《齐物论》全篇的思想主旨，并在行文上，相映成趣。

庄子南郭子綦的寓言是以"吾丧我"的"天籁"齐了"人籁"与"地籁"，抹杀了人世间的一切是非争辩，而蝴蝶梦的寓言则以庄周梦为蝴蝶，"栩栩然胡蝶也，自喻适志与！不知周也"的"物化"，同样齐了万物，取消了人世间的一切是非争辩，甚至连并庄子自己也一同齐了。清宣颖《南华经解》在评"蝴蝶梦"与《齐物论》整篇关系的时候说："上面若干文，推倒物论者十居二三，连自己齐物论一并推倒者十居七八。至末忽现身一比，乃见己原是绝无我想，一丝不挂人，意愈超脱，文愈缥缈。……将'物化'收煞《齐物论》，真红炉一点雪也。"以"齐论"开篇，以"齐物"连并自己一同齐了作为收束，首尾呼应，前问后答，这正是庄子的笔力所在，也是《齐物论》两千多年来魅力不减的原因之一。

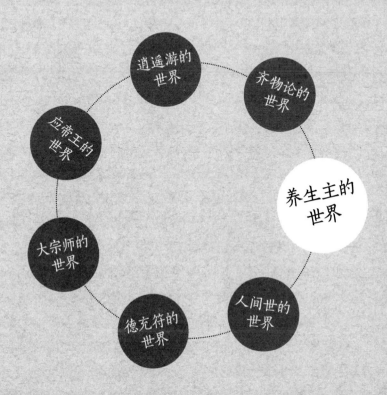

逍遥游的世界

齐物论的世界

应帝王的世界

养生主的世界

大宗师的世界

人间世的世界

德充符的世界

"养生"之"主"

　　如果说读《齐物论》犹如"旁日月，挟宇宙，挥斥八极"般的驰骋，那么，读《养生主》就像是从变幻莫测的太空回到了可触可感的坚实大地。《养生主》中，既没有"有始也者，有未始有始也者，有未始有夫未始有始也者。有有也者，有无也者，有未始有无也者，有未始有夫未始有无也者"那样玄而又玄的对"有"与"无"的探索，没有"天下莫大于秋毫之末，而大山为小；莫寿于殇子，而彭祖为夭"所隐喻的深奥的哲理思辨，也没有一反常人思维定式的"予恶乎知恶死之非弱丧而不知归者邪"的惊人之语，有的只是普普通通的有关"生"以及如何"养生"的实实在在的议论。其议论的核心紧紧围绕着人当如何好好儿地在现实社会中活着的主题，而不是如何进入那个"自喻适志与"的逍遥游境地而展开。这种对人生价值观着眼点的大起大落的转变，不仅让普通读者感到吃惊与迷惑，即便是庄子研究学者，也普遍忽略对《养生主》的研究，或者只从纯文学角度谈《养生主》的价值，甚至有人认为《养生主》只是庄子早期之作而未能给予应有的重视。那么，庄子究竟是如何看待生与死的？为什么在《齐物论》中打破了生与死的界限，特别在彻底颠覆了人们对死的恐惧，并以"蝴蝶梦"描述了"人生如梦"的主题之后，却又在《养生主》中大谈"生"以及"养生"的重要？如此说来，《养生主》的主旨是否与《齐物论》所阐述的生死观相抵触？而且，《养生主》为什么排在《齐物论》之后？两篇文章之间是否存在着某种联系？如果有，又有着一种什么样的内在联系？

一 从《齐物论》的"知"到《养生主》的"生"

《养生主》一向以其开篇的"吾生也有涯，而知也无涯"的名句以及脍炙人口的"庖丁解牛"寓言而享有盛誉，但其中提出的"养生"说却始终没有引起学界的足够注意。其实，《养生主》在《庄子》中篇幅虽最为短小，但与《逍遥游》《齐物论》一样，是庄子学说中不可或缺的重要篇章，特别其中所着力阐释的"养生"说，构成了庄子人生哲学的一个重要组成部分。

《养生主》在《庄子》"内篇"中排列第三，紧随《齐物论》之后。这是庄子自己的编排还是后人所为，学界看法不一。我们这里姑且不谈"内篇"其余几篇的排列顺序如何，仅仅就《齐物论》与《养生主》所阐释的思想主旨而言，《养生主》排在《齐物论》之后，如果不是出自庄子之手，应该也是庄子后学秉承庄子之意而做出的精心编排。这不仅体现在两篇文章所表述的思想一贯而下，而且在相当大的程度上，《养生主》可视为是对《齐物论》的补充与完善。

庄子哲学就是人生哲学。人生哲学离不开对"生"的探讨。《逍遥游》谈的是精神世界的"逍遥"，但无论是"无名""无功"还是"无己"，最终的落脚点却仍在人当如何"逍遥"地"生"上。这就是为什么《逍遥游》要人们满足于"鹪鹩巢于深林，不过一枝；偃鼠饮河，不过满腹"的自得之乐，在庄子看来，唯其如此，人才能够"逍遥乎寝卧"，"不夭斤斧，物无害者，无所可用，安所困苦"地活着。《齐物论》一篇虽然旨在齐论、齐物、齐是非、齐物我，其中甚至接触到对物种起源、人类认识的形成与发展、宇宙本源等一系列形而上的哲学命题，但无论其论述如何玄奥深邃复杂，其轴心却仍始终围绕着一个"生"字。尽管庄子在《齐物论》中坦言人们对"生"的眷恋只是一种困惑，并说人们对死的厌恶如同游子离乡却不肯归来一样是一种迷失，甚至说那些死去的人也许会对自己曾经贪生而感到后悔，庄子这一番惊世骇俗之说似乎都在宣扬他对"死"后世界的向往，事实却并非如此。庄子所真正主张的，只是通过"齐生死"，要人们顺应自然，摆脱生死的界限，而他的真正意图则是教人如何"生"，如何"生死无变乎己"。庄子的这个用意从《齐物论》的谋篇布局中便可一目了然。

　　《齐物论》开篇由南郭子綦的"吾丧我"引出了"三籁"。人籁、地籁是喻人间物论是非的，而天籁则喻无是无非的逍遥游，也就是"蝴蝶梦"中"自喻适志与"的境界。虽然"天籁"才是庄子心中的理想世界，但《齐物论》对天籁的描述仅仅一笔带过，而把大量笔墨用在描绘"大知小知"们的是非之争而给人生带来的恐怖上："其寐也魂交，其觉也形开。与接为构，日以心斗。""与物相刃相靡，其行尽如驰，而莫之能止。""终身役役而不见其成功，苶然疲役而不知其所归！"庄子清楚地意识到这种种是非之争以及对物欲的追求不可避免地造成对人生的摧残，与其如此痛苦地活着，又何不回到"无"，回到那个生前的世界？故而庄子说"人谓之不死，奚益！其形化，其心与之然，可不谓大哀乎？"庄子进而在《齐物论》中从多种角度详细阐发"道"是如何被人们的"言"所遮蔽，人当如何看待一切貌似对立而实则互为存在、互为一体的"彼"与"是"、"生"与"死"、"成"与"毁"、"无"与"有"，并提出了"莫若以明""寓诸庸""两行""葆光""相蕴"以及"和之以天倪"等一系列如何在现实生活中"保真"

的主张。由此可见,庄子的人生哲学是建立在对现实人生残酷性的深刻洞悉的基础之上,庄子对齐物、齐论、齐是非的论述实际上都是他对"生"以及"养生"的关注的反映。在这个意义上,《养生主》顺理成章地为《齐物论》所未能阐发或者涉及的如何在现实社会中"养生"也就是活下去这个至关重要的问题做了补充。

《养生主》不但在思想内容上补充与发展了《齐物论》的生死观,而且其论述的发展脉络也从《齐物论》的"知"引申而来。《齐物论》中,作为名词的"知"主要有两层含义:其一是"大知""小知"的"知",这是庄子重点批判的以"儒墨"为代表的"知",也是造成种种物论、造成对人生伤害的根源;其二,则是"古之人,其知有所至矣"的"知",也是"三子之知几乎,皆其盛者也,故载之末年"的"知"。显然,《养生主》开篇提出的"吾生也有涯,而知也无涯。以有涯随无涯,殆已"所谈及的"知",既隐含了"大知小知"之"知",也包括"三子之知"之"知"。《养生主》中的"知"是相对于"生"而言的。在庄子看来,"知"无限,而人的生命却有限,以有限的生命去追逐无限的"知",那就不可避免会给人带来伤害。这样的"知"就如同《齐物论》中昭文、师旷、惠子之"知"一样,都属于"滑疑之耀",为圣人所鄙。那么,人们又当如何对待"知"呢?庄子在《齐物论》中提出了"为是不用而寓诸庸"的解决办法,但究竟如何"寓诸庸",《齐物论》却未能详细具体地阐发,而这一点,恰恰在《养生主》中得到了极大发挥。可以说,《养生主》开篇既是承《齐物论》之"知"而来,又为如何"养生"发端。庄子是要人利用"知"来养生,以求在筋骨盘结、错综复杂的社会中活着,掌握"恢恢乎其于游刃必有余地"的生存之道。

二　"周与胡蝶,则必有分矣"之后

如果说《齐物论》中庄子以大量篇幅描述大知小知之"知"给人所造成的种种伤害显示了他对现实社会的清醒认识,那么结尾的

"周与胡蝶,则必有分矣",则可视为是梦醒之后回到现实中对现实社会的再认识。这种经过再认识之后所展现出的,既不是《逍遥游》中所说的藐姑射之山、大漠之野、无何有之乡的理想境界,也不是《齐物论》最后所渲染的人生如梦的生死无辨的虚幻世界,而是一个真实的让人赖以生存的社会环境。这就是庄子在《齐物论》中没有展开论述却通过"蝴蝶梦"留下的一个梦醒之后、回到现实怎么办的论题。这个论题,于是就成了《养生主》所要阐释的中心:在"与物相刃相靡,其行尽如驰"的社会中如何好好儿活着。

"蝴蝶梦"的境界令人心向往之。那是一种"栩栩然""自喻适志与"的释放了重压之后的精神的逍遥,而不像后世文人所描述的那种尽享荣华富贵的黄粱梦。庄子之蝴蝶梦不存在物质生活的享受,重的是精神的自由。但是,再美好的梦终归是梦,总有醒的时候。梦醒之后,人们所不得不面对的仍然是残酷的现实。尽管庄子在"蝴蝶梦"中可以"栩栩然胡蝶也,自喻适志与!不知周也",可是,这种"自喻适志与"毕竟只是短暂虚幻的一场大梦而已。"俄然觉"三字分明地道出了梦仅仅是一瞬间的短暂以及梦终归会醒的无奈。庄子最终不得不从蝴蝶梦中醒来。"俄然觉"的"觉",是经历了泯灭一切是非、生死一体的逍遥游境界之后又重返现实社会的"觉"。所以这个"觉"就不单纯是普普通通地从梦中醒来,而是一种对人生的醒悟,对现实社会的新认识。不容否认,庄子字里行间流露出的,是一种对梦中世界的留恋,并掺杂着一种对现实人生的迷惘,但是正是这种留恋与迷惘使得庄子不得不重新对现实社会做出一番新的审视与思考。而这个审视与思考的结果就是"周与胡蝶,则必有分矣"。这也是庄子在"蝴蝶梦"醒之后,通过对现实社会的再认识而得出的结论。

《齐物论》最后,庄子以一句"此之谓物化"结束了全篇。所谓"物化"实际上是两极的。"生"的庄子可以物化为蝴蝶,这是在梦中,在未来;而蝴蝶必然物化为庄周,这是在现实,在现在。有了

"周与胡蝶,则必有分矣"的清醒认识,那么在现实社会之中,庄子究竟应该做什么?换句话说,也就是蝴蝶梦醒之后究竟应该怎么办?在《齐物论》中,庄子没有作答,而这个任务,自然地就落到了《养生主》上。那就是为了要在现实社会中活下去,必须懂得"养生主"。这是庄子从蝴蝶梦中醒来,在蝴蝶化为庄周之后却不能"自喻适志与"而不得不深思的如何活着的至关重要的问题。

三 养生主:养生"主"还是养"生主"

如何"生",特别如何"养生",直接反映了人们的生死观。庄子在《齐物论》中为了颠覆人们普遍存在的对死的恐惧,有意把死说得十分轻松惬意。在庄子笔下,死,如同疲惫不堪的人倒下纳头便睡一样,而一旦进入梦乡,再疲惫的人也可以悠然自得地"自喻适志与"地"栩栩然"起来。因而,在庄子的生死观中,死后的人是不存在"累"的,也不会因"终身役役","茶然疲役"而"损乎其真"。死,是如此轻松,自然也不存在"养"的问题。而"生",相对于"死"却要复杂得多,困难得多。在庄子看来,"生",需要养,不养,就无法为"生",就不能在这个"其寐也魂交,其觉也形开,与接为构,日以心斗"的社会中生存下去。这便是《养生主》之"养"的由来。

然而,"养生主"三字连在一起又是什么意思呢?这是在读《养生主》之前,首先需要明白的一个问题。最早为"养生主"做解释的,大概是郭象。他说:

> 夫生以养存,则养生者理之极也。若乃养过其极,以养伤生,非养生之主也。

郭象认为"养"是"养存","生"是生命。郭象的意思是说,生命是需要养存的。可是养生的人应该明白养生也有"极"。如果养过了头,超过了极限，那就不是养生，而是伤生，便不是养生之主了。郭象的话为理解"养生主"提供了这样几个信息。其一，"生"需要养，但不可过之，过犹不及，养过了反而会伤生。其二，"养生主"的"主"是"宗旨""主旨"的意思。其三，从"非养生之主也"一句话看出，"养生主"可读作"养生——主"，"养生"二字连读，意思是养生的宗旨。郭象之后，注《庄》者大都持此说，但也有不同的解法。如明陆西星《南华真经副墨》就说：

> 养生主，养其所以主吾生者也，其意则自前《齐物论》中"真君"透下。盖真君者，吾之真主人也。

陆西星说"养生主"就是"养其所以主吾生者"。"生主"就是"主生者"，即《齐物论》中的"真宰""真君"，也就是人的"真主人"。这样来看，"养生主"一词的"生主"当连读，成了"养——生主"。今人也有从文字学入手，认为"生主"二字当连读，但"生主"的意思是人的"灵魂"。如流沙河的《庄子现代版》就说：

> 生主二字连读。生主。生命之火灶，相当于今之所谓灵魂。主字象形，下面如灯盏形，上面一点是火灶。字的本义是灯中之火灶。主是炷的本字，火旁是后加的。养生主就是保养生命之火灶，有别于片面的健体强身。庄周从不提倡体育，也不鼓吹营养。

诸家之说各有其道理，但是哪种解释更切合庄子本意呢？其实，"养生主"应当怎么读，庄子自己已经做了解释。那就是文惠君听罢庖丁解牛之言之后所说的：

> 善哉！吾闻庖丁之言，得养生焉。

可知庄子本人是将"养生"二字连读的，所以"养生主"当读作"养生——主"。

若"养生主"读作"养生——主"，其核心就不在"养生"，而在"主"上了。也就是说"养生主"之"主"才是本篇的关键。不过，在解释"主"之前，有必要再谈谈"养生"的含义。

现代的"养生"，早已是一种妇孺皆知的健身活动，通常指的是通过服用食品、药品等保健品或通过练习气功、去健身房锻炼达到健身目的的各种活动。这是现代意义上的"养生"。庄子，虽然是读书人，可惜当年很穷，有时还不得不靠卖草鞋、钓鱼维生，甚至还曾为了糊口而向别人借钱。正如流沙河所说，当年庄子恐怕是没有闲钱去做现代意义上的养生活动的。这就是说，庄子所说的"养生"与现代意义的"养生"完全是两码事。

其实，"养生主"的"养"主要说的是人应当如何在这个残害人生的社会中"全生""保身"的生活哲学，用庄子自己的话来说，就是"为善无近名，为恶无近刑。缘督以为经，可以保身，可以全生，可以养亲，可以尽年"。那么，庄子"养生"的"生"究竟是指人的肉体还是精神，却语焉不详。根据以上诸家对"养生主"一词的解释来看，"生"似乎更多的是指人的精神。但是，庄子内七篇始终所贯穿着的一条主线，就是"活着"，探讨的是人在"技经肯綮"盘结的社会中应当如何生活。结合庄子《养生主》中几则寓言对"养生"的阐释，我们可以知道庄子的"养生"重精神，也重肉体。肉体不存在了，没有了生命，精神也就失去了寓所，自然也就无须"养生"了。所以，"养生"的首要含义就是活着；活着首先肉体就得存在。有了先天肉体的"生"才可以决定后天的"命"。"生"与"命"虽然都不是人的主观意识所能左右的，却可以由享有"生命"的人来"养"。总之，庄子"养生"的"生"既包括肉体也包括精神，既要养肉体，也要养精神。庄子在《养生主》中说的几个寓言，正是从肉体与精神两个方面来阐发如何"养生"的。

四　养生主之"主"是什么

"养生"说的是养人的生命，"生"包括肉体与精神。那么"主"又当如何理解？郭象说：

> 虽负万钧，苟当其所能，则忽然不知重之在身；虽应万机，泯然不觉事之在己。此养生之主也。

身负万钧而不以重为重，日理万机而不以事为事，这就是"养生主"之"主"。换句话说，就是无论有多重的负担，都要轻松对待，不觉得有任何压力。显然郭象理解的"养生主"之"主"偏重于人的主观精神或者主观意志，要人在现实生活中承受诸多压力时，如何凭借主观意志处理好压力与生命的关系，不因压力而伤生，这就是养生之"主"。

陆西星的"养生主"的解读另辟一说，认为"养生主"之"生主"就是庄子在《齐物论》中所说的"真君"：

> 真君即真宰，能役人而不递相为役者也。"旦暮得此"之"此"，"非彼无我"之"彼"，"怒其谁"之"谁"，皆是这个，禅家谓之"真主人"，道家谓之"元神"，大要认得。如何认得他？只要求得其情。情，即上文"有情无形"之"情"。盖所以使我如此者，真君之情也。真君与我旦暮不离，不以求得而有，不以不得而无，故曰：求得其情与不得，无益损乎其真。"真"字，即上"真君"之"真"。真君于人，本无益损，但悟之即圣，迷之则凡耳。此篇"求得其情"，正好与孟子"因情见性"之说参看。

陆西星把儒释道三家的理论都搬来解释这个"主"字，认为"主"就是真君，真君就是真宰，可是"真宰"又究竟指的是什么，他却没有详说，而是借用禅宗的"真主人"、道教的"元神"、孟子的"因情见性"来比附，可绕来绕去最终也没有说清楚。与陆西星大致同时的释德清在《庄子内篇注·养生主·总论》中说：

> 此篇教人养性全生，以性乃生之主也。……教人安时处顺，不必贪求以养形，但以清净离欲以养性，此示入道之功夫也。

认为《养生主》养的是"生主"，"生主"就是"性"。"养生主"就是养"性"。"养性"的具体行为就是"安时处顺""清静离欲"，注重精神修养。今人流沙河认为"生主"就是"灵魂"，的确更简洁明了，但人的灵魂与生俱来，随生而去。人只可以养形养心养神，如何养"灵魂"？故流沙河的解释似乎也有局限。

总起来说，郭象、陆西星还有释德清对"主"或者"生主"的解说都不无道理。既然庄子从《逍遥游》开篇，讲的就是人的精神，无论圣人无名、神人无功、至人无己，还是齐物、齐论、齐生死，庄子都是在精神层面上阐述道理，故而将"主"或者"生主"解为精神也说得通。

可是，庄子在《养生主》中用来说明"养生"之"主"的几则寓言，看似说的就是养精神的问题，实际上每则寓言都或正或反地阐释着养生的方法。那么，我们是不是可以说"养生主"之"主"实质上就是讲养生的方法呢？这一点，在文惠君闻听庖丁之言后所说的"吾闻庖丁之言，得养生焉！"可以得到最好的印证。所谓"庖丁之言"，就是庖丁的解牛之道，也就是他解牛的方法。而这个"庖丁之言"，就是"庖丁解牛"之"主"。换言之，文惠君从庖丁解牛之中所悟出的就是养生的方法。所以我们认为，养生主之"主"，与其说是"养精神"，不如说就是养生的方法，也就是保全生命的方法。而养生方法的核心，就是《养生主》在下文中特别要阐发的"缘督以为经"。

"缘督以为经"

　　与儒家、墨家、法家重视社会秩序与统治、强调社会参与与伦理截然不同，庄子学说的核心是重视人的个体生命与个体价值。庄子"内篇"从追求心灵自由、摆脱人的精神桎梏的"逍遥游"起始，然后站在"道通为一"的立场上阐发万物一齐，生死一体的"齐物论"，紧接着又把这一切形而上的议论统统归结到"养生主"中去。可见，在庄子看来，"养生"既是"逍遥游"与"齐物论"的出发点，也是"逍遥游"与"齐物论"的落脚点。"逍遥游"的终极目标是"养生"，齐万物、齐生死、齐物我所要证实的仍然是为了"养生"。尽管庄子的"养生"学说与今人所谓的"养生"，在某种意义上存在着表层的联系，但就其实质而言，却是完全不同的两个概念。正如我们在《养生主》题解一文中所反复强调的，庄子之养生，简而言之，就是要教人如何在现世中好好地活着，而其中最根本的方法便是"缘督以为经"。

一　知：一把双刃剑

"以为经"有多种途径。佝偻承蜩，匠石运斤，卖油翁"徐以杓酌油沥之，自钱孔入而钱不湿"都算得上是"以为经"，然而，这样的常法只要"惟精惟一，无反无侧，用志凝神，何求而不得"（唐高郢《佝偻丈人承蜩赋》）。也就是说，如此得来的"以为经"只需"手熟尔"便可，而"缘督"则不然。"缘督"需要"知"，需要凭借"知"发现"督"、了解"督"，然后才可"缘"。否则，非但无法养生，反而有可能伤生残生丧生。正因为如此，庄子要谈养生，就不得不首先从"生"与"知"的关系说起。

> 吾生也有涯，而知也无涯。以有涯随无涯，殆已；已而为知者，殆而已矣。

"生"指人的个体生命；"涯"，也写作"崖"，指边际，极限。"殆"，极度疲困；"已"，停止；"已而"，随后。此六句中，第一句说的是"生"，第二句说的是"知"，第三句是说"生"与"知"的关系，第四句"殆已"则指出以"生"追随"知"的必然结果，第五、第六两句是对"以有涯随无涯"、汲汲于成为"知者"的警示。从这里的第一二句话中，不难理解，在庄子看来，"生"与"知"本各自为独立的本体，各自有着十分明晰的特征：一个"有涯"，一个"无涯"。然而，一旦"生"与"知"发生了联系，也就是"以有涯随无涯"，"知"才对"生"发生了意义。

尽管"吾生也有涯，而知也无涯"早已成为脍炙人口的名句，但对其中关键词"知"的理解却一直存在着不同程度的误解或曲解。"知"，历来被解作知识。于是，"吾生也有涯，而知也无涯"就成了以有限的生命去追求无限的知识。如成玄英说："无涯之知，已用于前；有为之学，救之于后；欲不危殆，其可得乎！"可是"知"的内涵是什么，作用是什么，成玄英语焉不详。吕惠卿《庄子义》进一步解释说："生随形而有尽，知逐物而无穷。"指出"知"的主要功能是"逐物"，也就是以研究万物为对象，仍把"知"与"知识"等同。稍后，宋林希逸的《庄子口义》才第一次给予了"知"更宽泛，也更接近庄子本义的解释：

> 知，思也，心思则无穷尽，以有尽之身追无尽之思，纷纷扰扰，何时而止。

林希逸解"知"为"心思"，这样就把人对"知"的追求与"大知小知"等热衷"是非""物我"之争的"知"囊括其中，点出了"而知也无涯"的"知"与产生无休止的"纷纷扰扰"之"知"的内在联系。在林希逸的基础上，王夫之在《庄子解》中解说"知"时又做了进一步的发挥：

> 知之变迁，缘喜、怒、哀、乐、虑、叹、变、执而生左右、伦义、分辨、竞争之八德，益气以驰，气日外洙，和日内荡，而生之理不足以存，生理危，则"不忘以待尽"而已。

这就是说"知"不仅仅局限于"知识"，"知"还随着人们的"喜怒哀乐，虑叹变熬，姚佚启态"而产生出诸如"左右""伦义""分辨""竞争"之类的所谓"八德"，以至于"生之理不足以存，生理危"，最后导致"不忘以待尽"。王夫之这里明确地把《养生主》中的"以有涯随无涯"似的对"知"的追逐而最后造成的人生的极度疲惫，也就是"殆而已矣"与《齐物论》中描述的"大知小知"最后"不亡以待尽"的结局联系起来，实际上揭示出了"而知也无涯"的"知"所包含的更繁复、更宽泛的内涵，有助于我们理解为什么庄子会把"生"与"知"对立起来，来说明"知"对"生"的伤害。

如果此时我们再来回顾一下《齐物论》中庄子对那些"大知小知"终日"其寐也魂交，其觉也形开，与接为构，日以心斗"的描绘，看看那些"大知小知"们是如何一味追逐于"物"，从而"与物相刃相靡，其行尽如驰，而莫之能止"的情景，重读庄子对此所发出的由衷感喟："终身役役而不见其成功，茶然疲役而不知其所归，可不哀邪！人谓之不死，奚益！其形化，其心与之然，可不谓大哀乎？"不难看出，《齐物论》中所描述的"知"对"生"所造成的种种危害，又全部浓缩在了《养生主》开篇这几句话中。这不仅仅是庄子将《养生主》紧接在《齐物论》之后的逻辑必然，也充分体现了庄子对"生"的重视。

按照《齐物论》中庄子有关"大知小知"的论述，"知"无疑是伤生的利器。那么，庄子是否对任何"知"都一概否定呢？显然不是。《逍遥游》中，庄子已经说过"瞽者无以与乎文章之观，聋者无以与乎钟鼓之声。岂唯形骸有聋盲哉？夫知亦有之。"这个"知"显然与"大知小知"的"知"不同，而与《齐物论》中提到的"古之人，其知有所至矣"的"知"相同。由此可知，庄子心目中的"知"实际上有着两个不同的层次，一种"知"是人们所需要的，是能够体验并了解"道"的"知"，而另一种"知"则是追逐于"物"的"知"。

"知"是"生"的障碍，会妨碍"养生"，但要体验"养生"的"道"又离不开"知"，那么，人又当如何以"知"养生而不伤生呢？按照庄子所说的，那就是要杜绝以有涯的"生"去追求"无涯"的"知"，就要放弃"缘喜、怒、哀、乐、虑、叹、变、执而生左右、伦义、分辨、竞争"，就要学会安时而处顺，像吕梁丈人那样，"吾生于陵而安于陵，故也；长于水而安于水，性也；不知吾所以然而然，命也。"（《庄子·达生》）也就是说，既然人生离不开"知"，那就长于"知"，游于"知"，顺于"知"，以"知"之水载"生"之舟，而不是

"以有涯随无涯"，这样，才能以"知"养生。用庄子的话来说，这个游于"知"、顺于"知"的养生方法，就是"缘督以为经"。所以我们说"知"在庄子养生学说中是一把双刃剑，这把双刃剑也就是下文"庖丁解牛"中庖丁使用的那把刀。这把刀用不好，就会伤生；而用得好，则可养生。

二　为善无近名，为恶无近刑：知的最高境界

那么，人究竟当如何以"知"养生？如何以如同"古之人"一样的"有所至"的"知"来养生？在庄子看来，其中的关键就是要掌握在复杂的现实社会中如何处世的"知"，具体来说，也就是：

> 为善无近名，为恶无近刑。

"善""恶""名""刑"都是现代汉语至今仍在沿用的词语概念。字面上虽不冷僻，但如何理解这两句的含义却颇有不同。郭象说：

> 忘善恶而居中，任万物之自为，闷然与至当为一，故刑名远己而全理在身也。

郭象将善与恶相对，认为人当在善恶两者之间"居中"，既不做善事也不做恶事，这样就可以远离"名"与"刑"，就可以养生了。然而，郭象忽略了庄子分明说的是"为善无近名，为恶无近刑"，不是要人"居中"于善与恶，而是居中于善与名、恶与刑之间。郭象的说法显然偏离了庄子的本意。而成玄英对这两句的解释是：

> 夫有为俗学，抑乃多徒，要切而言，莫先善恶。故为善也无不近乎名誉，为恶也无不邻乎刑戮。是知俗智俗学，未足以救前知，

适有疲役心灵，更增危殆。

成玄英认为做善事就一定会"近名"，做恶事就一定会"近刑"，因而得出不论为善还是为恶都只会"更增危殆"的结论，言下之意是惟有不做善事也不做恶事，才可能远离名与刑。成玄英虽然将善恶与名刑联系在了一起，但他强调的是"不为善"也"不为恶"，这仍然与庄子所说的"为善无近名，为恶无近刑"有别。也有人认为"为善"的意思是"善养生"，"为恶"指的是"不善养生"，如王叔岷说：

> 案此二句，以善、恶对言，上句犹易明，下句最难解，似有引人为恶之嫌。自郭象、司马彪《注》以来，或曲说强通，或妄加非议，恐皆未达庄子旨意。岷曾试作新解云：所谓善、恶，乃就养生言之。"为善"，谓"善养生"；"为恶"，谓"不善养生"。"为善无近名"，谓"善养生无近于浮虚，益生、长寿之类也，所谓浮虚也"。"为恶无近刑"，谓"不善养生无近于伤残"，劳形、亏精之类，所谓伤残也。如此解释，或较切实。篇名《养生主》，则善、恶二字当就养生而言，如不就养生而言，则曲说歧见滋多矣。（《庄子诠释》。见陈鼓应《庄子今注今译》）

王叔岷作如是解，他自己已经说得很清楚，就是因为"上句犹易明，下句最难解，似有引人为恶之嫌"。显然王叔岷是出于为贤者讳，故把这两句解成"善养生"与"不善养生"的。

实际上，庄子"为善无近名"的意思就是说人不可不做善事，但做善事不要求名，也不要做到出名；"为恶无近刑"是说即使人做了坏事，也不要坏到受刑罚处置的程度。也就是说，为善、为恶，都要有"度"。对此，庄子在《人间世》中其实已经做了具体而详尽的说明：

颜阖将傅卫灵公大子，而问于蘧伯玉曰："有人于此，其德天杀。与之为无方，则危吾国；与之为有方，则危吾身。其知适足以知人之过，而不知其所以过。若然者，吾奈之何？"蘧伯玉曰："善哉问乎！戒之，慎之，正女身哉！形莫若就，心莫若和。虽然，之二者有患。就不欲入，和不欲出。形就而入，且为颠为灭，为崩为蹶；心和而出，且为声为名，为妖为孽。彼且为婴儿，亦与之为婴儿；彼且为无町畦，亦与之为无町畦；彼且为无崖，亦与之为无崖；达之，入于无疵。"

颜阖不得不担任"其德天杀"的卫灵公太子的老师。对颜阖来说，如果放任卫灵公太子，与之一起作恶，必然危害国家；而坚持"有方"的正道，则必然危害自身。如何面对如此两难的困境？庄子借蘧伯玉之口说，首先要谨慎、戒备，并提出了一个十分具体的处世方法，那就是保持自身的"形莫若就，心莫若和"，意思是在形体上你可以迁就，可以接近，但在内心深处却要保持平和宽容。即便如此，庄子说你仍然还会有伤生的祸患，因此还要做到"就不欲入，和不欲出"。就是说迁就接近却不同流合污，保持平和宽容却不显露于外。假如"形就而入"，那就是"为恶近刑"；假如"心和而出"，那就是"为善近名"。一旦"为善近名"或者"为恶近刑"，就都不可避免地会遭受灾患。庄子还进一步具体解释说，最好的办法就是，卫灵公太子想做什么，就让他做什么。显然，蘧伯玉教给颜阖与恶人相处的方法，正是《养生主》中"为善无近名，为恶无近刑"的一个具体而又形象化的说明。

"为善无近名，为恶无近刑"的"善"与"恶"都会伤生。那么，"善""恶"与"知"又有什么关系呢？实际上，"善"也好，"恶"也罢，都是"知"的一种表现形态。吕惠卿就曾直言："善恶皆生于知。"但吕惠卿只看到了善恶由"知"而生，却没有看到善恶也可以由"知"而灭。只不过，那需要一种更高层次的"知"，一种可以让人进入"无名""无功""无己"境界的"知"。由此可知，"知"伤生，那是人"以有涯随无涯"的结果，一旦人可以摆脱"以有涯随无涯"的宿命，善于以"知"养生，那就可以在一个"技经肯綮"的社会，"游刃有余"，而不伤生。"为善无近名，为恶无近刑"，这就是"知"的最高境界。

三 缘督以为经：养生之主

要达到"为善无近名，为恶无近刑"，首先需要找到"善"与"名"、"恶"与"刑"之间的那条"养生"之路，这就是：

缘督以为经。

"缘"，沿着；"经"，常，这里指常理、常法。如何理解"督"，是理解《养生主》主旨的关键。郭象说："顺中以为常也。"释"督"为"中"。郭象的说法对后世注《庄》影响很大。但也有人释"督"为"自然"，如林云铭《庄子因》说："缘督以为经，喻凡事皆有自然之理解。"这样，"缘督"就是"顺其自然"。还有人从中医学的角度，释"督"为"任督"二脉中的"督脉"（见郭庆藩《庄子集释》），这样就将"督"字落到了人身体的实处。这样的理解虽可备一说，但对"养生"之"主"以及下文几则寓言却难以解通。

综括《养生主》全文，不难看出，"缘督以为经"不仅仅是对"吾生也有涯，而知也无涯"这一段的总结，而且也概括了《养生主》全篇的主旨。所谓"缘督以为经"说的就是"养生"的方法，也就是"养生主"之"主"。

那么，这个"督"究竟是什么？实际上，庄子已经说得很明白，"缘督以为经"的"督"就是"为善无近名，为恶无近刑"的"善"与

"名"、"恶"与"刑"之间的那条"路径",就是"庖丁解牛"时所说的牛体筋骨皮肉"彼节者有间"的"间",也就是《齐物论》中"始得其环中,以应无穷","彼是莫得其偶"的"道枢"。庄子之所以要在"为善无近名,为恶无近刑"之后紧接着点出"缘督以为经",就是要为如何在"善"与"名"、"恶"与"刑"之间"游刃有余"、如何"始得其环中"做出注脚,同时也点出"养生主"之"主"来。胡文英《庄子独见》就说:"'养生主',是言养生之大主脑。开手直起'生'字,反旋'养'字。'善''恶'两层,夹出'缘督为经'句,暗点'主'字。下四句,飞花溅雨,千点万点,只是一点,随用'庖丁'一段接住,见养生者,虽不随无崖以自殆,亦不至畏物而离群。"宣颖《南华经解》说得就更清楚:"此篇止写养生之妙。开口便将'知'字说破病症,将'缘督'二字显示要方,解牛之喻,无过写此二字,要人识得督在何处耳,断不是拘定四方,取那中间也。"可知由于"督"没有一个固定的模式,也不存在一个可以确定方位的位置,要做到"缘督以为经",那就需要凭着高层次的"知"在"善"与"名"之间以及"恶"与"刑"之间顺势而行。

"缘督以为经"与"为善无近名,为恶无近刑"实际上是互为说明、互为解释的。要"缘督以为经",就要"为善无近名,为恶无近刑";而做到"为善无近名,为恶无近刑",自然也就做到了"缘督以为经"。那么,"为善无近名,为恶无近刑"究竟又包含着怎样的具体内容呢?成玄英说:"夫善恶两忘,刑名双遣,故能顺一中之道,处真常之德,虚夷任物,与世推迁。养生之妙,在乎兹矣。"成玄英的意思是忘善忘恶,忘刑忘名,忘了善恶刑名,就是"缘督以为经"了。所以后人也有人认为"缘督以为经"的意思就是做善事时心中不求有名,作了恶事不要遭受刑戮之害。(见陈鼓应《庄子今注今译》)可是,"缘督以为经"的"督"在"善"与"名"、"恶"与"刑"之间,如果不为善,不为恶,自然不会近名,也不会近刑,也就没有了"缘督以为经"。因此这样的解释未必是庄子的原意。

人生在世终其一生,总会做善事,也会做恶事。如果人们都能轻易地善恶、刑名两忘,不为善也不为恶,庄子恐怕也就不必作《养生主》以警示于人了。《养生主》说的就是人如何不有意去做善事,也不有意去做恶事。一旦为善,也不要被认为是为善,不要行善之"名";一旦为恶,也不要被认为是为恶,避免触犯刑罚而祸殃自身。"心莫若和,行莫若就",把握好这个尺度,就是"缘督"了。"督",在社会现实之中,也在人的心中。以人心中之"督"切合于现实社会之"督",且能"以为经",那就达到了养生的目的:

> 可以保身,可以全生;可以养亲,可以尽年。

这四句说的是"养生"的结果,也是"缘督以为经"所要达到的终极目标。其中的"保身""全生""尽年"历来没有争议,可是"养亲"二字做何解释,却有不同的说法。郭象认为是"养亲以适"。成玄英说这是指"孝养父母,大顺人伦"。但也有人认为《养生主》前后文中从未提及"养亲",因而此处"养亲"之"亲"应是"身之假借"。(陈鼓应《庄子今注今译》)如此解的话,"养身"与"保身"意思完全重复,因此"养亲"不当是"养身"。

那么,"养亲"之"亲"究竟指的是不是"父母"呢?虽然《养生主》全篇并没有提到奉养父母,但并不等于庄子否认"亲"之存在。《人间世》中庄子就有"子之爱亲,命也,不可解于心。……是以夫事其亲者,不择地而安之,孝之至也"的说法,而且,《庄子》外杂篇中也有多处以"亲"指父母的。故此我们认为此处之"亲"应当指的是父母。

在"可以保身,可以全生,可以养亲,可以尽年"四句话中,"全生"指本人不受任何伤害地终其一生,这也是"养生"的终极目标。

但是，"尽年"也指尽享天年，意思似乎与"全生"完全一样。于是，有人认为"全生"之"生"当读为"性"，"全生"即是"全性"（吴汝纶《庄子点勘》）。陈鼓应《庄子今注今译》即采用其说，把此四句译为："就可以保护生命，可以保全天性，可以养护身体，可以享尽寿命。"可是这样的改动不免有强解之嫌。"可以保身"，说的是"无近名""无近刑"，使自己的身体不受伤残。而"可以全生"，紧承"保身"而来，是说身体不受伤害，自然可尽享一生的寿命。这样，吴汝纶、陈鼓应的改动虽可备一说，但仍不是确解。

问题在于庄子是否确实要在四句话中用其中两句表达相同的意思？如果我们把"全生"看作是养生者本人"保身"养生的结果，而把"尽年"释作使"亲""尽年"，也就是自己得以"保身""全生"之后，还可以奉养父母，使父母也得以尽享天年，这个疑问就不存在了。

总之，"可以保身，可以全生，可以养亲，可以尽年"四句，可以说是"为善无近名，为恶无近刑，缘督以为经"的结果与目标。其中，"可以保身，可以全生"侧重于"为恶无近刑"。"无近刑"，则身体不受残害，形体健全，可以保全生命，终其一生。"可以养亲，可以尽年"则是"为善无近名"的结果。奉养父母为万善之首。不为出名之奉养父母，才是真奉养父母，这是典型的"无近名"之善。当然，在个人的养生与父母养生之间，庄子注重的还是个人的养生。只有个人"缘督以为经"，"可以保身，可以全生"，才不会以"名""刑"连累父母，也才"可以养亲，可以（使父母）尽年"。

庖丁解牛

《养生主》以"吾生也有涯，而知也无涯。以有涯随无涯，殆已；已而为知者，殆而已矣。为善无近名，为恶无近刑。缘督以为经，可以保身，可以全生，可以养亲，可以尽年"开篇，上承《齐物论》对"知"与"死"的论述，下开对"生"与"养生"的阐释，特别其中"缘督以为经"五个字，提纲挈领，将《齐物论》中所提出的"得其环中""寓诸庸"的说法简单化、形象化，并把论说的重点放在人在现实社会中当如何居于"环中"、以"寓诸庸"的方法处世、实现与"道"的融合上。这个过程就是《齐物论》中所说的"庸也者，用也；用也者，通也；通也者，得也；适得而几矣"。但与《齐物论》的纯议论不同，《养生主》用"缘督以为经"把原本十分抽象、有着浓厚形而上特点的推理论说简化为可视、可感的具象，并且进一步用极富动感、画面感、音乐感、韵律感的"庖丁解牛"寓言，把"得其环中"之后，当如何以"寓诸庸"为"用"，并且在"技经肯綮"之间缘

"督"而行的处世之道，形象地演示出来。

一　从技到"道"

应该说，"缘督以为经"不但是人们"养生"的根本，也是《养生主》一篇的灵魂。"缘督以为经"的处世之道，为那些无法逃避现实社会，却又不得不与之周旋，只能在乱世中求生存的人，指出了一条"保身、全生、养亲、尽年"之路。但是，具体来说，如何去"缘督以为经"？"缘督以为经"的途径又是什么？显然，仅仅这么简单的五个字还远远无法让人充分领悟其中的奥秘，无法让人真切地掌握"缘督"的具体操作。于是，庄子把目光投向了任何凡夫俗子、村野民妇都不会感到陌生的"解牛"，把"缘督以为经"转化成一场带有戏剧性的"解牛"表演给世人看：

> 庖丁为文惠君解牛，手之所触，肩之所倚，足之所履，膝之所踦，砉然向然，奏刀騞然，莫不中音。合于《桑林》之舞，乃中《经首》之会。

"庖丁"，名丁的厨师；"解"，切宰；"文惠君"，即梁惠王；"踦"，用膝盖顶住；"砉"，骨肉分离的声音；"騞"，与砉同，也是形容庖丁解牛时刀与牛体接触所发出的声响；《桑林》，商汤时的音乐名；《经首》，尧时的音乐名，是《咸池》乐中的一章。这一段与其说是"庖丁为文惠君解牛"，不如说是"庖丁为文惠君操解牛之舞"更为确切。原本是一场血腥的解牛场景，在庄子笔下，却成了融合着多种艺术元素的精美绝伦的表演：庖丁手、肩、足、膝如同舞蹈般的动作，配之以"砉然向然，奏刀騞然"，"合于《桑林》之舞，乃中《经首》之会"的声响，仿佛电影的特写镜头一般把庖丁推到了聚光灯之下。这种极富艺术感染力的解牛之"技"，自然引发出"观众”的喝彩：

> 文惠君曰：“嘻，善哉！技盖至此乎？”

“解牛”实在是再寻常不过的厨师之技。这种充满血腥之气的场面，常人大概是唯恐避之不及的，而庄子却偏偏要文惠君被庖丁“解牛”之“技”的娴熟美妙所吸引，不仅直呼“妙极了”给予赞叹，更以“技盖至此乎”表示出欲了解“庖丁”如何达到如此出神入化地步的渴望。而这，也正是庄子行文的绝妙之处。因为这一问，恰恰可以很自然地引出庄子下文所真正要大力发挥的：

> 庖丁释刀对曰：“臣之所好者道也，进乎技矣。”

“释刀”二字充分表现出庖丁的轻松自如，同时，也准确地描绘出庖丁对自己解牛之技的自信，但其中最精彩的还是“臣之所好者道也，进乎技矣”。这一句直逼主题，原来庄子所真正要渲染的并非是解牛之“技”本身，而是要通过“技”的炫耀，表明“道”才是主导这一切的关键。也就是说，“技”与“道”两者之间非但不相抵触，而且可以实现高度的融合：“手之所触，肩之所倚，足之所履，膝之所踦，砉然向然，奏刀𬴃然，莫不中音。合于《桑林》之舞，乃中《经首》之会”，并不仅仅是“技”发挥到极致的必然，更是“道”融于“技”中的展现。

　　由于“臣之所好者道也，进乎技矣”是理解“庖丁解牛”寓言的关键，而其中的“道”与“进”又是理解这句话的两个关键词，因此有必要首先剖析庖丁所喜好的这个“道”究竟指的是什么。郭象认为：

> 直寄道理于技耳，所好者非技也。

在郭象看来，"道"就是"道理"，用今天的话来说就是规律，意思是说庖丁把如何解牛的规律"寄"存于技艺之中，他所喜好的是解牛的规律而非技艺。成玄英的解释则比郭象的又进了一层：

> （庖丁）舍释鸾刀，对答养生之道，故倚技术，进献于君。

成玄英明确指出"道"是"养生之道"，也就是养生的"道理"或"方法"。成的说法似乎更切题，以致当今一般注本都采用此说，把"道"释为"养生之道"。然而，如果仅仅把"道"限定于"养生之道"，不仅在释义上过于狭窄，更重要的是，还失去了与《齐物论》中提出的"道"这个重要概念的内在联系。我们认为，《养生主》中所说的"道"就是庄子一贯主张的"道通为一"的"道"。早在北宋吕惠卿作《庄子注》时就说过：

> 物以有而碍，道以虚而通。人未闻道，则所见无非物；既闻道，则所见无非道。神遇不目视，喻闻道者能以心契而不以知知而识识也。

即是说，庖丁所好之"道"与存在于万物之中，以万物的不同形态所呈现出的那个涵盖一切的"道"一以贯之，既然"道"无所不在，无处不有，那么只有心存此"道"，庖丁才"能以心契而不以知知而识识也"，才能把"道"融于"技"之中，于是才能"视"牛而不见，完全凭着"道"与牛"神遇"。唯其如此，庖丁才得以在错综复杂的牛体中"以虚而通"，游刃有余。

由此可知，庖丁所好之"道"是"大道"而非解牛的规律、方法。那么，"臣之所好者道也，进乎技矣"又当如何理解？成玄英在说"道"时，提出"养生之道"，是颇有见地的，但他把"进"解为

"进献"显然不着边际。不过，他又补充道：

> 又解：进，过也，所好者养生之道，过于解牛之技耳。

自此，把"进"解为"超过"便成为定论。这样，"臣之所好者道也，进乎技矣"的意思就成了"我对养生之道的爱好，已经超过解牛的技艺了"。

那么，这是否果真就是庄子的原意？释"进"为"超过"，表面上是说庖丁对"道"的爱好超过了"技"，"道"高于"技"，但这样的解释实质上割裂了"道"与"技"之间的内在联系。庖丁对"道"的爱好尽管超越于"技"之上，但在这样的关系中，"道"是"道"，"技"是"技"，二者是割裂的，彼此独立的，不存在任何相互的联系。

因此，我们认为庄子这里所说的"进"应当不是超过的意思。前面我们提到郭象把"道"释为"道理"，不免狭隘，但他说"直寄道理于技耳"，认为"进乎技"是把"道理"寄于"技"之中，这对理解此处的"进"颇有启发。"进"的本意是"登"。《说文》："进，登也。"《诗·大雅·桑柔》也有"进退维谷"之句。所谓"进乎技"，其实就是"进入了技"，借用郭象的说法就是"寄"道"于技"的"寄"。将郭象对"进"的诠释与吕惠卿对"道"的解说合在一起，"臣之所好者道也，进乎技矣"所要表述的就成了：

> 臣之所好者，道也。（道）进乎技矣。

这样理解的话，"道"就不再是建立在"技"之上的一个主体，而是与"技"高度融合的"进乎技"的"道通为一"的"道"。如此，原本各自独立的"道"与"技"便以"进"为途径，融合在一起，实现了"道""技"为一，道升华了技，而技又展现着道，于是庖丁才能"以无厚入有间，恢恢乎其于游刃必有余地矣，是以十九年而刀刃若新发于硎"。总之,这个"道通为一"的"大道"才是使庖丁得以出神入化地解牛的根本所在。

二 从"道""进乎技"是一个渐进的过程

如果说庖丁所好是"道","道"进乎于"技"才成就了庖丁的"技盖至此"的话,那么,下一步要探讨的就是如何才能让"道"进乎"技",进入"道技为一"的境界。在庄子看来,这个过程是需要时日与功夫的,不可能一蹴而就,而且这是一个长时间的渐进的体验、积累、感悟与实践的"悟道"过程,也是一个由"道"去提升"技",又由"技"去展现"道"的"道技"相互融合的渐进的过程:

> 始臣之解牛之时,所见无非全牛者。三年之后,未尝见全牛。

初入解牛之业的庖丁,手中虽有利器,却也只能"折"牛。那时庖丁的眼中,牛是牛,刀是刀,除了完整的牛以外别无所见。不要说"缘督以为经"了,就连牛"督"何在也不甚了了。然而,三年来,庖丁对"道"的体悟不断加深,"道"越来越融入"技"中,解牛之"技"也随之愈加精湛,从"折"牛过渡到"割"牛,从见全牛到不再见"全牛",一步步逐渐进入了"缘督"的境界。而如今,庖丁所好之"道"已完全融入其解牛之"技",进入了"道""技"同一的境地:

> 方今之时,臣以神遇而不以目视,官知止而神欲行。依乎天理,批大郤,导大窾,因其固然。技经肯綮之未尝,而况大軱乎!

"官",器官;"官知",人体器官对外界的感觉作用与功能;"天理",牛体的自然结构;"批",劈;"郤",筋骨间的间隙;"导",引,入;"窾",骨节之间的空隙;"因",循,缘,顺着;"固然":指

牛体本来的样子;"技",枝;"技经",牛体经脉连接之处;"肯",
紧附在骨上的肉;"綮",筋肉盘接处;"軱",大骨。这一段是庖
丁对方今之时解牛经历的描述。从"始臣之解牛之时"到"三年之
后",再从"三年之后"到"方今之时",如今庖丁之刀不但从未碰触
过牛的大骨,甚至连筋肉都不曾碰触到。

　　庖丁是怎样把"牛""解"到如此神奇的地步呢?"以神遇而不
以目视,官知止而神欲行"两句道出了此中的奥秘。因此,正确解
读这两句,是打开这个奥秘的钥匙。历来对这两句的解释是庖丁的
感官知觉停止了活动,只有心神在运行,所以他是在用"心神""解
牛",而不需要用"技"。如成玄英就说:"经乎一十九年,合阴阳之
妙数,率精神以会理,岂假目以看之!"不错,庖丁"解牛"的确已经
到了不须凭借眼力的地步,但这种"神遇""神欲行"却必须是"道
通为一"之"道"化入解牛之"技"之后而进入的一种独特的心神的
状态。在这种状态下,"道"与"技"完全自然地融合为一体,"刀"
与"人"与"牛"不再是分离的、彼此独立的个体,而进入了人、刀、
牛的"化境",只有在这种状态下,庖丁才能够顺势而为,"依乎天
理,批大郤,导大窾,因其固然",表现得如此得心应手,运刀自如,
以至于"技经肯綮之未尝,而况大軱乎"了。

　　这一段的深刻性在于庄子是以这样的"解牛"方式来告诉世人
只有好"道",并以"道"进乎"技"的人,才可以不受眼前实实在在
的物体的局限,才可能超乎于现实之外,凝神于"道",视人与刀与
牛为一体,进入人、刀、牛合一的"化境",这种"化境"是在人认识
到"道"与"物"原本一体之后才会进入的境界,也就是《齐物论》
中所提出的"得其环中"的境界。同时,这个"悟道"的过程是渐进
的,需要经过长时间的积累与体验才能够完成。

　　至此,庄子已经把庖丁高超神奇的"解牛"之"技"渲染到了极
致,但庄子这一切描绘的重点并不要人停留在对庖丁技艺的惊羡上,

而是要通过这种高度的夸张与渲染，点明人的生命原本是可以如此美好神奇的。只要掌握了如同庖丁解牛一般的"养生"之道，一步步地去体验、去领悟，最终就可以进入"道技合一"的化境，就能"保身、全生、养亲、尽年"。也就是说，"养生"，才是"道"进入"技"之后，或者说是进入"人刀牛"合一的境界之后所追求的终极目的。

如果说前文中，庄子是以纵向的个人经历描述，展示了庖丁如何从"始臣之解牛之时"到"三年之后"，再到"方今之时"一步步以"道"入"技"的渐进的"悟道"过程，那么，庄子在下文中则转而从横向的"良庖""族庖"以及"庖丁"三者的比较中进一步揭示从"族庖"到"良庖"再到"庖丁"的"养生"秘籍：

> 良庖岁更刀，割也；族庖月更刀，折也。今臣之刀十九年矣，所解数千牛矣，而刀刃若新发于硎。彼节者有间，而刀刃者无厚，以无厚入有间，恢恢乎其于游刃必有余地矣，是以十九年而刀刃若新发于硎。

"族庖"，普通的厨师；"硎"，磨刀石；"新发于硎"，如同刚在磨刀石上磨过一样；"节"，骨节；"间"，间隙；"恢恢乎"，形容空间宽绰。这一段把着眼点放在了"庖人"使用的厨"刀"之上：首先说"良庖"之刀，每年需要更换，因为他们是用刀"割"牛；再说"族庖"之刀，每月需要更换，因为他们是用刀"折"牛；最后才说庖丁的刀，已经用了十九年，"解牛"数以千计，却始终完整如新。其中最根本的原因，就在于庖丁所好的是"道"，并且是以"道""进乎于技"，所以他解牛时，眼前的全牛可以浑然不见，完全凭着"道""技"合一之后的"神遇"，便可在牛的筋骨缝隙中"缘督"而行，如入"环中"，他手中之刀不仅丝毫没有被牛的筋骨肯綮所损伤，反而感觉是"以无厚入有间"，可以游转自如地在宽宽绰绰的骨节中运行。

至此，庄子虽仍未明确阐发人当如何养生，但通过对三种厨师的对比,对他们手中三把"厨刀"的命运的比较,特别是对庖丁之"刀"的描述,已足以让人理解庄子的目的是要以"刀"的运行来比喻人的处世养生,教人如何经过渐进的"悟道"过程,逐步掌握在现实社会的夹缝中游刃有余的生存之技,以避免由于"割"或"折"给自己的生命带来的伤害。

三 从解牛到养生主

"是以十九年而刀刃若新发于硎",实际上透露了庄子所谓"养生"所能达到的最高境界:这就是不论社会冲突如何残酷激烈,周围环境如何恶劣黑暗,不管经历多少艰难曲折,保全人的生命,保证自己的身体不受伤害,才是人生在世的终极目标。正是出于如此的考量,庄子在说过庖丁之厨刀"是以十九年而刀刃若新发于硎"之后,突然来了一个一百八十度的大转弯,重笔写出庖丁解牛时极为慎重警觉的另一面:

> 虽然,每至于族,吾见其难为,怵然为戒,视为止,行为迟。动刀甚微,謋然已解,如土委地。

"族",筋骨纠结交错的地方;"怵",小心谨慎;"视为止",目光专注;"行",指解牛的动作;"迟",慢;"謋",同磔,开,形容骨肉分离的声音;"委",堆。这一段是说,虽然庖丁的解牛之"技"已臻于化境,但每当遇到筋骨盘结的难解之处,庖丁同样不能掉以轻心,丝毫不能懈怠,他也会立刻怵然谨慎起来,动作放缓,专心凝神,小心翼翼地运刀,直到牛"謋然已解",如土一般堆在地上。

"庖丁解牛"寓言以展示庖丁的令人惊叹的解牛神技开篇,首先把人带进"道技合一"的令人叫绝的化境,貌似渲染庖丁解牛之"技"的神奇自如,其实庄子的真实目的却在于彰显"道""进乎技"所能创造出的奇迹，而非"技"本身。然而，更为重要的是，在庄子看来，一旦面对错综复杂的现实社会，即便解牛之技高超如庖丁者，也不得不大为收敛，非但无法继续"手之所触，肩之所倚，足之所履，膝之所踦，砉然向然，奏刀騞然，莫不中音。合于《桑林》之舞，乃中《经首》之会"般挥洒自如地表演下去，而且不得不平心静气，全力以赴，专注凝神，全神贯注地对待每一个"难为"之处。在某种程度上，庄子对庖丁如何"怵然为戒，视为止，行为迟，动刀甚微"的描述，才是此篇寓言中最为精华、也最具有现实意义的部分。这一部分可视为是庄子手把手地教人如何应对那个"其寐也魂交，其觉也形开。与接为构，日以心斗。缦者、窖者、密者。小恐惴惴，大恐缦缦"，"其发若机栝"，"其留如诅盟"，"其杀如秋冬"的残酷恐怖的现实社会。

　　由于在这个动荡混乱的社会求生存是如此艰难，庄子明确反对如"族庖"那样大刀阔斧、硬碰硬地向盘根错节的现实主动出击、挥刀而战，甚至也不赞成如"良庖"那样有分寸地切割，庄子的目的是要人通过庖丁"臣之所好道也，进乎技"的思路去理解面对错综复杂的社会现实，即使技高如庖丁，也仍需保持高度的警惕，无论何时何地都不可有丝毫的掉以轻心，唯其如此，才可保证最终"解牛"的顺利完成，从而保全自己的身家性命。由此，庄子再一次证明惟有以"道技"高度融合的方式在现实社会的缝隙中求生存，避开各种各样的社会矛盾，才能获得最大限度的人生自由；也只有如此小心谨慎行事，经历过这一系列的"怵然为戒，视为止，行为迟，动刀甚微"的过程，才能进入"謋然已解，如土委地"的境界，也只有此时，庖丁才可以：

　　　　提刀而立，为之四顾，为之踌躇满志，善刀而藏之。

　　可见即便对于庖丁来说，仍需经过这一番小心谨慎的解牛过程，才最终可以如释重负，潇洒得意地"提刀而立，为之四顾，为之蹯躇满志"，然后"善刀而藏之"。尽管各种注本解读这几句，往往都把注意力放在庖丁如何"蹯躇满志"，志得意满上，其实，这里的重点仍然是最后一句："善刀而藏之。"前者的描述不过是铺垫，是为了衬托出后者：所谓"善刀"就是"养刀"，"养刀"也就是"养生"。这里强调的是人当如何善待"刀"，以保证"刀"可以在错综复杂的夹缝中游刃有余。如果不能很好地养刀、收藏刀，就无法让"刀"在解牛数千之后仍能如新磨出的一样完好无损。

最后，庄子在展现了庖丁解牛的全过程之后，终于直接点明本篇寓言的主旨：

> 文惠君曰："善哉！吾闻庖丁之言，得养生焉。"

其实，就算没有文惠君的点题之笔，庖丁解牛的含意已经十分明晰，庄子是以刀喻人，以牛喻纷乱复杂的社会，以"刀解牛"的具体过程喻人在乱世中生存。问题是，庄子为什么要明确地点出这一笔，并且还要让一国之君的"文惠君"来点明这一主题呢？

文惠君即梁惠王，也就是在《逍遥游》中给惠子大葫芦籽的那位魏王。梁惠王在战国时期也曾是叱咤风云的人物。但从魏王到梁王，魏国已经日趋式微。梁惠王从庖丁的"解牛经"中悟出的"养生"之道，对于君王来说，则是一个国家的养民、用民之道。文惠君在"庖丁解牛"中的现实意义体现了庄子对君主所寄予的希望。从《逍遥游》中的无名圣人尧，《齐物论》中"不从事于务"的圣人，再到《养生主》中"善哉！吾闻庖丁之言，得养生焉"的文惠君，可以清楚地看出，庄子是一步步地从他的藐姑射之山、大漠之野的逍遥游，回到了人世间。面对社会现实，庄子在图解普通人当如何养生的同时，也希望君主能够善用自己手中之"刀"，用庖丁解牛之法去解牛，而非"割"或"折"。惜"刀"便是惜民惜国。

右师、泽雉与秦失

《养生主》中，文惠君一句"嘻，善哉！技盖至此乎"的惊叹，引发出了庖丁解牛"数十年而刀刃若新发于硎"的经典故事，而同样出于文惠君的"善哉！吾闻庖丁之言，得养生焉"的总结性发言，又画龙点睛般地为庄子的养生之说画上了句号。至此，庄子已经把人当如何养生，如何在这个尽管时有"难为"之"族"，却仍"彼节者有间"的处境中，寻求"保身、全生、养亲、尽年"阐发得淋漓尽致，《养生主》一文似乎也可收官了；然而，庄子却并未就此搁笔，而是一口气又接连讲述了"右师之介""泽雉十步一啄""老聃死，秦失吊之"三个小故事。难道前文中"庖丁解牛"寓言，还不足以让人得"养生"之道？为什么后面还要继续讲三个看似不甚相关的小故事？这三则小故事又从哪几个角度、哪些方面对"养生"之说进行了补充与阐释？在全文的结构上又起着怎样的作用呢？

一　右师之介

"庖丁解牛"之后的第一个故事是"公文轩见右师"：

> 公文轩见右师而惊曰："是何人也？恶乎介也？天与，其人与？"

"右师"，春秋战国时的官名。春秋时一些诸侯国设有六卿，右师为六卿之长。如《孟子·离娄下》记述："公行子有子之丧，右师往吊。"赵岐注："右师，齐之贵臣王驩，字子敖者。"《左传·成公十五年》载华元曰："我为右师，君臣之训，师所司也。""介"，独足。郭象注："介，偏刖之名。"成玄英疏："介，刖也。"陆德明释："司马云：介，刖也。一足曰𦙄。崔云：断足。"这里指身居右师之位的人因遭受偏刖之刑而成为独足。"天与，其人与？"意思是说你只有一只脚是天生的还是人为的？

有意思的是，《养生主》开篇就提出"为善无近名，为恶无近刑"，明确地说养生的目的就是"保身，全生，养亲，尽年"。然而，这位右师却因遭受刖刑而独足，这至少说明右师连"身"都不能自"保"，又如何养生？把这样一个曾遭受刑罚之人紧接在技艺高超的"庖丁"之后来写，确实显得很有些突兀。难怪公文轩一见右师的形貌便大吃一惊，不禁发出了一连串的疑问：你是何许人？为什么只有一只脚？你缺失一足究竟是先天的还是人为的？公文轩的一连几问，说明在常人眼中，一位受过刑罚之人，居然身居右师之高位，这几乎是不可思议的。公文轩的"惊"醒目地点出了右师的不同寻常。这里值得一说的是，王先谦《庄子集释》、刘武《庄子集释内篇补正》以及陈鼓应《庄子今注今译》都把"介"释为先天独足，而非遭刖刑所致。如此来说，公文轩的"惊"就仅限于人的相貌，而把庄子后文中所给予的"忘形"的内涵抹去了。其实，庄子此处所真正要强调的恰恰是右师对自己因受刑而残疾之后如何以"介"为天意，以

"刑"为自然,安之若命,顺从于命运的安排。在庄子看来,这也是养生的一个重要内容。

面对公文轩的惊异,我们首先看到的是右师的从容与淡定:

> 曰:"天也,非人也。天之生是使独也,人之貌有与也。以是知其天也,非人也。"

"貌",相貌,外形;"与",赋予。马其昶《庄子故》说:"形全形独,皆天所与。《德充符》云'道与之貌,天与之形。'"右师的这几句话在释德清《庄子内篇注》以及陈鼓应《庄子今注今译》中却被认为是出自公文轩,说他自问自答,实在难以说通。这应该是庄子借右师之口来回答公文轩的疑问。意思是说,这一切都来自天命,并非人为。天命注定我只有一只脚,而人的形貌又是天赋予的。因此,我才说只有一只脚是出于天命而非人为。

右师明明是因受刖刑而独足,但他为什么要一而再、再而三地强调造成自己独足是"天也"而"非人也",是"天之生是使独也"呢?要回答这个问题,首先要了解庄子所说的"天"究竟有着怎样的内涵。

细究《庄子》"内篇"中所谓"天",至少包括了这样两层含义:其一,天即自然,天是自然之道。正如《大宗师》中所说"知天之所为者,天而生也"。在这个层面上,天与"道"的意思相同,天就是"道",指的是自然以及自然之道。《逍遥游》与《齐物论》中所谓"天籁""天钧""天倪""天府"乃至《养生主》中的"天理"等观念实际都是从"天"的这个意义上衍生出来的。而"天"的另一层含义则是"天命",也就是人生中无可避免、无法把握的命运。就其实质而言,庄子所谓"天"的这两层含义是密切相关的。"天命"不仅是自然之道的必然,而且顺应自然的一个重要内容就是"安之若命"，所谓"知其不可奈何而安之若命，德之至也"（《人间世》）。由此可知，右师在此所说的"天也，非人也"，是以一种"安之若命"、"依乎天理"、"因其固然"的坦然态度来看待自己所遭遇的一切。从社会价值观的角度来看，受刖刑是一种刑罚。但对右师来说，如果能够从此"忘形"，领悟出生命的真谛，理解人的相貌、遭际都是出于天意，与人无关，从而完全排斥或者不理会社会价值观对人的生命的扭曲，同样可以全生、养生。所以成玄英说：

> 凡人之貌，皆有两足共行，禀之造物。故知我之一脚遭此形残，亦无非命也。欲明穷通否泰，愚智亏全，定乎冥兆，非由巧拙。达斯理趣者，方可全生。

在某种程度上，右师之介的故事，可视为是庄子在对现实社会的残酷黑暗深刻洞悉的基础上，为那些尚不得不"岁更刀"甚至"月更刀"的良庖与族庖所指出的一条"全生"之路。活在庄子的时代，犹如"游于羿之彀中，中央者，中地也，然而不中者，命也"（《德充符》），即是说人们不受刑是偶然的，而受刑却是必然的。能够像庖丁那样在错综复杂的现实社会中游刃有余，毕竟是凤毛麟角。而对于那些由于"折"与"割"而导致形残之人，假如能够将人为的遭际归于天意，从此安时处顺，坦然处之，领悟"天之生是使独也，人之貌有与也"的自然之道，摆脱社会价值观给人们精神所带来的种种禁忌，即使居于"右师"之位，也仍可回归到"缘督以为经"的轨道上来，仍可养生。这应该才是庄子在"庖丁解牛"之后安排"右师之介"的用意。

二 泽雉之"神"

如果说"右师之介"的故事是要人以忘形安命的方式保生、养生的话，那么"泽雉之神"则强调了人的个体自由对养生的重要：

> 泽雉十步一啄，百步一饮，不蕲畜乎樊中。神虽王，不善也。

"泽雉"，生活在水泽地里的野鸡；"蕲"，同"祈"，祈求，希望；"畜"，豢养；"樊"，笼子；"王"，通"旺"，旺盛。泽雉的故事一共只有两句，前句说生活在泽地的野鸡走十步才能吃到一口饭，走百步才能喝到一口水，尽管生活艰辛，也不希望被豢养在笼中。后一句，旧注多释为"精神虽旺盛，却并非善事"。这样理解，字面上虽然说得通，但为什么要用"精神旺盛"形容被豢养于樊笼的泽雉却颇令人费解。于是宋褚伯秀提出："神为形之误，神旺不得谓之不善也。"（《庄子义海纂微》）但如此的解法很难得到学术界的认同。那么，这里的"神"究竟是什么意思？我们认为，要最接近庄子本意地理解此处的"神"，就必须把它还原到庄子"内篇"中，看庄子是在什么样的语境之中使用这个词的。《逍遥游》首先用到"神"这个词，说神人"其神凝，使物不疵疠而年谷熟"，形容神人的神情专注。此后，《养生主》中说庖丁解牛时"以神遇而不以目视，官知止而神欲行"，两次用"神"形容内心的活动。最后，在《大宗师》中，子舆遭受疾病的折磨，却表示"浸假而化予之尻以为轮，以神为马，予因乘之，岂更驾哉"，用神比喻自己的灵魂。根据这三个例子来看，庄子内篇中所说的"神"并非现代意义上的"精神自由"的"精神"，而是指神态、神情、心神或者内在的精气神。本着这样的理解，"神虽王，不善也"其实是说对关在笼中的泽雉来说，虽然看起来神态旺盛，却由于失去了个体自由而不善。

　　此外，郭庆藩《庄子集释》点校本把"泽雉之神"的故事，归为右师对公文轩的回答。意思是说自己虽位至"右师"，却如同关在笼中之雉，并非好事。这样一来，"泽雉"的故事就成了右师对生活现状的抱怨，不但有悖于庄子"知其不可奈何而安之若命，德之至也"（《庄子·人间世》）的一贯思想，也与右师前面所说的"天也，非人也。天之生是使独也"顺其自然的生活态度相矛盾。其实，这一段与其说是右师的自述，不如说是庄子对右师一类人物的生活处境的比喻或评价更为妥切，意思是对于右师这样的人，"畜乎樊中"才是他得以"全生"的唯一选择，这只是"知其不可奈何"而为之的，并非理想的养生之举。

《韩诗外传》卷九也有一段关于"泽雉"的记载，可与庄子的这则寓言参读：

> 君不见大泽中雉乎？五步一噣，终日乃饱；羽毛悦泽，光照于日月；奋翼争鸣，声响于陵泽者何？彼乐其志也。援置之囷仓中，常噣粱粟，不旦时而饱；然犹羽毛憔悴，志气益下，低头不鸣。夫食岂不善哉？彼不得其志故也。

《韩诗外传》是在记述戴晋生见梁王时引用的这段寓言。可见"泽雉啄食"的故事在春秋战国时广为人知。两相对照，不难发现，庄子笔下，更注重渲染泽雉在野外求生的艰难，而《韩诗外传》更强调泽雉在野外的神情高昂、志得意满。而《韩诗外传》中，蓄于樊中的野雉虽"常噣粱粟，不旦时而饱"，却神态萎靡憔悴，与庄子笔下的"神王"形成了鲜明的对比。《韩诗外传》中戴晋生是借"泽雉"的寓言向梁王申诉其"不得其志"的苦衷，希望得到重用，而在庄子看来，物质生活的贫困并不会造成养生的艰难，而关在樊笼中的野雉尽管生活优裕，仍然是"神虽王，不善也"。这个"不善"，不是野雉"不得其志"，而是因为失去了个体自由。泽雉向往的是大泽中的自由生活，而非关在笼子中的锦衣玉食，为人所豢养是永远得不到真正的自由的。正如成玄英所说："夫泽中之雉，任于野性，饮啄自在，放旷逍遥，岂欲入樊笼而求服养！譬养生之人，萧然嘉遁，唯适情于林籁，岂企羡于荣华！"

"泽雉之神"的寓言，表达了庄子"安时处顺"却不受羁绊的养生观的一个重要内容。在庄子看来，个人的自由是远远超越于物质生活的，为贪图衣食无忧而失去个人的自由非但不是养生，而且会伤生、残生、害生。这也是为什么庄子拒绝了楚王的重金聘用，宁肯"曳尾于涂中"，也要自由自在地生活。

三 老聃之死

从庖丁透露的"以无厚入有间""恢恢乎其于游刃必有余地"的养生秘诀，到右师因视遭遇刑罚而形残为天意并"安之若命"，再到泽雉宁肯逍遥于"十步一啄，百步一饮"的艰辛，也不愿享受"樊"中的舒适优越，庄子已从各个不同的角度阐述了养生之道的精髓；似乎庄子是把"生"看得重于一切的。其实，这是对庄子养生观的极大误解。值得特别指出的是，庄子所谓"养生"的终极目标并非要人长生不老、长命百岁，而是要人在"有涯"的一生中，摆脱一切精神的、肉体的桎梏，去顺应自然。因此，如何对待生的终结——死就成了谈"养生"所无法回避的问题，也成了理解庄子"养生观"的一个至关重要的问题。于是很自然地，《养生主》的最后一段便回到了如何对待"死"上。

关于生与死，庄子早在《齐物论》中已经振聋发聩般地提出"予恶乎知说生之非惑邪！予恶乎知恶死之非弱丧而不知归者邪"，并且以蝴蝶梦描绘出一个迷离恍惚的幽美的死亡境界，目的在于纠正人们普遍怀有的对死的畏惧之心，但是在现实生活中，人们又当如何对待自己身边至亲好友之死呢？如何从养生的角度理解生与死的关系？这，就是"老聃之死"的寓言所要补充的：

老聃死，秦失吊之，三号而出。

秦失是老聃的朋友，老聃死了，秦失前去吊唁，只"号"了三声便出来了。"号"的本意是大声呼叫或痛哭。《尔雅》："号，呼也。"《说文》："号，痛声也。"但据上下文来看，秦失显然没有痛哭，而只是大呼了三声老聃的名字。这种吊唁方式十分独特，貌似不近人情，自然引起了老聃弟子的质疑：

> 弟子曰："非夫子之友邪？"曰："然。""然则吊焉若此，可乎？"曰："然。……"

在老聃弟子看来，秦失的吊唁方式大有悖于常理，不应是老聃好友所为，但在庄子看来，这样的吊唁恰恰是真正领悟了生与死的真谛，是顺应自然、得道者的表现：

> "始也吾以为其人也，而今非也。向吾入而吊焉，有老者哭之，如哭其子，少者哭之，如哭其母。彼其所以会之，必有不蕲言而言，不蕲哭而哭者。是遁天倍情，忘其所受，古者谓之遁天之刑。"

对秦失的这段话的理解历来颇有争议，其焦点在于"其人"究竟指谁以及"而今非也"又否定的是谁。成玄英《疏》说："秦失初始入吊，谓哭者是方外门人，及见哀痛过，知非老君弟子也。"认为"其人"指的是老聃弟子，这一句的意思是说你们的见识实在配不上老聃弟子的名声。但也有人认为"其人"指老聃，认为秦失此处是说自己错看了人。如释德清《庄子内篇注》："言我始与友时，将谓是有道者也。今日死后，乃知其非有道者也。何以知之？言老少哭之如此，其必生时与彼两情相合，而中心有不能自己者，故不蕲哭而哭之哀如此也。"无论这里的"其人"是指老聃弟子还是老聃本人,其中流露出的都是对自己刚刚逝去的朋友的指责与讥讽,于情于理都说不通。而且,这样解释的话,下文的"适来,夫子时也;适去,夫子顺也。安时而处顺,哀乐不能入也,古者谓是帝之县解"不但成了多余的话,而且与这一句所表达的语意相悖。因此两说都值得商榷。根据上下文来看,我们认为,"其人"其实指的就是秦失本人以及跟老聃一样的人,而"而今非也"则是说下文提到的那些"遁天倍情"的"老者""少者""不蕲言而言""不蕲哭而哭者"。因为这些人才是庄子所要否定的对象。如此的话,这句话的意思就成了:我以为前来吊唁的人都与我和老聃一样,对死有着不同于常人的理解,现在看来并非如此啊。

据秦失的观察,前来吊唁的人除了像自己一样视死若弱丧归乡者外,其他的人大致可归为两类:第一类属于"有老者哭之,如哭其子;少者哭之,如哭其母"。这一类人从老聃之死中感受到的是如同失去亲人般的切肤之痛,所以他们像老人哭不幸早逝的孩子或年轻人哭母亲的故去一样,对老聃之死悲恸万分。第二类则是"必有不蕲言而言、不蕲哭而哭者"。这一类人本不打算说什么,哭什么,却不得不随着他人哭泣而哭泣,随着他人的诉说而诉说。在庄子看来,这两类人都是"遁天倍情,忘其所受"的。遁,违背,违反;倍,同背。意思是这两种人都违背了自然之道,背弃了人的自然秉受。而"古者谓之遁天之刑"是说这样的人就是古人所说的因违背自然天意而遭受"遁天之刑"的人。

那么,究竟应当如何看待生与死?庄子认为人的生死取决于天道,在生死变化面前人当顺应自然:

> "适来,夫子时也;适去,夫子顺也。安时而处顺,哀乐不能
> 入也,古者谓是帝之县解。"

这段话是说老聃应时而生，随命而去。一切顺应自然变化，不必因看到他活着而快乐，也不必因他的死而悲伤，这就达到了古人所说的"帝之县解"的境界。"县"，即悬。什么是"县解"？对此，成玄英有着很精辟的见解：

> 帝者，天也。为生死所系者为县，则无死无生者县解也。夫死生不能系，忧乐不能入者，而远古圣人谓是天然之解脱也。且老君大圣，冥一死生，岂复逃遁天刑，驰骛忧乐？子玄此注，失之远矣。若然者，何谓安时处顺、帝之县解乎？文势前后，自相铢楯。是知遁天之刑，属在哀恸之徒，非关老君也。

意思是说生不是"县"，死也不是"县解"。只有摆脱了生死哀乐之情，不受到生死忧乐的羁绊，"安时而处顺，哀乐不能入也"，放下所谓"系"在死者身上的情，才是"县解"。唯其如此，也才能够不因情而伤生，从而也才能得以养生。而且，更重要的是，在庄子看来，死并非是生命的终结，而是薪尽火传：

> 指穷于为薪，火传也，不知其尽也。

"指"，脂；"穷"，尽。这句话是说，脂薪可以燃烧而尽，可是火却传了下去，永无尽头。那么，此处的"脂薪"指的是什么？"火"又指什么？多数注家认为脂薪指人的形体生命，火指人的精神生命。人的形体会如同脂薪一般燃烧尽，但是精神生命却可以永远传下去。但也有不同的理解。如刘武《庄子集解内篇补证》就说："此段以薪喻生，以火喻知，以薪传火喻以生随知。盖薪有尽，而火无穷，以薪济火，不知其薪之尽也。以喻生有涯而知无涯，以生随知，不知其生之尽也。盖傲人不当以生随知也，即证明首段'吾生也有涯'

四句。"刘武认为"薪"是呼应开篇的"生也有涯"的"生","火"是比喻"知也无涯"的"知"。这样的解释虽勉强，但可聊备一说。不过，由于庄子的这几句话，直接秉承"老聃死"的寓言而来，应该不仅是对"老聃死"的寓言的总结，也是对《养生主》全文的总结。而且，从全文的结构上来，《养生主》从有涯的人的生命开篇，最后归结到如何对待"死"、认识"死"上，其深刻性就在于庄子是以"道通为一"的眼光来看待生与死，因而在庄子思想中的生与死不过都是生命的转化，自然的运行。特别是死，那不是生命的终结，而仅仅是生命的转化而已。正像郭象所解释的：

夫时不再来，今不一停，故人之生也，一息一得耳。向息非今息，故纳养而命续；前火非后火，故为薪而火传，火传而命续，由夫养得其极也，世岂知其尽而更生哉！

就是说今日与昨日不同，昨日之火与今日之火也不同，但是，今天是昨天的继续，今日之火亦由昨日之火而来，其形态虽不同，本质却一样。"火传而命续，由夫养得其极也，世岂知其尽而更生哉！"生死相接，生死转化，一切尽在自然中。

在《齐物论》中，生与死被表述为庄周与蝴蝶之间的互动，庄子称之为"物化"。在《养生主》中，生与死则被表述为是薪与火的互动，薪转化为火。薪尽而火传，人死了，生命在这个世界中消失了，却在另一个世界里继续像火一样燃烧。形式不同，来源却相同。这才是庄子"薪火"比喻的真实含义。如果懂得了养生，懂得了"其尽而更生"，那么，面对死者，生者再也不必"老者哭之，如哭其子；少者哭之，如哭其母"，也不会"不蕲言而言，不蕲哭而哭"地违背自然本性了。

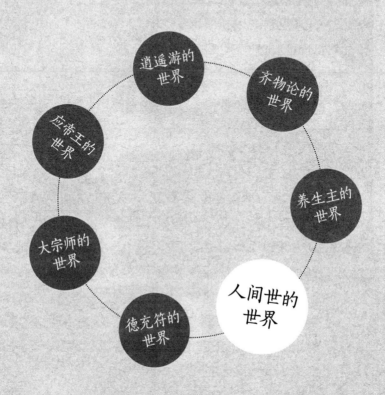

颜回与孔子

在《养生主》中，庄子连用"庖丁解牛""公文轩见右师""泽雉十步一啄""老聃死，秦失吊之"等寓言故事，以多种手法，从不同层面描绘了"缘督以为经""以无厚入有间"的处世方式，说明生于乱世之人如何才能"保身""全生""养亲""尽年"。不过，这样的描述，多多少少带有一种近乎神奇的色彩，与现实社会中的人究竟当如何生存尚有一定的距离。于是，在《养生主》之后的《人间世》，庄子第一次把目光从正面投向苦难悲怆的现实社会，也就是所谓的"人间世"，并把《养生主》中所阐释的生存法则具体运用到现实生活中，教人如何通过"入世""处世"，达到"养生"的目的。在这个层面上，《人间世》在"养生"与"处世"之间架起了一座桥梁，堪称现实版的《养生主》。

一　如何理解"人间世"

所谓"人间世",似乎就是指人间、人世、人类社会,但仔细品味,又不尽然。"人间""人世"与"人间世"意思十分相近,为什么这里要重复使用意思几乎相同的两个词呢?故而郭象把"世"解作"代":

> 与人群者,不得离人。然人间之变故,世世异宜,唯无心而不自用者,为能随变所适而不荷其累也。

意思是说,虽然人世社会在变,代有不同,但《人间世》中所包含的处世道理却不会变。按照郭象的解释,"人间"指的是人间社会,"世"的意思是"代","人间"修饰"代","人间世"当读作"人间—世","人间世"就是"人间的时代"。如此一来,"人间世"的中心词便落在了"世"字上,而不在"人间"。但是《人间世》分明说的是现实社会中的处世之道,重心落在"人间"而非"世"上。可见郭象的解释非庄子本意。唐陆德明《经典释文》释"人间世"说:

> 此人间见事,世所常行者也。

"人间"指人与人之间,"世"指社会。"人间世"的意思就是"人世社会"。陆德明的解释虽然比郭象进了一步,但"人间见事"的本意就是人世社会之事,"人间"二字本身已含有"人世社会"之意,"世"字仍嫌多余。王先谦作《庄子集解》,提出"人间世,谓当世也"。刘武《庄子集解内篇补正》就此解释说:

> 谓人间世为当世,未尽其义。盖人间以横言,世以竖言。人间

世者，谓人与人之间相接之时世也。世有三，即接舆所歌往世、来世、方今之世也。而人与人间之相接，不外乎于内则心，于外则形与行。本篇凡六节。……如此数面写来，人间世之义，无余蕴矣。

刘武提出"人间世"之"世"是以纵向看人世，包括往世、方今之世与来世，也就是说，《人间世》所阐发的处世方法适宜于过去、现在与未来。刘武之说与前人相比，确有新意。庄子在《人间世》中的确引用诸多历史事件作为处世的例证，但其着眼点却既不在历史，也不在未来，而是落在当今。所以将"世"解作往昔、方今、未来，还不如王先谦笼统地将"人间世"落在"当世"上更为明了。实际上，《人间世》的最后一段，已经清楚地点明本文的重点是当世而非过去与未来：

> 来世不可待，往世不可追也。天下有道，圣人成焉；天下无道，圣人生焉。方今之时，仅免刑焉。福轻乎羽，莫之知载；祸重乎地，莫之知避。已乎已乎，临人以德！殆乎殆乎，画地而趋！迷阳迷阳，无伤吾行！吾行郤曲，无伤吾足！

处于这个"方今之时，仅免刑焉"的残酷社会，当务之急当然是如何面对现实，而非过去与未来，即便是陈述过去，预见未来，也只是为了当世。况且，庄子明确地说"来世不可待，往世不可追"，并列举诸多事例谈论当今社会中人当如何处世与自处，并未涉及往世与来世，可见刘武的解释也存在着明显的缺陷。在诸家解说之中，其实最具启发意义的当推王夫之的题解：

> 人间世无不可游也，而入之也难。既生于其间，则虽乱世暴君，不能逃也。……此篇为涉乱世以自全而全人之妙术，君子深有

取焉。

尽管王夫之仍把"人间世"局限于人世社会，但他紧扣《人间世》的处世方法提出的"人间世无不可游也，而入之也难"却有着画龙点睛之功，暗示了"人间世"说的就是"人人人间世"。可惜王夫之还是没有解决《人间世》题目究竟含有什么样的内容。

《庄子》"内七篇"标题的由来需另作文章讨论，但一个难以否认的事实是，"内七篇"的标题都高度概括了本文主旨。因此，"人间世"三字作为题目，一定如同"逍遥游""齐物论""养生主"一样，不可能有赘字。那么，"人间世"究竟作何解释呢？

先秦典籍中以"人间"指人世社会并不乏见。如《韩非子·解老》："聋则不能知雷霆之害，狂则不能免人间法令之祸。"《庄子·至乐》："吾安能弃南面王乐而复为人间之劳乎！"其中的"人间"都指人世社会。就《人间世》所阐释的处人与自处的内容来看，"世"就是人世、人类社会，既非"代"，亦非往世、今世、来世。如此一来，"人间"与"世"似乎语义完全重复，庄子本意果真如此吗？非也。其实，解开"人间世"真谛的关键不在"世"，而在"人间"二字上。

受王夫之题解的启发，后代庄学研究者提出"人间世"当读为"人—间世"，或者"人—间—世"，"间"，读作"jiàn"，意为参与、进入。如流沙河说：间作动词用，音jiàn，介入也，参与也。人间世也就是人处世（《庄子现代版》增订本）。先秦时期，"间"确实可当动词用，意思是"参与"。如《左传·庄公十年》："肉食者谋之，又何间焉！"杜预注："间，犹与也。"《人间世》前半部分所讲述的三则故事，都是说"士"如何入世，在仕途上如何不伤身、不伤生。即便第二部分所讲述的"无用之用"的"自处"，也是据第一部分的处人而来，要解决人入世之后如何处世。可见，"人间世"的意思就是"人入世"。这样一来，不但解决了"人间"与"世"意思重叠的问题，而且仅此三字便将《人间世》的全部内容浓缩其中。

二　孔子与颜回是寓言人物吗

有意思的是，一旦进入人间社会，庄子的写作风格竟然也随之发生了根本变化，不但鲲鹏展翅"水击三千里，抟扶摇而上者九万里"般的汪洋恣肆消失殆尽，而且也不见了"有有也者，有无也者，有未始有无也者，有未始有夫未始有无也者，俄而有无矣。而未知有无之果孰有孰无也"那般精深莫测、汪洋恣肆的高深议论，甚至连庖丁解牛"手之所触，肩之所倚，足之所履，膝之所踦，砉然向然，奏刀騞然，莫不中音。合于《桑林》之舞，乃中《经首》之会"般神采飞扬的酣畅重墨也统统归零。《人间世》开篇现身的竟然是历史上实有其人的两位大儒：孔子与颜回。

历代庄子学者大都认为庄子笔下的孔子、颜回如同王倪、啮齿、瞿鹊子、长梧子等一样，不过是寓言人物，庄子仅仅是借其说理而已。但令人费解的是，《庄子》"内篇"中，这两位大儒并非偶尔一现，而是屡屡登场，庄子许多重要的见解，都是通过孔子、颜回之口表述出来的。倘若孔、颜二人仅仅是寓言人物，庄子何不继续创造诸如王倪、啮齿、瞿鹊子、长梧子等寓言人物加以演绎，或者索性像《齐物论》中那样，直接以"尝试言之"的方式阐述？为什么一定要通过孔子、颜回这两位最重量级的儒家人物来传达自己独到的思想见解呢？一直以来，中国文化史上都是将"儒""道"视为虽互补却相互对立的两派。既然如此，庄子为什么还要借重于儒家代表人物孔子与颜回呢？

要揭开此中奥秘，我们不妨先将《庄子》"内篇"与《论语》以及其他典籍中有关孔子与颜回的言行记载加以比照。《论语》中对孔子与颜回有着这样一些记载：

道不行,乘桴浮于海。(《论语·公冶长》)

一箪食,一瓢饮,在陋巷,人不堪其忧,回也不改其乐。贤哉,回也!(《论语·雍也》)

用之则行,舍之则藏,惟我与尔有是夫。(《论语·述而》)

子路、曾皙、冉有、公西华侍坐。子曰:"以吾一日长乎尔,毋吾以也。居则曰:'不吾知也!'如或知尔,则何以哉?"子路率尔而对曰:"千乘之国,摄乎大国之间,加之以师旅,因之以饥馑,由也为之,比及三年,可使有勇,且知方也。"夫子哂之。"求,尔何如?"对曰:"方六七十,如五六十,求也为之,比及三年,可使足民。如其礼乐,以俟君子。""赤,尔何如?"对曰:"非曰能之,愿学焉。宗庙之事,如会同,端章甫,愿为小相焉。""点,尔何如?"鼓瑟希,铿尔,舍瑟而作,对曰:"异乎三子者之撰。"子曰:"何伤乎?亦各言其志也。"曰:"莫春者,春服既成,冠者五六人,童子六七人,浴乎沂,风乎舞雩,咏而归。"夫子喟然叹曰:"吾与点也!"(《论语·先进》)

其中所流露出的"乘桴浮于海""舍之则藏"的出世倾向,与孔子积极入世的人生态度与政治主张显然颇有差异,但此中所表述的思想的的确确是孔子思想的重要组成部分。孔子的入世主张与《论语》中零散记录下来的出世倾向,后来被孟子概括为"穷则独善其身,达则兼善天下"(《尽心章句上》)。可惜这种"独善其身"的主张,在春秋战国时期并没有得到儒家学派的重视,反倒被庄子发扬光大了。实际上,后世中国文人士大夫奉行的"独善其身"思想,更多接受的是庄子精神而非来自孔孟。从某种意义上说,儒家"独善其身"的思想不是由儒家而是由庄子完成的。这么说来,难道庄子与儒家之间竟存在着某种思想渊源吗?

《韩非子·显学》说孔子死后,儒家分为八派:"有子张之儒,有子思之儒，有颜氏之儒，有孟氏之儒，有漆雕氏之儒，有仲良氏之儒，有孙氏之儒，有乐正氏之儒。"其中"颜氏之儒"一派的文章、言论已经失传，但细细揣摩上述有关孔子、颜回的记载，不难看出庄子与孔子、颜回思想之间千丝万缕的联系。据此推测，庄子很可能出自颜氏之儒，但又对颜氏之儒加以突破与创新，才形成了自己的一家之说。因此，《庄子》"内篇"中所出现的孔子与颜回，很可能并非纯粹的寓言形象，而是有一定历史根据的。

庄子出于颜氏之儒，并不仅仅是一种臆测。不容否认，《人间世》中所提到的颜回与《论语》中的颜回存在着一定的差异，特别体现在颜回向孔子请行前往卫国劝说卫君一事上。但是任何思想体系的成熟与定型都会有一个过程，《人间世》中有关颜回的这段记载，很可能正好补充了十来岁便追随孔子的颜回与创立"颜氏之儒"的颜回的思想演变历程。

如果把"颜回请行"与《大宗师》中的"坐忘"都视为可信的历史记载的话，我们可以从中看出，其一，颜回向孔子"请行"时仍属涉世不深的"热血青年"。此处记述的应该是颜回早年的言行。少年时的颜回虽已有做"隐士"的倾向，有过"心斋""坐忘"的修炼，但在孔门的熏陶之下，颜回仍渴望去实践自己的政治理想。这种人生规划在士大夫阶层中是颇具代表性的，也是士子首选的人生道路。孔子率弟子奔走于各国之间，一直以言教身教鼓励弟子积极入世，从小便追随孔子周游列国的颜回不可能不受其影响。其二，《齐物论》中南郭子綦与颜成子游所探讨的"吾丧我"，与《人间世》中颜回所述及的"心斋"、《大宗师》中的"坐忘"显然一脉相承。庄子借寓言式人物南郭子綦之口大谈"吾丧我"，而"心斋""坐忘"却要通过真实历史人物颜回之口说出，很可能就是因为"心斋""坐忘"原本就发轫于颜氏之儒，庄子是在颜氏之儒的说法上，给予"心斋"与"坐忘"更详尽的内涵，完善了这两个在中国文化史上颇有影响的概念。其三，庄子大谈颜回，实际上也是借最终归于"养心""养生"的颜回，展示士子于乱世中思想演变的轨迹。身为孔门第一贤人的颜回尚且能够回归"保身""全生""养亲""尽年"的人生之路，那些终日纠缠于"日以心斗""与物相靡相刃"的"大知小知"还有什么放不下的，为何还要继续沉溺于"终身役役而不见其成功，苶然疲役而不知其所归"的可悲境地中呢？这大概也是庄子在《人间世》中写孔子、颜回的终极目的所在。

三 庄子是否尊孔

据《史记》记载，孔子有三千弟子，七十二贤人。一个值得注意的事实是，除《论语》之外，《庄子》竟然是先秦典籍中记录孔子及其弟子言行最多的一部书。《庄子》中记载的孔子及有姓名的弟子共计十人，达八十九次之多。今存三十三篇《庄子》中，有二十篇涉及孔子，凡四十七见，"内篇"九见，"外篇"二十五见，"杂篇"十三见。颜回共十三见，其中"内篇"三见，"外篇"六见，"杂篇"四见，涉及《庄子》十一篇。由于《庄子》外、杂篇中有不少抨击孔子和儒家学派的激烈言辞，绝大多数《庄子》学者在将《庄子》视为一个完整体系的前提下，不得不把"内篇"中出现的孔子与颜回统统当作寓言人物来看待，认为庄子不过是借孔子之口陈述自己的看法，从而忽略了庄子引用历史人物孔子言行的可能性。

固然，《庄子》"内篇"中记载的孔子及其弟子的言论似乎与《论语》所述孔子的治世思想有所不同，甚至"内篇"中记述的孔子言行也存在相互矛盾之处，例如《德充符》中，孔子一方面为常季解释德充符者王骀授徒一事，表现出对德充符的深刻理解；另一方面又指责叔山无趾遭受刖刑，"子不谨，前既犯患若是矣。虽今来，何及矣！"内篇中出现的这种矛盾现象，其实正如《论语》中孔子的言行偶尔也存在矛盾一样，恰恰说明了人在特定的场合对待每一个具体之人、具体之事会有不同的反应。同时也可见出，庄子文中的孔子并非仅仅是借他人为自己发声，而是根据历史真实记下可用以阐发自己学说的孔子言行，其中很可能还包括颜氏之儒学派的贡献。

相对于《论语》中的孔子，《庄子》"内篇"中孔子的言行，显然是有选择性地记述的，因此，"内篇"中的孔子似乎成为了庄子的代言人，这也是孔子被后人视为寓言人物的根本原因。其实，《论语》中孔子的言行并非总是与庄子的思想截然对立，在不同时期、不同情境下，孔子也不时流露出与庄子相近的心态与感慨。特别是从孔子晚年回归故里，潜心授徒之后的言行，以及孔子对曾点、颜回的称许上，不难看出孔子思想并非是一成不变的。《庄子·寓言》中记述了一段庄子与惠子谈及孔子的对话，非常值得注意：

> 庄子谓惠子曰："孔子行年六十而六十化，始时所是，卒而非之，未知今之所谓是之非五十九非也。"惠子曰："孔子勤志服知也。"庄子曰："孔子谢之矣，而其未之尝言。孔子云：'夫受才乎大本，复灵以生。'鸣而当律，言而当法，利义陈乎前，而好恶是非直服人之口而已矣。使人乃以心服，而不敢蘁立，定天下之定。已乎已乎！吾且不得及彼乎！"

这段话清楚地记载了晚年孔子思想的变化。"已乎已乎！吾且不得及彼乎"实在是庄子对历史上真实人物所作的最高评价。成玄英就说："吾徒庸浅，不能逮及。此是庄子叹美宣尼之言。"从庄子在这段话中所流露出的由衷感慨与赞叹，可知庄子其实是非常推崇尊敬孔子的。我们不能因为这段记载出自《庄子·寓言》就简单地将其视为一篇文学创作，而忽略了庄子对孔子的尊崇。根据《论语》记载的孔子思想发展脉络来看，庄子所说的"孔子行年六十而六十化，始时所是，卒而非之，未知今之所谓是之非五十九非也"，是有一定可信度的。"孔子行年六十而六十化"中的"化"，很可能就包括孔子在《人间世》中对颜回的训导。

《庄子》"内篇"所阐述的处世、处人、处事之道，如果寻其历史渊源，在某种程度上，甚至可说是庄子对孔子、颜回儒学在新的历史时期的发扬光大。庄子生活的时代远比孔子时代更为险恶。随着几百年的时代变迁，政权更替，连绵不断的战争，颜氏之儒已经开始对孔子"吾与点也""贤哉回也"的思想加以发挥，逐渐与孔学有别而自成一家。而庄子也正是从颜氏之儒中汲取了养分，最终脱离颜氏之儒而自成一体，开创了被后世尊为"道家"学说的庄子精神。庄子之学其实绝非如荀子所说的那样是"蔽于天而不知人"（《荀子·解蔽》），而实实在在是因为庄子对人生、人性、人心与现世认识得如此透彻，以至于连荀子这样的大儒都看不到庄子思想的精髓以及其中所蕴含的深厚的人文意义。

《人间世》开篇有关颜回向孔子请行前往卫国救民于水火之中的记载，已无法确认历史上是否确有其事，但根据孔子大半生曾汲汲奔走于天下，而自少年时起就一直追随孔子的颜回的历史事实来看，早年的颜回有过如此的言行是符合历史事实的，并不让人感到意外。当然，其中孔子对颜回的教诲，不一定就是孔子的原话，而很可能是经过颜回弟子或再传弟子转述而又经庄子进一步发挥完善之后才记载在《人间世》中的。据此，我们有理由认为，《人间世》有关颜回的记载有一定的可信度。同时，根据这些记载，我们也可以看出，庄子思想并非横空出世，而是有迹可循的。

最后还需强调的是，《人间世》中孔子对颜回所说的一切，虽然都借助孔子之口，但无疑已成为庄子思想的重要组成部分。其中所表达的对入世的看法，不但是庄子对士子入世不可避免需要面对的各种危险的警告，同样也是庄子"缘督以为经"的养生之道，对士子当如何在乱世中求生存的入世方法与处世哲学的集中体现。

颜回请行

既然"人间世"指的是"人入世"，要读懂《人间世》首先就要理解庄子所说的"人"究竟指的是哪些人。显然，入世之人不是庄子所说的圣人、神人，也不是至人，而是那些寒窗多年想踏入仕途的士子。"人入世"，指的就是士子入仕。

"士子"，用大白话来说，就是读书人。士在庄子时代是一个极为特殊的社会阶层，也是现实社会中最活跃、最有思想、最具影响力的一个阶层。他们学而优则仕，不仅参与国政，而且还起着朝野交流的桥梁作用。他们退可为民，隐居人间授徒、著书立说，同样对国家政治有着极大的影响。在一个社会中，士子的遭际与命运往往与国家兴衰、百姓安危、社会治乱息息相关。作为士阶层中的一员，庄子不仕，拒绝与"日以心斗"的"大知小知"为伍，"宁其生而曳尾涂中"，也不愿"王巾笥而藏之庙堂之上"（《庄子·秋水》）。但同时，庄子理解、同情、关心那些以天下为己任的"君子士"。《人间世》实际上就是为那些如颜回一般的君子士而作。庄子在本篇中试图为那些不得不入世的君子士指明一个如何与君主，特别是与暴君相处的保身、全生之法。

《人间世》很像是一幅"君子士入世"的人生长卷。在这幅长卷中，庄子通过一系列看似独立，实则贯穿一体的具体事例，一步步地展示君子士是如何从积极入世到最终只能以"无用之用"来保全自己的必然历程。

一　颜回赴卫之前

要认识庄子的处世之道，首先要了解庄子是如何看待入世之士，又是如何为不得不仕的士子指明一条养生之道的：

> 颜回见仲尼，请行。曰："奚之？"曰："将之卫。"曰："奚为焉？"曰："回闻卫君，其年壮，其行独。轻用其国而不见其过。轻用民死，死者以国量乎泽若蕉，民其无如矣！回尝闻之夫子曰：'治国去之，乱国就之，医门多疾。'愿以所闻思其则，庶几其国有瘳乎！"

司马彪说卫君指卫庄公蒯聩，但陆德明《经典释文》考证说蒯聩为庄公时，颜回已死，此处卫君当指出公辄。其实，庄子所说的卫君并不一定是实指，更可能是泛指所有暴君。清姚鼐《庄子章义》就说"卫君，托词以指时王糜烂其民者"。"其行独"，指卫君独断专横；"死者以国量乎泽若蕉"，意思是卫国生灵涂炭，死者多如泽地中的草芥；"民其无如"，是说卫国人已无路可走，无处藏身。"庶几"，恐怕；"瘳"，病愈。这一段记述的是颜回得知卫君残暴，民不聊生，尸横遍野，特地前来向孔子辞行，意欲前往卫国，希望以自己所学的救世之策，救治卫国的痼疾，拯救百姓于水火之中。

如前所述，庄子在《人间世》开篇首先推出儒家代表人物孔子与颜回来表述自己的处世哲学，很可能是有一定历史依据的。首先，孔子主张"学而优则仕"，不但自己一生汲汲游走列国以求实施自己的政治理想，而且鼓励弟子出仕。因此颜回向孔子辞行以出仕，符合孔子的政治主张。第二，庄子选择有隐士倾向的颜回向孔子"请行"，"愿以所闻思其则，庶几其国有瘳乎！"一方面说卫君的残暴已经到了令人发指的地步，另一方面显示了颜回高度的道德使命感，符合历史事实。第三，庄子选择颜回"将之卫"而非其他诸侯国，是因为孔子、颜回与卫国的关系非同一般。孔子与颜回同为鲁人。孔子一生曾长居卫国达十年之久。虽然孔子的政治抱负最终未能在卫国得以施展，但居卫期间，卫灵公君臣一直对孔子礼遇有加。据《孔子家语·贤君第十三》，当鲁哀公问及"当今之君，孰为最贤"时，孔子答道："丘未之见也，抑有卫灵公乎？"可知孔子对卫灵公评价之高。在孔子居卫期间，颜回一直伴随左右，对卫国当有不同于他国的了解与情感，因而才更渴望去拯救这个患了"重病"的国家。这也可以间接证实这段记载并不完全属于庄子的虚构，而当有一定的史实根据，可视为研究颜回思想的重要资料。

颜回向孔子"请行"的背景是卫君"轻用民死，死者以国量乎泽若蕉，民其无如矣"。面对如此黑暗残暴的社会现实，颜回遵循孔子"治国去之，乱国就之，医门多疾"的教诲，毅然决然地要去拯救百姓于水火之中。这三句话不仅是孔子的教诲，也是颜回的自诩。颜回正是以此为使命，去履行一个"君子士"所应担当的社会职责。对于颜回这种治国救民的使命感与责任感，庄子非但没有表现出一丝一毫的轻蔑鄙视，反而在字里行间流露出浓重的悲惜之情。"庶几其国有瘳乎"一语，透露出颜回在貌似自信之下实则隐藏着的忧虑与担心，也就是说颜回手中并没有治愈卫君顽症的灵丹妙药，但他却抱着君子士以身殉道的悲壮之心向孔子辞行。庄子以这样的笔调写颜回"请行"出仕，既充分肯定了颜回是君子士，表现出对颜回的敬佩与同情，更重要的还在于把颜回与那些"其发若机栝""其留如诅盟""其杀若秋冬"的一类"大知小知"严格区别开。实际上，《人间世》中所阐发的入世、处世方式，就是为颜回这样的君子士量身而作的。

二　轻易入世必将导致刑祸

根据庄子对自己所处时代世事险恶的认识，他对于颜回的入世，是极为担忧的。如此贸然前往卫国，等待他的必然是危及生命的灾祸：

> 仲尼曰："嘻，若殆往而刑耳！"

"嘻"，李颐《庄子集解·养生主》注"嘻，技盖至此乎"时说："嘻，叹声也。"但成玄英释《人间世》却说："嘻，怪笑声也。若，汝也。殆，近也。孔子哂其术浅，未足化他，汝若往于卫，必遭刑戮者也。"《养生主》中的"嘻"，表现了文惠君对庖丁解牛技艺之精湛的赞美与慨叹，此处之"嘻"应同样是孔子听罢颜回的"请行"之言后所发的感慨。成玄英释"嘻"为"怪笑"，既不符合孔子为师的身份，而且"哂其术浅"更含有轻视之意，为人师表的孔子，是不可能对自己最得意的弟子如此无礼的。所以这里的"嘻"当与文惠君"嘻，善哉"的"嘻"同义，表现了孔子对颜回不知处世艰险的感慨。

"嘻"，虽然只是一个叹词，却也折射出孔子对颜回"请行"赴卫国的复杂心情。按照孔子的治世理想以及对弟子的一贯教诲，他原本应对颜回请行感到由衷的欣慰才是。可偏偏卫君是一个"轻用民死"、视人命如草芥却又掌握着国家最高权力的暴君。凭借颜回此时的状态，轻易赴卫只会给自己招来杀身之祸。一个"嘻"字，既包含着孔子对颜回勇气的嘉许，又流露出对颜回的性命之虞。于是，孔子发出了如此耸人听闻的警告："若殆往而刑耳。""殆"，恐怕。意思是你这样轻易而行，恐怕只是去送死啊！此言不啻为孔子对颜回的当头棒喝。这里值得一提的是，旧注多认为庄子写颜回之事，表示出对其"请行"的谴责与嘲讽。这种解释当是受成玄英疏的影响。稍加比较的话，就不难感受到庄子记述孔子与颜回这段旧事与谈论"大知小知"时的口吻是截然不同的。这一点，也可以从后文孔子以一种循循善诱的方式为颜回阐发其中的道理而感受到：

> 夫道不欲杂，杂则多，多则扰，扰则忧，忧而不救。

此处之"道"，就是《齐物论》中反复论及的"道"，是君子士解决各种矛盾、安身立命的根本。所谓"道不欲杂"，是说"道"是纯粹的，必须让心中没有顾忌、没有杂念才行。倘若有杂念，就会有过多的关切，而关切太多就会带来困扰，假如困扰重重，一定达不到自己的目的，只会事与愿违。简而言之，就是如果不能坚守"道"的准则，即便面临一件简单的事也会节外生枝，最终违背初衷。这里孔子表面上是为颜回解"道"，实际上是说颜回尚未达到处变而不惊的境地，还无法以"道"去化解卫国错综复杂的矛盾，因此无法避免失败的结局。

那么，在孔子看来，颜回究竟需要具备怎样的条件才可前往卫国呢？

> 古之至人，先存诸己而后存诸人。所存于己者未定，何暇至于暴人之所行！

"存诸己"，立己；"存诸人"，立人。这四句的意思是说，古时的至人，都是先自立然后才去扶助他人。现在，你自己心中的大道尚未立稳，又怎么可能去改正恶人的暴行？

孔子举至人心中有"道"而不杂、不多、不扰、不忧来衬托出颜回的杂、多、扰、忧，从而说明颜回之路是行不通的。这里孔子所说的"至人"，与《逍遥游》《齐物论》中的"至人"同，均是指在精神与处世上都进入了极高境界之人，所谓"大泽焚而不能热，河汉冱而不能寒，疾雷破山飘风振海而不能惊"（《齐物论》）。这样的人，无论面对什么样的艰难曲折，都可"寓诸庸"，居于"环中"以应对一切。在孔子看来，颜回赴卫，他所面临的境地将不会亚于"大泽焚""河汉冱""疾雷破山飘风振海"，然而在这种种险恶面前，颜回显然还不能做到"不能热""不能寒""不能惊"，因此，对颜回来说，眼下首要的问题不是赴卫劝说卫君放弃暴行，而是要先"存诸己"，先有自救的能力与方法，做到在险恶污浊的世事面前不"杂"、不"多"、不"扰"、不"忧"。"古昔至德之人，虚怀而游世间，必先安立己道，然后拯救他人，未有己身不存而能接物者也。"（成玄英疏）唯其如此，才可能在"筋骨盘结"的世上，"恢恢乎其于游刃必有余地"。

三 "名"与"知"是凶器

孔子说颜回"所存于己者未定，何暇至于暴人之所行"。那么，"所存于己者未定"的症结何在？原因又是什么？

> 且若亦知夫德之所荡而知之所为出乎哉？德荡乎名，知出乎争。名也者，相轧也；知也者，争之器也。二者凶器，非所以尽行也。

"荡"，溢，满，这里指过分、过量；"德之所荡"，是说德"溢"了出来，意思是向人炫耀德。这一段的大意是说，你知道人们为什么要炫耀一己之"德"，把"知"外露出来吗？炫耀"德"是为了出名，外露"知"是为了争胜。人们为了名而相互倾轧,而"知"则成了相争的工具。"名"与"知"其实都是凶器,是不可能赖以长久的。

这一段中,孔子对颜回给予了循循善诱式的点拨,指明为"名"而显示的"德"不是真正的"德"。真正的"德"是内在的、含而不露的,要"为善无近名"(《养生主》),凡是以示人而追求道德的完美,不过是为了名声而炫耀自己而已,如此求德必然会导致人们为了抢占道德高地的美名而相互倾轧,相互争夺。如此得来的"名"也是庄子所不屑和鄙视的,正如许由所反问的那样,"吾将为名乎?"(《逍遥游》)同样,真正的"知"是"知止其所不知,至矣"(《齐物论》)。凡是为了"以是其所非而非其所是"(《齐物论》)而求"知",或者"以有涯随无涯"(《养生主》)地求"知",如此的"知"终究不过是一种争胜的工具,其结局只能是"其溺之所为之,不可使复之也""近死之心,莫使复阳也"(《齐物论》)。孔子对颜回的这一教诲,与《逍遥游》《齐物论》《养生主》中有关"名""知"的议论遥相呼应,一针见血地指出了"名"与"知"是致命的凶器,告诫士子入世、处世的关键在于要摆脱"名"与"知"的束缚。否则,非但不能达到"瘳"国之"疾"的目的,自己反而会惨遭刑戮。

为什么这么说呢?孔子接着阐述道:

> 且德厚信矼,未达人气,名闻不争,未达人心,而强以仁义绳墨之言术暴人之前者,是以人恶有其美也,命之曰菑人。菑人者,人必反菑之。若殆为人菑夫。

"信",诚实守信;"矼",确实;"绳墨",比喻规矩、准则;"菑",同灾。这一段的意思是说,虽然你内心德性纯厚,诚实守信,但是别人并不了解;虽然你不求名声,却很难让人相信你的初衷。在这样的情况下，如果你一定要在暴君面前讲述仁义道德，那一定会被认为是你在当面揭露他的恶行以彰显自己的美德。这样的话，有恶行的人一定认为你是在害他。一旦被认为你是在害人，那别人必定也会反过来害你。最终恐怕你只能为人所害。

这里所说的"德厚信矼""名闻不争"，都是对颜回美德的肯定。但问题在于，颜回的"德"虽"厚"，"信"虽"矼"，"名"虽"闻"，且"不争"，然而这个社会的"人气"与"人心"都已经被严重腐蚀和异化，没有人可以了解你的真实意图。在这样的情况下，任何以礼法、仁义道德去改变这个社会的企图，都只能被解释为意在通过对他人暴行的揭露来彰显自己的美德，被视为是害人。而害人者，必定难逃被害，所以孔子才不得不用如此的危言耸听来告诫颜回。显然，这里庄子是借孔子之口，强调这个社会已经到了无可救药的地步，世人完全不可理喻，任何入世救民的企图都不可避免地会遭遇灭顶之灾。因此，对于君子士来说，眼下唯一可做的，就是"先存诸己"，在"存诸于己未定"之前，放弃一切"瘳"国之疾、"瘳"民之疾的企图。应该说，这一段孔子对颜回语重心长的告诫，不仅击中了大多数君子士的致命弱点，同时也从侧面揭示了在一个"无可救药"的社会，君子士的唯一出路在于回归内心的修养与磨炼。如果说，《齐物论》写"大知小知"时，庄子把着眼点主要放在对士子汲汲于功名利禄的追求、对是非之争的抨击上，那么，这一段的重点则要为君子士指出一条如何走向对内心之德的修炼，最终不为"名""知"所伤的道路。

四 切忌"以火救火，以水救水"

孔子从"道不欲杂"说到"德厚信矼"，虽然对颜回的品行多有褒奖，但重点却落在颜回将面临的潜在危险的警示上。因此，孔子一再警告颜回，"若殆往而刑耳"，"二者凶器，非所以尽行也"，

"若殆为人菑夫"。尽管如此，孔子仍然担心不能彻底打消颜回试图匡正卫君、拯救黎民百姓的念头，于是，在警告颜回必定会有性命之虞的基础上，孔子更进一步分析了此行必然会徒劳无益，事与愿违：

> 且苟为悦贤而恶不肖，恶用而求有以异？若唯无诏，王公必将乘人而斗其捷。

"恶用而"，意思是何必用你。"诏"，争辩，诤谏。"王公"，成玄英认为指卫君，其实当指"王"与"公"。"王"指卫君，"公"指附和卫君的臣子。据"乘人而斗其捷""是以火救火，以水救水"来看，想必颜回赴卫之后，即将面对的并非卫君一人，故"公"当指卫君之臣。"人"，指颜回。"捷"，胜。这几句话的意思是说，假如卫君本身就喜欢贤能之人，厌恶不肖之徒，你前去做的正是他已经做了的，为什么还需要你去显示与众不同呢？既然卫君是暴君，你到了卫国，除非不说话，如果你试图以仁义强谏卫君，那么，卫君和那些与他沆瀣一气的臣子，一定会抓住你言辞中的把柄而击败你。郭象解释说：

> 苟能悦贤恶愚，闻义而服，便为明君也。苟为明君，则不苦无贤臣，汝往亦不足复奇；如其不尔，往必受害。故以有心而往，无往而可；无心而应，其应自来，则无往而不可也。

意思是明君无须颜回前去辅佐，因为明君已有贤臣；假如你想辅佐暴君，那么只能惨遭其害。所以，在孔子看来，无论卫君悦贤还是悦不肖，颜回都不必前往，因为他无法改变自己即将面临的命运与处境：

而目将荧之，而色将平之，口将营之，容将形之，心且成之。是以火救火，以水救水，名之曰益多。顺始无穷，若殆以不信厚言，必死于暴人之前矣！

"而"，你；"荧"，眩惑；"平"，平和；"营"，营救；"形"，迁就；"成"，顺从。这几句的大意是说，由于终日与"王公大人斗其捷"，你会变得眼目眩惑，面容上趋于平和，口中忙于为自救而辩解，对卫君表现出恭顺，内心也会迁就卫君的主张。你这样的做法实际上是以水救水，以火救火，这就叫作"帮凶"。倘若从一开始你就顺从卫君，那以后不可能停下来。如果从一开始卫君就不相信你的忠厚直言，而你却一味谏诤，你一定会死在暴人面前。

孔子为颜回前往卫国描绘了两种不同的结局：一种是谏诤不成反被巧言令色的"王公"所蛊惑，最终与"王公"同流合污，那必将是"以火救火，以水救水"，为虎作伥。这显然不是颜回的初衷，凭着颜回的道德品行，也决不会走到这一步。那么，等待颜回的必定只有第二种结局，那就是"若殆以不信厚言，必死于暴人之前矣！"这就是孔子为什么一而再、再而三地反复警告颜回决不可以去卫国。同时，这也是孔子要颜回按照自己的本性去发展，摆脱由于"存诸己未定"而带来的"杂""多""扰""忧"，从而引出下文的"定""一""虚"，为向颜回阐释"心斋"作足铺垫。

颜回赴卫注定没有结果

"愿以所闻思其则"可以说是颜回为卫国之行所准备的第一套处世方案。具体来说，就是时刻谨记孔子教诲，处处以儒家治国救民的主张为行动准则，以此来治愈卫国的"痼疾"。想不到此方案刚一推出便遭到孔子一连串的否定："若殆往而刑耳""菑人者，人必反菑之，若殆为人菑夫""必死于暴人之前矣"，孔子把颜回的结局已经说得再清楚不过，赴卫就是死路一条。或者，就是走向自己的反面，"以火救火，以水救水"，成为附和暴君的帮凶。显然，这两种结局，都是孔子，当然也包括庄子所极不愿意看到的。如何说服像颜回这样有着强烈的责任感、使命感的君子士保全自己，能够在现实社会中求生存，就成了《人间世》重点探讨的关键问题。在这篇类似现代系列访谈式的篇章中，庄子从各种不同的角度、不同的侧面，不厌其烦地反复强调"先存诸己而后存诸人"的重要，目的就是要说服颜回彻底打消对入仕的一切不切实际的幻想，意识到自身修养的局限，把注意力转移到"存诸己"的"心斋"上来。

一　圣人也难以抵御"名实"的诱惑

历史是一面镜子。历史上曾发生过的事件总是在循环往复地不停重演。反思过去，不但可以使人理解现在，还可以预见将来。为了劝阻颜回，孔子首先提出了"名"与"知""二者凶器"的论断，接着，则以史为证，列举了历史上曾发生的忠臣死谏的事例，进一步阐述为什么"德荡乎名"只会带来杀身之祸，最后才以圣人为例，指出圣人尚且如此，何况颜回，从而直接为颜回敲响了警钟：

> 且昔者桀杀关龙逢，纣杀王子比干，是皆修其身以下伛拊人之民，以下拂其上者也，故其君因其修以挤之。是好名者也。

"伛拊"，爱怜；"拂"，违背；挤，排挤，打击。这段话的意思是说，昔日夏桀杀关龙逢，商纣杀王子比干，都是由于关龙逢和比干注重自身修养，以人臣之位去抚恤君王的百姓，并且以人臣之位违逆君王的意志，使得君主由于忌恨他们道德修养的美名而排斥打击他们。关龙逢和比干最终遭到刑戮，就是因为他们看重名声啊。

夏桀与商纣是历史上两位最残酷的暴君，而关龙逢与王子比干却是名扬千古的忠臣。相传夏桀在位时荒淫无道，不理政事，关龙逢直言相谏，遭夏桀忌恨，终被囚禁杀害。而王子比干为商纣王时相国，对纣王的荒废政事更是多次忠言直谏，开罪于纣王与妲己，被剖心处死。虽然关龙逢与比干后来的确都作为忠臣而青史留名，但仅此而已，他们的死对改变夏桀、商纣之类暴君的残暴并未产生丝毫的影响，对拯救百姓于水火之中没有起到任何的作用。实际上，褒奖关龙逢、王子比干这样的忠臣，就是鼓励更多颜回一样的君子士去无谓地送死。这样的"名"难道还不是凶器？还不是自找"为人菑"吗？孔子已经清醒地看到，颜回赴卫，其实就是在重蹈关龙逢、王子比干的覆辙。关龙逢、王子比干的结局，也就是颜回赴卫的结局。对庄子来说，这才是那些尚未看透暴君本质，看透现实社会的残酷，仍然抱着"文死谏"的信念与使命，至死不悟地去赢得所谓忠臣之"名"，以求"名垂青史"的君子士的最大悲剧。

如果说孔子引用历史上关龙逢与王子比干忠臣死谏的例子是从正面说明"名"的虚妄的话，那么下面所引用的圣人尧与禹的故事，则是从反面说明即便圣人也难以抵御"名"的诱惑，更何况你一个年轻人了：

> 昔者尧攻丛枝、胥、敖，禹攻有扈。国为虚厉，身为刑戮。其用兵不止，其求实无已。是皆求名实者也。而独不闻之乎？名实者，圣人之所不能胜也，而况若乎！

"丛枝""胥""敖""有扈"，都是尧、禹时期的小国；"虚"，废墟，指国家变为一片废墟；"厉"，厉鬼，指人死为鬼。过去尧攻打丛枝、胥、敖三国，禹攻打有扈国，最终使这些国家变为废墟，国人都变成厉鬼，国君遭刑戮被杀。这都是因为君主穷兵黩武不止，且又贪得无厌造成的。尧与禹攻打他们，也都是为了求仁义之名且追逐丰厚的实利。你难道没有听说过这些吗？在名利问题上，连尧、禹这样的大圣人都摆脱不了，更何况是你呢！

旧注在解释这一段时，一般认为"尧攻丛枝、胥、敖，禹攻有扈。国为虚厉，身为刑戮"，是由于四国君主无道而被征伐。如郭象说："夫暴君非徒求恣其欲，复乃求名，但所求者非其道耳。"成玄英也说："言此三国之君，悉皆无道，好起兵戈，征伐他国。岂唯贪求实利，亦乃规觅虚名，遂使境土丘虚，人民绝灭，身遭刑戮，宗庙颠殒。贪名求实，一至如斯。"按照郭、成等的说法，这四个国家在战火中化为废墟，百姓死绝的原因在于君主无道，"好起兵戈"，因而才被尧、禹所灭。但是从下文"名实者，圣人之所不能胜也，而况若乎"来看，庄子这里所说的"其用兵不止，其求实无已"，并非指四国暴君自取灭亡，而是指尧、禹为了名利，以四国君主残暴为借口而用兵，以至于将这几个国家变为了废墟，让那里的百姓全部丧生。因此，我们认为现存此段话的句读有误。如果在"其求实无已"后断为句号，后文"是皆求名实者也"也断为句号，那么，其中的"皆"不但包括丛枝、胥、敖、有扈四国君主，而且也包括尧、禹。这样的话，这几句才可与下文的"名实者，圣人之所不能胜也"相呼应，"而况若乎"也才更合乎逻辑。否则，"名实者，圣人之所不能胜也"就难以解通。

这一段先以史上两位忠臣关龙逢、王子比干死谏之事从正面论说"名"对人性命的危害，再以两位公认的圣人尧、禹的例子从反面说明即便是好"名"仍会给人带来的巨大灾难，充分显示了庄子对"名"的深刻认识。事实上，无论是臣子不惜死谏以示对国之忠诚，还是作为圣人以讨伐暴君的善名造成他国的生灵涂炭，抑或颜回果真凭着"德厚信矼""名闻不争"去履行自己的使命，最终都只有一个"德荡乎名"的结局。

二 你的方案一定行不通

孔子虽然认定颜回此去"必死于暴人之前"无疑，但孔子终究是孔子，是师长，他并不要以此来堵住颜回的嘴，让他没有说话的机会。于是，孔子在列举历史经验教训之后，请颜回发表自己的看法：

　　虽然，若必有以也，尝以语我来。

"有以"，有原因，有办法。尽管如此，你一定是有你自己的想法，不妨说来听听。

> 颜回曰："端而虚，勉而一，则可乎？"

"端"，端正；"虚"，谦逊；"勉"，勉励行事；"一"，专一。颜回说，我行为端正，内心谦逊，勉励行事，意志专一，这样可以吗？

"端而虚，勉而一"六字是针对孔子前面所提及的"道不欲杂，杂则多，多则扰，扰则忧"而来。既然"杂""多""扰"必定会引发"忧"，产生诸多的顾虑，那么仅仅靠"愿以所闻思其则"之"所闻"去医治卫国的疾病显然不够。在孔子的教诲下，颜回打算采用与"杂""多""扰"相反的"虚"与"一"作为自己在卫国的行为准则。颜回以为只要自己行为端正，便不会授人以柄；再加上谦虚待人，勤勉做事，用心专一，就绝不可能陷入"目将荧之，而色将平之，口将营之，容将形之，心且成之。是以火救火，以水救水，名之曰益多"的罪恶之深潭。对颜回来说，"端而虚，勉而一"一定足以应付现实社会中的各种暴力与丑恶。然而，在孔子看来，这仍然远远不够。特别当面对夏桀、商纣这样的暴君，仅仅凭着谦恭谨慎、勤勉专一、循规蹈矩，根本就不可能实现"其国有瘳"的理想。

> 恶！恶可！

孔子马上再次果断地否定了颜回的幻想。颜回所说的"虚"与"一"原本是庄子思想中极其重要的两个概念。《人间世》中所推崇的"心斋"的核心就是一个"虚"字。但为什么颜回一提出"端而虚，勉而一"，就立刻遭到孔子的极力否定呢？其实，孔子否定的并非是这里的"虚"与"一"，而是"端"与"勉"。"端"与"虚"以及"勉"与

"一"是两对截然相反的概念。"端"是一种努力实施"所闻"的姿态，是争"名"的一种手段；而"虚"则是一无所有，旷如天地，能容得下万物，又"酌焉而不竭"，所以"虚"不可"端"，也不必"端"，可"端"的就不是"虚"。而"勉"则是要尽己之所能以达到目的，实际上是一种获得名声的途径；而"一"却是单纯的，又是博大的，既用不着"勉"，也不必"勉"。"一"就是"一"，"一"不可"勉"，可"勉"则非"一"。在庄子心目中，"虚"与"一"实际都是"道"的体现，是"无名""无功""无己"的境界；而"端"与"勉"却是逐名求利的工具。现在颜回把"端"与"虚"、"勉"与"一"拼凑在一起，试图在对立的两者之中寻求平衡，这样一来，颜回之"虚"与"一"就完全失去了庄子"虚"和"一"的本义，实质上成了"杂""多""扰"的另一种表现形式。

我们知道，庄子的时代较之孔子时更加黑暗险恶，《人间世》特别着力地揭示其黑暗险恶的程度。但是那些对这个社会仍抱有强烈使命感，抱有幻想的君子士却如颜回一样不甘心让这个社会就这样腐败下去，总是希望能以一己之力力挽狂澜。而把这个社会的本质已经看得透之又透的庄子却不忍看着这些本性善良而又有社会责任感的君子士误入歧途，试图给他们指出一条可以活命的"全身""全生"之路。为了达到这个目的，他必须首先在观念上彻底否定君子士对现存社会所抱有的任何幻想，让他们理解这种"端而虚，勉而一"的折中方法绝对行不通，也绝无可能：

> 夫以阳为充孔扬，采色不定，常人之所不违，因案人之所感，以求容与其心，名之曰日渐之德不成，而况大德乎！将执而不化，外合而内不訾，其庸讵可乎！

"阳"，刚猛；"充"，满；"孔"，非常；"扬"，张扬。郭象说此句"言卫君亢阳之性充张于内而甚扬于外,强御之至也"。"采色不定",形容喜怒无常;"不违",不敢拂逆;"案",压制,压抑;"容与",自快,放纵;"外合",表面上附和;"訾",诋毁。这段话的大意是说,你的"端而虚,勉而一"的方法并不可行。卫君骄横跋扈,喜怒无常,没有人敢违背他的意志,他也容不得任何的劝告,只求自己内心的舒畅。像卫君这样的人,以德逐渐感化他都不可以,你怎么还能希望用大德去改变他的暴行呢?卫君是一个顽固不化的人,去卫国的最终结果必定是你不仅在表面上附和他,内心也不会再谴责他。因此,你的这个方案一定行不通。

孔子的这段话给仍忙于积极入世的君子士猛击了一掌,说明暴君的本质如此,就算你有再深厚的道德也无法让现实有任何的改变。这里值得一提的是"外合而内不訾"一句,究竟说的是谁?历来《庄子》注本有两种不同的看法。一说是颜回,如郭象说:"即向之端虚而勉一耳,言此未足以化之。"成玄英也说:"外形擎跽,以尽足恭,内心顺从,不敢訾毁。"而另一说则指卫君。如吕惠卿《庄子解》:"以之格其君,不过外合内不訾而已,又何足以化彼?夫以己之言而蕲乎而人善人之,蕲乎而人不善之者,以己贱而人贵故也。"姚鼐《庄子章义》也说卫君"闻君子之言,外若不违,而内不度量其义"。陈鼓应《庄子今注今译》是这样翻译的:"他(卫君)必定固执不化,即使表面附和而内心也必不如此。"然而,假如这句真的是说卫君表面上附和颜回而内心并不以颜回所说为然,那么,卫君还算不上是"暴人",孔子一次次强调颜回"必死于暴人之前"似乎也有危言耸听之嫌。既然孔子早已预见到颜回赴卫或遭刑戮或成为暴君帮凶的两种必然结局,这里所说的"外合而内不訾"就当指颜回最终不仅在表面上附和卫君,在内心也会不再谴责卫君的暴行。可知郭象、成玄英的说法比较合乎庄子的本意,意即颜回最终不但会违背了自己的初衷,而且会与卫君沆瀣一气,故而孔子才说"其庸讵可乎！"

三　表面顺从，但不同流合污

　　颜回向孔子陈述的两种在卫国的处世方法，都被孔子断然否定了。孔子认为他的所谓"端而虚，勉而一"的最终结果只可能是对暴君"外合而内不訾"。于是，颜回又想出了一个与"端而虚，勉而一"反其道而行之的方案向孔子请教：

　　　　然则我内直而外曲，成而上比。

"内直"，指内心正直，坚持原则，不与卫君同流合污；"外曲"，是表面上附和卫君，以求自我保护；"成而上比"，则是不直接陈述己见，而是托古喻今，来感化卫君。对自己"内直而外曲，成而上比"的处世办法，颜回进一步解释说：

　　　　内直者，与天为徒。与天为徒者，知天子之与己，皆天之所子，
　　而独以己言蕲乎而人善之，蕲乎而人不善之邪？若然者，人谓之童
　　子，是之谓与天为徒。

"内直"，也就是《人间世》下文"颜阖为卫灵公太子傅"一节中所说的"心莫若和"。意思是说，所谓内心诚直，就是把人看作与自然同类。如果把人看作与自然同类，那么，天子与我，同是自然之子。既然大家都是自然之子，就会有共同的属性。君主与我都是人，我为什么会希望别人称赞我，认为我说的都对，又何必在乎别人指责我，说我说的不对呢？像这样的人，人们会称之为"童子"，这就是"与天为徒"。那么，什么又是"外曲"呢？颜回的解释是：

外曲者，与人之为徒也。擎跽曲拳，人臣之礼也。人皆为之，
吾敢不为邪？为人之所为者，人亦无疵焉，是之谓与人为徒。

"外曲"，其实就是《人间世》下文"颜阖为卫灵公太子傅"一节中所说的"行莫若就"。"擎"，执，指上朝时臣子手中执笏；"跽"，指跪拜君主；"曲拳"，抱拳鞠躬，指大臣相见时所行之礼。这段话是说，所谓"外曲"，就是外表上跟众人一样，上朝叩头，拱手作揖，既然人人都做，我又怎么能不做呢？做与众人相同的事，别人也就不会指责我与众不同。与众人同，这就叫作"与人为徒"。

最后，颜回又解释了何谓"成而上比"：

成而上比者，与古为徒。其言虽教，谪之实也，古之有也，非吾有也。若然者，虽直而不病，是之谓与古为徒。若是则可乎？

"谪"，诤。这段话意思是说，所谓"成而上比"，就是与古人同类，他们的言辞虽有教训的作用，却为我用作谏诤之言，而且这些话是自古就有的，并非出自我的发明。像这样做，我所说的话虽直率，却不会招来忌恨，这就叫作"与古为徒"。这样的方法可行吗？

从"内直而外曲，成而上比"到"与天为徒""与人为徒""与古为徒"，都是颜回筹划的规劝卫君的具体实施方法。在颜回看来，他已经为自己的卫国之行做了最充分的准备，从内心诚直，到亦步亦趋地混同于众人，再加上借古讽今，颜回以为自己已是胜券在握。可惜的是，这一切仍只是颜回一类"君子士"善良美好却幼稚天真的不切实际的臆想而已。"天子之与己，皆天之所子"，那已经是"古之人"或者"古之人"时代之前的人的"观念"了。在"古之人"的时代，人与人之间没有差别，也不存在什么君臣之分，万物与我为一。然而，当今的社会却是君王"轻用其国而不见其过。轻用民死，

死者以国量乎泽若蕉，民其无如矣！"在这样的社会，倘若再幻想以上古之时的观念去劝说君王放弃暴行，与民同甘共苦，视民与己同为"天之子"，只能是天真无邪的"童子"的幻想。失去全然没有可能性的"与天为徒"，剩下的，就只有"外曲"的"与人为徒"。所谓"与人为徒"，说白了就是与卫君同流合污，或者效仿众人随波逐流；而所谓"以古为徒"，很可能最终成为谈古索旧的陈腐之作，这样的结果显然都是与颜回赴卫的初衷背道而驰的。

那么，孔子又是如何看待颜回"内直而外曲，成而上比"的呢？

> 仲尼曰："恶！恶可！大多政法而不谍。虽固，亦无罪。虽然，止是耳矣，夫胡可以及化！犹师心者也。"

"大"，太；"政"，同"正"；"法"，法则；"谍"，当。孔子说，不行，仍不可行。你的办法太多且不够通达。不过，虽固陋，却还可以免罪。如此的话，你在卫国仅仅是能保全性命而已，如何谈得上感化卫君？你的种种办法说明你内心的成见已经太深了。

孔子对颜回最后提出的"内直而外曲，成而上比"仍加以否定。但孔子这一次的否定与前两次颇有不同。对于"内直而外曲，成而上比"，孔子不再警告颜回"必死于暴人之前"，或者"外合而内不訾"，而是用"止是耳"表示颜回现在的办法虽仍不可行，但不会有性命之虞或成为暴君的帮凶，至少可以保全生命。

从"愿以所闻思其则"到"端而虚，勉而一"，再到"内直而外曲，成而上比"，颜回的处世方式越来越偏离瘳"卫国"之疾的初衷，却越来越趋于自保求生。如果说，"愿以所闻思其则"是颜回改变卫国的最理想方案，"端而虚，勉而一"仍含有"愿以所闻思其则"的"进取"精神，那么，"内直而外曲，成而上比"就仅仅表示了不会同流合污而已。然而这第三个处世方法却得到了孔子相对来说最高的评价:"虽然,止是耳矣,夫胡可以及化!"成玄英说:"颜回化卫,止有是法,才可独善,未及济时,故何可以及化也。"如果颜回卫国之行的最好结果仅仅是"胡可以及化!"这与颜回的初衷虽算不上是大相径庭,却也相距甚远。因此,颜回赴卫,就其所准备的三种入仕方法而言,是注定不会有任何结果的。

"唯道集虚"的"心斋"

　　颜回意欲以"愿以所闻思其则""端而虚，勉而一""内直而外曲，成而上比"这三种生存处世方式来实现"庶几其国有瘳乎"的理想，但在孔子看来，颜回的三种处世方式非但达不到目的，反而还会给自己带来性命之忧，因而给予否定。然而，从孔子最初警告颜回"必死于暴人之前矣"，到说他会"外合而内不訾"，再到最后的"虽固，亦无罪"，可知颜回准备的这三套方案所带来的结局会有很大不同。较之于前两种，孔子对第三种"内直而外曲，成而上比"虽仍不赞成，但是口气却缓和了很多，而且在相当程度上承认其可行性，所以才说"虽固，亦无罪"。可是，如果最后的结局仅仅是免于刑罚而已，这对于一个满怀救世理想的颜回来说，实在没有任何实际意义，当然也不是颜回所希望的，更不值得颜回花那么大的气力去争取。面对这样的现实，颜回究竟应该怎样去做？又究竟可以做什么？这才是庄子处世哲学所要探讨的核心。按照孔子所说，最关键的问题是要解决"犹师心者也"之"心"，因为此"心"决定着颜回这样的君子士的处世命运。

一　"不饮酒不茹荤"不是"心斋"

孔子对颜回赴卫的一连串否定，并非要阻止颜回前往卫国，而是要他做好充分准备。而颜回的"请行"也并不仅仅是"辞行"，更包含有"行前请教"的意味。既然颜回精心准备的三套方案皆不可行，下一步，自然是向孔子请教：

> 颜回曰："吾无以进矣，敢问其方。"仲尼曰："斋，吾将语若。有心而为之，其易邪？易之者，暤天不宜。"

"暤天"，指自然。颜回对孔子说，我没有更好的办法了。请问您有何赐教？孔子回答，在告诉你之前，请先斋戒。你怀着成心赴卫劝说卫君，会这么容易吗？假如诸事都如此容易，上天也认为不适宜啊。这里值得注意的是，为什么孔子在发表看法之前要先让颜回"斋"戒？"斋"，是古人为祭祀所做的准备。据《礼记·祭统》记载：

> 君子之齐（通"斋"）也，专致其精明之德也，故散齐（通"斋"）七日以定之，致齐（通"斋"）三日齐之，定之之谓齐（通"斋"），齐（通"斋"）者精明之至也，然后可以交于神明也。

斋戒，指祭祀时，通过不茹荤，不饮酒，静心养神，使自己别无旁骛，身心纯净清明。孔子一向对斋戒十分慎重。据《论语·述而》记载：

子之所慎：齐、战、疾。

"齐"，即"斋"。皇侃《论语义疏》说："斋之言齐也。人心有欲，散漫不齐，故将接神，先自宁静，变食迁坐，以自齐洁也。时人漫神，故于斋不慎，而孔子慎之也。"由于孔子的慎重，《论语》中涉及"斋"的言辞仅有四次。尽管孔子少谈"斋"，但我们仍可比较《论语》中"斋"的语义与《人间世》中的是否相近。颜回是这样回答孔子的：

> 颜回曰："回之家贫，唯不饮酒不茹荤者数月矣。如此，则可以为斋乎？"

成玄英说："茹，食也。荤，辛菜也。斋，齐也，谓心迹俱不染尘境也。颜子家贫，儒史具悉，无酒可饮，无荤可茹，箪瓢蔬素，已经数月，请若此得为斋不？"根据《论语·述而》以及《礼记·祭统》的记载，可以看出颜回对"斋"即"不饮酒不茹荤"的理解与《论语》《礼记》的记载大致相同，当符合历史事实。

不过，孔子所说的"斋"与颜回所理解的传统意义上的"斋"却是有所差别的。在颜回"敢问其方"之前，孔子曾说"虽固，亦无罪。虽然，止是耳矣，夫胡可以及化！犹师心者也"，认为颜回"内直而外曲，成而上比"的方式仍会失之于"师心"，并特别指出"有心而为之，其易邪？"强调"易之者，暭天不宜"。可见孔子之"斋"不仅仅指的是传统意义上的"不饮酒不茹荤"，更重要的还在于"心"。

"心"字在《庄子》中出现近140次之多，仅内七篇，就达到30余次。内篇中除《养生主》外，其他六篇都涉及"心"。可见，"心"的概念在庄子学说中十分重要。在《逍遥游》中，庄子反复论说的逍遥游，是一种在进入"无名""无功""无己"之后方能达到的最高精神境界，而"无名""无功""无己"，说到底是要"无心"。《齐物论》中无论是谈"齐物"还是"齐论"，或者"齐生死"，其根本却在于"齐心"。此外，《齐物论》中庄子还提出了一个沿用至今的重要概念，即"成心"。庄子认为，世上是非纷纭的根本原因就在于人人都怀有"成心"，师法"成心"，并带着"成心"看待人与物，因此"成心"是造成一切混乱迷惘的根源。《人间世》中，孔子说颜回就像"师心"者一样，并说"有心而为之，其易邪"，认为"师心""有心"是造成处世艰难的根本原因。

在《论语》中，提到"心"字的次数与"斋"字相同，也只有四次。也许这只是一个巧合。但在《人间世》，孔子却对颜回大谈"斋"与"心"的作用。有意思的是，《论语》中有关颜回家境贫寒的记载与《人间世》中的竟如此相像。《论语》中说颜回"一箪食，一瓢饮，在陋巷，人不堪其忧，回也不改其乐"（《论语·雍也》），而《人间世》说"回之家贫，唯不饮酒不茹荤者数月矣"，简直如出一辙。据此来看，《人间世》中这段孔颜对话很可能有颜氏之儒对颜回修"心"之事传闻的依据，而庄子在此基础上又做了进一步的发展与完善。

二 "敢问心斋"

颜回理解的"斋"，与孔子所说的"斋"有着意义上的显著差异。颜回之"斋"是因家贫而"不饮酒不茹荤者数月"，在孔子看来，这只是一种形式上的"斋"，"是祭祀神君献宗庙，俗中致斋之法"（成玄英疏），而不是更高层次的"心斋"：

> 是祭祀之斋，非心斋也。

这里，庄子借孔子之口，第一次将"心"与"斋"结合在一起，提出了一个对中国哲学、宗教、文化都产生了重要影响的"心斋"概念。

"心斋"一词在《庄子》中共出现了三次，都集中在《人间世》孔颜对话之中，这是庄子思想的一个重要内容。要研究庄子的处世哲学，是不可能绕开对"心斋"含义之理解的：

> 回曰："敢问心斋。"仲尼曰："若一志，无听之以耳而听之以心，无听之以心而听之以气！耳止于听，心止于符。气也者，虚而待物者也。唯道集虚。虚者，心斋也。"

"一志"，心志专一，郭象说是"去异端而任独也"。"符"，合。"耳止于听"原作"听止于耳"，俞樾认为此处是"耳止于听"的误抄。颜回问孔子，请问什么是心斋？孔子说，你得用心专一，摒弃杂念，不用耳去听而用"心"去感悟，不用"心"去感悟而以"气"去体会。"耳"仅限于听外在的声音，"心"仅限于认知外在世界的概念。而"气"却是以虚空包容万物的。唯有进入"虚"的境地，"道"才能显现其中。所谓"心斋"，其实就是"虚"。

首先应当指出的是，《人间世》中所说的"气"并非传统意义上的"气"，而是庄子提出的一个独特概念。如何才能"听之以气"？孔子的解释是："气也者，虚而待物者也。"那么，所待之"物"又是什么呢？孔子说是"唯道集虚"。由此可知，所待之"物"就是"道"。"虚"是"心斋"之后所呈现或者说是进入的境界，只有通过"心斋"，"道"才会显现于人的心中，于是才能达到"注焉而不满，酌焉而不竭"的境界，以致于容得下天地万物。可以说，"气"是一种"道"的境界，而达到这种境界，需要"心斋"。

孔子从"心"说到"斋"，然后引出"心斋"，那么，"心"与"斋"之间究竟是一种怎样的关系？"斋"是祭祀前对人身心的一种规范，目的在于通过"斋"摒弃一切欲望，达到心的"精明"；而"心斋"

所要达到的则是一种"虚"的境界。"心"是充满"杂"念的地方，
而"斋心"就是要将"心"中的种种"杂"念，包括孔子所说的"师
心""有心"以及"成心"，统统荡涤一空。所以"心斋"的第一步就
是"一志"，即排除外界所有的干扰，忘却外在的一切，在这样的状
态下，除了"心"的感应，不会听到任何声音。心中没有了"杂"，自
然也就没有"多"；没有了"多"，也就没有"扰"；没有了"扰"，也
就没有"忧"。唯其如此，"心"才会"空"，才会"虚"。可见，"虚"
其实就是"无"。只有进入"虚"的状态，人的心中便会唯有"道"而
无"杂"，亦即"无心"的"虚"，正如开篇孔子所说的"道不欲杂"。
说到底，"心斋"，其实就是通过"斋心"所要达到的境界，因为只有
"斋心"才能使人悟"道"，才能进入"心斋"的境界，实现"道通为
一"，让"道"自然显现于心中。

三 "心斋"与"吾丧我"

既然"斋心"是达到"心斋"的通道，"斋心"的过程就是排除心
中一切之"杂"，从"有"进入"虚"与"无"的过程，那么"心斋"的
具体内容又是什么？ 林希逸解释"心斋"时说：

> 听以耳，则犹在外；听以心，则犹有我；听以气，则无物矣。听
> 止于耳，则不入于心；心止于符，则与物相合，便是物我对立，虚
> 者，道之所在，唯道集虚，只此虚字便是心斋也。颜子谓未得教诲
> 之时，犹自有我；既得教诲之后，未始有我，忘我则虚矣。

林希逸把"心斋"或者说是"斋心"的过程理解为是从"有我"到
"忘我"，最终到"无我"的过程，非常有见地，点出了"心斋"的
根本所在。其实，这个从"有"到"忘"到"无"的过程，就是《齐物
论》南郭子綦"吾丧我"的过程：

南郭子綦隐机而坐，仰天而嘘，苔焉似丧其耦。颜成子游立侍乎前，曰："何居乎？形固可使如槁木，而心固可使如死灰乎？……"子綦曰："偃，不亦善乎，而问之也！今者吾丧我，汝知之乎？女闻人籁而未闻地籁，女闻地籁而未闻天籁夫！"子游曰："敢问其方。"子綦曰："夫大块噫气，其名为风。是唯无作，作则万窍怒呺……"子游曰："地籁则众窍是已，人籁则比竹是已。敢问天籁。"子綦曰："夫吹万不同，而使其自己也，咸其自取，怒者其谁邪！"

重温《齐物论》有关"吾丧我"一段，可知孔子所说"斋心"与南郭子綦"丧我"的过程几无二致，甚至连颜成子游与南郭子綦之间的问答也与孔子和颜回十分相似。《齐物论》中的"怒者"即《人间世》中的"心"，也就是"我"。而"心斋"所要达到的，正是南郭子綦所说的"吾丧我"的境界。比较"吾丧我"和"心斋"，不难看出，"吾丧我"纯粹是庄子的独创，借以描绘"天籁"以及《逍遥游》中所说的"无"的境界，而"心斋"则留下了儒家的蛛丝马迹，很可能是庄子在颜氏之儒学说的基础上借题发挥，借颜氏之儒修"心"的主张来阐释自己"道"的学说。

经过孔子这一番有关"心斋"的教诲，颜回终于有所领悟：

颜回曰："回之未始得使，实自回也；得使之也，未始有回也，可谓虚乎？"

"得使"，指没有听到有关"心斋"的教诲时（采林希逸说）；"自"，当为"有"字之误（采奚侗之说）。颜回说，在我没有听说"心斋"的时候，觉得颜回无时无刻不在，各种欲望、观念时刻涌现；现在我理解了何谓"心斋"，觉得这个世界上再没有颜回，再没有我自己了。到了这样的境界，可以称之为"虚"了吗？

对于颜回的回答，孔子给予了高度的赞许。可知心中有"我"与无"我"，是衡量"虚"与不"虚"的重要标志，也是是否通过"斋心"真正进入"心斋"境界的标志。"我思，故我在"，我不思，则我不在。倘若可以将"我不在"的境界长存心中，并以此看待天地万物，看待社会，看待卫国卫君，那么，天地万物、社会、卫国卫君就都是"虚"的，"以无厚"入"虚"，就必定能够"恢恢乎其于游刃也必有余地"。因此，可以说要能忘"我"、丧"我"才是颜回前往卫国的关键所在。郭象说："未始使心斋，故有其身。既得心斋之使，则无其身。"连"我"都能"忘"、能"丧"，还有什么问题不能解决呢？如果说，在《齐物论》中，南郭子綦以"咸其自取，怒者其谁也"为"天籁"一段描述作结，是一种引而不发的写法，那么，孔子"心斋"中所陈述的"虚"，就是实实在在点出这就是无"我"的"天籁"境界。把"吾丧我"与"心斋"、"天籁"与"虚"对照起来看，这两对概念是可以互为补充、互为发明的。

四 "入则鸣，不入则止"

到此为止，孔子提出的"心斋"都只是一种抽象的、理论上的修心、修德方式。具体如何实施，如何以"德"化人、"虚以待物"，如何将理念实施于现实社会中去，如何在这样的理念指导下入世、处世？特别是对于颜回来说，又如何在"心斋"的境界中，既"瘳"卫国之疾，又能"保身""全生""养亲""尽年"？

> 夫子曰："尽矣！吾语若：若能入游其樊而无感其名，入则鸣，不入则止，无门无毒，一宅而寓于不得已，则几矣。

"樊"，藩篱；"其樊"，指卫国；"毒"，危害，伤害；"宅"，居处，这里指心灵所居之地。释德清《庄子内篇注》："一宅者，谓心安于一，了无二念。"孔子说，你已经完全领会心斋了。那我就告诉你入世的关键，你得能够游于卫君左右，却完全不为名利所动，正所谓"为善无近名"。在卫君左右，他要听你的，你就发表自己的看法；否则就不说。不要参与任何门派，不介入任何相互伤害之事。心志专一于"道"，在不得已之时才去做你不得不做之事，这样或许就没有太大的问题了。

这一段话中，如何理解"无门无毒"的"毒"，历来众说纷纭。陈鼓应《庄子今注今译》收集了古人的三种解释：认为"毒"或为治，或为药，或为壔（一种用于防御的土台，见郭庆藩《庄子集释》）；以及今人的三种解释：没有间隙让人可乘；不立门户，不施壁垒；勿固闭勿暴怒。但这六种解释放在上下文中似乎都难以解通。孔子此处的应答，是为颜回具体讲解保身全生的方法，所以"无门无毒"应该也是其中的方法之一。"门"，与上文"医门多疾"之"门"同，指一类、一派。《礼记·檀弓下》："子思哭于庙，门人至。"这里指孔门弟子。《庄子·德充符》："先生之门，固有执政焉如此哉？"汉王充《论衡·问孔篇》："论者皆云：'孔门之徒，七十子之才，胜今之儒。'""毒"，意为伤害。《左传·宣公十二年》："及楚杀子玉，公喜而后可知也，曰：'莫余毒也已。'是晋再克而楚再败也，楚是以再世不竞。""无门无毒"其实就是告诫颜回到了卫国，不要参与"王公"之间的党争，远离门派之间的相互伤害。可见"入则鸣，不入则止"，是就颜回与卫君相处而言；而"无门无毒"，则是就颜回与卫国"王公"相处而言。

"一宅而寓于不得已，则几矣"，与颜回原本打算的"内直而外曲，成而上比"，看起来颇有几分相似，但为什么孔子要肯定前者而否定后者？简单来说，就是因为颜回的"内直而外曲，成而上比"中掺杂有诸多"杂""多""扰"的因素，内心尚未达到"虚"的境界，不可"虚而待物"，所以孔子说"虽固，亦无罪"。显然，"固"就是不"虚","固"便无法保全自己。不过，就是经过"心斋"而达到的"虚"，也不是"端而虚"的"虚"。有"端"的"虚"就不是真正的"虚"，真正的"虚"应该是能容纳万物，却没有那些"端正谦逊"道德观念的"虚"，也是没有颜回自我的"虚"。有了这样的"虚"，尽管身处卫君的藩篱之中，无论遇到什么情况，仍能"恢恢乎其于游刃也必有余地"，就能"入则鸣，不入则止"了。

此处有关"入则鸣，不入则止"的言论，是呼应前文颜回曾幻想"愿以所闻思其则，庶几其国有瘳乎"而来的。假如颜回赴卫只是为了取得"亦无罪""则几矣"的结局，其赴卫的意义也就全然丧失了。所以孔子才提出要在"无感其名"的前提下，当"入"则"入"，当"鸣"则"鸣"的具体处世准则：

> 绝迹易，无行地难。为人使易以伪，为天使难以伪。闻以有翼飞者矣，未闻以无翼飞者也；闻以有知知者矣，未闻以无知知者也。

这几句的意思是说，不行路容易，行路不踩地却很难。为人情驱使行事造假容易，为自然驱使行事造假却很难。只听说有翅膀才可以飞，没听说没有翅膀也可以飞。只听说"有知"才可以认识事物，没听说"无知"也可以认识事物。

孔子的这一段话紧扣"德荡乎名，知出乎争"，强调杜绝"名"与"知"之难。孔子认为"入则鸣，不入则止"的关键在于排除为"名"而"入"、为"名"而"鸣"的各种"杂"念，同时也指出进入"心斋"的途径，就如同"无翼"而飞、"无知"而"知"一样。

然而，一旦真的可以达到"无感其名"的"心斋"境界，就不但可以保身、全生，还可以达到赴卫的目的：

> 瞻彼阕者，虚室生白，吉祥止止。夫且不止，是之谓坐驰。夫

徇耳目内通而外于心知，鬼神将来舍，而况人乎！是万物之化也，禹、舜之所纽也，伏戏、几蘧之所行终，而况散焉者乎！”

"瞻"，看；"阕"，空，指"心斋"的境界；"室"，指心；"止止"，止于止处；"坐驰"，虽然坐着，心却在奔驰；"纽"，枢纽，关键；"散焉者"，指普通人。这一段的意思是说，"心斋"之后所带来的境界，将是广袤无垠，光明一片，吉祥毕现。如果心境不能进入这样的境界，坐在那里却心骛八极，这种状态叫作"坐驰"。如若心境可以进入"虚室生白"的境界，摒除耳目受外界干扰而产生的各种杂念，如此，鬼神都会前来依附，何况是人！"虚"就可以容纳万物，"天地万物与我为一"，"独与天地精神往来"，这是禹舜所掌握的关键，也是伏戏、几蘧终身行事的准则，何况普通人呢！

"瞻彼阕者，虚室生白"，是形容"心斋"之后所达到的境界。这一境界，是"无名"的境界，也是无"心"的境界，因而能够容得下天地万物，化天地万物于一炉。如此，无论卫君如何残暴无度，最终都能入我"虚室"之中而化之。这，就是"心斋"的功用。

"颜回请行"大概是先秦典籍中记载颜回思想发展演变过程的一段最为完整的文字。从颜回"愿以所闻思其则"到"心斋"，其中经历了四个阶段的心理路程，一步步由外向内，最终归于"心斋"，归于"虚"。如果我们不把庄子关于"颜回请行"看作是一篇寓言而视为一篇史料，这一段岂不正是颜回从孔门弟子发展成为"颜氏之儒"历程的真实写照？数千年来，庄子学者都把庄子笔下的孔颜形象视为寓言而忽略了颜氏之儒以及庄子思想发展的脉络，这不能不说是在颜氏之儒与庄子思想师承研究方面的一个缺憾。

天下的两个"大戒"

　　由于庄子早已从根本上彻底否定了现存的任何政治制度、政治主张、道德体系、理论建树对拯救现实社会可能起到的推动作用，因此，庄子的着眼点全然不在君子士当如何在社会政治中有所作为，如何在现实中凭借道德的完善、对正义的坚持、对理想政治的向往去改变现实、改变社会上。与此相反，庄子所要讨论的是文人士子如何在艰难困顿的社会环境中找到生存的夹缝，如何通过对宇宙本体的重新认识，通过"丧我""心斋"等途径，在不得不与之周旋、相处的社会活动中，得以"全生""保身""养亲""尽年"。

　　如果说《人间世》第一段"颜回请行"是为准备踏入仕途的君子士讲解如何通过"心斋"与"其年壮，其行独"的暴君相处的话，那么第二段"叶公子高使齐"则是为已经踏上仕途的君子士揭示如何摆脱现实社会给予的两难处境，理解"命"与"义"之间的关系，从而以一种"知其不可奈何而安之若命"的态度来应对一切。

一 "阴阳之患"与"人道之患"

在庄子的时代,入仕之士子,除侍奉于君王之侧以外,往往还会被君王派作使臣出使他国,担负这样的使命所面临的远比侍奉于君王之侧要复杂得多,也危险得多。周旋于朝政之间,尚可"入游其樊而无感其名,入则鸣,不入则止。无门无毒,一宅而寓于不得已,则几矣",而作为出使的使臣却没有这样的选择。处在毫无选择却又无法逃避的困境之中,出使的士子当如何全生保身,找到生存之路,就是《人间世》第二段"叶公子高出使"所要探讨与揭示的问题。

第二段一开篇,庄子首先着力渲染了叶公子高出使前对自己作为使者将要面临的险境的极度恐惧心态:

> 叶公子高将使于齐,问于仲尼曰:"王使诸梁也甚重,齐之待使者,盖将甚敬而不急。匹夫犹未可动,而况诸侯乎!吾甚栗之。

叶公子高,为楚庄王玄孙,楚国大夫,封于叶,姓沈,名诸梁,字子高;"使于齐",出使到齐国;"栗",恐惧。这段话的大意是说,叶公子高就要出使齐国了。他问孔子说,楚王派遣我出使齐国,责任十分重大。齐国对待使者,表面上恭敬,做起事来却拖拖拉拉,一点儿也不着急。我连普通人尚且说服不了,何况是诸侯呢!我实在是恐惧之极啊。

春秋战国时期,诸侯国之间的关系极不稳定,今日两国交战,明日却可结为联盟。在这样的大环境下,周旋于各国之间,担负着调停、游说、谈判重任的外交使节,对本国的兴衰存亡往往起着举足轻重的作用。叶公子高出使齐国究竟担负着怎样重要的使命,已经不得而知，但是从"王使诸梁也甚重"一语中可知他此次出使齐国不但责任重大，时间紧迫，更重要的是，齐国"待使者，盖将甚敬而不急"，可以想见楚王派叶公子高出使齐国，很可能是楚国有急而求助于齐国，但此事却会受到齐国怠慢，因而更增加了叶公子高出使的难度。凭着叶公子高对楚王与齐君的了解，他深知此次出使，自己担负着的是一项几乎不可能完成的任务，因而惊恐万状。如果说"颜回请行"完全是出于自己的责任感、使命感，渴望成就"其国有瘳乎"的抱负，那么，叶公子高出使则代表了那些已经踏上仕途的士子，他们虽已掌握"入游其樊而无感其名，入则鸣，不入则止。无门无毒"的保身全生技巧，但凡事仍需格外谨小慎微，但求无过，以"一宅而寓于不得已"。就是有这样的准备，当叶公子高面对如此两难的困境时，也不得不前来向孔子请教：

> 子常语诸梁也曰："凡事若小若大，寡不道以欢成。事若不成，则必有人道之患；事若成，则必有阴阳之患。若成若不成而后无患者，唯有德者能之。"

"子"，指孔子；"寡"，少；"道"，言；"欢"，快乐；"成"，成功；"人道之患"，指人为的刑罚祸患；"阴阳之患"，人体的阴阳失调，指用心过度给人带来的病患。叶公子高对孔子说，您曾经对我说过，无论大事小事，少有不通过语言沟通就能给人带来欢乐与成功的。所办之事如不成功，一定会遭受刑罚之祸；如成功，又会因用尽心智造成身体阴阳失调而患病。无论成功与否都能使自己不受伤害，唯有有大德的人才能做到。

从叶公子高见孔子时的这番开场白中，不难看出他不但十分谨慎，善于外交辞令，而且也是一位能巧妙引人入彀的高手。叶公子高一见孔子，先开门见山地点明自己所遇到的棘手难题，并把自己的惊恐惧怕渲染到了极点，"吾甚栗之"；然后才引经据典，直接引用孔子的话，说"事若不成，则必有人道之患；事若成，则必有阴阳之患"，这才点明自己已经处在进退两难的境地，好在曾听孔子说过"成若不成而后无患者，唯有德者能之"的话，所以才不得不向孔子求救。在这样的情势下，无论孔子站在什么角度，出于何种考虑，都不能不帮叶公子高找到一个既不伤身、又能完成使命的"两全"之法。鉴于孔子曾说过，两全之法的关键在于"唯有德者能之"，那么，叶公子高究竟算得上算不上是"有德者"？如果还不是，又如何才能成为"有德者"？"德"究竟包含了怎样的内容与含义？

二　叶公子高为什么"内热"

按照孔子的标准，"唯有德者"才能"成若不成而后无患"，这是唯一可以拯救担负着出使重任的士子的两全之法。"有德者"才能"无患"。由于对"德"的理解、"德"的定义与标准都因人而异，在孔子心目中，叶公子高是不是一位有德之人呢？是否符合孔子所说的"有德者"的标准呢？按照叶公子高对"德"的理解，有德之人首先应该是清心寡欲、节俭清廉的：

　　　　　吾食也执粗而不臧，爨无欲清之人。

"执粗"，食用粗茶淡饭；"臧"，精美；"爨"，烧火做饭；"清"，凉。郭象说："对火而不思凉，明其所馈俭薄也。"按照这样的句读，这两句是说叶公子高为官清廉，每天吃的都是粗茶淡饭，不求精美，亲自下厨房，面对炉火也不觉得热，从未想到过要去寻找一个清凉之地躲避。在叶公子高看来，似乎只要能做到清廉节俭，就算得上是"有德者"了。但问题是，孔子所说的"德"，是否指的就是为官清廉，每天粗茶淡饭？如果把叶公子高这两句话与前文所说的

"子常语诸梁也曰：'凡事若小若大，寡不道以欢成。事若不成，则必有人道之患；事若成，则必有阴阳之患。若成若不成而后无患者，唯有德者能之'"一段联系起来看，叶公子高所说之"德"与孔子之"德"之间当存在着明显的差异。

《庄子》"内篇"中，孔子所说之"德"一般都是指人的内心修养，而非外在的生活方式。郭象在解释"唯有德者能之"时说："成败若任之于彼而莫足以患心者，唯有德者乎！"成玄英也说："安得丧于灵府，任成败于前涂，不以忧喜累心者，其唯盛德焉！"他们所强调的都是有德者当不以成败忧喜累心，也就是把"德"的含义限定在人的内心修养范围内。以此来看，把"吾食也执粗而不臧，爨无欲清之人"解释为叶公子高的日常生活方式而不涉及内心修养，与"德"的本义相去较远。值得注意的是，据陆德明《经典释文》，这两句话还有另一种断句法，也就是将"爨"属上读：

　　　　吾食也执粗而不臧爨，无欲清之人。

这种断句法大概是意识到叶公子高所说之"德"当不仅仅限于清廉节俭，而是要讲人的内心修养，试图把理解重点放在"无欲清"上，于是将"爨"属上读。但"爨"的意思是烧火做饭，如《孟子·滕文公上》："许子以釜甑爨，以铁耕乎？"朱熹《孟子集注》："釜，所以煮。甑，所以炊。爨，然火也。"把"爨"属上读，后面一句的确更切合庄子思想，但前一句仍语义不通，故很少被人采纳。不过，假如把"爨"与前后句读断开，独立成句，这样一来，我们就可以真正找到这两句之解了：

　　　　吾食也执粗而不臧，爨，无欲清之人。

由此看来，"吾食也执粗而不臧"，描述的是日常生活方式，犹如颜回"不饮酒不茹荤者数月"之"斋"。而"爨"指做日常家务，被当作是一种"德"的修炼。如《应帝王》中说列子"三年不出。为其妻爨，食豕如食人。于事无与亲，雕琢复朴，块然独以其形立。纷而封哉，一以是终"。这里列子之"爨"当与叶公子高的"爨"一样，都是以从事日常琐事进行修炼。"欲"，指"欲望"；"清"，不是清凉，而是内心摒除各种欲望杂念后所达到的清静，类似于"颜回请行"中所说的"虚"。如此解释的话，这两句话的意思就是：我吃的是粗茶淡饭，甚至亲自烧火做饭，是一个心中没有任何欲望杂念之人。叶公子高以"无欲清"来解释"德"，强调"无欲清"对"有德者"的重要，一方面透露出以往孔子可能对叶公子高有过这样的对"德"的解说，另一方面也表现出叶公子高对孔子之"德"的领悟。叶公子高之所以在处于困境时特别强调"吾食也执粗而不臧，爨，无欲清"，就是因为在他看来，如此的"德"是合乎孔子"有德者"之"德"的，可是他仍然无法理解为什么自己还是承受不住此次出使齐国的使命给自己带来的重压。

今吾朝受命而夕饮冰，我其内热与！

"内热"，形容心中焦躁不安。这两句话是说，我今早刚接到出使齐国的使命，到晚上却需要喝冰水，我心中简直像着了火。

从起初的"吾甚栗之"，到此处"我其内热与"，寥寥数语，不但把叶公子高惊恐万状的心态表露得酣畅淋漓，更重要的，还是揭示出了文人士子出仕之后不得不面对的社会的险恶黑暗、残酷混乱。正如成玄英所说："诸梁晨朝受诏，暮夕饮冰，足明怖惧忧愁，内心熏灼。"尽管叶公子高自认为已经达到了"无欲清"，却仍无法摆脱"朝受命而夕饮冰"的内心恐惧，实际上，是因为他已经预见到了自己此次出使的结局：

> 吾未至乎事之情，而既有阴阳之患矣；事若不成，必有人道之
> 患，是两也。

"是两也"，指叶公子高此番出使所面临的两种祸患。几乎所有《庄子》注本都将"是两也"三字属下读，其实，这三字属上读意义才更为完整。这几句实际上是叶公子高对自己受命出使齐国之事前前后后的概括与总结。意思是说，我还没接触到事情的实际，就已经遭受到阴阳失调的病患；假如出使失败，必定会受到君主的惩罚。这就是我出使所不得不面对却又无法逃避的两种祸患。

根据叶公子高的陈述，可以看出，"事若成"，他所遭受的只是眼下身体所经历的阴阳之患，但他更恐惧的还是"事若不成"之后的"人道之患"。那样的话，他就会遭受阴阳与刑戮的双重祸患。这就是为什么叶公子高迫不及待地要向孔子求教：

> 为人臣者不足以任之。子其有以语我来！

其他《庄子》注本都将"是两也"置于此句之前，意思是说，面临这双重祸患，我实在是受不了了，先生可以告诉我当如何去做吗？

如何断句更符合原意，要看这两句中的"之"字究竟指的是什么。林疑独《庄子注》说："今朝受命而夕饮冰，内热可知矣；未至于行事之情，而阴阳、人道之患皆不可免，为人臣者不足当之，宜有以语我。"赵义夫《庄子注》也说："初无内热之病而胸中已如焚，是不待事之成不成而二患集于吾身，夫子何以教我？"陈鼓应翻译这两句说："这两种灾患降临在身，为人臣的实在承受不了，先生可以教导我吗？"以上注解都认为此中之"之"指的是叶公子高所说

的承受不了的"成与不成"的两种祸患。但是此句的主语是"为人臣者",是相对于君主而言的,因此,"为人臣者不足以任之"之事,应当指君主所指派的使命。可见此处的"之",指的不是"两种祸患",而是出使齐国的使命。成玄英解释这两句话说:

> 忝为人臣,滥充末使,位高德薄,不足任之。子既圣人,情兼利物,必有所以,幸来告示!

成玄英的意思是说,叶公子高认为自己作为人臣的能力不够,以自己的德行能力,实在是承担不起这次出使的重任。可惜成玄英的解释没有引起后人的注意,所以才将"是两也"属下读,将"之"解作不可避免的双重祸患。如果把"之"解作出使之任,那么,"子其有以语我来"所表达的就是叶公子高希望孔子能为自己想出一个"两全"之策,推辞掉这次出使的使命。此段开篇,叶公子高已明确表示自己"匹夫犹未可动,而况诸侯乎!"此处再次提及"为人臣者不足以任之",不但与前文呼应,同时也很自然地引出了下文孔子对天下有"大戒二"的阐释。

三　逃不脱的"命"与"义"

《论语·子路》中虽然的确有叶公子高问政于孔子的记载,但叶公子高并非孔子的弟子,因此孔子不可能像回答颜回那样把话说得直截了当。况且,孔子深知于公于私叶公子高都无法推托掉此次出使的重任,于是他不得不以儒家传统的君君臣臣、父父子子的伦理关系来说明叶公子高出使齐国不仅是君主的委派,也是叶公子高不可推卸的责任:

> 仲尼曰:"天下有大戒二:其一,命也;其一,义也。子之爱亲,

命也，不可解于心；臣之事君，义也，无适而非君也，无所逃于天地之间。是之谓大戒。

"戒"，指法则，人所必须遵守的法则；"命"，天命，不可改变的命运；"义"，道义，指人为的社会道德规范。孔子在此告诫叶公子高说，天下所有的人都必须遵守两大法则，其一是命，其二是义。子女爱父母，这是天性，不可用言语解释；臣子侍奉君主，这是义。只要你处于天地之间，就不可能逃到没有君主的地方。这就是"人世"中两个"无所逃于天地之间"的根本法则。

在孔子看来，叶公子高出使齐国，是他于命于义都不可推卸的责任。

"命"，是不可改变的，这是"大戒"。"命"的观念早在夏商时期就已经形成，如《尚书·汤誓》中已经有："有夏多罪，天命殛之。"又如《诗经·商颂·玄鸟》："天命玄鸟，降而生商。"《毛公鼎》："丕显文武，皇天弘厌厥德，配戎有周，膺受大命。""命"属于天。在"命"的面前，人是无能为力的。孔子曾多次谈及"天""命"以及"天命"，如《论语·宪问》："道之将行也与，命也；道之将废也与，命也。公伯寮其如命何？"《论语·尧曰》："不知命，无以为君子。"孔子认为人不可抗命，人抗不过命，人应该知命、认命、从命。

那么，庄子又是如何看待"命"的呢？《人间世》中所谓"其一，命也；……子之爱亲，命也，不可解于心"，是《庄子》中首次谈"命"。而后，在《德充符》中，庄子也数次言及"命"：

受命于地，唯松柏独也在冬夏青青；受命于天，唯舜独也正，幸能正生，以正众生。

死生、存亡、穷达、贫富、贤与不肖、毁誉、饥渴、寒暑，是事之变，命之行也。

> 游于羿之彀中，中央者，中地也，然而不中者，命也。

《大宗师》中也有：

> 父母于子，东西南北，唯命之从。

《庄子》"内篇"中，无论是借孔子或他人之口谈及"命"或者解释"命"的内涵，都与先秦其他典籍中所记载的孔子有关"命"的论述一脉相承。由此也可见出，《人间世》中孔子关于"命"的阐释，虽出自孔子之口，实际却是庄子在孔子有关"命"的论述基础上，对"命"的概念的发展与完善。

孔子在介入解决叶公子高所面临的难题之前，首先提出了"天下有大戒二"，并用"父子"比喻"君臣"关系，就是从"天命"与"道义"的角度告诫叶公子高，无论如何，他此次出使齐国都责无旁贷。孔子从自然属性与社会属性两方面为叶公子高分析了他不得不出使齐国的原因之后，他又进一步强调说：

> 是以夫事其亲者，不择地而安之，孝之至也；夫事其君者，不择事而安之，忠之盛也。

"事"，侍奉；"安之"，使父母安乐。这段话的意思是说，这是为什么子女侍奉父母，无论在什么环境之下都要使父母感到舒适，这是"孝"的极致；臣子侍奉君主，无论遇到什么使命都要能使君主安心，这是"忠"的极致。从孔子这几句话中可知，"忠"与"孝"是孔子心目中两个最重要的道德责任。在孔子看来，"事其亲"与"事其君"相同，如何对待亲，就当如何对待君。能以对父母"孝之至"

的态度去对待君王，这就是"忠之盛"。如此，无论君主是尧舜还是"其德天杀"的"卫君"，臣子都当以"忠之盛"的态度去侍奉。只不过其形式可以多种多样：

> 自事其心者，哀乐不易施乎前，知其不可奈何而安之若命，德之至也。为人臣子者，固有所不得已。行事之情而忘其身，何暇至于悦生而恶死！夫子其行可矣！

"事其心"，指修"德"。这段话的意思是说，修"德"之人，不会因外界的"哀乐"而改变内心，明知世事艰难且无可奈何却又能安然处之，把这一切当作是命的安排，这就是"德"的极致了。为人臣子，一定会遇到不得已之事。但是有了至"德"，自然会按照实情行事而忘记自身，也一定无暇考虑个人的乐生恶死问题。"夫子其行可矣！"

这一段话可视为是对叶公子高所说"若成若不成而后无患者，唯有德者能之"的"德"的诠释。"夫子其行可矣"，一般《庄子》注本认为指的是假如你可以按照"知其不可奈何而安之若命"的方法处世就可以了。然而，根据上下文来看，这一句应当是孔子对叶公子高"为人臣者不足以任之"的回答。意思是说，无论从哪一个角度来看，包括命、义、孝、忠，你都没有理由拒绝此次出使齐国的使命，你只管去就是了。成玄英说："夫臣子事于君父，必须致命尽情，有事即行，无容简择，忘身整务，固是其宜。苟不得止，应须任命也。"成玄英对孔子"夫子其行可矣"一语的解释，很有见地。因为只有确认了叶公子高于命、于义、于忠都必须为君主出使的前提，才会有下文孔子为叶公子高出使时当如何具体操作的出谋划策，也就是如何求全生的技巧。

使臣的困境

　　叶公子高自称"食也执粗而不臧，爨"，是一个"无欲清之人"，可见其修"德"之深。然而，当叶公子高获知自己被派遣出使齐国时，顿感"甚栗之"，以至于"朝受命而夕饮冰"，尚未出使便已经遭受"阴阳之患"了。为避免再受"人道之患"，叶公子高不得不向孔子求救，希望可以找到不必出使齐国的理由。想不到的是，孔子从父子、君臣、命义、忠孝等多重角度加以论证，得出的结论竟然是他"无所逃于天地之间"，出使势在必行："夫子其行可矣！"孔子的结论说得如此明确清晰，无法抗拒。不但如此，孔子还把叶公子高是否出使提到了"德之至"的高度，说"知其不可奈何而安之若命，德之至也"。然而，问题在于如何才能"知其不可奈何而安之若命"却又能保身全生？具体来说，也就是叶公子高怎样才能安全、顺利地出使齐国而不辱使命？这，便是孔子说了"夫子其行可矣"之后所要探讨的问题。

一 传"言"乃"天下之难者也"

孔子首先从外交使节存在的缘由、所担负的使命与责任说起：

> 丘请复以所闻：凡交近则必相靡以信，远则必忠之以言，言
> 必或传之。

"靡"，摩擦，接触，《庄子·马蹄》："喜则交颈相靡。"这里指国与国之间的交往。信，信用，合乎实际的言辞，《墨子·经上》："信，言合于意也。"这几句是说，我还是把我所了解的有关外交使节的事告诉你：与邻近国家的交往凭借的是诚信，与远道国家的交往凭借的是表达忠诚之意的语言。而语言，是一定要通过使臣来传达的。这一段看起来只是在介绍国与国之间使节的任务与作用，但真正强调的是外交使节斡旋于两国之间传递信息时所使用语言的重要。按照孔子所说，近交以"信"，远交以"忠"。近交远交，无论是传达"信"还是"忠"，都离不开使臣所传递信息之"言"：

> 夫传两喜两怒之言，天下之难者也。夫两喜必多溢美之言，两
> 怒必多溢恶之言。凡溢之类妄，妄则其信之也莫，莫则传言者殃。
> 故法言曰："传其常情，无传其溢言，则几乎全。"

"溢"，夸大，指使臣传言时增加的成分。"类妄"，像谎言一样；"莫"，不；"信之也莫"，不相信使臣所传之言；"殃"，遭殃；"法言"，格言。这段话是说，天下最难的事，是传达两国君主的喜怒之言。传达喜悦之言，使臣必定要添加许多赞美的话，而传达愤怒之语，就得加上许多恶言恶语。传言时过度和夸大，都会使传言听起来像是谎话。假如让人认为是谎话，就失去了信用。假如失去了信用，那使臣必定会遭刑罚之祸患。所以古代格言说：要传达合乎常情真实的

言辞，不要肆意夸大，这样做，差不多就可以保身全生了。

传言务必"忠"与"信"，这是使臣必须遵循的基本原则。但在特定语言环境下，使臣稍有不慎便会犯"溢美""溢恶"的大忌。孔子所说的"凡溢之类妄，妄则其信之也莫，莫则传言者殃"，就是使臣因传言而遭"人道之患"的主要原因。所以孔子引用"法言"所说"传其常情，无传其溢言"，认为唯有如此，才可使使臣免除"人道之患"。但这只是就一般情况而言的。叶公子高出使齐国所传并非"常情"。因而，仅仅靠"传其常情，无传其溢言"仍解决不了叶公子高此次出使所要面对的问题，"则几乎全"似乎尚与叶公子高有着一定距离。

孔子一开始就先强调"言"的重要，并非信口搪塞之词。春秋战国时期，"言"在政治与社会生活中起着相当重要的作用。《论语·子路》记载：

> 定公问："一言而可以兴邦，有诸？"孔子对曰："言不可以若是其几也。人之言曰：'为君难，为臣不易。'如知为君之难也，不几乎一言而兴邦乎？"曰："一言而丧邦，有诸？"孔子对曰：'言不可以若是其几也。人之言曰：'予无乐乎为君，唯其言而莫予违也。'如其善而莫之违也，不亦善乎？如不善而莫之违也，不几乎一言而丧邦乎？"

可见那个时代，"言"直接与国家的兴衰存亡有关。"一言可以兴邦，一言可以丧邦。"言，既包括君臣的治国之策，也包括使臣出使他国所传递的言辞。《晏子春秋》《左传》等文献中大量记载了当时外交使臣如何巧舌如簧，唇枪舌剑，口若悬河，凭着能言善辩而扭转乾坤、转败为胜的故事。毫不夸张地说，使臣的语言"技巧"，不仅关乎到一国之盛衰兴亡，同时也决定着使臣一己的生死荣辱。

叶公子高"朝受命而夕饮冰,我其内热与","吾甚栗之",就是对
使臣之"言"的重要性的极好写照。

二 为什么事情总是走向反面

按照孔子所说,外交使臣首先要做的第一步,就是不"溢美"、
不"溢恶"。然而,作为使者仅仅做到这一点还远远不够,还无法
"全生保身",特别是当遇到对手不按常规常理出牌,甚至最后完
全丧失理性的时候:

> 且以巧斗力者,始乎阳,常卒乎阴,泰至则多奇巧。

"以巧斗力",以技巧角力。"阴""阳",成玄英认为是指"喜"与
"怒"。"阳,喜也。阴,怒也。夫较力相戏,非无机巧。初始戏谑,
则情在喜欢;逮乎终卒,则心生忿怒,好胜之情,潜似相害。世间
喜怒,情变例然。此举斗力以譬之也。"如此解释貌似上承"两
喜""两怒",但与下句"泰至则多奇巧"连起来看,文意上却过于
牵强。郭嵩焘将"阳"释为公开,释"阴"为阴谋,说:"凡显见谓
之阳,隐伏谓之阴。斗巧者必多阴谋,极其心思之用以求相胜也。"
(郭庆藩《庄子集释》)当更符合庄子文义。"泰至",指太过分。
"奇巧",令人意想不到的技巧,此处指阴谋诡计。这几句话的意思
是说,那些玩角力斗胜游戏的人,开始时都规规矩矩,但玩到最后
却往往使出阴险的手段,太过分的人甚至会以阴谋诡计取胜。

竞技角力原本不过是一种休闲游戏,参赛的双方免不了为取胜
而相互算计。但是这样一个娱乐性的活动却有可能触动人的竞争之
心,由"巧"发展为"奇巧",由"阳"走到"阴",最终带来与初衷完
全不同的结果。这样的例子不胜枚举。于是孔子又举了与此相似的
饮酒为例:

以礼饮酒者，始乎治，常卒乎乱，泰至则多奇乐。

"治"，依照规矩行事。"乱"，迷乱。"奇乐"，郭象说："淫荒纵横，无所不至。"成玄英补充道："宴赏既酬，荒淫斯甚，当歌屡舞，无复节文，多方奇异，欢乐何极也。"可知"奇乐"是指饮酒者酒醉之后参与淫乐的丑态。这段话的大意是说，饮酒的人开始都彬彬有礼，中规中矩，但喝到最后往往心智迷乱，甚至失去理性，放荡淫乐，丑态百出。

招待外交使节饮酒，表示了对他国的尊重，自古以来就是一项重要的外交礼节。设酒宴款待外交使节，最重要的是遵从于"礼"。不幸的是，酒又能乱性。几杯酒下肚，即便原本斯文之人都有可能失去对自己的约束，暴露出人的原始本性，更何况他人！孔子举出饮酒与角力这两个例子，目的在于阐释事情的发展往往不依人的主观愿望为转移，即使初衷未必如此，却由于人心中各种诱惑欲望的存在，由于各种各样契机的触发，很多事情随时随地都有可能走向反面，甚至走到无法收拾的地步。这才是孔子举这两个例子加以说明的根本原因：

凡事亦然。始乎谅，常卒乎鄙；其作始也简，其将毕也必巨。

"谅"，诚信。"鄙"，欺诈。"巨"，巨大，这里指复杂。孔子的意思是说，所有的事情都是这样的。开始时，双方都相互谅解，但最后却变得言不由衷，相互欺诈。很多事开始时，往往都是简单的，可是越到后来就会变得越复杂、越艰难。

这里"凡事亦然"所说的"事"显然指的就是像叶公子高出使这样的事。"凡事亦然"，看似轻描淡写，却语重心长，直接点明"以巧斗力""以礼饮酒"这样有违初衷的例子很可以作为叶公子高出使齐国的前车之鉴。在孔子看来，外交使节出使就如同参与"角力"游戏、与众人饮酒一样，稍有不慎，哪怕是一点儿风吹草动，都有可能给自己带来巨大的祸乱，从"谅"到"鄙"、从"简"到"巨"，其实就是一场尔虞我诈、你死我活的角力游戏。显然，如果叶公子高仅仅恪守"传其常情，无传其溢言"是不可能达到"则几乎全"的目的的。

三 "恶成不及改"

叶公子高出使齐国的详情虽已无从得知，但从其自述"王使诸梁也甚重，齐之待使者，盖将甚敬而不急。匹夫犹未可动，而况诸侯乎！吾甚栗之"中可知，其使命当关乎楚国的重大利益，是楚国有求于齐国，而对齐国来说此事却无关紧要，也就是楚"急"而齐"不急"。因而这次出使实际上是一场两国之间利益与权力的较量。叶公子高作为外交使节，如何传"言"，如何以"言"为楚国赢得此番"角力"，而又要赢的得体，不致"卒于阴""卒于乱""卒于鄙"，这不仅仅关乎楚国的利益，更直接决定着叶公子高自身的命运。有感于此，孔子特别强调"言"对使臣出使的重要性：

> 夫言者，风波也；行者，实丧也。夫风波易以动，实丧易以危。故忿设无由，巧言偏辞。兽死不择音，气息茀然，于是并生心厉。克核大至，则必有不肖之心应之，而不知其然也。苟为不知其然也，孰知其所终！

"风波"，形容语言如"风波"一样，风一吹来，便会波动不已；"丧"，丧失；"易"，更换，改变；"忿"，忿怒；"设"，发作；"茀然"，喘息急促，指忿怒发作；"心厉"，内心产生恶念；"克核"，苛责，逼迫；"不肖"，不善。这里的"夫言者，风波也；行者，实丧也"

两句究竟是什么意思，历来有不同的解释。郭象说："夫言者，风波也，故行之则实丧矣。"认为"言"如风波，很难真实地传达本意，一旦出口便丧失了原意。而成玄英认为"实丧"指"丧于实理"："夫水因风而起波，譬心因言而喜怒也。故因此风波之言而行喜怒者，则丧于实理者也。"就是说由于使臣之言激发了听者心内的喜怒之情，于是便不讲理地胡搅蛮缠。而郭嵩焘则认为"实丧"指"得失"："实丧，犹言得失。实者，有而存之；丧者，忽而忘之。侥得而侥失者，行之大患也，故曰危。"（郭庆藩《庄子集释》）

其实，"风波"指的就是使臣所传之"言"犹如风起波动，可挑起是非争执，难以预料最终结果；"行者，实丧也"之"实"就是实情，这里指出使的目的。这样，这段话的意思就是，使臣所传之言一旦引起风波，出使之行的目的便丧失了。言语引起的风波很容易发生，而出使的目的一旦丧失，危险也就随之而来。因此，忿怒的发作并非出于其他原因，而是由于使臣在传言时"巧言"、偏激之辞使用过度失当。困兽临死之前狂号，喘息急促，于是迸发出伤人之心。如果传"言"时言辞相逼过甚过急，也一定会让人顿生报复的恶念，有时甚至连自己都不知道为什么要这样做。倘若连自己都不知道为什么要这样做，谁又能预知事情发展的最终结果呢？！

在孔子看来，外交使节如何传"言"，如何以"言"达意是至关重要的。作为外交使节，无论何时何地都必须谨言慎行，用词得当，避免由于话锋过于犀利尖锐，气势过于咄咄逼人而将对手逼得铤而走险，造成灾难性的不可挽回的结局。如果事情真的走到这一步，不但危害国家君主，更危险的还是造成对自己的伤害。因此，对叶公子高来说，他虽然已经面临"事若成，则必有阴阳之患"；而"事若不成"，除阴阳之患以外，还会加上"人道之患"，但这样的"两难"处境仍可通过"传其常情，而无传其溢言"来化解；然而，一旦让"困兽""并生厉心"，或者让对手萌生"不肖之心"，那才真是后患

无穷,世事难料。那么,究竟如何做才能避免这样的情况发生呢? 孔子又引用了另外一条古代格言加以解说:

> 故法言曰:"无迁令,无劝成,过度,益也。"迁令劝成殆事,美成在久,恶成不及改,可不慎与!

"迁",改变;"令",指君主交给的使命;"益",增加,同前文"溢恶""溢美"之"溢"。这几句话的意思是说,因此古代格言说:"出使时,不要改变所接受的使命,不要竭力促成事情的成功。做事太过就是'溢'。"假如改变君主之令来促成事情的成功,是会危及出使的使命的。成就一件好事需要长时间的努力,而坏事一旦铸成,就来不及更改了。因此一定要格外慎重。

孔子从使节出使的基本责任与使命说起,旁征博引,先指出"传其常情,无传其溢言,则几乎全",然后又连用"以巧斗力""以礼饮酒"两个比喻说明天下之事最终的结局往往背离初衷,走向反面,最后又回到使者传"言"的基本责任与使命上,以格言"无迁令,无劝成,过度,益也",强调"忠"与"信"对使者来说的重要性,看似是兜了一个圈子之后又回到了起点,但孔子的目的正是通过这样的反复论说,突出使臣务必忠实地传达君主之"言",不溢美,不溢恶,才能最大限度地保护自己这个最根本的主题。

四 最难的是"乘物以游心"

对于像颜回这样立志入仕、怀抱社会责任感的改革者来说,只需做到"入则鸣,不入则止,无门无毒,一宅而寓于不得已","则几矣"。而对于像叶公子高这样本不情愿出使,却又不得不出使的外交使节来说,仅仅止于"无迁令,无劝成"还不够,还不足以保身全生。因此,孔子对叶公子高的告诫也仅仅限于"迁令劝成殆事,美成在久，恶成不及改，可不慎与！"而不是"无迁令，无劝成"，"则几矣"。那么，叶公子高怎样做才能像颜回那样"则几矣"呢？孔子进一步指出：

> 且夫乘物以游心，托不得已以养中，至矣。何作为报也！莫若为致命。此其难者。

"乘物"，顺应事物；"游心"，游心于"虚"境；"养中"，即《齐物论》所说的"寓诸庸"；"报"，指报效君主；"致命"，传达君主之命。这几句是说，出使时，要顺应事物的变化，游心于"虚"境，让人人都了解到你是处在不得已的状态之中，这样就可以"养中"，也就达到最高境界了。（你）不必刻意想着如何报答君主的重托，只需如实地传达君主之"言"。但要做到这一点，对使者来说大概是最难的。

就"此其难者"一句，郭象解释说："直为致命最易，而以喜怒施心，故难也。"认为只要忠实地传达君命，必定不难，倘若在传言时"溢"出了自己的喜怒之心，才会陷入困境。成玄英在此基础上进一步加以发挥说："直致率情，任于天命，甚自简易，岂有难邪！此其难者，言不难。"郭注成疏都认为此处的"此其难者"意为"不难"。可是，孔子的本意果真如此吗？其实，要理解"此其难者"究竟是"难"还是"不难"，关键在于对其中"此"字的理解。郭象与成玄英都把"此其难者"的"此"理解为指代"莫若为致命"，可是类似的话，孔子已经说过不止一次，"无迁令，无劝成""传其常情，无传其溢言"，都与"莫若为致命"的意思相同。从逻辑上说，孔子在为叶公子高讲解了"乘物以游心，托不得已以养中"的两全之法之后，不会突然又说"莫若为致命"不是一件难事。所以，我们认为这里的"此"，当指"且夫乘物以游心，托不得已以养中，至矣。何作为报也！莫若为致命"这一段话。这段话的重点不在"莫若为致命"，而在"乘物以游心，托不得已以养中"。意思是只有做到"乘物以游心，托不得已以养中"，才能像颜回那样进入"心斋"的境界，迎接"虚室生白"的一片光明，一切潜在的危机就会迎刃而解。可以说，叶公子高出使时"莫若为致命"的确不难，真正的"难者"是"乘物以游心，托不得已以养中"。这才是"此其难者"的真正含义。

"乘物以游心，托不得已以养中"，可视为庄子为在现实社会中求生存的人指出的一条现实版的"逍遥游"境界。有了这样的精神，一切将要面对的艰难险阻都不复存在，更不可能会有"溢美""溢恶"之心。进入了这样的心"虚"境界，万事万物都不再存在，又如何会遭受"阴阳之患"或"人道之患"？"乘物以游心，托不得已以养中"，难是难，却是现实社会中唯一可行的处世方法。面对这样一个混乱黑暗、各种祸患随时可能降临的社会，庄子教人们的不是去抗拒，也不是去躲避，而是要以"知其不可奈何而安之若命""乘物以游心"的态度参与其中，不要挑起任何的风波，要顺着事物的自然之理，绕开各种各样的障碍、阻断，就一定可以"养中"。虽然这样做很有难度，但这是唯一避免阴阳、人道之患的途径。褚伯秀《庄子义海纂微》说："乘物以游心，因理而行，不逆虑成否也。不得已以养中，理极而止，不失乎中道也。如此亦足矣！何必作为以报其君哉？莫若为致命，言但听其死生祸福，则处此亦何难之有？夫子始告以命、义大戒，终亦归于本意。观此一段，曲尽物情，孰谓南华傲睨物表而略于世故邪？"说得甚是透彻。

与"其德天杀"的太子相处

  如果说《人间世》中颜回代表的是怀着救世的强烈社会责任感与使命感自愿出仕的青年才俊,叶公子高代表了已经踏上仕途,却又时刻处在各种各样的矛盾冲突之中,需要凭借自己的技巧才干斡旋于国与国、君与臣之间的士大夫,那么,下面要出场的颜阖则代表了那些不得不伴随"其德天杀"的暴君太子,无时无刻不处于或"危吾国"或"危吾身"的两难境地的文人士子。庄子通过孔子开给颜回的药方是"入则鸣,不入则止,无门无毒,一宅而寓于不得已",但前提却是"先存诸己",体验"唯道集虚"的"心斋";而对叶公子高,庄子借孔子之口给予的告诫是"知其不可奈何而安之若命",并"乘物以游心,托不得已以养中"。较之颜回与叶公子高,作为太子傅的颜阖将要面对的却是比卫君、齐王、楚王都要残暴乖戾得多的卫灵公太子,那么,庄子会为颜阖开出怎样的"解药"呢?

一 "危吾国"与"危吾身"

《人间世》的第三个故事是这样开始的:

> 颜阖将傅卫灵公大子,而问于蘧伯玉曰:"有人于此,其德天杀。与之为无方,则危吾国;与之为有方,则危吾身。其知适足以知人之过,而不知其所以过。若然者,吾奈之何?"

"颜阖",据成玄英说是鲁国贤人。《庄子·让王》中记载说:"鲁君闻颜阖得道人也,使人以币先焉。颜阖守陋闾,苴布之衣而自饭牛。鲁君之使者至,颜阖自对之。使者曰:'此颜阖之家与?'颜阖对曰:'此阖之家也。'使者致币。颜阖对曰:'恐听者谬而遗使者罪,不若审之。'使者还,反审之,复来求之,则不得已。"颜阖当是与接舆类似的洁身自好、不愿踏入仕途的隐士。但是《庄子·列御寇》中还有鲁哀公打算任用孔子为相国而征求颜阖看法的记述,由此推知,颜阖与当时的君臣也有一定的交往。"蘧伯玉",名瑗,春秋时期卫国大夫,一生曾侍奉卫国献公、殇公、灵公三代国君。据说他为人内直外宽,深受时人尊敬,与孔子为一生挚友。孔子周游列国,两次入卫,前后相隔多年,均住在蘧伯玉家。"其德天杀",指卫灵公太子生性残暴,以杀戮为快。这段话的大意是说,颜阖马上就要做卫灵公太子的老师了,他向蘧伯玉请教说,现在有一个人,生性残暴,好杀戮。与他相处时,如果任其胡作非为,就会危害国家;如果以法度管束他,就会危及自身。他的才智只能知道他人的过错,却不知道自己为什么会错。对这样的人,应当如何与之相处呢?

从颜阖的自述中不难看出,颜阖自从接受太子傅的任命,便陷入了深深的矛盾之中。"溥天之下,莫非王土;率土之滨,莫非王臣。"作为储君的太子直接决定着这个国家未来的命运。假如放任太子,做一个失职的太子傅,"与之为无方,则危吾国",将来极有可能给卫国带来"轻用民死,死者以国量乎泽若蕉,民其无如矣"的灾难。然而,倘若尽到太子傅的职责,"与之为有方",又极有可能触怒太子,以至"危吾身"。颜阖当时所处的两难境地,实际上是那个时代任何一位有抱负的君子士都不得不面对的困境:一方面是"其德天杀"的太子,稍有忤逆,就可能招致杀身之祸;另一方面则受命于君主,辅佐太子成为将来国之明君责无旁贷。傅太子之难,诚如陈祥道所说的那样:"臣人易,傅人难;傅人易,傅太子难。势尊、位重,理所难化,况其德天杀! 此所以栗之也。"(见《庄子义海纂微》)不过,准确地说,陷入"危吾国"或"危吾身"两难困境中的颜阖,并不像叶公子高那样对"傅太子"的重任表现得十分恐惧,他只是需要找到与卫灵公太子相处的最适当的方法。这一点,也是颜阖与叶公子高的不同之处。

事实上,颜阖傅太子之难,不仅远甚于颜回的卫国之行,也大大超过叶公子高的出使。但是,根据"若然者,吾奈之何"一句所透露出的信息看,尽管颜阖深知卫灵公太子"其德天杀",与之相处对自己的生命是极大的威胁,但作为有着高度社会使命感的君子士,颜阖并不打算逃避或者放弃。为了承担起辅佐太子的重任,为了不致日后"危吾国",他也不能选择逃避或者放弃。他必须要在"与之为无方,则危吾国;与之为有方,则危吾身"之间寻找到一条中间的道路,既履行自己的责任,同时又不致"危吾身"。就是经过这样的深思熟虑之后,才有了颜阖向曾辅佐卫国三朝君主的重臣蘧伯玉请教之事。可以说,"吾奈之何"一句,既包括了向蘧伯玉求教傅太子的具体方式方法,也含有将如何对付像卫灵公太子这样的暴君。

二 "形莫若就,心莫若和"

身在宦途多年的蘧伯玉对卫灵公太子的了解远较颜阖深刻:

蘧伯玉曰："善哉问乎！戒之，慎之，正女身也哉！"

"之"，一般解释指卫灵公太子；"女"，同"汝"，你。蘧伯玉说，你
这个问题问得好啊。与卫灵公太子相处，时时刻刻都要心存警惕，
对每一件事都要谨慎小心，"正女身也哉"，是你傅太子所必须具备
的首要条件。

"正女身也哉"，看起来像是说颜阖必须严以律己，以身作则。
如成玄英就说："防慎储君，勿轻犯触，身履正道，随顺机宜。"林
希逸也说："教以正汝身者，率己以律人也。"可是如何"正女身"，
如何"率己以律人"，蘧伯玉没有说，颜阖也没有要求蘧伯玉陈述。
那么，这里的"正女身也哉"究竟包含着怎样的内容？是不是就是
成玄英所说的"身履正道"，或者林希逸所说的"率己以律人"？这
个"正女身"是否有所特指？

颜回前往卫国之前向孔子请行时，孔子教他的安身立命的秘诀
是"心斋"，要他通过"心斋"达到"瞻彼阕者，虚室生白，吉祥止
止。……夫徇耳目内通而外于心知，鬼神将来舍，而况人乎！是万物
之化也，禹、舜之所纽也，伏戏、几蘧之所行终，而况散焉者乎！"
可以说，"心斋"就是孔子教给颜回的"正"一己之身的方法。而
对叶公子高来说，"且夫乘物以游心，托不得已以养中，至矣"中的
"养中"，则是孔子教给叶公子高的"正"己之身的方法。在这个
意义上，"正女身"的"正"与《德充符》中所说的"幸能正生"中的
"正"的意思一样，"正女身"也好，"心斋"也好，还是"乘物以游
心"也好，都是指道德的自我修养过程。

与"其德天杀"的卫灵公太子相处，在"正女身"的同时，还必
须时刻"戒之，慎之"。这个"之"当然首先指的是卫灵公太子，同时
也包括颜阖自己。"美成在久，恶成不及改，可不慎与！"这就是说，
不但要对卫灵公太子十分小心慎重，还要时时小心自己心中出现任

何有悖"心斋"、有悖"乘物以游心"的杂念,唯其如此,才能找到"缘督以为经"的生存之路。那么,具体到颜阖傅卫灵公太子一事,究竟应当如何做? 如何才能找到"缘督"的途径? 庄子接着说:

> 形莫若就,心莫若和。

"形",指外貌,也指行为。但对"和"的理解却存在歧义,郭象释"和"为"顺":"形不乖迕,和而不同。"意思是行为上顺从卫灵太子,但是在心中却要顺而不同,保持内心的独立。成玄英认为"和"是内心和顺:"身形从就,不乖君臣之礼。心智和顺,迹混而事济之也。"意思是行为上遵从太子,不违背君臣之礼,但内心却保持"和顺"善良,不为虎作伥。林希逸说"和"是"调和":"和,调和也,诱导之也。"意思是颜阖应在恶与善之间调和卫灵公太子的行为,一步步达到"与之为有方",使之向善的目的(见陈鼓应《庄子今注今译》)。在这几种说法中,我们认为成玄英的说法更接近于庄子的原意。

"行莫若就"的"就"显然指的是"就"卫灵公太子。而"就"卫灵公太子,其中隐含的主要意思是指"就"其"恶"。也就是说,在卫灵公太子做"恶"时,颜阖不能与太子发生正面冲突,而要在行为上或者说是表面上让卫灵公太子感觉颜阖与他是同类人。"心莫若和",说的是内心却要和善,坚守自己的道德底线,不可在形与心两方面都与卫灵公太子沆瀣一气。这样,颜阖就可以在"形"上顺从卫灵公太子,内心却仍旧保持和善。正如林疑独《庄子注》所说:"形在外,宜与人同,故莫若就;心在内,宜与人异,故莫若和。"

三 "彼且为婴儿,亦与之为婴儿"

然而,做到"行莫若就,心莫若和"还仅仅是第一步。一旦卫灵公太子作恶多端，作为太子傅的颜阖不可避免要为其所做的恶事承担责任。因此，做到"心莫若和"的"和"显然还不是傅卫灵公太子的最高境界。于是就有了蘧伯玉下面的劝诫：

> 虽然，之二者有患。就不欲入，和不欲出。形就而入，且为颠为灭，为崩为蹶。心和而出，且为声为名，为妖为孽。

"患"，祸患；"且"，将；"孽"，灾难。这一段的大意是说，做到"行莫若就，心莫若和"还不够，仍会有祸患。你可以和他很亲近，但一定不能陷得太深；内心要保持和善，但外表一定不能显露出来。如果走得太近，陷得太深，他的灭亡之日，也就是你的毁灭之时。你内心的和善显露出来，就会被视为是为了自己的名声，也会招来灾祸。

对"形就而入，且为颠为灭，为崩为蹶"三句，前人多解释为假如颜阖与卫灵公太子走得过近，必定会给自己带来灾难。如成玄英就说："颠，覆也。灭，绝也。崩，坏也。蹶，败也。形容从就，同入彼恶，则是颠危而不扶持，故致颠覆灭绝，崩蹶败坏，与彼俱亡也矣。"其实，"为颠为灭"与"为崩为蹶"两句的主语是不同的，前一句当指卫灵公太子。"颠"，《说文》："颠，顶也。"《国语·齐语》："班序颠毛。""灭"，灭亡。"为颠"，指卫灵公太子作恶到极点。后一句才指颜阖。意思是说，一旦卫灵公太子恶贯满盈招致灭亡，颜阖也会随着卫灵公太子的灭亡而毁灭。

这就是蘧伯玉对颜阖"若然者，吾奈之何"的回答。"就不欲入，和不欲出"的关键是在"就"与"入"、"和"与"出"之间把握其中的"度"。那么，这个"度"在具体实施时又是怎样体现出来的呢？蘧伯玉说：

彼且为婴儿，亦与之为婴儿；彼且为无町畦，亦与之为无町畦；彼且为无崖，亦与之为无崖。达之，入于无疵。

"町畦"，田园区域之间的界限。这里指界限、限制。"无崖"，没有约束。"疵"，瑕疵，缺点。如何理解这一段话，各种《庄子》注本一直存在不同的看法。首先，"彼且为婴儿，亦与之为婴儿"中的"与"是什么意思？成玄英说："与，共也。"后世注本大都从其说。如林疑独《庄子注》："顺彼所为，随而不逆。"陈鼓应《庄子今注今译》将此句译作："你也姑且随着他像婴孩那样烂漫。"但如果把"与"解作"共""随着"，"亦与之为婴儿"的意思就成了你就和他一样像婴儿。如此解释虽表达了"行莫若就"之意，却不免落入"形就而入"的危险之中，结果会是"为颠为灭，为崩为蹶"。这有悖于庄子"保身全生"的处世思想。如果将"与"释作"让"，就与《人间世》及"内篇"其他篇章中的思想一以贯之了。"与"，给予，让。《说文》："赐予也。"《论语·学而》："求之与？抑与之与？"这样，"彼且为婴儿，亦与之为婴儿；彼且为无町畦，亦与之为无町畦；彼且为无崖，亦与之为无崖"的意思就是，如果他的行为像婴儿，你就让他像婴儿；如果他做事没有界限，为所欲为，你就让他没有界限，为所欲为。只有用这种方式与卫灵公太子相处，颜阖才能既"行莫若就"，同时又"就"而不"入"。最后一旦卫灵公太子"为颠为灭"，颜阖也就不必随之一起"为崩为蹶"。

第二是"达之，入于无疵"一句中的"达之"。成玄英说："夫处世接物，其道实难。不可遽与和同，亦无容顿生乖忤。或同婴儿之愚鄙，且复无知；或类田野之无畦，略无界畔；纵奢侈之贪求，任凶猛之杀戮。然后道之以德，齐之以礼。达斯趣者，方会无累之道也。"成玄英虽没有明确解释"达之"的意思，但从"然后道之以德，齐之以礼。达斯趣者，方会无累之道"中可知，他对"达之"的理解是逐渐开导卫灵公太子，让他改邪归正。成说对后世的影响极大。

纵观"颜阖为卫灵公太子傅"一段，颜阖寻求的是一条既不"危吾国"又不"危吾身"的道路。但在蘧伯玉看来，颜阖在傅卫灵公太子时能保身全生，就已经达到极致了。所以蘧伯玉的第一句告诫就是"善哉问乎！戒之，慎之，正女身也哉！"就是说，颜阖一定要先正身，然后才能为太子傅。而这个所谓"正"身，与前文所说的"心斋""乘物以游心"一样，是最终达到"就不欲入，和不欲出"，"彼且为婴儿，亦与之为婴儿；彼且为无町畦，亦与之为无町畦；彼且为无崖，亦与之为无崖"的前提。由此可知，这里的"达之"说的不是太子，而是颜阖。颜阖首先要"正"一己之身，才可以"入于无疵"的完美境界。

四　螳臂安能挡车

为使颜阖对自己将面临的险境有充分的认识与准备，蘧伯玉在做了一番论说分析之后，又连续举出三个例子从三个不同的角度做比喻，一次又一次为颜阖敲响警钟，要他千万不可对卫灵公太子存有任何的侥幸。蘧伯玉的第一个例子就是后来演变为成语的"螳臂当车"：

> 汝不知夫螳蜋乎？怒其臂以当车辙，不知其不胜任也，是其才之美者也。戒之，慎之！积伐而美者以犯之，几矣。

"怒"，奋力举起；"当"，通"挡"；"车辙"，这里指车轮；"积"，屡屡；"伐"，夸；"几"，危。蘧伯玉说，你难道不知道螳螂吗？它奋力举臂去阻挡前行的车轮，却不知自己的力量并不足以胜任，而且把自己的力量看得过于强大。你一定要时刻心存警惕，事事小心。倘若你夸大自己的才能去冒犯他，那是很危险的。

"螳臂当车"的警告，以生动却又残酷的画面描绘出一幅"与之为有方，则危吾身"的图景。对于"其德天杀"的卫灵公太子，蘧伯玉十分担心颜阖会抱有"与之为有方"的幻想，对"危吾身"的严重程度估计不足，因此，他用"螳臂当车"的例子警告颜阖，任何正面的努力都会像"螳臂当车"一般因不自量力而招致粉身碎骨。于是，蘧伯玉再一次重复刚一见到颜阖时所警告他的"戒之，慎之！""戒"，指千万不要有尝试"与之为有方"的任何企图；"慎"，则是强调任何时候心都要"和"而万万不可显露。"心和而出"也好，"与之为有方"也好，其结果必然如"螳臂当车"一样，"危"及自身。

继之，蘧伯玉又举"养虎"的例子，呼应上文的"就不欲入，和不欲出"，对具体如何"就不欲入，和不欲出"给予了更深一层的阐释：

> 汝不知夫养虎者乎？不敢以生物与之，为其杀之之怒也；不敢以全物与之，为其决之之怒也；时其饥饱，达其怒心。虎之与人异类而媚养己者，顺也；故其杀者，逆也。

"生物"，活的动物；"杀之之怒"，杀生的怒心。蘧伯玉的意思是说，你难道不知道养虎的人吗？喂虎时，不敢给虎活物，怕虎扑杀时会引发其杀生的天性；也不敢给虎完整的死物，怕虎撕食时会激起其残暴的本性。养虎之人应知道虎饥饱的时间，顺着虎的自然本性。虎与人虽为异类，却喜欢饲养它的人，就是因为养虎者能顺其自然性情；而那些被虎杀死的人，都是违背了虎的天性。

这里蘧伯玉是以虎喻指卫灵公太子，告诫颜阖傅太子时务必顺其性情，"行莫若就"，但同时又要"就"而不"入"，"和"而不"出"，绝不给卫灵公太子任何类似"生物""全物"等有可能激发

"其德天杀"的厮杀之心的契机。同时，还要"时其饥饱，达其怒心"，让卫灵公太子喜欢自己，也就是所谓"媚养己者"。否则，第一个被厮杀的人必将是"养虎"的颜阖。这一段中，庄子以"伴太子如伴虎"比喻做太子傅的处境，深刻揭露了社会政治的黑暗，以致"伴君如伴虎"发展成一句有名的成语。在"伴君如伴虎"的时代，既然做太子傅如同陪伴吃人的虎一般危险，如要保身全生，唯一可行的方法就是"顺矣"，杜绝任何可造成其"杀之之怒""决之之怒"的可能。

然而，假如颜阖"与之为无方"，一味顺从卫灵公太子，"就"而"入"，"和"而"出"，又会有怎样的结果呢？

> 夫爱马者，以筐盛矢，以蜄盛溺。适有蚉虻仆缘，而拊之不时，则缺衔毁首碎胸。意有所至而爱有所亡，可不慎邪！

"矢"，通"屎"；"蜄"，大蛤壳；"仆缘"，附着；"衔"，口勒；"首"，指马首上的配饰；"胸"，指勒马的肚带。这几句话是说，爱马的人用精美的筐盛马粪，用珍贵的容器盛马尿。偶尔有一只蚉虻叮在马身上，爱马的人马上去拍打，可由于时机不对，马咬断了口勒，毁掉头上的配饰，挣破肚带。养马者本意是爱马，其结果却适得其反。这样的情况难道不值得你格外谨慎吗？

相比较而言，螳臂当车，粉身碎骨的必定是力图"与之为有方"的"螳蜋"；因"逆"虎之心而被虎"杀"的必定是违背了自然本性的养虎者；然而，一心一意爱马，"与之为无方"的爱马者，却由于拍打"蚉虻"时机的不适，事与愿违，不仅毁坏了马身上的佩具，还造成由于马的惊厥逃离而失马，走向了自己的反面。在蘧伯玉看来，螳臂当车，属于求仁得仁；养虎被杀是由于违逆于虎的本性；唯独爱马者"与之为无方"造成的后果最为可悲，属于典型的自寻其辱。

这是为什么蘧伯玉在以"爱马者"做比喻之后，再次重申"可不慎邪！"实际上也是再一次向一切企图踏上仕途或正在仕途上的君子士敲响警钟。

　　颜阖原本向蘧伯玉请教"与之为无方"还是"与之为有方"时，是希冀找到一条可以既不"危吾国"又不"危吾身"的中间道路，然而，这一切可能性却遭到了蘧伯玉的彻底否定。由此可知，庄子对这个社会已经感到彻底绝望，对改变这个社会的本质不存在任何幻想。对庄子来说，那些试图入仕的文人士子在这个黑暗混乱的社会里唯一可做的，便是"戒之，慎之，正女身也哉"，是"就不欲入，和不欲出"，是"顺"应自然，以求保身全生。总之，《人间世》第一部分中颜回、叶公子高以及颜阖的故事强调的是君子士在踏入仕途后当如何与人相处，亦即如何处人；而第二部分则将处世的重心放在了人在乱世中当如何自处上。

寄身社神的栎树

　　《人间世》的第一部分一连讲了历史上的三个真实人物：颜回、叶公子高与颜阖，点明当今之世，君主"轻用民死，死者以国量乎泽若蕉"，"伴君如伴虎"已成为社会常态，文人士子任何希冀凭借入仕以救国救民的尝试，都是徒劳的，只会事与愿违，甚至让自己粉身碎骨。倘若想入仕，又不想"危吾身"，唯一可行的就是采取"一宅而寓于不得已"，"知其不可奈何而安之如命"，"托不得已以养中"，"彼且为婴儿，亦与之为婴儿；彼且为无町畦，亦与之为无町畦；彼且为无崖，亦与之为无崖"的处世之道。然而，即便如此，稍有不慎，仍然随时会有性命之虞，故而不得不时时事事"戒之，慎之"。这三个故事，一方面说明颜回、叶公子高以及颜阖所处的生存环境的极度险恶，另一方面也说明他们处人与自处的道德修养与庄子理想中的"逍遥游"境地还存在着相当大的差距。对颜回、叶公子高、颜阖，孔子、蘧伯玉提出了以"顺"为主导的处世方法。除此以外，在现实社会中，是否还有什么更高超、更可取的处世之道？如果有，那又是怎样的处世之道呢？

一　匠石不顾的"散木"

大概由于颜回、叶公子高、颜阖这样的历史真实人物实在难以胜任庄子代言人的重任，无法把庄子的思想充分、真实、准确、完整地表达出来，因此在说过颜回等三人的故事之后，庄子重新把聚焦点转向拟人化的寓言，转向虚化出来的世界：

> 匠石之齐，至于曲辕，见栎社树。其大蔽数千牛，絜之百围，其高临山十仞而后有枝，其可以为舟者旁十数。观者如市，匠伯不顾，遂行不辍。

"匠石"，名石的木匠。"社树"，以树为社神。林云铭《庄子因》："以栎树为土神而祀之。"朱桂曜《庄子内篇补正》："古时恒择木之大者以为社而祀之。"（见陈鼓应《庄子今注今译》）"絜"，丈量。"围"，一围圆周为一尺。"辍"，停。这篇寓言说，有一位名叫石的木匠去齐国，行走到曲辕这个地方，遇到一棵栎社树。其树冠之大可遮蔽几千头牛，树围有百尺之粗，树梢高过山顶七八十尺才有枝杈，可以造船的大枝杈有十几根之多。前来观赏的人多得像赶集一样，可就是这么一棵大树，匠石走过时竟连看也没看一眼，就继续赶路了。

庄子在《逍遥游》中也曾写过巨型大树，所以树之大并不稀罕，但《人间世》中这棵大树最独特的地方是，这棵树不仅大，而且是一棵被当作社神的树。所谓"社"是中国文化中的土地神。在以农为本的中国传统社会，社神与稷神是人们最早崇拜祭祀的两位神祇。《尚书·太甲上》："先王顾諟天之明命，以承上下神祇，社稷宗庙，冈不祗肃。"《左传·僖公四年》:"君惠徼福于敝邑之社稷,辱收寡君,寡君之愿也。"由于社神与稷神在农业社会中如此重要,后来社稷索性成了国家的代称。而栎树长得如此高大却能免于被砍伐之厄运,很大程度上就是由于栎树是社神。前来观赏的人如此之多,很可能是由于栎树异乎寻常的高大,也可能是由于它"社神"的身份。但是从匠石弟子的角度来看,这棵树的最大价值是木材的实用性:

> 弟子厌观之,走及匠石,曰:"自吾执斧斤以随夫子,未尝见材如此其美也。先生不肯视,行不辍,何邪?"

"厌",满足;"厌观",饱看。匠石的徒弟饱看了栎社树之后,追赶上"其行不辍"的匠石说,自从我拿上工具跟先生学木工,从未见过如此巨大完美的木材,先生为什么不肯停下来看一眼,就径直前行。这是为什么呢?

在匠石弟子的眼中,栎树长得高大粗壮,作为木材,很有实用价值,可是他既没有注意到栎树的社神身份,也不了解栎树内在的"材质"。因而对"匠伯不顾,遂行不辍"感到不解。而作为阅木无数且技艺高超的匠石,他毕竟了解作为木材的栎树:

> 曰:"已矣,勿言之矣!散木也,以为舟则沉,以为棺椁则速腐,以为器则速毁,以为门户则液樠,以为柱则蠹。是不材之木也,无所可用,故能若是之寿。"

"液樠",树内流出树脂;"蠹",蛀虫。匠石对弟子说,算了吧,不必再提这棵栎树。这是一棵没用的散木。用这棵树的木材做船,船会沉;用来做棺椁,入土之后很快会腐烂;用来做用具,很快会毁掉;用它作门窗,门窗上会流出树脂;用它做柱子,柱子很快会被虫子蛀毁。这是一棵没有用的大树。因为它没用,所以才能长寿。

虽然匠石与弟子对栎树的看法截然不同,但以大树的实用性为出发点来看待栎树,却显示出两人高度的一致。匠石高于弟子之处就在于除了大树的外在形象,他还能看到大树的内在材质。不过,匠石终究是匠石,他只知其然,却不知其所以然。因而他的回答仍然局限于一位匠人审视木材的功利评价,认为这棵大树长寿的原因,就在于"是不材之木也,无所可用,故能若是之寿"。

二　樗树与栎社树

栎社树是《庄子》"内篇"中第二次写到材质无用的大树。第一次是在《逍遥游》中,惠子讥讽庄子之言"大而无用"时曾说:

> 吾有大树,人谓之樗。其大本拥肿而不中绳墨,其小枝卷曲而不中规矩,立之涂,匠者不顾。

庄子则回答:

> 今子有大树,患其无用,何不树之于无何有之乡,广莫之野,彷徨乎无为其侧,逍遥乎寝卧其下。不夭斤斧,物无害者,无所可用,安所困苦哉!

同样是大树,同样是长寿,同样是无用,同样是匠者不顾,但比较这两棵大树,可以见出《逍遥游》中的大樗与这里的栎树又有着以下几方面的不同。首先,写大树的角度与用意不同。《逍遥游》写大樗,主旨在于讥讽惠子不会用"大","拙于用大";而《人间世》强调的却是对外的无用意味着对己的有用。第二,大樗无"名",也不求有名。对大樗来说，最理想的生活环境是"广莫之野""无何有之乡"；而栎树却有"名"，而且作为当地一景，供人观赏。其三，大樗得以终享天年，"不夭斤斧，物无害者"，是因为大樗的材质对于功利的世人来说完全无用；而栎树的材质虽然也同样无用，但是从社会功用角度来说，栎树除了可作景观以外，还可作为社神接受世人的崇拜祭祀，起着保护一方水土的作用。栎树社神的独特身份与功能，不仅使如市的观者由敬生畏，也使匠人不可随意砍伐。最后，也是两棵树之间最重要的不同，在于它们的生长环境不同，一棵树生长于"无何有之乡""广莫之野"的理想境地，而另一棵则生长于"死者以国量乎泽若蕉"的"乱国"。这个不同，决定了栎社树必须找到有别于"大樗"的生存途径。

通过以上对大樗和栎社树的比较，可以看出在现实社会中，庄子并不完全反对人或"物"对社会有用，而取决于如何利用对社会有用来保护自己。在庄子看来，栎社树仅仅是对"匠者"无用，可是对其他人、对社会却有用甚至有大用。也就是说，对社会、对人的有用，非但不是危及栎树生命的主要原因，反而可以成为保护自己的利器。唯其如此，大树无论是植根于人世间的路旁还是"无何有之乡""广莫之野"，结果才会完全一样。

这则寓言实际上透露出庄子对"名"与"位"的不同看法，虽然"名"与"位"往往是伤人的，"名也者，相轧也"。但在特定的场合、特定的环境下，"名"与"位"也能转化为自我保护的因素。如栎树之"名"与社树的地位就在一定程度上起到了保护栎树的作用。因此，怎样巧妙地利用"名"，使"名"不成为"累"，而且对人有益，反映了庄子在《逍遥游》中所阐释有"名"而不以"名"为"名"，有"功"而不以"功"为"功"的思想。栎社树没有招来斧斤之患，不以"名"为"名"是其中重要的因素之一。

三　栎社树之梦

匠石认为栎社树是"散木"，因而"无所可用"。那么，栎社树本身又是如何看待匠石为自己所下的结论呢？

> 匠石归，栎社见梦曰："女将恶乎比予哉？若将比予于文木邪？夫柤梨橘柚，果蓏之属，实熟则剥，剥则辱；大枝折，小枝泄。此以其能苦其生者也，故不终其天年而中道夭，自掊击于世俗者也。物莫不若是。且予求无所可用久矣，几死，乃今得之，为予大用。使予也而有用，且得有此大也邪？且也若与予也皆物也，奈何哉其相物也？而几死之散人，又恶知散木！"

"恶"，何，怎么。"文木"，有用之木，郭象说："凡可用之木为文木。""泄"，俞樾认为同"抴"，意为牵拉。"掊"，打击。"散人"，无用之人。这段话是说，匠石回到家，栎社树托梦说，你拿什么东西与我相比呢？你要把我跟那些有用的树木相比吗？像柤梨橘柚之类的果树，果实成熟就会被打落，果实被打落下来而受到摧残，大枝被折断，小枝被扭曲。这都是由于他们能够结出果实，才招致这样痛苦地度过一生，因而有用之木往往不能终其天年而早夭，这样的打击都是由于它们向外显示出自己有用的材质而招惹来的。人间万物都是如此。我寻求无所可用已经很久了，多次几乎遭到砍伐而身亡，直到今天我才做到了无所可用，而这种无所可用对我来说却是大用。假使我在人们的眼中有用，我能长得如此高大吗？你和我都是物，为什么你要将我与那些有用的树木加以比较呢？你是一个快要死去的无用的散人，又怎么懂得无用的散木！

栎社树这番以托梦的形式而发表的独特的人生处世经验，是《庄子》"内篇"中所写到的第三个梦。庄子虽借用了传统的写梦手法，但与《齐物论》中的"田猎之梦""蝴蝶梦"相似，其目的仍在于以梦说理。栎社树之托梦，主要阐发了庄子"无用之用"的主张，看似与《逍遥游》中的"无用之用"说法重复，但是《逍遥游》中的"无用之用"，重点在于与惠子就如何"用大"展开辩论，讥讽惠子的"拙于用大"，却并没有具体阐释"无用之用"所包含的深刻内容。而栎社树的故事可以看作是对《逍遥游》没有展开的"无用之用"之说的发展与深化。

栎社树实际展示了现实社会中君子士在仕途上可采用的另一种处世方式。与栎社树之前庄子所描述的三种人的处世方式相比较，栎社树的方式应该说更具特色。颜回是自愿入仕，一心一意有用于社会；叶公子高则出于无奈，不得不出使；而颜阖虽然决定傅卫灵公太子，却在"与之为有方"与"与之为无方"之间犹豫不决，不知何去何从。而栎社树，十分清楚地意识到自己既然生活在这个社会，无法逃脱，那么唯一可以选择的就是如何尽可能地减免祸患，"且予求无所可用久矣，几死，乃今得之，为予大用。使予也而有用，且得有此大也邪？"栎社树的这段自我剖白准确地道出了它是如何努力寻求无所可用，如何多次幸运地躲开"几死"之厄运，终究成就了自己的"大用"。

栎社树所表达的"无用之用"构成了庄子处世哲学的核心。林疑独《庄子注》说：

> 散木，非规矩绳墨所能制。……唯至命者斯足此语。楂梨橘柚以实而害其生，凡物以有用自伤者，莫不若此。且我求无所可用久矣，数为匠者睥睨，是几死矣，今得匠石以为不材，此无用之用，实为大用也。

林疑独所说虽不无精到之处，但他只看到了栎树作为散木对外无用的一面，却没有看到栎树因高大而成为一处景观，以及其所具有的社神地位对世人有用的一面。总之，在人们无法逃离社会现实、不得不与之周旋的情况下，庄子非但不排除为人所用或者为社会所用，而且要人以各种方式，包括通过"无用之用"，或借助于"有用"作为保护伞，最终实现对自己的"大用"。

四 "不为社者，且几有剪乎"

值得注意的是，匠石说栎社树不过是没有用处的"散木"时，并未提及其社神的身份，甚至连栎树在匠石的梦中也对自己的社神身份以"几死，乃今得之，为予大用"一句含糊带过，只是将有用之木与无用之木做了一番比较，强调"文木"就是由于把自己的"有用"展示于外，才给自己带来了"大枝折，小枝泄""以其能苦其生"的命运。

栎树不强调自己"社神"的身份，不等于"社神"的身份对栎树不重要。恰恰相反，对栎树来说，能成为社神是极其重要的。在匠者中，对树木的材质独具慧眼的匠石，只凭树的外貌便知栎树大而无用的材质，可是对于匠石弟子一类的"族匠"乃至"良匠"来说，他们只能看到栎树的高大，却识别不出材质的有用与否。所以，栎树能逃过"匠石"的斧斤，却逃不过"族匠"和"良匠"的砍伐。成玄英疏说：

> 不材无用，必获全生，栎社求之，其来久矣。而庸拙之匠，疑是文木，频去顾盼，欲见诛翦，惧夭斧斤，邻乎死地。今逢匠伯，鉴我不材，方得全生，为我大用。

成玄英的解说很精彩，他指出了匠人之中，匠伯和"庸拙之匠"的区别，并把栎树得以长寿的原因归结为"今逢匠伯，鉴我不材"。其实，栎树之所以得以避免"不终其天年而中道夭"的命运，不仅仅在于匠石对其无用材质的鉴定与揭示，也在于社神身份对栎树所起的保护作用。自从栎树被视为社神，其处境与命运就大为改观了。这就是为什么栎树说自己"且予求无所可用久矣，几死，乃今得之，为予大用"。但是，栎树却不愿意以社神的身份作为唬人的招牌，这种不以特殊地位为意，一切听其自然，安之若命的态度，正是庄子在《人间世》中所极力推崇的。事实上，这种身份以及不以为意的态度，对栎树起着不小的保护作用。然而，栎树所陈述的人生的深刻哲理却远非匠石弟子之辈所能理解：

> 匠石觉而诊其梦。弟子曰："趣取无用，则为社何邪？"

"诊"，通"畛"，告。王念孙说："向秀、司马彪并云，'诊，占梦也'。案下文皆匠石与弟子论栎社之事，无占梦之事。'诊'当读为'畛'。《尔雅》云：'畛，告也。'郭注引《曲礼》曰'畛于鬼神'。'畛'与'诊'，古字通。此谓匠石觉而告其梦于弟子，非谓占梦也。""趣取"，意趣。王念孙的看法很精辟。这几句话的意思实际上是说，匠石醒后把自己的梦告诉了弟子。可是弟子却感到难以理解，认为栎树既然意在求取无用，为什么还要做社神呢？

匠石弟子的疑问，其实也是所有读《庄子》者的共同疑问，而匠石的回答实际就是庄子自己的回答：

> 曰："密！若无言！彼亦直寄焉，以为不知己者诟厉也。不为社者，且几有翦乎！且也彼其所保与众异，而以义喻之，不亦远乎！"

"密"，停，意为秘密、保密；"诟厉"，辱骂；"翦"，砍伐；"义"，常理。匠石说，这是秘密，请别再说了。栎树仅仅是将自己寄托于社神罢了，所以才招致那些不理解它的人的辱骂。如果栎树不寄身于社神，不是早就遭到砍伐了吗？况且栎树自保的方法与众人不同，如果我们以常理去衡量，岂不是相差太远了吗！

在这一段话中，"彼亦直寄焉"中的"寄"指的是什么？郭象说："社自来寄耳，非此木求之为社也。"成玄英也说："彼社之神，自来寄托，非关此木乐为社也。"郭注成疏都把"寄"释为"寄托"。在他们看来，社神之位不是栎树求来的，而是社神自己强加于栎树的。后代的《庄子》注本大多从郭、成之说。但从前文栎树所说的"且予求无所可用久矣，几死，乃今得之，为予大用"中可知，栎树是根据自己"几死"的经历，认识到仅仅"无用"，还不能保身全生，还需要另有庇护。"乃今得之，为予大用"的"之"，应该指的就是社神之位。"得之"之"得"，是指求保身全生之"得"，并不是他人加于其身之"得"。所以，"乃今得之，为予大用"中的"大用"，指的就是社神的身份对栎树有着"大用"。后面的"以为不知己者诟厉也"，也可看作是栎树自求社神之位的佐证。其中"诟厉"的内容，当指栎树明明是"无用"之木却还要占据"社神"之位，而占据社神之位却又不行社神之事，也就是匠石弟子所说的"趣取无用，则为社何邪？"可见"寄"不是社神寄托于栎树，而是栎树求得社神之位后而寄身于社神之位。

"寄"指的是栎树寄身于社神之位，那么，"直寄"的意思就不是社神"自来"或者"直接"来"寄"了。"直"字当有别解。"直"，有"只""仅仅"之意。《孟子·梁惠王上》："不可，直不百步耳。"《孟子·梁惠王下》："直好世俗之乐耳。"《荀子·礼论》："直无由进之耳。"其中"直"都作"只""仅仅"解。所以"彼亦直寄焉，以为不知己者诟厉也"的意思就是，栎树为了保身全生，仅仅是求得了社神之位并寄身于此，它的行为却招致那些不理解它的人的辱骂。这里所谓"诟厉"之人，当既包括像匠石这样认为栎树是无用之木的人，也包括责难栎树"趣取无用，则为社何邪"的匠石弟子及其他人。

栎树的社神身份，很像君子士入仕之后穿上了官服。虽然这身官服可以使人少了许多自由，多了官场上的钩心斗角、尔虞我诈，却也能像栎树的社神身份一样，成为一把保护伞。君子士有了这把保护伞，再加上如"虚室"，能"乘物以游心"之"心"，就会在很大程度上免去"且几有翦乎"的危险。

栎树所走的路是一条不同于常人的特殊之路，但也是现实社会中一条可行之路。人间之路有很多条。有时候，路，人可以选，有时候却由不得人选。人在不得已的时候踏上哪条路其实并不重要，重要的是人在这条路上怎么走，这才是庄子栎社树这则寓言所要阐发的道理。

"不材"的商丘之木

　　《人间世》说的是人当如何入世处世。顾名思义，在《人间世》中，人才应该是故事的主角，庄子也确实一口气写了颜回、叶公子高与颜阖三位君子士的处世故事。可是，从上一段开始，庄子不再直接写人，而开始写树，写超级大的树。庄子似乎对各色各样的大树情有独钟，从《逍遥游》中的"大樗"，到《人间世》中的"栎树"，再到下面的"商丘之木"，庄子都是借树的材与不材、有用与无用来谈人在现实社会中可以怎样处人与自处。尽管庄子写的是树，其目的仍在于写人。栎树因其为"散木"，曾多次逃过匠者的斧斤，但栎树从自身的经历中清楚地意识到，仅凭自身对外的"无用"与"不材"，未必就能实现颐养天年的"大用"。于是，栎树在"不材之木"的"无用"之外，又寻得了另一把"保护伞"，即"乃今得之，为予大用"的社神身份。"不为社者，且几有翦乎！"栎树只有寄身于社神，才得以"若是之寿"，并免除"苦其生者"的烦恼与侮辱。栎社树的处世方式，可视为是对颜回、叶公子高、颜阖在仕途上"无可奈何"却又"无所逃于天地之间"的处世方式的一种补充。栎树凭着"不材之木"和"社神"的双重"保险"，得以终其天年。但是，对于没有"社神"身份之"树"，又该怎样在人间保身、全生、养亲、尽年？这，就是庄子在"商丘之木"中所要回答的问题。

一 一枝一叶不可侵犯

商丘之木，是又一棵外形与栎社树十分相似的巨型大树：

> 南伯子綦游乎商之丘，见大木焉有异，结驷千乘，隐将芘其所藾。子綦曰："此何木也哉？此必有异材夫！"

"南伯子綦"，即《齐物论》中的南郭子綦。李颐说："即南郭也。伯，长也。""结"，集结，会集。"隐将芘其所藾"，奚侗《庄子补注》说："此文当作'将隐芘其所藾'，'芘'借作'庇'，'隐''庇'同义，所以用作连词。盖谓结驷千乘，将隐蔽于其所荫之下也。郭注：'其枝所阴，可以隐芘千乘。'可证郭所见本，正作将隐芘其所藾也。《阙误》引张君房本亦作'将隐芘其所藾'，今本'将隐'误倒。"这几句的意思是说，南伯子綦游览至商丘，看到一棵与众不同的大树，其树冠之大可为集聚在树下的千乘车马遮挡风雨。子綦说，这是一棵什么样的树？长得如此之大，一定是不同寻常之材。

商丘之木如此高大，倘若生长在深山老林、人迹罕至之处，倒也不足为奇。但奇就奇在商丘之木与栎社树一样，就生长在交通要道上。"结驷千乘，隐将芘其所藾"，可见是商贾车马货物的集散之地。而"南伯子綦游乎商之丘"之"游"，又透露出这棵大树就植根于游人过往之处，很可能也是与栎社树类似的吸引游人的景观。就是这样一棵大树，居然一直没有被过往的匠石之辈砍伐，难怪南伯子綦要赞叹其为"异木"了!

不过,南伯子綦毕竟不是匠人,他不会去注意这棵大树的木材是否适合做舟、做棺椁、做器皿、做门户,作为文人,他只会根据自己的人生体验、自己的研究方式去作一番探索:

> (南伯子綦)仰而视其细枝,则拳曲而不可以为栋梁;俯而视其大根,则轴解而不可以为棺椁;咶其叶,则口烂而为伤;嗅之,则使人狂酲,三日而不已。

"轴",车轴,指木心。"解",分裂。"轴解",据褚伯秀《庄子义海纂微》:"谓木纹旋散也。"形容树干年轮松散。"大根",主干。"咶",舔。"酲",醉。这段话是说,南伯子綦抬头仰望这棵大树的分枝,分枝卷曲不可以做栋梁;又俯身从根部端详树的主干,树的木纹松散,不可做棺椁。舔一舔树叶,则口烂舌伤;闻一闻,竟让人大醉,三天都醒不过来。

同为没用的"散木",栎社树与商丘之木所采取的处世、自处方式却颇为不同:栎社树是通过求得的"社神"身份给自己找到了另外一个护身符,而商丘之木则是通过浑身充满"毒素"以求自保。对栎社树来说,"无用"的材质固然是自我保护的首要因素,但其"社神"身份对世人也有一定的威慑作用。与栎社树相比,商丘之木没有那么幸运。虽然它的材质同样"无所可用",同样不材,但在现实生活中,仍有可能被匠石弟子这样不识货的匠人或"频去顾盼"的观者"欲见诛翦"(成玄英疏),遭遇"几死"的命运。这也就是说,倘若商丘之木要尽享天年,避免"不终其天年而中道夭"的"苦生"命运,就必须寻找新的、额外的途径。于是,商丘之木掌握了一个新的防身之术:"咶其叶,则口烂而为伤;嗅之,则使人狂酲,三日而不已。"有了这样的防身之术,任何试图"折大枝、泄小枝"

的"观者"，或者欲施之以斤斧的匠人，都再也无法靠近，无法伤害它了。

值得一提的是，商丘之木虽浑身充满"毒素"，"其叶"不能舔，"其味"不能嗅，但它并不主动伤害他人。即便面临伤害，也只是以自身的"毒素"教训一下，充其量不过是让人口舌生疮，大醉三天而已，并不危及他人的性命。同时，商丘之木还以其巨大的树冠为人提供遮阳挡雨、休憩、车马集散等方便，在庄子看来，这样独特的社会功用也属于"无用之用"的范畴。从庄子对栎社树以及商丘之木的描写来看，可以知道庄子其实并不一味排斥对他人、对社会的"有用"，他所反对和警惕的，只是那些因有用、有材而招致杀身之祸的"用"。由于庄子所真正考虑的，是人当如何在混乱罪恶的社会中全身保生，所以假如对社会的"有用"不会招致伤害，反而可以在某种程度上用来保护自己的话，在庄子看来，这样的处世、自处之道是可行的，也是值得探索和采用的。

二 "嗟乎神人，以此不材"是什么意思

匠石认为"栎社树"不过是"散木"，"无所可用"，因而"不顾，遂行不辍"；而对于同为"不材之木"的商丘之木，南伯子綦又是如何评价的呢？

> 子綦曰："此果不材之木也，以至于此其大也。嗟乎神人，以此不材！"

商丘之木的"有用"与"异材"，是通过"无用"与"不材"的形式展现出来的。南伯子綦不愧是得道之人，唯有他可以透过其"无用""不材"的外在因素，理解其中隐含着的"无用之用是为大用"的"异材"处世哲学。因此，他对商丘之木的自我保护能力与生存之道不禁发出了"嗟乎神人，以此不材"的慨叹。

有关"南伯子綦游乎商之丘，见大木焉有异"一段，文字上并不生僻，寓意也相对明确。但是南伯子綦在得出"此果不材之木"的结论后，为什么要发出"嗟乎神人，以此不材"的感慨？这里所说的"神人"与《逍遥游》中"神人无功"的"神人"是否相同？此外，"神人"与商丘之木之间又有着什么样的关系？特别"嗟乎神人，以此不材"一句究竟指的是什么？这一系列问题在以往的《庄子》研究中几乎从未被触及过。

"圣人无名""神人无功""至人无己"中的圣人、神人、至人，是庄子在《逍遥游》中标举的三类理想人物。这三类人物在达到"无名""无功""无己"之后都成为在精神上获得绝对自由的逍遥游者。在这三类人中，"圣人"在庄子一书中出现的次数最多，共113次，其中"内篇"27次；"至人"30次，其中"内篇"8次；"神人"出现的次数最少，共8次，其中"内篇"4次：《逍遥游》中两次，《人间世》中两次。关于"神人"，我们认为，所谓"神人无功"，是说神人能建天下最大之功，却可以摆脱"功"的羁绊，有大功、神功而不居功，不以功为功，心中无功。一旦如此，神人便能进入逍遥游的境界，获得人格的独立和精神的自由。所以，神人当是与圣人并列的不同类型的另一种人。如果说"圣人无名"的圣人指的是君主尧之类，那么"神人无功"的"神人"应该指的是于国有功的臣子。既然如此，《人间世》中"嗟乎神人，以此不材"的"神人"又是指何许人？郭象说：

> 夫王不材于百官，故百官御其事，而明者为之视，聪者为之听，知者为之谋，勇者为之扞。夫何为哉？玄默而已。而群材不失其当，则不材乃材之所至赖也。故天下乐推而不厌，乘万物而无害也。

就"夫王不材于百官，故百官御其事"而言，郭象认为庄子是以"商丘之木"比喻君王，而大树所蔽荫的"结驷千乘"比喻臣子，所谓"不材乃材之所至赖也"。按照郭象所说，"神人"当象征君主。但是"商丘之木"是以"其细枝，则拳曲而不可以为栋梁""其大根，则轴解而不可以为棺椁"呈现于世人眼前的，作为君主，既不必顾忌匠人的斧斤或者观者的攀折，更不需以浑身的"毒素"以求自保。因此郭象的说法不免牵强。成玄英的看法是：

> （商丘之木）通体不材，可谓全生之大才；众谓无用，乃是济物之妙用；故能不夭斤斧而荫庇千乘也矣。夫至人神矣，阴阳所以不测，混迹人间，和光所以不耀。故能深根固蒂，长生久视，舟船庶物，荫覆黔黎。譬彼栎社，方兹异木，是以嗟叹神人之用，不材者，大材也。

在成玄英看来，"圣人""神人""至人"三位一体，三者之间不存在任何区别。显然成玄英也觉得郭象认为商丘之树比喻君主有所不妥，故而提出"神人"即"至人"，并且以庄子在《齐物论》中说过的"至人神矣"加以佐证，认为此处的神人就是"混迹人间，和光所以不耀"的至人。不错，庄子的确在《齐物论》中说过"至人神矣"，对至人的描述甚至也与《逍遥游》中居于藐姑射之山的神人相去无几，但这些描述强调的都是"圣人无名""神人无功""至人无己"之后所进入的逍遥游境界，并不是说人世间的无名圣人、无功神人、无己至人三者相同。庄子追求精神上的逍遥游，主张万物一齐，却并不否认精神上达到逍遥游境界的各种不同身份的人，处于现实社会时所呈现出的形式上的差异。在庄子的笔下，精神境界相同的圣人、神人、至人在人世社会中却有着各自不同的社会功能、生活态度，有着不同的行为表现。因而成玄英的解释仍不妥。

既然这位"嗟乎神人，以此不材"的"神人"既不是郭象所说的君主，也不是成玄英所说的至人，那么，这里的"神人"究竟指的是什么？宋王雱在《南华真经新传》中说：

> 南伯子綦见商丘之大木，而嗟叹其神人之不材，此亦知其全命之道欤。

王雱认为商丘之木象征的就是"神人"。所谓神人的"全命之道"，也就是南伯子綦感叹的商丘之木的全生之道。王雱之说应该最符合庄子原意："神人"指的就是"商丘之木"，或者说"商丘之木"就是比喻"神人"。这个结论是否符合庄子的原意，我们不妨再重温一下这段记述。

在审视了一番"商丘之木"之后，南伯子綦说："此果不材之木也，以至于此其大也。"就是说他不仅看到了商丘之木"不材""无用"的事实，更看出了其中蕴含着的"无用为用"的养生之道，看出"无用之用"是商丘之木的一种自我保护的手段，所以才有了"嗟乎神人，以此不材"的点睛之笔。这一句，不但说明商丘之木是有别于栎社树的，而且呼应《逍遥游》中"神人无功"的"神人"，点明商丘之木就是"神人"的象征。

商丘之木象征着神人，可是，商丘之木看起来不仅与世"无用"，而且浑身还充满"毒素"，庄子为什么用"商丘之木"象征"神人"？其中又包含着什么寓意？

我们说过，"神人无功"指的是功臣的精神境界，即建有奇功的臣子有功而不以功为功，心中无功。如果心中有功或者从未建立过功勋的人，就不是"神人"。所以，要成为"神人"的首要条件是"有功"。庄子之所以以商丘之木象征神人，是因为商丘之木对人世有功却并不居功自恃。在这则寓言中，南伯子綦首先指出的就是商丘之木对社会有用的一面："结驷千乘，隐将芘其所藾。"事实上，商丘之木为"结驷千乘"提供了庇护之所，却无意彰显自己的功绩，以致受其庇护的"结驷千乘"也未必意识到自己得到的就是商丘之木之功。这种"用"正是"神人无功"在人世间可以达到的最高境界，也正是庄子以商丘之木象征神人的意义所在。

三　怎样理解"无用之用"

　　庄子在《人间世》中以栎社树与商丘之木两段寓言说明"无用之用"的处世之道。有意思的是，每当庄子以比喻的方式阐发其"无用之用"思想时，总会谈到被比喻之物对社会、对人世"有用"的一面。也就是说，庄子的"无用之用"并不仅仅限于通常所理解的是对社会、对他人无用而对自己有用，其中也包含着对社会、对他人有用的因素。从《逍遥游》中的"五石之瓠"，"不龟手之药"，"大本拥肿而不中绳墨，其小枝卷曲而不中规矩"的"樗"树，到《人间世》中的"栎社树"与"商丘之木"，无不如此。显然，这绝非巧合，而是庄子有意为之。

　　让我们先来回顾一下《逍遥游》是如何谈及具"有五石之瓠"的大葫芦以及"其大本拥肿而不中绳墨，其小枝卷曲而不中规矩"的大樗树。《逍遥游》中大葫芦与大树的话题，原本是惠子用来嘲讽庄子学说"大而无用"的。在惠子看来，这些"大而无用"之物的最终结局只有一个，那就是"为其无用而掊之"，毁灭了事。然而，庄子却回答他说："今子有五石之瓠，何不虑以为大樽而浮乎江湖？"又说："今子有大树，患其无用，何不树之于无何有之乡，广莫之野，彷徨乎无为其侧，逍遥乎寝卧其下。不夭斤斧，物无害者，无所可用，安所困苦哉！"就是说，不是葫芦没用，大树没用，而是惠子以及世人拘泥于"有蓬之心"而"拙于用大"，不会用大，所以才看不到这些无用之物的"大用"。假如可以换一个思路、换一个角度看问题，用这只大葫芦做成一只小船，不是可以荡舟于江湖吗？而那棵"不中绳墨""不中规矩"的大树，同样可以栽种到"无何有之乡"，"广莫之野"，让人躺在大树的树荫下享受逍遥无为的自由。说到底，说大葫芦、大树没有用，只是惠子以及世人囿于传统思维定式的束缚，视野受到局限，才无法理解"无用之用"中所蕴含着的深厚内容。

那么，庄子为什么在强调"物"对外"无用"就是对自己的"大用"的同时，还要屡屡指出无用之"物"对社会、对他人的用处呢？《逍遥游》中，惠子与庄子辩论大葫芦是否有用时，曾说"吾为其无用而掊之"。"掊之"，即砸碎。就是说，假如大葫芦真的完全无用，很可能遭到"掊之"的命运。所以，对外"无用"虽然是一种保身全生的处世方法，虽然在一定程度上可以带来相对的安全，但还不够，还不意味着危险的解除，仍然存在被"掊之"、被毁灭的可能。因此，庄子在指出"无用之用"是一种自我保护的同时，总是强调为世俗眼光所蒙蔽的无用之物的有用一面。我们可以看到，对社会、对人来说，不但"五石之瓠"有用，大樗树有用，栎社树和商丘之木也都有用。栎社树，可以"蔽数千牛"，吸引"观者如市"，而商丘之木可以庇护"结驷千乘"。可见，庄子所说的无用之用是两方面的，不仅仅是对自己有大用，而且也包括对社会、对他人的有用。这种对社会、对他人之用，同样被庄子视为是"无用之用"所带来的大用。

《山木》中记述的庄子与弟子的一段对话，集中体现了庄子"有用"与"无用"之间的转化关系与哲理：

> 庄子行于山中，见大木，枝叶盛茂，伐木者止其旁而不取也。问其故，曰："无所可用。"庄子曰："此木以不材得终其天年。"夫子出于山，舍于故人之家。故人喜，命竖子杀雁而烹之。竖子请曰："其一能鸣，其一不能鸣，请奚杀？"主人曰："杀不能鸣者。"

明日，弟子问于庄子曰："昨日山中之木，以不材得终其天年；今主人之雁，以不材死；先生将何处？"庄子笑曰："周将处乎材与不材之间。"

"材与不材之间"，正是"有用与无用"之间的形象写照。"无用"可以"以不材得终其天年"，但也可以"以不材死"。所以，材与不材之间，才是最安全的区域。《人间世》中，颜回、叶公子高、颜阖都有材，却或遭"阴阳之患"或遭"人道之患"，稍有不慎，还会招致右师之刑。"柤梨橘柚，果蓏之属"有用，"实熟则剥，剥则辱；大枝折，小枝泄。此以其能苦其生者也，故不终其天年而中道夭，自掊击于世俗者也"。而栎社树、商丘之木等"处于材与不材""有用与无用"之间，这才是乱世中保身全生的有效方法。搞清楚庄子"无用之用"的"用"所包含的双重内涵，就不难理解南伯子綦为什么会在看过商丘之木后发出"此果不材之木也，以至于此其大也。嗟乎神人，以此不材"的感慨了。

"无用之用"是庄子处世哲学中极其重要的组成部分。可惜一千多年来，历代学者研究庄子"无用之用"的处世之道时，往往都片面强调"无用之用"中对一己之"用"的一面，却完全忽略了"无用之用"中的"用"也包括对社会有用的一面。其实，纵观《庄子》，特别是分析内篇《逍遥游》与《人间世》中有关"无用之用"的文字，可以清楚地看到，庄子在强调"无用之用"的同时，非但从未否认"无用之用"对社会有用的一面，而且把对社会的有用当作"无用之用"的重要内涵之一，认为"无用之用"既是对自我的保身、全生、养亲、尽年之大用，也是对社会、对他人的大用。这一点，也反映了庄子以"道"观物的一贯思想。

无用之用

从"栎社树"的"能若是之寿"，到"商丘之木"的"以至于此其大也"，庄子将两棵大树得以逃脱斧斤之砍斫而幸存的秘诀归结为"无用之用"。可以说这两棵大树的命运集中体现了庄子对"用"的独特理解。世俗世界一般所说的有用或无用，都是以器物的实用价值作为衡量标准的，因而对"为舟则沉，以为棺椁则速腐，以为器则速毁，以为门户则液樠，以为柱则蠹"的"栎社树"，以及"拳曲不可以为栋梁""轴解而不可以为棺椁"的"商丘之木"不屑一顾，认为这样的树都是"不材之木"，"无所用之"。然而，同是一个"用"字，庄子所说的"用"却超越于功利、世俗之上，完全颠覆了世俗传统价值观对"用"的理解，给予了"用"以新的诠解。细说起来，庄子所说的"用"至少包含了这样两层相互关联而又存在一定矛盾的内容：第一层的意思是，"栎社树"与"商丘之木"虽然"不材""无用"，但一棵作为社神，"其大蔽数千牛"，吸引着"观者如

市", 另一棵则 "结驷千乘, 隐将芘其所藾", 就非传统意义来说,
这两棵大树又都在某种程度上对社会有用, 而不是绝对无用, 这是
一种 "用"; 第二层的意思则把重点放在强调 "无用之用" 上, 是说
这两棵大树从世俗的功利角度来看的确一无所用, 但结果却因 "不
材" "无用" 而实现了尽享天年的 "大用"。由于在《庄子》一书中,
世俗之 "用" 与庄子所主张的 "用" 往往交织在一起, 这就需要我们
进一步探讨在庄子心目中 "无用" 与 "有用" 之间究竟存在着一种什
么样的关系, 这两者之间在具体处世过程中又是如何相互转换、相
互依存。接下来, 我们就来看看庄子在下面的几个寓言中如何就
"有用" 与 "无用" 做进一步的阐释。

一 不祥就是大祥

庄子在栎社树托梦的故事中, 提到 "文木" 因有用而招致 "大
枝折, 小枝泄。此以其能苦其生者也, 故不终其天年而中道夭, 自掊
击于世俗者也" 的厄运, 但论说的重点仍落在栎社树与商丘之木的
"无用之用" 上。下面 "荆氏之木" 的故事, 则又回过来与 "文木" 一
段相呼应, 转而把论说重点重新放在揭示 "有用" 之患上:

> 宋有荆氏者, 宜楸柏桑。其拱把而上者, 求狙猴之杙者斩之;
> 三围四围, 求高名之丽者斩之; 七围八围, 贵人富商之家求樿傍者
> 斩之。故未终其天年, 而中道之夭于斧斤, 此材之患也。

"荆氏", 宋国的地名; "拱", 两手合握; "把", 一手可握; "杙",
小木桩; "高名", 高大; "丽", 通 "欐", 指房屋的栋梁; "樿傍",
整块的棺木板材。这段话是说, 宋国荆氏之地适宜生长楸、柏、桑
三种树木。树干长到一、两握粗, 就被寻找木桩栓猴的人砍掉; 长
到三、四围, 会被建造高大房屋的人砍去做栋梁; 长到七、八围, 会

被想做棺椁的富贵人家砍走。这样的树无法终其天年，还在生长中便遭到斧斤砍伐而夭折。这就是有用之材的祸患。

这一段所要表述的与"栎社树"中"柤梨橘柚，果蓏之属"的"文木"一样，旨在说明像"楸柏桑"这样"有用""有材"之木，由于没有栎社树那样的"社神"护身符，也不像商丘之木那样可以自产"毒素"，因而毫无自我保护能力，结果只能任人砍伐，中道夭折。这里庄子特别提到"拱把而上者""三围四围"以及"七围八围"这几个不同的生命阶段，比喻任何"有材""有用"之人在这个乱世之中即便可以逃过一劫，也逃不过继之而来的又一劫，遭遇祸患是必然的，逃脱是偶然的。命运如果真的如此的话，像宋荆之地的楸柏桑之属，是否就真的再也无法逃脱自己的厄运？只能听天由命、无所作为？在庄子看来，对这样的树木、这样的人，唯一的自救方式，只能是彻底颠覆一切世俗的观念，具备"道通为一"的眼光，藏身于"无用"，甘心于"不材"，把世俗看来一切不正常、有缺陷之"不材""无用"统统借来，作为自己生存保身的利器：

> 故解之以牛之白颡者与豚之亢鼻者，与人有痔病者不可以适河。此皆巫祝以知之矣，所以为不祥也。

"解"，解除；"适河"，指祭祀河神。这几句是说，凡是额头白色之牛、鼻孔朝天之猪以及患痔病之人，都不吉祥，因此被排除在参与祭祀河神之外。这是每一位巫祝都知道的。

巫祝是祭祀河神时负责选材之人。所有被巫祝选中之"材"都将作为祭祀时的祭品供奉河神。白额头的牛、鼻孔朝天的猪以及患有痔病的人，不但对祭祀河神来说是不祥之物，即使以世俗眼光来看，也由于其异于同类而遭受各种各样的歧视。然而庄子却一反传统观念，认为人与物这些与生俱来的缺陷虽然对世俗来说是大不幸，但对其自身来说却是大幸：

> 此乃神人之所以为大祥也。

意思是说巫祝与世俗之人皆认为此类人与物极为不祥，而在"神人"看来却是"大祥"。成玄英这样解释说：

> 巫师祝史解除之时，知此三者不堪享祭，故弃而不用，以为不善之物也。然神圣之人，知侔造化，知不材无用，故得全生。是知白颡亢鼻之言，痔病不祥之说，适是小巫之鄙情，岂曰大人之适智！故才不全者，神人所以为吉祥大善之事也。

成玄英所说的"知不材无用，故得全生"，指牛、猪、人由于有缺陷不得参与祭祀，故得以全生，这就是庄子心目中的"无用之用"。但其中更给人启发的还是"才不全者，神人所以为吉祥大善之事也"一句。显然，"才不全"不等于"不材"，更不等于全然无用，只是"有材"而不全罢了。这也从一个侧面说明庄子的所谓"无用"与"有用"、"有材"与"不材"不是绝对的，而是相对而言的。

在《人间世》中，"此乃神人之所以为大祥也"是庄子说过"嗟乎神人"之后，第二次提到"神人"。为什么此番"大祥"的议论，要出于神人而非圣人或者至人呢？在《逍遥游》中我们已经谈过"无功"的"神人"象征曾有功却不居功的臣子，这里似乎可以再次证明这个看法。作为昔日的臣子，大都曾担任过与巫祝相似的选材、用材重任，而他本人也曾亲历过被选与被用。尽管如今得"道"之"神人"已不会再因选与被选、有材与不材、有用与无用而纠结，但正由于"神人"曾与选材之事关系最为密切，对此中种种感受最深，因此也最具资格就世人以为的"不祥"之物，发表超越世俗的议论。

二 支离疏

庄子不但挖掘出这些在世俗看来奇奇怪怪而被"神人"认为是"大祥"之人与物来告诫世人,去改变人们对"无用"与"有用"之间存在着的成心,更把世间存在着的残疾、缺陷、畸形统统集于"支离疏"一身,以震撼、扭转人们的"成心":

> 支离疏者,颐隐于脐,肩高于顶,会撮指天,五管在上,两髀为胁。

"支离",形体不全的样子;"疏",人名;"颐",脸;"会撮",发髻;"五管",五脏腧穴。有一个名叫疏的形体奇特的人,他的脸紧贴着肚脐,两肩高过头顶,发髻朝天,五脏腧穴朝上,两髀与肋骨相并。

就像栎社树、商丘之木在匠人眼中是无用不材的散木一样,支离疏在世人眼中就是典型的无用不材的散人。庄子创造出这样一位超级残疾、畸形之人来,目的就是要与那些所谓正常有用有材之士加以比较。支离疏外形可以是如此"支离",但内心却可以是完善独立的。释德清《庄子内篇注》说:"支离者,谓躠其形。疏者,谓泯其智也。乃忘形去智之喻。"这种"泯其智"、不以形残为残而游于人世间,在选材用材者眼中,他就是"无用""不材"之人,但对支离疏本人来说,这却是他游离于刑网之外且能得以逍遥的护身符,也就是神人所说的"大祥"。

特别值得重视的是,支离疏虽然形残如此,在世俗人心目中,既无用又不材,但在庄子笔下,他却仍可自食其力,甚至养活他人:

> 挫针治繲,足以糊口;鼓筴播精,足以食十人。

"挫针",缝补衣物;"治繲",洗衣;"鼓",上下振动;"筴",簸箕；"播精"，去除米中的糠麸；"食"，养活。就是说，支离疏靠给人缝补衣裳、洗衣，就足以养活自己；为人筛糠所得的大米，可供十人的饭食。支离疏就像"无用""不材"的大树一样，在世人眼中，既"无用"又"不材"，但实际上却不但可以自食其力，甚至可以凭借自己的劳动养活他人。支离疏的例子再一次清楚地表明世俗所谓的"无用"，不过是一种偏见或者歧视，就像"不材"的大树仍可为人遮风挡雨一样，被世俗视为"无用"的人，实际上仍然对社会"有用"。

然而，世俗所谓的"无用"，换一个角度来看，却又是对自己的"有用"：

上征武士，则支离攘臂而游于其间；上有大役，则支离以有常疾不受功；上与病者粟，则受三钟与十束薪。

"攘臂"，挽袖露臂；"钟"，重量单位，六斛四斗为一钟。政府征兵时，支离疏挽着袖子在其间走来走去却不会被强征；政府征用劳役时，支离疏又因形体残疾而不受劳役之苦；政府向残疾人发放救济时，支离疏还能领到三钟米与十捆柴。

支离疏生活于劳役征战频繁的动乱年代，却因残疾而免于战乱、劳役之苦，在庄子看来，这就是对人的最大的"无用之用"。从这里，我们可以清楚地看出，所谓"无用之用"指的就是在世俗眼光中的"无用"，实际上却是对自己的"有用"。庄子写支离疏以支离其形而免祸全生，并悠然自得，不但表现出对当时歧视残疾人之传统偏见的挑战与蔑视，而且透露出对传统观念中把人的"有用"与"材质"仅仅局限于入仕从政的激烈反叛。在"争地以战，杀人盈野；争城以战，杀人盈城"（《孟子·离娄上》），死者"以国量乎泽若蕉"的年代，因战乱而残疾者不计其数。在这样的社会背景下，支离疏的故事就有着更为强烈的现实意义。

形貌残疾如支离疏者，尚能全其生而颐养天年，更何况背离传统道德观之人：

> 夫支离其形者，犹足以养其身，终其天年，又况支离其德者乎！

"支离其形"，指的是人的外在形貌。一个外貌支离的人尚且得以"养其身，终其天年"，那么，一个"支离其德者"，就更应该可以"养其身，终其天年"了。形体外貌的"支离"，无论是先天的还是后天的，都无法选择。然而，"德"的支离却是可以选择的。一个人如果能"支离其德"，"忘形去智"，就可以在任何地方逍遥自在地"攘臂而游"。

那么，"支离其德者"究竟指的是什么人呢？郭象认为是指神人：

> 神人无用于物，而物各得自用，归功名于群才，与物冥而无迹，故免人间之害，处常美之实，此支离其德者也。

在《人间世》中，庄子的确两次说到神人，一次是说商丘之木，一次是说为祭祀河神选材的巫祝，这两者都与"神人无功"的神人有着相似的社会地位。而"支离其德者"却是从生活于社会下层的支离疏那里引发出来的，不应该指"神人"。故而成玄英认为"支离其德者"指"圣人"：

> 夫支离其形，犹忘形也；支离其德，犹忘德也。而况支离残病，适是忘形，既非圣人，故未能忘德。夫忘德者，智周万物而反智于愚，明并三光而归明于昧，故能成功不居，为而不恃，推功名于

群才，与物冥而无迹，斯忘德者也。夫忘形者犹足以养身终年，免
乎人间之害，何况忘德者邪！其胜劣浅深，故不可同年而语矣。是
知支离其德者，其唯圣人乎！

在《庄子》"内篇"中的"圣人"，一是"无名"，二是"不从事于务"。
这两点虽有不同的重点，却是一个完整的统一体。前者描述的是圣
人的精神世界，后者说的是圣人进入无名境界之后在人世间的具
体作为。"圣人无名"不是圣人尸居君位，而是不以天下为私物却
仍具有日月之辉的君主。"支离其德者"显然也不是圣人。不过，这
里成玄英所说的"支离其形，犹忘形也；支离其德，犹忘德也"，颇
有见地。支离疏能忘其形，所以才能"上征武士，则支离攘臂而游
于其间；上有大役，则支离以有常疾不受功"。但是，假如一个人只
是支离其形，不能支离其德，就会像那只不会鸣叫的"雁"一样，终
因不材而被杀。庄子认为，仅仅是"支离其形"还不够，还要"支离
其德"。

　　既然"支离其德者"不是神人，也非圣人，那么，"支离其德
者"究竟是什么人？林希逸《庄子口义》认为"支离其德者"以及支
离疏指的都是至人：

　　　　言至人之德亦如此支离者，以无用为大用也。此与不材之木
　　　亦同意。

林希逸所言极是。支离疏说的是生存于社会下层却完全无法掌控
自己命运的人。这种人，或许能以自己某一方面的残缺逃过一时的
灾难，却不能保证永远可以保身全生。只有达到内心"无己"，才能
以"无用"为大用。这是庄子为什么在说支离疏能"养其身，终其天
年"之后，还要强调"又况支离其德者乎"。在《庄子·逍遥游》中

的"至人无己"一章中，我们曾说："至人"指的是"游于世"的普通人，生于乱世，他们的物质生活乃至个体生命都没有任何保障。为了生存，他们不得不在现实中采取"顺物"的方式，以顺应自然之变、社会之变、生死之变、利害之变等各种大大小小之变。但他们的"顺"，又不是无所不为的"顺"，不是为虎作伥的"顺"，而是始终都得遵循"不逾矩"的原则，"游于世而不僻，顺人而不失己"。

这是现实社会中"至人"与"圣人""神人"的根本不同之所在。因此，我们认为，这里的"支离其德者"指的就是"无己"的至人。支离其形，或许可以免祸；但只有支离其德者，才能真正为保身全生忘其形而"顺于世""游于世"。

"支离其德"就是进入了得"道"的境界。"支离其德"是呼应《人间世》开篇"颜回请行"中所说的"心斋"而来。从《人间世》中的颜回、叶公子高、颜阖、栎社树、商丘之木，最后到支离疏，尽管其形象各异，所处的社会环境与身份亦各有不相同，但却构成了庄子处世之道的一个系列。像颜回这样一个满怀治世理想的青年才俊，经历过这个残酷混乱社会的种种磨难，最终只会在仕途上被挤压而变了形，成为像支离疏一样顺于世、混于世的畸形人。

三　接舆之歌

《人间世》从"颜回请行"开篇，到"而况支离其德者乎"，从文意与行文上看，可以说是首尾呼应，结构完整。但是，在"而况支离其德者乎"之后，庄子又写了这样一段故事：

> 孔子适楚，楚狂接舆游其门曰："凤兮凤兮，何如德之衰也！来世不可待，往世不可追也。天下有道，圣人成焉；天下无道，圣人生焉。方今之时，仅免刑焉。福轻乎羽，莫之知载；祸重乎地，莫之知避。已乎已乎，临人以德！殆乎殆乎，画地而趋！迷阳迷阳，无伤

吾行！吾行郤曲，无伤吾足！"

"成"，成就事业；"生"，保身全生；"迷阳"，喻社会黑暗；"郤曲"，绕行。这段故事的大意是说，孔子周游列国到了楚地，楚狂接舆从孔子门前经过，以歌劝孔子，说当今之世是仅能免刑的时代，不必再到处以德教人了。在这样的乱世之中，见到危险就应该绕道而行，小心伤害到自己。

在这段故事中，接舆是一个"支离其德者"，而孔子却成了"待来世""追往世"，欲成就一番圣人事业的德衰之凤。这里涉及的孔子似乎不仅与"颜回请行""叶公子高使齐"中的孔子有所矛盾，而且从"凤兮凤兮，何如德之衰也"一句中，也不难体味出对孔子不识时务的讥讽。庄子为什么要这样写呢？

首先，接舆的故事与《人间世》开篇的"颜回请行"，描写的侧重虽有所不同，却可互为补充，共同揭示了《人间世》的时代背景："方今之时，仅免刑焉。福轻乎羽，莫之知载；祸重乎地，莫之知避"与颜回所说的"回闻卫君，其年壮，其行独；轻用其国，而不见其过；轻用民死，死者以国量乎泽若蕉，民其无如矣"相互呼应，说明生活在这样一个时代，任何入仕救民的良好愿望，任何希望有所作为的政治理想都没有实现的可能，没有任何实际的价值，任何的"有用""有材"，其结局只能是为这个罪恶且混乱的社会所吞噬。因此，以"保身""全生"为最终目标的处世之道才是唯一可以维护个人尊严、人身自由的养生之道。这不仅揭示出庄子处世原则所产生的社会根源，也显示了庄子哲学出现的深刻现实意义。

孔子在"颜回请行"与"叶公子高使齐"两则故事中，虽然一再以"心斋""乘物以游心"的处世方法教诲颜回与叶公子高，但是对于颜回出仕以及叶公子高出使齐国本身，孔子非但从未表示反对，而且一直是积极支持的。孔子之所以教给颜回与叶公子高一系列处世的方法，其中最根本的原因，就是只有颜回和叶公子高保护好自己，才能更好地完成君子士所承担的历史使命。虽然孔子在教导颜回时，也充分认识到"方今之时，仅免刑焉"的残酷现实，但他仍然对"往世""来世"，对以"德"治世抱有幻想。同时，根据《人间世》的描述，孔子深谙处世之道，能理解如何在险境中游刃有余。他告诫颜回首先要追求"心斋"的境界，教导叶公子高"乘物以游心"，一旦"虚室生白"，就可以化万物，"鬼神将来舍，而况人乎！"似乎所有的问题都会迎刃而解。可是，不幸的是，孔子自己汲汲于天下一生，却并没有成功，仅仅是全其生而已。最后，庄子借接舆之口，说明在这样的社会里，连孔子都不可能成功，遑论他人。

这里，我们不妨把《人间世》与《论语·微子》中所记载的接舆之歌作一下比较，或许可以更清楚地见出庄子写接舆之歌的意图：

> 楚狂接舆歌而过孔子曰："凤兮凤兮！何德之衰？往者不可谏，来者犹可追。已而，已而！今之从政者殆而！"孔子下，欲与之言。趋而辟之，不得与之言。

从《论语》的记载中可知，楚狂接舆"歌而过"孔子应该是一段史实。《庄子·人间世》中的这则孔子往事，很可能就是根据《论语》的记载加以发挥的。《论语》中的接舆之歌对孔子有明显的讥刺之意，而在《人间世》中虽也重复了"何德之衰"的字样，但字里行间却浸透着对孔子命运的深切惋惜与感慨。《论语》中，接舆并没有称孔子为"圣人"，但《人间世》中却提出孔子之所以没能成就圣人事业只不过是生不逢时。同时，庄子在接舆之歌中还注入了"迷阳迷阳，无伤吾行！吾行郤曲，无伤吾足"等带有深切同情的祝愿，意思是希望孔子不必再奔走于各国之间，那些几乎伤了孔子"之行""之足"的经历，已经证实现今的世界只是一个"圣人生焉"而非"圣人成焉"的时代。在"福轻乎羽，莫之知载；祸重乎地，莫之知避"的残酷现实下还要"临人以德"，只是一种幻想而已。

庄子的"接舆之歌"一段，再次表明庄子的处世思想以及对君子士出仕的态度。而《人间世》最后的几句话，则上承接舆之歌，同时也为全篇作结，点明了全篇的主旨：

> 山木自寇也，膏火自煎也。桂可食，故伐之；漆可用，故割之。人皆知有用之用，而莫知无用之用也。

"寇"，砍伐；"膏"，油脂。这几句说的是，山木自寻砍伐，油脂自取焚烧，桂树可食而被伐，漆树可用而被割。人人都懂得"有用之用"，却没有人理解"无用之用"。这里所说的"人皆知有用之用，而莫知无用用"堪称是《人间世》的点睛之笔。成玄英说：

> 楸柏橘柚，膏火桂漆，斯有用也。曲辕之树，商丘之木，白颡之牛，亢鼻之豕，斯无用也。而世人皆炫己才能为有用之用，而不知支离其德为无用之用也。

成玄英所说的"炫己才能"，触及了在庄子看来古往今来所有君子士的软肋，也点明了君子士在现实社会中招致灾祸的根本原因。

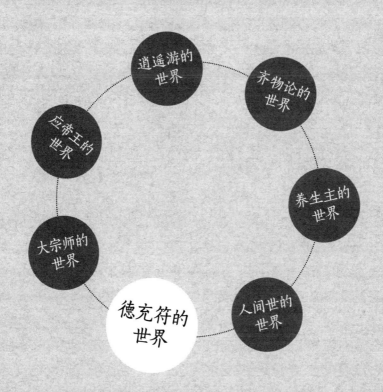

"德充"是一个渐进的过程

　　《德充符》是《庄子》"内篇"中的第五篇。《人间世》主要探讨的是君子士对外的处世方法，而《德充符》则转而阐发如何完善内在之"德"的修养。可以说《德充符》与《人间世》两篇互为参照，从一外一内两个角度，为君子士展示了当今之世当如何"养生""保身"。

　　《人间世》中曾先后出现了三类不同的形象：第一类是颜回、叶公子高与颜阖，代表着准备或已经踏入仕途的君子士。他们三人虽涉世深浅不同，但在现实社会中都陷入了两难的困境。孔子与蘧伯玉则属于人生导师一类，他们主要试图以自己的人生经验告诫后来者应如何与这个社会周旋。栎社树、商丘之木、支离疏以及接舆则属于第三类，他们是"无用之用"的实践者，也是庄子心目中理想的处世者。在世人看来，他们都"不材"、无用，然而却因此一次又一次地逃过各种劫难。虽然庄子在《人间世》中主要讨论的是处世的具体技巧与方法，但最终却总是归结到"虚而待物"的"心斋"，"乘物以游心，托不得已以养中"，与"正女身"的修养上。特别是在谈过栎社树、商丘之木的"不材"，以及像支离疏这样相貌支离之人"犹足以养其身，终其天年"之后，庄子发出了"又况支离其德者乎"的感慨，似乎暗示下一篇将要着重探讨的就是"德"，也预示着《德充符》的主旨会从对外处世之道的探索，转而对内心世界的完善的追寻。

一 "德充符"是什么意思

现存对"德充符"的最早解释出自崔譔。他说：

> 此遗形弃知，以德实之验也。

崔譔的话虽只短短两句，却指出了"德充符"所包含的两个重要内容：一是"遗形弃知"，就是忘却形体，不以形残为残，放弃对外物的一切"成心"，泯灭是非。二是"德实之验"，"实"，即满；"验"指对"德实"的验证，即是否有"物"因德来"符"。有物来符，就是"德实"。因此"德实之验"，可以理解为验证修德之人是否已经"德实"。崔譔所说的"德实"，其实就是"德充"的意思。郭象解释"德充符"说：

> 德充于内，物应于外，外内玄合，信若符命而遗其形骸也。

郭象所说的"内"指内心；"外"指外在世界。"物应于外"，是说外界万物对人内心"德充"之后的反应。"玄合"，指"德充符"之"符"。"信若符命"说的是"德充"者与世间万物之间的关系。"遗其形骸"，意思是说"德充"者与自然万物相交以"德"而非以

"形"，唯有"德充"才能使物"应于外"。郭象的"德充于内"与崔
譔的"德实"含义相同，都是说人内心"德充"，才可以"物应于外，
外内玄合，信若符命而遗其形骸也"。

　　崔譔释"德充"为"德实"，郭象释"德充"为"德充于内"，都
把"充"理解为"满"，"德充符"的意思就成了"德"满之后，与外
物相符。的确，《德充符》中的王骀、伯昏无人、哀骀它确实是已经
与万物融为一体的"德满"之人。但是，《德充符》不仅仅说已具有
完满之德的"德满"者，而且也谈如何使正在"德充"之人成为"德
满"者，如常季、郑子产、申徒嘉等。因此，崔譔与郭象的说法不甚
准确。实际上，《德充符》用了很大的篇幅谈那些跟随"德满"者使
一己之"德"由少而多、最终达到"德满"的人。也就是说，他们跟随
"德满"者的目的就是为了使"德充"，希望经过使"德充"的过程
最终成为像王骀、伯昏无人一样的"德满"者。

　　《德充符》中写到的跟随"德满"者充德的人形形色色，所进
入的"德"的层次也各不相同，但在"德满"者的门下，他们都经历
了一个从"德"不满到"德满"，或者从"德"不实到"德实"的修炼
过程。由于这个过程是渐进的而不是顿悟可成的，我们认为，"德
充"之"充"的意思不应该是崔譔、郭象所说的"满"，而是指由少
到多的一个"充"的渐进过程。"充"原本就有充塞、填充之义。如
《周礼·天官·大府》："凡万民之贡，以充府库。"《庄子·人间世》：
"夫以阳为充孔扬，采色不定，常人之所不违。"《庄子·天运》：
"形充空虚，乃至委蛇。"又如《战国策·齐策四》："狗马实外厩，
美人充下陈。"其中的"充"都用作动词。如果"德充符"的"充"也
当作动词解而非形容词的话，"德充符"的意思就是一个人内心之
"德"逐渐充满，完满之"德"洋溢于天地万物之间，外界万物与之
相验证，和谐为一体。

　　在庄子看来，君子士处世，"德"是安身立命的根基，而"德"

是可以"充"、也需要"充"的，但修（充）"德"又是一个由少到多到满的艰难的渐进过程。

二 "德"的不同境界

"德充"就是"充德"，意思是人的"德"是逐渐积累至"满"的，而"满"的标志则是"物应于外"。既然"德充符"包括"德满"与"充德"两个层面的意思，说明"德"不是与生俱来的，而是需要经过"充"而得到的。然而，由于人的"德"性各异，"充德"的过程也就有了长短的不同，"充德"的起点也就有了高低之分，于是"德"的呈现也就有了层次的不同。对此，我们不妨回顾一下《庄子》"内篇"中多次谈到的"德"，当有助于加深对"德充符"的理解。

"德"第一次在"内篇"出现是在《逍遥游》中：

> 故夫知效一官，行比一乡，德合一君，而征一国者，其自视也亦若此矣。而宋荣子犹然笑之。

毫无疑问，"德合一君"之"德"指为官者应有之"德"。"宋荣子犹然笑之"，不是笑其"德"，而是笑其井底之蛙的自满，将小"德"视为大"德"。那么，什么是大"德"呢？《齐物论》中，当尧为伐宗、脍、胥敖三国而犹豫不决时，舜说：

> 夫三子者，犹存乎蓬艾之间。若不释然，何哉？昔者十日并出，万物皆照，而况德之进乎日者乎！

舜说尧之"德"已"进乎日"，何须再去征伐"存乎蓬艾之间"的三个小国？但"尧"此时所达到的"进乎日"之德，仍然是君主治理天下之"德"，与《逍遥游》中"德合一君"之"德"虽有大小之分，却同属为官为君为天下之"德"，此"德"是"安育黎元"（成玄英疏）、建功立业之德，往往与"功"紧密相连，也就是俗称的"功德"。《礼记·王制》："有功德于民者，加地进律。""功"在前，"德"在后。

然而，如此之"德"，不过是世俗之德，并非庄子所说之"德"。庄子的"德"是在建"功"之后，却不以"功"为"功"之"德"，是一种精神层面的"德"。例如《逍遥游》中的"神人"，便是这样一位"功德"完满者：

> 藐姑射之山，有神人居焉，……其神凝，使物不疵疠而年谷熟。……之人也，之德也，将磅礴万物以为一，世蕲乎乱，孰弊弊焉以天下为事！之人也，物莫之伤，大浸稽天而不溺，大旱金石流土山焦而不热。是其尘垢秕糠，将犹陶铸尧舜者也，孰肯以物为事！

"使物不疵疠而年谷熟"是神人之"功"。"将磅礴万物以为一，世蕲乎乱，孰弊弊焉以天下为事"则是神人之"德"。正是由于神人功德完满，才可以"之人也，物莫之伤，大浸稽天而不溺，大旱金石流土山焦而不热。是其尘垢秕糠，将犹陶铸尧舜者也，孰肯以物为事！"

显然，神人"将磅礴万物以为一"之"德"，不是尧所谓"进乎日"之"德"，更不是"德合一君"之"德"。那么，神人之"德"又是何种"德"呢？庄子说得很清楚，这种"德"就是"孰弊弊焉以天下为事""孰肯以物为事"。所谓不"以天下为事"、不"以物为事"，看起来似乎与"使物不疵疠而年谷熟"相矛盾，其实，这并非表示神人不做事，而是说神人做事建功却不以功为功，也就是所谓的"神人无功"。而此处所谓"以天下为事"之"事"，实际上也就是"德合一君，而征一国者"、尧欲伐宗、脍、胥敖三国之类的事。在进入"无功"之前，"神人"也是君子士，是建有大功之臣子，与"知效一官，行比一乡，德合一君，而征一国者"处于同一层次，都"以天下为事"，与他人的不同仅体现于内心"德"的深浅、层次的高低而已。虽然"德合一君，而征一国者"之"德"与神人进入"无功"之前的"德"同属"功德"，但神人最终能够不以"功"为"功"，得以进入"无功"的境界，由此才产生了质的不同，因而神人能成为"德满"者。

三 "德"可以"充"

德可以充，可以由少而多、由低而高逐渐积累，充德的过程是一个渐进、长期的修养过程。《人间世》中"颜回请行"一段就清楚地展现了颜回之"德"由低到高、由不满到满、由不实到实的渐进的"充德"过程。

"愿以所闻思其则，庶几其国有瘳乎"，这是颜回为前往卫国欲救民于水火之中所准备的第一套方案。孔子说：

> 且若亦知夫德之所荡而知之所为出乎哉? 德荡乎名，知出乎争。名也者，相轧也；知也者，争之器也。二者凶器，非所以尽行也。

孔子所说颜回之"德"，指的是颜回前往卫国试图说服卫君、救卫国百姓于水火之"德"。然而，颜回此时之"德"尚不够"实"，尚不足以忘"名"、忘"知"，在很大程度上仍是博取"名"的工具，为名"所荡"，甚至是"轧"德的凶器。这时颜回之"德"与"知效一官，行比一乡，德合一君"之"德"在本质上没有任何不同。孔子认为这样的"德"非但不能改正卫君的暴行，而且会"若殆往而刑耳!"接着，孔子又说颜回"德厚信矼"。"德厚"是说颜回之"德"已经积累到相当深厚的程度，尽管如此，其"德"仍不足以达到改变卫君的目的，还无法避免"必死于暴人之前矣"的命运。也就是说，颜回之

"德厚"还没有"厚"到"德实"的地步。

当颜回拿出他为赴卫所准备的第二套方案"端而虚,勉而一"时,孔子又说:

> 夫(卫君)以阳为充孔扬,采色不定,常人之所不违,因案人之所感,以求容与其心,名之曰日渐之德不成,而况大德乎!将执而不化,外合而内不訾,其庸讵可乎!"

这段话中有两个概念值得注意,一是"日渐之德",一是"大德"。郭象解"日渐之德"说:"言乃少多,无回降之胜也。"成玄英说:"日将渐渍之德。"郭象与成玄英实际上都意识到"德充"是一个渐进的过程,认为如果一个人修"德",为"德"所"渐渍",是可以由"无德"渐进到有"德",从少"德"到多"德",最终具有"大德"的。卫君倘若能够由"无德"到大德,就能像尧一样,不把天下当作自己的私利,其君主之"德"就会成为"进乎日"之"德"。因此,孔子所说的"日渐之德",其实指的就是一个"德"的修炼过程,也是由少到多的充"德"过程。

虽然颜回的第二套方案仍遭到孔子的否定,但颜回在卫国将要遇到的凶险较之第一套方案已经减少了许多。其中主要原因是颜回的劝说方法由"多"而"杂"转向了"虚"而"一"。"虚"与"一"是庄子思想中极其重要的两个概念,指的都是得"道"之后的境界。孔子之所以对这一方案仍持否定态度,是因为颜回所说的"虚"还不是"心斋"之后的"虚室生白",而是"端而虚",其内心之"虚"需要通过外在的"端"表现出来,属于人为之"虚"。而他的"一"也是通过"勉"显现的,而非"道通为一"的"一"。不过,毕竟"端而虚,勉而一"距离"德实"更近,因而孔子认为这一方案已能免死,只不过还是"外合而内不訾"。

颜回的第三套方案是"内直而外曲,成而上比","与天为徒","与人为徒","与古为徒"。这一方案较之前者又进了一步,所谓"端""勉""我"的成分统统不见了,但仍然没有获得孔子的肯定:

> 虽固,亦无罪。虽然,止是耳矣,夫胡可以及化!犹师心者也。

相对来说,孔子对这套方案的评价是最高的了,但仍仅仅是"无罪"而已。尽管"无罪"较之"外合而内不訾"就"德"的层面而言,是进了一大步,但由于颜回心中仍存有"知",外在表现形式仍为"曲",再加上"成而上比",这一切在孔子看来都是"师心"的表现,都不是"德满",都还没有进入"德充符"的境地,因而颜回此行仍不可行。

四　支离其德

孔子说颜回"犹师心"也,是说颜回应放弃成"心",泯灭是非。而无"心"的境界,也就是"心斋"的境界。"心斋"与"德充符"之间是一种什么样的关系呢?孔子解释"心斋"说:

> 若一志,无听之以耳而听之以心,无听之以心而听之以气!听止于耳,心止于符。气也者,虚而待物者也。唯道集虚。虚者,心斋也。

"心斋"之"虚",是"虚而待物""唯道集虚"之"虚",是去除"心"的"虚"。"虚"才能达到与万物相符的和谐境地:

> 瞻彼阕者,虚室生白,吉祥止止。夫且不止,是之谓坐驰。夫徇耳目内通而外于心知,鬼神将来舍,而况人乎!是万物之化也,

禹、舜之所纽也，伏戏、几蘧之所行终，而况散焉者乎！

这种"心斋"之后鬼神、人、万物都完满和谐地融为一体的境界，也就是"德充符"的境界。

从颜回开始时受为名"所荡"之"德"困扰到"端而虚""勉而一"，再到去"端"、去"勉"、去"心"至"虚"，真实展现了颜回内心之德由少及多，终至充德至满、至实的过程。所谓充德的过程，其实也就是去"知"、去"我"、去"心"的过程。而"心斋"之后进入的"虚室生白"，也就是德充符所求的"德满""德实"；至于"心斋"之后所呈现的"鬼神将来舍，而况人乎！是万物之化也，禹、舜之所纽也，伏戏、几蘧之所行终，而况散焉者乎"的场面，也正是"德充符"的境界。

判断德满、德实的标准就是与万物相符。万物相符，则德充至满。《德充符》中的德满之人，"立不教，坐不议"而从者如云，显示出巨大的人格魅力。那么，如何才能让心中之"德"一步步修炼到"德充符"？王骀、伯昏无人等"德充符"者之"德"与郑子产、申徒嘉、叔山无趾等充德者之"德"是否相同？对此，我们仍然可从《人间世》中找到答案。

庄子在《人间世》中写了一位残疾人支离疏。支离疏因形残得以免除兵役、劳役之苦，在君王征兵时，人人躲之唯恐不及，支离疏却能逍遥游于大街之上。于是庄子感慨道：

夫支离其形者，犹足以养其身，终其天年，又况支离其德者乎！

支离疏只是一个忘形者。其形残却不以形残为残，忘了形残，所以能够"终其天年"。但支离疏只是忘形而已，他并不是"支离其德"者。"支离其德"者，是指那些完全摒除世俗的一切，能让完满之

"德"充斥于天地自然万物之间，与万物相符之人。《德充符》中描写了一系列的德充符者，如兀者王骀、伯昏无人、哀骀它、阐跂支离无脤、瓮㼜大瘿等，就都是已经摆脱世俗的一切观念，与万物融合一体的具有崇高人格魅力之人。

值得注意的是，《庄子》"内篇"中多次谈"德"，但"德"这个词语本身在"内篇"不同的上下文中却有着不同的含义。一个"德"是世俗之德，亦即"德合一君"之"德"以及尧的"进乎日"之"德"；而另一个"德"才是"德充符"之"德"，是可以修、可以充的"德"。修德是为了德满、德实，也就是以充德排除各种"成心"、各种"知"。多充一分"德"，就少一分"知"，少一分"成心"，少一分世俗之德。"德"满了，人也就没有了"知"与"成心"。无论是"充德"，还是"德实"或者"德满"，最终达到的境界是"虚"，真正的"虚室生白"。"虚"，就是什么都没有，浩瀚无际，唯其如此，才能容得下万物。这就是庄子所说的"虚而待物者也，唯道集虚"。只有进入了"虚"的境界，才是"道"的境界。

通过以上分析，我们认为，庄子之"德"是"渐渍"的，可以由少及多，逐渐由少德到"大德"，到"进乎日"之"德"，而后"德充""德满"，最终进入"使日夜无隙而与物为春，是接而生时于心者""物不能离也"的境界。一旦进入这样的境界，那就是"德充符"了。

德的最高境界：和

"德充符"说的是经过由浅而深、由少至多的"充德"过程，一步步忘知、忘形，也就是所谓"遗形弃知"，最终得"道"，进入"道"的境界。在这个"充德"的过程中，一是要弃知忘知，庄子在《齐物论》中已充分阐述了"知"的危害，并将"知"喻为伤人之"凶器"（见《人间世》），因此，要"充德"，成为"德"满者，就必须"忘知"。二是忘形，在庄子看来，对"形"的执着是造成各种歧视与偏见的根源。支离疏形体支离，外貌古怪畸形，在世人眼中，支离疏不材无用，但他自己却不以"形残"为"残"，不仅"挫针治繲，足以糊口；鼓筴播精，足以食十人"，而且可以"忘形"地游于世间。由对"忘形"的支离疏的描述，庄子进一步对修德者提出了"支离其德"的要求，也就是说充德修德的最终目的是破除对"形"的残全观念，追求"德"的完满，以致最终得"道"，这才是真正意义上的"德充符"。于是，庄子在《德充符》中集中了各种形貌丑陋畸形之人来展示"德充符"者的精神层次。

一 世人眼中的兀者王骀

《德充符》开篇推出的第一位"德充符"者,便是一位因受刑
而致残的人:

> 鲁有兀者王骀,从之游者与仲尼相若。

"兀者",受过刖刑之人。鲁国的王骀尽管受过刖刑,但追随他的弟
子却能与号称"弟子盖三千焉,身通六艺者七十有二"(《史记·孔
子世家》)的孔子相匹敌。这样先声夺人的开篇,"盖深明德充符
全不是外边的事,先要抹去形骸一边,则德之所以为德不言自见"
(宣颖《南华经解·德充符》总论)。王骀是用什么方法教授弟子,
又是如何吸引众人投在他的门下的呢?庄子以其惯用的问答方式展
开了"德充符"的第一个故事:

> 常季问于仲尼曰:"王骀,兀者也,从之游者与夫子中分鲁。
> 立不教,坐不议,虚而往,实而归。固有不言之教,无形而心成者
> 邪?是何人也?"

常季,据成玄英疏说是鲁国贤人。"中分鲁",指鲁国的学子一半追
随孔子,一半追随王骀。常季开口便指出王骀的"兀者"身份,意在
强调王骀受过刖刑,一个曾因罪获刖刑的人竟有如此多的门徒,这
一现象实在令常季不解。而更让常季感到困惑的是,王骀的授徒方
法也与众不同:"立不教,坐不议",是说他站着不讲授,坐着不议
论,而学生却能"虚而往,实而归"。

"立不教,坐不议",已经说明"王骀现象"的独特性,然而,

更为令人诧异的是，弟子们还能"虚而往，实而归"。所谓"虚"与"实"的内涵究竟是什么？显然，这是解开"王骀现象"谜团的关键。郭象解"实而归"说："各自得而足也。"可是，弟子在王骀处"得"到了什么？"足"的又是什么？郭象没有说。成玄英解释说："弟子虽多，曾无讲说，立不教授，坐无议论，请益则虚心而往，得理则实腹而归。"成玄英认为"虚"指"虚心"，"实"指"理"，也就是说求学之人"虚心"而往，而后满载"理"而归。根据成玄英的一贯思想，他的所谓"实腹"，与崔譔、郭象的"德实"接近，而"理"指的应该就是"德"。也就是说，王骀弟子"足"的是德，"实"的也是德。疏通了"实"，我们再来看"虚"。"虚"在《庄子》"内篇"中是一个很重要的概念。《人间世》中有"气也者，虚而待物者也。惟道集虚，虚者，心斋也"的话，是说"心斋"的结果是"虚"，是摒除一切"知"以后，进入"虚室"的"道"的境界。但常季所说的"虚而往"的"虚"，显然不是"心斋"之后的"虚"。

不难看出，"虚而往"之"虚"与"实而归"之"实"对文。既然"实"指的是"德"，那么，"虚"应该指的也是"德"。从"虚"到"实"，正透露了弟子"德充"或者"充德"的过程。王骀"立不教，坐不议"，而学子却能"虚而往，实而归"。于是便有了常季"固有不言之教，无形而心成者邪"的疑问。这就是说，常季曾经认为"不言之教"不过是个传说而已，现在却真真切切地了解到了。

"不言之教"指的是王骀的独特授徒之法，然而，"无形而心成者"又是什么意思呢？郭象说：

> 怪其残形而心乃充足也。夫心之全也，遗身形，忘五藏，忽然独往，而天下莫能离。

意思是说，王骀形残而心中的"德"很充足，内外皆忘，所以天下人都离不开他。这也是其弟子之众能与孔子"中分鲁"的原因。成玄英基本沿袭了郭象之说：

> 教授门人，曾不言议。残兀如是，无复形容，而玄道至德，内心成满。必固有此，众乃从之也。

除了王骀的忘形，成玄英还指出其"心成"是"内心成满"，而"满"的内涵是"玄道至德"。也就是说，王骀是以"德"化众，才有了这么多的追随者。但宋林希逸《庄子口义》认为"无形"的意思是："'无'，无所见也。"释德清《庄子内篇注》则进一步指出："谓教人不见于形容言语。"意思是说，"无形"指的不是王骀形残，而是与"不言之教"的意思相似，是一种教授方法。这样的话，"不言之教"以及"无形"就承上文"立不教，坐不议"而来，而"心成者"指的不是王骀内心的"玄道至德，内心成满"，而是指王骀的弟子以心感应而"心成"，最终获得"德实"之"实"而归。所以，"固有不言之教，无形而心成者邪"两句的意思就是：王骀实行的是"无言""无形"之教，而弟子却个个"心成"，最终能德"实而归"。

二 孔子眼中的圣人王骀

常季开口便是"王骀，兀者也"，显然是要突出王骀是一个因罪获刑之人，然而王骀的追随者竟然与孔子不相上下。对于如此不同寻常之人，"是何人也"就很自然地引发了出来：

> 仲尼曰："夫子，圣人也，丘也直后而未往耳。丘将以为师，而况不若丘者乎！奚假鲁国！丘将引天下而与从之。"

"夫子"，老师，先生。"直"，郭庆藩以大量例证训"直"为"特"，意为"单独""特地"。"直后",特地在后面。"奚假",何止。孔子说,王骀是圣人啊。我特地落在后面,还没到他的门下求见。我都将拜王骀为师,何况那些不如我的人呢。再说岂止是鲁国,我还要引导天下所有人都追随他学习呢。

常人眼中的"兀者",到了孔子那里却变成了圣人,两者之间不啻天壤之别。问题是,这里的"圣人"与庄子在《逍遥游》中所说的"圣人无名"的得道"圣人"是否相同?《逍遥游》中,庄子根据得道之人过去的经历把他们分为"至人""神人""圣人"几类。庄子所说的"圣人"特指肩负着治理天下的君主之责,被世人视为"日月""时雨",然而却不以"名"为"名",不受"名"的羁绊的"逍遥游圣人"。然而,孔子心目中的圣人,显然与庄子的得道"圣人"不同,至少孔子心中的圣人仍只是人世间的圣人,而非无名的逍遥游圣人。孔子称道德完满的王骀为"圣人",正好符合其儒家身份。

孔子既然说"丘将以为师","丘将引天下而与从之",可是他为什么又"直后而未往"呢?这是因为孔子虽有"吾与点也"(《论语·先进》)的修心之念,但是这一想法是建立在要先建功立业而后才可抽身引退的基础上,所谓"神人无功"必先有功。因此,孔子教授弟子要先建功立业,而后再前往王骀处"充德"。孔子所谓"奚假鲁国!丘将引天下而与从之",与《论语·先进》中的"夫子喟然叹曰"类似,同样是发自内心的。

尽管孔子推崇王骀为圣人,并说自己"将引天下而与从之",却并不能彻底消除常季的疑问,使之信服:

> 常季曰:"彼兀者也,而王先生,其与庸亦远矣。若然者,其用心也独,若之何?"

"彼",指王骀;"王",同"旺",胜;"其",指王骀;"庸",常,常人；"用心"，运用心智；"独"，唯一，指与常人不同；"若之何"，为什么。这段话中，对"而王先生"一句，成玄英说："彼王骀者，是残兀之人，门徒侍从，盛于尼父。以斯疑怪，应异常流，与凡常之人固当远矣。"意指王骀的门人超过孔子。其实，这样解未免过于狭隘。常季对王骀最大的疑问，还在于"虚而往，实而归"，且能"心成"。因而常季这里问的应该不是为什么王骀的学生能超过孔子，而是王骀之"德"能超过孔子。孔子认为王骀是道德完善的圣人，"奚假鲁国！丘将引天下而与从之"，表示要向王骀学德。这才是常季大惑不解的原因。对"其与庸亦远矣"，成玄英认为王骀既然能"王先生"，那与普通人相比，其间的距离就更远了。果真如此的话，常季为什么还要再次发出"若然者，其用心也独，若之何"的问话？根据上下文来看，我们认为常季其实并不同意孔子的看法，他仍然执着于王骀的"兀者"身份，认为王骀不仅无法与孔子相比，甚至远不如常人。所以这段话的意思是说，王骀不过是个曾受刖刑之人，可是他的"德"竟然能超过你。在我看来，他远远不及普通人。如果王骀真能超过你，那他是怎样运用他的心智的啊？

常季执着于王骀的刖刑，一再强调王骀是"兀者"，认为一个受过刖刑之人的"德"是不可能超过孔子的，因此对其弟子怎么可能"虚而往，实而归"，且"心成"也存有极大的疑问。在常季看来，王骀高过孔子，且授德方式又如此与众不同，都是不可思议的。于是，孔子从生与死这个人生的根本问题上为常季解说：

> 仲尼曰："死生亦大矣，而不得与之变；虽天地覆坠，亦将不与之遗。审乎无假而不与物迁，命物之化而守其宗也。"

"之"，指王骀；"遗"，遗落；"审"，处；"假"，凭借；"无假"，无所凭藉，指无所待，亦即无待。孔子说，生与死是人生最大之事，却不能让王骀随之发生任何的改变；即便天翻地覆，他也不会随之有任何的失落。由于他无所凭藉，才可以不随外在世界的变化而变化，才可以顺从万物之变并守住其道的根本。

至此，孔子才为我们揭开了王骀的真面目，原来他与《齐物论》中的至人一样，心内至虚，可容万物，无论是生死之变还是天翻地覆，都丝毫改变不了他，他的内心已经达到"虚室生白"，与万物相符，进入了"道"的境界。这就是为什么王骀"立不教，坐不议"，其弟子之众却可与孔子"中分鲁"的原因。

三 "游心乎德之和"的王骀

可惜，对孔子这番深奥的有关生死的议论，常季还是感到无法理解：

> 常季曰："何谓也？"仲尼曰："自其异者视之，肝胆楚越也；自其同者视之，万物皆一也。夫若然者，且不知耳目之所宜，而游心乎德之和；物视其所一而不见其所丧，视丧其足犹遗土也。"

"异者"，不同的一面。"同者"，相同的一面。"宜"，适宜。"物视"，成玄英说："物视，犹视物也。""遗土"，遗弃的尘土。常季问孔子：这是什么意思呢？孔子答：从不同的角度看同一事物，即便近如肝胆，其距离也会如同从楚国到越国那样遥远；但从相同的角度来看，万物都是同一的。如果能做到这样，就不会去关心外在世界的哪些东西适宜于自己的耳目，而只会让自己的心始终游于德之和的境界。游心于德之和的境界，万物都是同一的，看不到丧失了什么。正因为如此，王骀看待自己失去的一只脚，犹如遗弃了一把泥土一般。

孔子的回答实际上表达了庄子对于万物之"形"的看法。在《德充符》中,"形"是相对于"德"提出的。庄子之"德"首先是精神之"德",是内心的修养。在"德"的面前,"形"如同一把泥土一样微不足道。如果一个人能像王骀那样,破除人对外形健全的执着,任凭内心之德超越形体的局限,"游心于德之和",视生死万物为一,少一足或多一足又有什么关系呢?孔子这里所说的"自其异者视之,肝胆楚越也;自其同者视之,万物皆一也",正是《齐物论》中"万物一齐""道通为一"思想在《德充符》中的具体体现。

至此,孔子已经为常季解答了两个问题,但是常季仍然无法理解一个已经达到遗形弃知、德满得道之人,对门徒采取的是"立不教,坐不议",为什么还会有如此之多的学子投其门下。

> 常季曰:"彼为己以其知,得其心以其心。得其常心,物何为最之哉?"

"彼",王骀;"为己",指为自己修德;"以",用;"其",指王骀;"知",知识;"常心",德之和的心境,亦即得道之心;"最",聚集。郭象认为这一段话是常季"嫌王骀未能忘知而自存","嫌未能遗心而自得","嫌其不得平往而与物遇,故常使物就之"。成玄英在郭象的说法上发挥说:"嫌王骀不能忘怀任致,犹用心以得心也。……若以心知之术而得之者,非真得也。"常季的确很有些打破砂锅问到底的意思,但是从他的一连串发问中,更多地显示的还是他的疑惑不解,想了解"王骀现象"出现的由来,未必有嫌弃王骀之意。

针对郭注成疏,宋吕惠卿《庄子义》首先对断句表示质疑,并将这一段话重新句读为:

> 常季曰:"彼为己,以其知得其心,以其心得其常心。物何

为最之哉？"

其后很多庄子注本都采用吕说。如宋褚伯秀《庄子义海纂微》说：

> 又彼为己以其知得其心，以其心得其常心，物何为最之哉？郭氏从以其知、以其心为句，得其常心遗而不论，成、林、王氏并同郭说，独吕氏（惠卿）从得其心得其常心为句，上下文义自明，虚斋、无隐皆宗吕义，今从之。

按照这样的断句，常季所说的又是什么意思呢？"彼为己"，无疑指的是王骀为自己而修德。这样，"以其知"的"知"就与"德"有关联了。此"知"正是修德之"知"。在常季看来，王骀以"效一官"之"知""合一君"之"德"开始"充德"，在"充德"的渐进过程中"得其心"，并进而以此"心"领悟到符合天道的"德满"之"常心"。进入了这样"得其常心"的"得道"之境，应该是"无思无虑，忘知忘觉，死灰槁木，泊尔无情"（成玄英疏），王骀怎么会还能吸引万物、聚集万物呢？这是常季感到疑惑的关键所在。

四 "府万物"的王骀

在孔子看来，常季困惑与不解的主要原因在于他对"王骀现象"的观察点本末倒置：

> 仲尼曰："人莫鉴于流水而鉴于止水，唯止能止众止。

"鉴"，照。孔子回答说，没有人会到流动的水边去照自己，而只会到静止的水中去照，只有静止的环境才能使万物静止下来。孔子在此以静水可以照见人影作比喻，说明人是自己走到静水前的，而不是静水要人走到静水前的。也就是说，王骀的弟子众多，并不是王骀利用什么心智去彰显自己，招携弟子，而是因为王骀德满得道之后，进入了"虚室生白"的和谐宁静的境地，因而产生了一种吸引、聚集众人的独特魅力。诚如成玄英所说："夫止水所以留鉴者，为其澄清故也；王骀所以聚众者，为其凝寂故也。止水本无情于鉴物，物自照之；王骀岂有意于招携，而众自来归凑者也。"接下来，孔子又以更多的例子说明王骀所具有的与众不同的特性：

> 受命于地，唯松柏独也，在冬夏青青；受命于天，唯舜独也正，幸能正生，以正众生，夫保始之征，不惧之实。勇士一人，雄入于九军。将求名而能自要者，而犹若是，而况官天地，府万物，直寓六骸，象耳目，一知之所知，而心未尝死者乎！彼且择日而登假，人则从是也。彼且何肯以物为事乎！"

"生"，性，陆长庚《南华经副墨》："正生即正性也，正性即守宗也，守宗即保始也。""正生"，端正自己的品行；"以正众生"，端正普通人的品行；"保始之征"，保持最初的本性；"实"，实质，本质；"要"，约束；"官"，主宰；"府"，囊括；"象"，表象；"一知"，天赋予的智慧；"择日"，指日；"登假"，升至极高处，指升至"道"的境界。这段话的意思是说，同是受命于地的草木，只有松柏冬夏常青；同是受命于天的君主，只有尧舜品行正直，能端正众生，且始终保持着最初的符验，具有无畏的品质。一名勇士，能称雄于千军万马。那些追求功名之人，如能自我约束，也可做到如此。何况能主宰天地、囊括万物、以形体为旅社、以外形为表象、以道通为一的立场去看待种种知识、内心已经超脱于生死之外的人呢！王骀很快就会使其弟子德满得"道"，所以那些人都自愿追随于他。既然如此，王骀怎么会运用心智去做吸引众人之事呢。

松柏四季常青,是松柏的本性;尧舜正生,是尧舜的本性;勇士雄入九军,是勇士的本性;王骀"官天地,府万物,直寓六骸,象耳目,一知之所知,而心未尝死者乎",是王骀的本性。每个人都以自己独特的方式向外界展示自己的本性。无论王骀因何遭受刖刑,他都是一个德充至满的得道者,众人来归也是必然的结果,王骀不需要用什么心计去招揽众人。孔子总结得很好:"人则从是也。彼且何肯以物为事乎!"这就是"德充符"。

形骸之内与形骸之外

　　《德充符》的第一个故事，首先推出了一位受过刖刑却成为"德充符"者的王骀。虽然王骀自始至终不曾说过一句话，但从孔子所描述的"死生亦大矣，而不得与之变；虽天地覆坠，亦将不与之遗。审乎无假而不与物迁，命物之化而守其宗也"，"夫若然者，且不知耳目之所宜，而游心乎德之和；物视其所一而不见其所丧，视丧其足犹遗土也"，足以让人感受到王骀所具有的完满之德，也就是"德充符"的力量与独特的人格魅力。然而，如果仅仅是要强调"德充符"所能达到的完满和谐、"游心于德之和"的境界，强调"忘形"的重要，似乎庄子用不着特别选择一位受过刖刑的得道者作为传"道"授徒的老师。只有理解了庄子是把"充德"当作进入"德充符"的必经之路，并把"德充"视为一个"德"不断加深完满的渐进过程，才可以明白庄子写常季与孔子之间的问答，写同为伯昏无人弟子的申徒嘉与郑子产之间的对话，都是要说明"德"是可

418 ｜ 庄子的世界

以通过追随得道者而修来的，然而，修德之路并不那么简单轻松，不可能一夜之间就实现"虚而往，实而归"，需要不断纠正世俗的偏见与谬误，不断摆脱世俗之"德"的执念，逐渐领悟，才能在"道"的层面上实现"德"的完满。

一　执政与兀者同师一门

《德充符》第二段故事中出现了三个人物：与王骀相似的师长伯昏无人以及他的两位弟子申徒嘉、郑子产：

> 申徒嘉，兀者也，而与郑子产同师于伯昏无人。

关于此师徒三人，成玄英《庄子疏》说：

> 姓申徒，名嘉，郑之贤人，兀者也。姓公孙，名侨，字子产，郑之贤大夫也。伯昏无人，师者之嘉号也。伯，长也。昏，暗也。德居物长，韬光若暗，洞忘物我，故曰伯昏无人。子产、申徒，俱学玄道，虽复出处殊隔，而同师伯昏，故寄此三人以彰德充之义也。

显然，伯昏无人"德居物长，韬光若暗，洞忘物我"，属于与王骀相似的"德充至满"且有着独特人格魅力的得道授徒之人。但是，这里真正值得注意的还是申徒嘉与郑子产两位：一个受过刖刑，而另一位却是郑国大夫，他们的生活经历如此不同，身份地位相差如此悬殊，却"同师于"伯昏无人门下。一个"师"字，表明两人都还没有达到可以"实而归"的地步，同处于"充德"的过程中。庄子先不说两人同师于伯昏无人，却先点出申徒嘉兀者的身份，然后再用"而与郑子产同师于伯昏无人"的"而"字，突显两人作为同门学子的不同寻常，实际上是为后文打下伏笔，说明修"德"之深浅高低不仅无涉于"形",而且与身份地位无关：

> 子产谓申徒嘉曰："我先出则子止，子先出则我止。"其明日，又与合堂同席而坐。子产谓申徒嘉曰："我先出则子止，子先出则我止。今我将出，子可以止乎，其未邪？且子见执政而不违，子齐执政乎？"

"合堂同席"，指在同一屋檐下同坐一张席学习；"违"，避；"齐"，齐同。这段故事说，子产对申徒嘉说："如果我先出去，你就停步；如果你先出去，我就停步。"第二天，申徒嘉又与子产在同一屋檐同坐一席学习。子产对申徒嘉说："如果我先出去，你就停步；如果你先出去，我就停步。现在我要出去了，你可以停步吗？还是不可以呢？你看见我这样的执政大臣都不回避，难道你把自己看得跟执政大臣一样重要吗？"

庄子把子产这几句话的口气写得神态毕现，充分表露出作为执政大臣的子产对受过刖刑的申徒嘉的鄙视、轻蔑，甚至是愤怒。在此，庄子选择这个赤裸裸地表示尊卑歧视的事例来写是颇有深意的。这说明即便是同在得道者门下充德、修德之人，要摆脱等级身份的界限，摒除各种各样的积习与偏见，也并非轻而易举之事。从传统道德观念来看，子产位至"执政"，而申徒嘉却是个受过刖刑之人，两人悬殊的社会地位决定了深受传统道德观念影响的子产必定以与受过刖刑的人同出入为耻，因此他才会用充满鄙视且又带着强烈不满的口气要求申徒嘉不要与自己同出同进，并且直接斥责申徒嘉作为一个受过刑罚而"形"残的人，是不应该与堂堂的执政大臣平起平坐的。

颇具讽刺意味的是，在伯昏无人面前，子产事实上是与申徒嘉"合堂同席而坐"的。即使是在子产明确要求申徒嘉不要与自己同时进出之后的第二天，他也不得不"又"与之"合堂同席而坐"。可见在老师面前，子产已经开始接受自己与申徒嘉之间没有高低贵贱之别的事实。但是在出入师门的问题上，子产却仍然无法容忍与申徒嘉同时进出。这也从另一个侧面说明子产尚属刚刚开始修德、充德之人。尽管他能在一定程度上接受与"形"不全的申徒嘉同坐，但骨子里却还远远没有进入充德的更高阶段，还无法摆脱长期以来形成的重"形"、重社会地位的传统之"德"的桎梏。

申徒嘉则不同。当子产第一次向他提出不要同时进出的要求时，申徒嘉并未理会，第二天还照常一起上课。这说明修德、充德已经有十九年之久的申徒嘉对于所谓的尊卑贵贱早已不以为意，他不仅不以自己的形残为耻，而且也不以子产的"执政"身份为尊，因而他才能够十分坦然地面对他人的歧视与不敬。

至此，申徒嘉虽尚未致一言，但仅凭这几句描述，两人内心之"德"的高下便显而易见。

二 执政子产充德之难

《德充符》第一段故事中的常季，以及这一段中的子产与申徒嘉，三人虽然同样对"德"有兴趣，同样尚未进入"德满"者的行列，但相比较而言，三人在修德充德的层次与境界上，存在着明显的差异。

常季属于尚未踏入修德的门槛，却对"德"产生了浓厚兴趣，有着强烈好奇心之人，而子产却已经开始修德。但两人所遇到的障碍又颇为不同。同样面对受过刖刑的兀者，常季更多地感受到的是不解与困惑，表现出迫切的求知欲以及对深奥道理的理解。常季虽不免也对身受刖刑之人怀有一定的偏见，却不过分歧视。而身为执政大臣的子产就大为不同了。长期以来所接受的价值观、道德观以及他所拥有的社会地位，使他对受过刖刑的申徒嘉极为鄙视，所以说起话来毫不客气："且子见执政而不违，子齐执政乎？"子产的态度是如此盛气凌人，充分显示出他距离“德充符”“德满”的境界还十分遥远。而申徒嘉，则介乎初入修德者之门与“德满”者之间。他虽然仍未达到“德充符”的境地，但因“久与贤人处”，对德的领悟与修养已经远在子产之上。所以在子产第一次提出“我先出则子止，子先出则我止”的要求时，申徒嘉丝毫未加理会，第二天仍与子产“合堂同席而坐”。然而，当他再次受到子产的羞辱时，他终于无法忍耐下去了：

> 申徒嘉曰：“先生之门，固有执政焉如此哉？子而说子之执政而后人者也？闻之曰：‘鉴明则尘垢不止，止则不明也。久与贤人处则无过。’今子之所取大者，先生也，而犹出言若是，不亦过乎！”

“固”，难道；“说”，同“悦”，得意；“后人”，轻视别人；“取”，求取；“大”，指德。郭象说：“此论德之处，非计位也。”这段话的大意是说，申徒嘉对子产说，在先生的学生中，难道有这样的执政者吗？你为自己是执政者而得意就可以轻视别人吗？我听说，镜子明亮，就不会落上灰尘；落了灰尘，镜子就不明亮。与贤人相处久了就不会有过错。你到老师的门下是为了修德，竟然说出这样的话来，不是太过分了吗？

《德充符》第一个故事中的王骀对弟子实行的是“立不教，坐不议”的教授方式，但申徒嘉还不是老师，也不是“德满”者，对他来说，语言仍然是最便捷、最直接、最有效的工具，所以他只能采用说理辩论的方式加以解说。申徒嘉根据自己的生活经历，对子产一类人的心态有着相当的了解，深知位居高官的子产是很难马上接受同门曾受过刑罚、社会地位低贱的事实。但既然是同学，申徒嘉自认为有责任、有义务帮助像子产这样初入师门的“充德”者擦去心镜上的尘垢。

在申徒嘉看来，"子而说子之执政而后人者"这样的想法本身就是蒙在子产心上的尘垢；而"鉴明则尘垢不止，止则不明也"，直接比喻子产的心"镜"被"成心"与偏见所蒙蔽；"今子之所取大者，先生也"，提醒子产投在伯昏无人门下修德的目的是"取大者"，应该学习先生之"德"而非形骸；"而犹出言若是，不亦过乎"，是责备子产的心态不是修德之人所应有的。遗憾的是，子产毕竟刚刚开始修德，心镜早已蒙上了厚厚的尘垢，因而无法接受申徒嘉的教诲：

> 子产曰："子既若是矣，犹与尧争善，计子之德不足以自反邪？"

"若是"，像这个样子，指申徒嘉受过刖刑的兀者外形；"争善"，指争德的高低；"计"，衡量；"自反"，自我反省。子产的意思是说，你已经受过刖刑成为兀者，却还要与尧争德行的高低。你衡量一下自己的德行，难道还不够你自我反省的吗？

子产的回答中提到"尧"，提到"德"，是因为尧之德一直被认为是人间最高尚之德。表面上看，子产是在训斥申徒嘉，一个曾受刖刑的罪人竟然还要和德行兼备、与日月同辉的尧争高低。其实，子产是以尧自比，认为自己的德行可与尧相提并论，而申徒嘉实在是太不知天高地厚了。对此，郭象评论道："言不自顾省，而欲轻蔑在位，与有德者并。计子之德，故不足以补形残之过。"很明显，在子产看来，无论申徒嘉在伯昏无人门下修德充德多少年，也仍不足以弥补以往的失德与过失。自己虽初入师门，心中之"德"却是申徒嘉所无法比拟的。

其实，不管是对申徒嘉来说还是在庄子看来，子产所谓尧之德正是他在伯昏无人门下充德的最大障碍。他所津津乐道、标榜的尧之德，也正是庄子或者说是伯昏无人所要他忘却、抛弃的。要特别指出的是，在《德充符》中，庄子共13次用到"德"的概念，但是这13个"德"却包含着两种不同的含义:一种"德"是"游心乎德之和"的"德",也就是"德充符"的"德",这是庄子所极力推崇的,认为是超越于形骸之上,可进入人的内心的一种和谐宁静、不为外物所左右的精神之"德";而另一种"德"则是郑子产所说的"计子之德"的"德",也是世俗意义上的"德",这种"德"看重人形体的完整,强调尊卑有序的礼法道德,这种"德"是被庄子否定的。

遗憾的是,申徒嘉的一番辩说并没有使子产领悟到德满得道者之"德"在内心而不在外形,他反而进一步向申徒嘉提出质疑:"子既若是矣,犹与尧争善,计子之德不足以自反邪?"这样的质疑恰好给了申徒嘉一个绝好的机会来畅谈自己在充德过程中所经历的种种感受以及心理路程。

三 从子产、申徒嘉到伯昏无人

初入师门的郑子产与充德修德多年的申徒嘉之间发生的冲突,从一个侧面说明充德者从踏上修德之路到德满得道需要相当长时间的磨练,子产的言辞越激烈,越能说明申徒嘉在充德过程中所不得不经历的种种精神磨难之艰难。作为先入师门者,申徒嘉迫切需要为子产阐释两种"德"的截然不同的含义,帮助他在其间划出一条清晰的界线:

> 申徒嘉曰:"自状其过以不当亡者众,不状其过以不当存者寡。知不可奈何而安之若命,唯有德者能之。

"自状",自我陈述;"过",过错;"不当",不应该;"亡",因受刑刑而失去一足,这里指受刑罚;"存",与"亡"相对,双脚齐全,这里指不受刑罚。申徒嘉告诉子产说,一个人为自己的过错辩解,认为自己不应该受刑罚的人很多,不为自己的过错辩解,认为自己应该受刑罚的人很少。知道自己对所发生的事情无可奈何却又能顺从命运的安排，只有有德之人才能做到。

　　"自状其过以不当亡者众"，想必是申徒嘉修德之前所经历的；"不状其过以不当存者寡"，标志着申徒嘉修德以后对自己受刑之事的认识发生了变化；而"知不可奈何而安之若命，唯有德者能之"，才是申徒嘉今天所达到的精神境界。对受刖刑而形残之事由最初的抱怨到最后的"安之若命"，这种认识上的转变，是子产所说之"德"与申徒嘉所理解之"德"在充德者修德过程中的一个分水岭。子产之"德"要求申徒嘉仍停留在"计子之德不足以自反邪"的阶段，要他继续就此自责自省，而申徒嘉之"德"却已经从所谓的"自反"上升到"知其不可奈何而安之若命"的平静与超然。"知其不可为而为之"，是人生的悲剧，也是遭受刖刑的起因；假如"知不可奈何"却不肯"安之若命"，遭受刖刑才会是必然。而唯有"知不可奈何而安之若命"，才是庄子之德，才是庄子的人生哲学，因而"唯有德者能之"。

　　就其实质而言，庄子这种"知其不可奈何而安之若命"的人生态度，并不是要引导人们逃避现实，而是在对现实社会的透彻了解的基础上，出于对挣扎于社会底层的普通人命运的关怀而提出的一种生存之道。那么，"知其不可奈何而安之若命"是在一个什么样的社会背景下提出的呢？这就是申徒嘉为我们描绘的残酷而恐怖的场景：

　　　　游于羿之彀中。中央者，中地也；然而不中者，命也。

"羿"，传说中的善射之人，每发必中；"彀"，弓箭的射程之内；"中地"，一定会被射中的地方。这是何等生动而又真切的描绘！就是说，人处于这个社会中，随时都处在羿的射程之内。中间的地方，是必然要被射中的。然而如果没被射中，那只是命运罢了。这，就是申徒嘉为什么受刑的原因。生活在这个社会，人人都随时面临着被宰杀的必然，"中"与"不中"，没有任何的选择，只能认命。唯一可做的，就是追随"德满"者去修德充德，掌握"养生"之技巧。这便是庄子主张修德免祸的现实基础。成玄英疏说：

> 言羿善射，矢不虚发，彀中之地，必被残伤，无问鸟兽，罕获免者。偶然得免，乃关天命，免与不免，非由工拙，自不遗形忘智，皆游于羿之彀中。是知申徒兀足，忽遭羿之一箭；子产形全，中地偶然获免；既非人事，故不足自多矣。

成玄英的理解很深刻。他指出了这个社会的一个残酷现实：即申徒嘉与子产同"游于羿之彀中"，申徒嘉的"中"与子产的不"中"，都是命。中，是迟早的事，而不中，只是偶然。

接着，申徒嘉回顾了自己对"形残"心态的转变：

> 人以其全足笑吾不全足者多矣，我怫然而怒；而适先生之所，则废然而反。不知先生之洗我以善邪？吾与夫子游十九年矣，而未尝知吾兀者也。

"怫"，同"勃"；"怫然而怒"，勃然大怒；"适"，到；"废然而反"，形容怒气完全消失；"洗我以善"，以善洗涤，意思是以德洗涤内心的尘垢；"夫子"，指伯昏无人。申徒嘉说，以前，很多双脚齐全的人嘲笑我只有一只脚，每次听到后我都会勃然大怒。自从到了先生门下，我的怒气完全消失了。不知道是不是先生以德洗涤了我的内心？我跟随先生学习已经十九年了，还不曾意识到我是形残的人。

申徒嘉这段话，对理解庄子所主张的通过充德修德最终达到

"德充符"的修养途径以及必经的心态变化是很好的诠释。这就是说，尽管申徒嘉现在修德已到了比较高的层次，不会再为外界的嘲讽讥笑而动心，但他的的确确曾经有过"怫然而怒"的时候，有过不能以"安之若命"的态度对待人们的嘲笑的时候。由此不难看出，庄子所说的修德或充德，不是一个顿悟的过程。庄子所说的"德"也并非是天生而来的，需要追随德满者长期修炼才可以得到。申徒嘉自从跟随伯昏无人修德以来，他心中的"怒"气已经完全消失，不再意识到自己是形残之人。在申徒嘉看来，子产之所以会因与兀者同进出而震怒，其要害就在于他仍执着于外形：

> 今子与我游于形骸之内，而子索我于形骸之外，不亦过乎！

"形骸之内"，内心，指德；"索"，求，指子产的执着；"形骸之外"，指德之外的一切。申徒嘉的意思是说，如今你我都游于"形骸之内"，但你却以形骸之外的种种标准来要求我，这难道不是太过分了吗？

"游于形骸之内"与上文"游心乎德之和"的含义相同，意思都是说要想"游心乎德之和"，首要的一步便是忘形。如果一个人名义上追求的是"游心乎德之和"，却用"德"以外的标准要求别人，也就是求于"形骸之外"，只能说明此人尚未进入"游心乎形骸之内"的"德充符"境界。身份地位卑贱的申徒嘉给身份地位高贵的子产上的第一堂课的结果如何呢？

> 子产蹴然改容更貌曰："子无乃称！"

"蹴然"，惭愧不安的样子；"称"，说。意思是说，郑子产听罢感到十分惭愧，马上改变了先前的态度，说：请你不要再说了。

"蹴然改容更貌"，形容的是子产外表的变化；"子无乃称"，则是他发自内心的醒悟。子产的改变，说明他终于在充德修德的道路上迈开了第一步。而申徒嘉十九年的修德经历，实际也预示着此后子产一步步所要走过的路程。

　　至此，如果我们再回顾一下王骀"立不教，坐不议"的授徒方式，就不难理解庄子为什么要借申徒嘉之口直接发表对"形"与"德"的看法。一方面，庄子要显示申徒嘉虽修德充德达十九年之久，但仍未能"实而归"，因此还不能"安之若命"地对待子产的歧视；但更重要的一方面还是因为庄子既然已经说王骀等"德满"之人的授徒方式是"立不教，坐不议"，就不得不把"教"与"议"的任务放在申徒嘉这样的弟子肩上。可见，王骀、伯昏无人等人并不是真正的"立不教，坐不议"。假如没有申徒嘉的此番教诲，像子产这样的弟子是很难逾越修德充德道路上的第一道障碍的。

　　从申徒嘉与子产的对话中，不难看到，"德充符"是一条修德充德之路。这条路由荡涤世俗之德开始，通过"忘形弃知"一步步向"德满"靠近，最后达到充德德满的极致，也就是"德充符""与道为一"。今天的子产，正是十九年前初入伯昏无人门下的申徒嘉，而日后终有一天，子产会成为今日的申徒嘉、伯昏无人，这是所有修德充德者的必经之路。

"天刑之，安可解"的孔子

  《德充符》的第三段故事再一次写一位形残而"德满"的兀者。一位又一位曾遭刖刑的形残之人通过充德而德满，并为"德充符"代言，一方面真切体现了庄子对生活在这个"游于羿之彀中，中央者，中地也""踵贵履贱"的社会中的最不幸的人们的深切关怀，另一方面，庄子也要通过对他们的生活经历的描述以及他们的经验之谈，为形形色色"形全"或"形"残但有意充德、追求"德"满之人指出一条生存之道，如前文中提到的王骀、常季、申徒嘉、郑子产、伯昏无人以及这里将出现的叔山无趾等均在此列。有意思的是，在第三段故事中，孔子再一次现身，然而，他却不再是第一段中那位为常季解说王骀现象的旁白者，却成为了故事的主角。那么，下面将要登场的孔子属于哪一类人？这位孔子与《人间世》以及《德充符》第一段故事中的孔子是否是同一位孔子呢？

一 踵见仲尼的叔山无趾

《德充符》第一段中的王骀"立不教，坐不议"，而学生却可"实而归"，但是这个"实"究竟包含着怎样的内容，却完全是由孔子阐发的。在这个意义上，孔子实际上成为了"德充符"的阐释者。但是，"叔山无趾"这段故事中的孔子，与《人间世》《德充符》第一段以及第四段"哀骀它"中的孔子存在着明显的矛盾，特别体现在孔子对叔山无趾的指责上。大多《庄子》学者据此认为《庄子》"内篇"中的孔子与庄子虚构创造出的王骀、伯昏无人等人相似，不过是庄子的代言人而已，与历史上的孔子毫无干系。这种看法，实际上忽视了庄子在叔山无趾这则寓言中所要传达的主要信息，也未能正视《论语》中所流露出的孔子自身思想存在着的矛盾性以及他本人悲剧性格的双重性。

《德充符》第三段故事说：

> 鲁有兀者叔山无趾，踵见仲尼。

"无趾"，没有脚趾，刖刑的一种。"踵"，崔譔说是脚后跟，"无趾，故踵行"，意思是说因没有脚趾而不得不用脚后跟走路。稍后向秀、郭象认为"踵"作"频"。"频"，多次，屡次。"踵见仲尼"是说叔山无趾曾多次见孔子。成玄英归纳向秀与郭象的说法，发挥道：

> 踵，频也。残兀之人，居于鲁国，虽遭刖足，犹有学心，所以接踵频来，寻师访道。既无足趾，因以为其名也。

所谓"接踵频来"，是说叔山无趾曾跟随他人多次见孔子。但据后文孔子说叔山无趾"今虽来"以及叔山无趾所说的"今吾来也"，可知这是叔山无趾第一次见孔子。因而把"踵"解作"频"或"接踵频来"都不妥。然而,现代《庄子》注本大都从崔譔之说,如陈鼓应《庄子今注今译》注"踵见"为"踵行而求见"。叔山无趾虽受的是刖刑,但"无趾"二字已明确点出他仅仅是被砍去脚趾而已。无脚趾之人,是用不着用脚后跟走路的。因此,把"踵"解作"踵行"也不够确切。

"踵"的本意是"追",《说文》:"追也。从足,重声。"《六韬·均兵》:"骑者,军之司候也,所以踵败军,绝粮道,击便寇也。"《左传·昭公二十四年》:"吴踵楚,而疆埸无备,邑能无亡乎?"如果把"踵"解为"追",叔山无趾"踵见仲尼"的意思就是追着见孔子。既然"追",那叔山无趾见孔子一定不是在房间内,而是在室外。这一点从下文"夫子胡不入乎,请讲以所闻"以及"无趾出"也可得到印证。如此,这句话的意思就是,鲁国一位受过刖刑被砍去脚趾的人追着见孔子:

> 仲尼曰:"子不谨,前既犯患若是矣。虽今来,何及矣!"

"谨",谨慎,"犯",指触犯刑律;"患",祸患;"何及",怎么来得及。孔子的意思是说,你以前处事不慎,既然已经触犯刑律遭受如此祸患,即使你现在来见我,又有什么用呢?

这段话中,孔子对叔山无趾因不谨慎而遭受刖刑一事的责备之意显而易见。同时,对叔山无趾迟至今日才来这件事本身,也有嫌其觉悟得太晚之意。成玄英说:"子之修身,不能谨慎,犯于宪网,前已遭官,患难艰辛,形残若此。今来请益,何所逮耶!"意思是说,即便你"今来请益",也无法改变曾受过刑罚的事实。然而,仔细体味,孔子话中虽带有责备,却又不难读出其中浸透着对叔山无趾不幸"犯患若是"的痛惜之情。如褚伯秀《庄子义海纂微》就说:"此章无趾务学以补过者也。……夫子谓叔山不谨犯患,则其兀也必有以致之，彼亦谓不知务而轻用吾身，已自知其过。唯其知过，斯能补过，故圣门不弃焉。"

无论如何，叔山无趾中的孔子与《人间世》以及《德充符》其他片段中的孔子存在着明显的不同，这是个不容否认的事实。那么，究竟应当如何看待孔子形象出现的这种差异呢？

二 叔山无趾找错了人

如果把孔子在叔山无趾一段中的言行，放到更广阔的历史背景中，并综合考察孔子本人的思想主张与其性格特点，就会发现孔子在这一段中的言行，不仅与《庄子》"内篇"中所展示的孔子身份相符，也更接近历史上真实的孔子。

《德充符》的开篇，庄子明确交代在鲁国能与王骀相匹敌的唯有孔子。孔子传授的是如何"为政以德"（《论语·为政》）、立国安邦，鼓励学生"学而优则仕"（《论语·子张》），而王骀、伯昏无人却要人忘形弃知，"游心于德之和"。孔子的主张的确与王骀、伯昏无人截然不同，但这并不意味着孔子就一定得站在王骀、伯昏无人的反面。事实上，孔子不但对德充符有着深刻的理解，还十分推崇王骀这样的人：

> 夫子（王骀），圣人也，丘也直后而未往耳。丘将以为师，而况不若丘者乎！奚假鲁国！丘将引天下而与从之。

"丘将以为师"虽是孔子的谦辞，却也说明他对王骀所传授之理念的尊崇。从这几句话中，我们可以看出孔子首先要完成的是"齐家治国平天下"的历史使命，也就是所谓"鸟兽不可与同群，吾非斯人之徒与而谁与？天下有道，丘不与易也"（见《论语·微子》）的政治抱负，但是孔子并不排斥终有一天"丘将引天下而与从之"的可能性。

事实上，孔子自己也曾多次说过"天下有道则见，无道则隐"，"用之则行，舍之则藏"（《论语·述而》），"邦有道则仕，邦无道则可卷而怀之"（《论语·卫灵公》），"邦有道，危言危行；邦无道，危行言孙"（《论语·宪问》）。这里，孔子所表述的"藏""隐"的思想与庄子的主张如出一辙，甚至有时会让人误以为就是活生生的庄子在说话。不过，孔子毕竟不是庄子，他一生奔走于天下，尽管多次冒出"舍之则藏"的念头，却始终不曾真正身体力行。这是孔子对实现自己的政治理想、对完美道德的不懈追求使然，但同时也显示出其性格的两重性与自身的矛盾。

不难想见，叔山无趾追上孔子以后，得到的却是"子不谨，前既犯患若是矣。虽今来，何及矣"的责备，甚至流露出拒之于门外之意，无异于给了叔山无趾当头一棒：

> 无趾曰："吾唯不知务而轻用吾身，吾是以亡足。今吾来也，犹有尊足者存，吾是以务全之也。夫天无不覆，地无不载，吾以夫子为天地，安知夫子之犹若是也！"

"务"，时务；"不知务"，不明时务，指不知如何处世；"轻用吾身"，指由于不慎而触犯刑律受罚；"尊足"，尊于足；"尊足者存"，指比足更尊贵的德；"之"，德；"务全之"，努力达到全德。叔山无趾说，过去仅仅由于我不识时务，不慎触犯刑律而伤身，被砍去了脚趾。今天我来见你，是因为心中还保有比脚更尊贵的德，我要努力修德，使德完满。天，无所不覆；地，无所不载，我把先生当作天地，却不曾想到先生是这样的人！

叔山无趾追求的是"游心于德之和"之"德"，而孔子传授的却是"修己以安百姓"（《论语·宪问》）之"德"，两种"德"风马牛不相及。问题是，叔山无趾为什么要追着见孔子？他到底想跟孔子谈什么？难道他真的是要向孔子请教"德充符"之"德"吗？成玄英解释说："无趾交游恭谨，重德轻身，唯欲务借声名，不知务全生道，所以触犯宪章，遭斯残兀。形虽亏损，其德犹存，是故频烦追讨，务全道德。以德比形，故言尊足者存。"按照成玄英的解释，叔山无趾以受过刖刑之躯追见孔子，是为了"务全道德"，也就是向孔子求教"德充符"之"德"。可是孔子向来谈的都是"周之德，其可谓至德也已矣"（《论语·泰伯》），"为政以德，譬如北辰，居其所而众星共之"（《论语·为政》），"道（导）之以德，齐之以礼，有耻且格（正）"（《论语·为政》）。如果找孔子请教如何充王骀所授之德，显然找错人了。所以说叔山无趾欲见孔子是为了"务全道德"，于情于理皆难解通。

"今吾来也，犹有尊足者存，吾是以务全之也"，说明叔山无趾已经是一位游于形骸之内的德满者。叔山无趾之所以追见孔子，更大的可能性还是他早已听说孔子有关"舍之则藏""邦无道则可卷而怀之""无道则隐"的说法，故迫不及待地追赶孔子，欲与之畅谈，并非前来依附孔子。或者叔山无趾试图像申徒嘉为子产启蒙那样，引导曾表示要"引天下而与从"的孔子从现在起就"游于形骸之内"，成为"德充符"的德满者。叔山无趾曾认为，孔子绝对是有"德"根的，并且以"天无不覆，地无不载"的"天地"来比喻孔子，万万没有想到，孔子首先注意到的是自己的"形残"。一句"安知夫子之犹若是也"，透露出叔山无趾对孔子是何等的失望。

总之，这一段所记载的孔子对叔山无趾的责备以及叔山无趾对孔子表现出的失望，与《庄子》"内篇"中的孔子形象以及历史上真实的孔子并不矛盾。这段对话只是从另一个侧面显示出孔子的性格本来就具有的双重性。如果我们现在回过头来重温庄子在《养生主》中提出的"为恶无近刑"的话，也可以看出孔子所谓"不谨"的责备恰恰透露了叔山无趾受"刑"的真正原因。对此，就连叔山无趾自己也不得不承认"吾唯不知务而轻用吾身,吾是以亡足",可见庄子是不赞成"轻用吾身"的,但"德充符"的重点却并不在此,庄子是要为已经"形残"之人指出一条如何"安之若命"之路。

三　谁在孔子室中"讲以所闻"

孔子不愧是孔子。听罢叔山无趾的话,他马上向叔山无趾道歉:

> 孔子曰:"丘则陋矣。夫子胡不入乎,请讲以所闻!"

"陋",浅陋;"胡",为什么。孔子说,听了你的话,我感觉自己真是太浅陋了。先生为什么不进到屋里,谈谈你的道理呢!

"丘则陋矣"一句,字面上是说自己知识浅陋,实际上是孔子意识到自己误会了叔山无趾的来意,于是发自内心地向叔山无趾道歉。成玄英说:"仲尼所陈,不过圣迹;无趾请学,务其全生。"就是说,孔子最初责备叔山无趾时,误以为他是来求教的,现在才知道叔山无趾前来的真实目的。孔子对叔山无趾先是责备,继而道歉,并以"夫子"称呼叔山无趾,还邀请他进自己的房间详细阐发其见解,说明孔子在内心深处对叔山无趾对"德"的追求、对"天无不覆,地无不载"涵盖天地之"德"是充满敬意的。

叔山无趾随孔子进了房间,畅谈之后离去:

> 无趾出。孔子曰:"弟子勉之! 夫无趾,兀者也,犹务学以复补前行之恶,而况全德之人乎!"

"务学",努力求学;"前行之恶",以前所犯的过错,这里指叔山无趾由于不慎而受刑伤身。叔山无趾走后,孔子对弟子说,你们都应该勉励。叔山无趾是个受过刖刑被砍断脚趾的人,还努力学习以求弥补过去所犯的过错,更何况全德之人呢。

叔山无趾究竟与孔子谈了些什么,庄子语焉不详。但是从孔子
对弟子所说的话中我们大略可知一二。郭象说:"闻所闻而出,全其
无为也。"郭象所说的"闻"者指叔山无趾,意思是叔山无趾听到了
他所想听的,然后离开。成玄英也说:"仲尼自觉鄙陋,情实多惭,故
屈无趾,令其入室,语说所闻方内之道。既而蘧庐久处,刍狗再陈,
无趾恶闻,故默然而出也。"郭象、成玄英以及此后的《庄子》注本
大都认为叔山无趾进孔子之门后,孔子为他大讲入世出仕之道,也
就是成玄英所谓"语说所闻方内之道";然后,"无趾恶闻,故默然
而出"。意思是说孔子邀叔山无趾入室后给他上了一堂课,而叔山
无趾没有兴趣听,于是默然离去。

但是根据上下文来看,叔山无趾入室之后,说话的人并非孔子
而是叔山无趾。孔子邀请叔山无趾入室时说"丘则陋矣。夫子胡不
入乎,请讲以所闻!"就是说孔子请叔山无趾入室的目的是要他讲
述他所听到的"犹有尊足者存"之"德",即是说"讲以所闻"的主
语是叔山无趾而不是孔子。而且,"无趾出",孔子对弟子说的第一
句话就是"弟子勉之",要大家以叔山无趾为榜样。如果"无趾恶
闻,故默然而出也"的话,孔子这句话就说得实在是没头没脑、莫名
其妙了。

如此,叔山无趾入孔子之室后究竟发生了什么? 郭象说:"全德
者生便忘生。"成玄英补充道:"夫无趾残兀,尚实全生,补其亏残,
悔其前行。况贤人君子,形德两全,生便忘生,德充于内者也。门人
之类,宜勖之焉。"在郭象、成玄英看来,叔山无趾入室后聆听了一
番孔子有关"德"的教诲。果真如此的话,孔子早就应该率其弟子直
接入王骀之门,而用不着"将引天下而与从之"了。这个"将"字很
关键,也很重要,就是说孔子现在还没有修"德充符"之"德"的打
算。我们认为,郭象、成玄英所说叔山无趾与孔子在室内讨论的内

容无误,只不过说话的人不是孔子而是叔山无趾。孔子要"弟子勉之",并非要弟子去王骀等人门下充德修德,而是要他们以叔山无趾"务学以复补前行之恶"的精神"勉之"。

孔子始见叔山无趾时说"前既犯患若是矣",强调的是他曾触犯刑律。叔山无趾离开后,孔子又说他"犹务学以复补前行之恶,而况全德之人乎?"孔子的意思是,曾受过刑罚的叔山无趾,现在都积极充德修德以弥补以前的不慎,追求全生。"全德"之人就更应如此了。

问题是,这里的"全德之人"指的是什么人?郭象、成玄英认为是指王骀与伯昏无人一类。但是,这句话分明是孔子对弟子的勉励之词,一贯主张出仕的孔子怎么会以"游乎形骸之内"的人作为榜样勉励自己的弟子呢?何况这一句紧接赞扬叔山无趾"务学以复补前行之恶"之后,于文意也不通。

释德清在《庄子内篇注》中已经注意到这个问题,认为全德"犹全体也"。全体,指形体健全之人。张默生《庄子新释》也说:"'德'者,得也。按此全德之人,犹言全形之人。"如此解释,用"而况全德之人乎"结束"弟子勉之"一段的逻辑关系就很清楚了。这是孔子在勉励弟子,说一位受过刖刑的人尚且能全力修德,何况你们这些形体健全之人!

根据以上分析,我们可以得出这样的结论,叔山无趾入孔子室后的"请讲"者为叔山无趾,而"闻"者是孔子。

四　无法解除"桎梏"的孔子

尽管孔子向叔山无趾道了歉,尊称他为"夫子",并请他登堂入室"讲以所闻",但叔山无趾仍然无法掩饰他对孔子的失望,特别是由于他曾误把孔子看作是"德"如天地的"德满"者:

无趾语老聃曰："孔丘之于至人，其未邪？彼何宾宾以学子为？彼且蕲以诚诡幻怪之名闻，不知至人之以是为己桎梏邪？"

　　"至人"，充德至满的得道之人，指王骀、伯昏无人等；而对"宾宾"的解释，历来有各种不同的说法。俞樾辨析道："'宾宾'之义，《释文》所引，皆望文生义，未达古训。'宾宾'，犹'频频'也。《汉书·司马相如传》'仁频并闾'，颜注曰：'频'字或作'宾'。是其例也。"俞樾所说极是。"宾宾"当释为"频频"，意为总是"以学子为"，把自己当成一个学者；"蕲"，求；"诚诡幻怪"，与《齐物论》中"恢诡谲怪"意同，原指诡异奇怪的事物，这里指用各种方法。叔山无趾对老聃说，孔丘还没有达到至人的程度吧？他为什么总是把自己当成一个学子呢？他用各种办法追求闻名于天下，他难道不知道至人把名声当作束缚自己的枷锁吗？

　　原来，叔山无趾对孔子是有着相当了解的，知道他"彼且蕲以诚诡幻怪之名闻"。这也再一次证明叔山无趾求见孔子绝不是要向他求教，而是幻想自己可以使孔子成为像至人一样的人。

　　老聃曰："胡不直使彼以死生为一条，以可不可为一贯者，解其桎梏，其可乎？"无趾曰："天刑之，安可解！"

　　"一条""一贯"，皆指一齐。"天刑之"，上天给他的刑罚，意指孔子的本性无法改变。老聃对叔山无趾说，那你为什么不直接告诉孔子，生死、可与不可原本就是一齐的？用这样的办法是不是就可以解除他身上的枷锁呢？叔山无趾回答，这是上天给他的刑罚啊，怎么可以解得开呢？

　　老聃说得很清楚，如果孔子能"以死生为一条，以可不可为一贯"，就能"解其桎梏"。而老聃问叔山无趾"其可乎"，更证明叔山无趾此行的目的是为孔子"解其桎梏"。不幸的是，叔山无趾的话对孔子没起任何作用。"天刑之，安可解"，是说叔山无趾所遭受的不过是肉体之刑，还能以"忘形"解脱，而孔子遭受的却是上天的惩罚，是无法解脱的。"天刑之，安可解"，不但表示了叔山无趾在与孔子进行一番探讨之后，对孔子一生发出的由衷感慨，而且也是庄子对孔子所作的最富有概括性的评价。

既然叔山无趾明确说上天给孔子所戴的桎梏是无法解脱的，这也就意味着孔子的理念与庄子所推崇的修德得道完全不同，那么，庄子为什么还要屡屡借孔子之口来阐发自己的思想主张？我们此前说过，庄子的学说出于颜氏之儒，而颜回继承发展的主要是孔子思想中"舍之则藏""无道则隐""邦无道则可卷而怀之"的一面，而庄子又在颜氏之儒的基础上，把儒学本来就有的"藏"且"隐"的一面进一步发扬光大，才形成了自己的学说。然而，孔子仍旧是孔子，庄子并不想改变孔子的本来面目。这就是为什么《德充符》中的孔子形象有时貌似存在矛盾的主要原因。同时，庄子也借叔山无趾游说孔子，说明并非人人都适合走"游心乎德之和"的充德之路。像孔子这样的人，由于深受"天刑之"的束缚，已经再也无法从中获得解脱，而进入"德充符"的境地了。

"非爱其形也，爱使其形者也"

《德充符》前三段故事中登场的主角都是受过刖刑的兀者，下面要出场亮相的虽然不再是兀者，却是一位形残更甚于兀者而与支离疏相似的"恶骇天下"的超级丑人。显然，庄子就是要用这样完全背离常人心态、形貌的写法，来破除人们心中对"形"的迷惑与偏见，突出"形骸之内"所自有的力量。正如刘凤苞《南华雪心编》说："凭空撰出几个形体不全之人，如傀儡登场，怪状错落，几于以文为戏，却都说得高不可攀，见解全超乎形骸之外。"王骀超然生死，"视丧其足，犹遗土也"；申徒嘉"知其不可奈何而安之若命"，跟随伯昏无人十九年"未尝知吾兀者也"；叔山无趾因"轻用其身"而受罚，却"犹有尊足者存"。在他们面前，不但贵为执政的子产显得渺小，就连大名鼎鼎的孔子也不免相形见绌，甚至想着终有一天将"引天下而与从之"。下面，我们就来看看将要登场的哀骀它又是怎样的一个人。

一　鲁哀公的困惑

庄子是这样描述哀骀它的：

> 鲁哀公问于仲尼曰："卫有恶人焉，曰哀骀它。丈夫与之处者，思而不能去也。妇人见之，请于父母曰'与为人妻宁为夫子妾'者，十数而未止也。

"鲁哀公"，春秋时期鲁国第二十六任君主，在位27年；"恶"，丑；"恶人"，相貌奇丑无比之人；"处"，相处；"思"，眷恋。鲁哀公向孔子请教说，卫国有个相貌奇丑的人叫哀骀它。男人与之相处，眷恋他，舍不得离开。女人见到他，会请求父母说，与其嫁给别人为妻，不如嫁给哀骀它做妾，像这样的女子已经不下十几位了。

一位相貌奇丑之"恶人"不但吸引了众多女子争相嫁之为妾，而且还能惹得男人日思夜想，不忍离去，这比起王骀的"言不教，坐不议"，哀骀它现象似乎更为诡异神秘。其实，早在《齐物论》中，庄子就阐释了"举莛与楹，厉与西施，恢恑憰怪，道通为一"的思想，如今哀骀它的形象再一次颠覆了人们的偏见，彰显了《德充符》的主题：真正具有魅力且能让人产生最强烈震撼的，不在"形骸之外"，而在"形骸之内"，说白了，也就是人的精神。仅凭这开场的几句，庄子已经紧紧抓住了人们的注意力。

除了"丑陋"的外貌，哀骀它还凭借哪些独特之处吸引了众多的男男女女呢？鲁哀公接着说：

> 未尝有闻其唱者也，常和人而已矣。无君人之位以济乎人之死，无聚禄以望人之腹。又以恶骇天下，和而不唱，知不出乎四域，且而雌雄合乎前。是必有异乎人者也。

"唱"，通"倡"，倡导；"和"，附和，应和；"君人之位"，指权势；"聚禄"，俸禄；"望"，月望，意为饱满，这里指饱；"四域"，四方之内，天下；"雌雄"，指禽兽；"合"，聚集。鲁哀公说，从来没听说哀骀它提倡什么，他只是常常应和别人而已。他没有权势可以解除他人之灾难，没有钱财可以养活他人，加上他的相貌之丑陋足以令天下人惊骇。他对世间万物都只是应和而不发表自己的看法，他的见识不超乎天下常人，可是连禽兽都聚集在他的面前。这样的人必定有与众不同之处啊。

有必要提及的是，对这段话中的"雌雄"二字，有着两种解释。一说为禽兽，如郭象："夫才全者与物无害，故入兽不乱群，入鸟不乱行，而为万物之林薮。"一说指男女，如褚伯秀《庄子义海纂微》："雌雄之义，所解不一。或以为禽兽者，本于《列子》雌雄在前，孳尾成群道之说。窃考经意，丈夫与之处思而不能去，妇人愿为妾之语，则'雌雄合乎前'言丈夫、妇人归之者众也。"现代《庄子》注本多采褚伯秀之说，认为"雌雄合乎前"，指男女老少都聚集在哀骀它周围。两相比较，我们认为郭注的说法更符合庄子原意。"德充符"说的是完满之"德"充盈于天地间所带来的一种祥和宁静、与人与物皆和谐相处的境界。在庄子看来，达到"德充符"的德满得道者，不仅对人有着强烈的吸引力，而且还会吸引万物。也就是说，"德充符"之"德"呈现于人与物两个层面上。前文中，庄子已经提到"丈夫与之处者，思而不能去也。妇人见之，请于父母曰'与为人妻宁为夫子妾'者，十数而未止也"，这是德满得道者对人吸引的一面，假如"雌雄合乎前"依然指男女聚集的话，不免与前文重复；而如代指禽兽，正好呼应了庄子所赋予"德"也会吸引万物的另一面。我们知道，前面"未尝有闻其唱者也，常和人而已矣"指的是人，后一个"和而不唱"则指的是天下万物。庄子在此是以人与万物涵盖世间一切，点明真正的魅力并不像人们以为的那样来自于"形"。

让鲁哀公倍感困惑的，还在于哀骀它不但相貌极其丑陋，"以恶骇天下"，而且没有任何对世俗有用之处：他一无权势，无法解救他人于死亡；二无俸禄钱财可果人之腹，不能给人带来任何的物质利益与好处。可偏偏就是这么一个人，不但赢得了众男女的倾慕，甚至连禽兽都前来归附。这是为什么呢？鲁哀公虽然百思不得其解，但坚信哀骀它必有不同于常人之处。

二 丑冠天下的哀骀它

鲁哀公是君主，他有权下令把哀骀它召进宫中观看：

> 寡人召而观之，果以恶骇天下。与寡人处，不至以月数，而寡人有意乎其为人也；不至乎期年，而寡人信之。

"不至以月数"，不到一个月。鲁哀公告诉孔子，我把哀骀它召来，他相貌的丑陋果然能惊骇天下人。可是，我与哀骀它相处不过一个月，就已经感觉到他的确有过人之处。相处不到一年，我就非常信任他了。

从道听途说到眼见为实，鲁哀公见证了哀骀它的"恶骇天下"以及他的内在吸引力。所谓"寡人信之"，不单单指鲁哀公已经相信坊间的传闻，而且开始把哀骀它当作可托付大事的臣子。当然，作为一国之君的鲁哀公，他对哀骀它的认识与了解，远非修德充德之人可比，仍局限于"游于形骸之外"，不可能涉及"形骸之内"，更不可能接触到"德充符"之"德"。鲁哀公对哀骀它的"信之"，也只是相信他的诚信，不欺骗，不会构成任何威胁，无外乎"仁义礼智信"之"信"。所以鲁哀公自然也只能以他所认为的最有价值的方式表示对哀骀它的敬重：

国无宰,寡人传国焉。闷然而后应,泛若辞。寡人丑乎,卒授
之国。无几何也,去寡人而行,寡人恤焉若有亡也,若无与乐是国
也。是何人者也?

"传国",委托国事;"闷然",淡漠的样子;"泛",不在意;"卒",
终于;"丑",惭愧;"恤",郁闷。鲁哀公接着说,当时,正好鲁国没
有宰相,我就把国事托付给他。看上去哀骀它一副不以为意的样
子,好像无意接受,却又未加推辞。我很惭愧,最后还是把国事托
付给他。没过多久,他就离开我走了。我感到很郁闷,若有所失。在
这个国家,再没有人可以让我快乐了。哀骀它,究竟是个什么人啊?

鲁哀公"游于形骸之外",而哀骀它"游于形骸之内",一个求
诸外,一个求诸内,无论从哪个角度来看,鲁哀公与哀骀它都是两
"类"人。完全不同的两类人走到了一起,既不是因为哀骀它为果腹
而求助于鲁哀公,也不是因为哀骀它之"德"吸引了鲁哀公,而仅仅
是因为鲁哀公以其君主的权威"召而观之",如同君主可随意征召
民间任何物品进宫供自己观赏把玩一样。而对哀骀它来说,却别无
选择,只能"知其不可奈何而安之若命"。意想不到的是,身为君主
的鲁哀公在与哀骀它相处之后,竟与普通人一样,无法抵挡丑陋的
哀骀它的魅力,哀骀它在鲁哀公那里一待就是一年多,而且让鲁哀
公十分沉醉于与哀骀它相处的日子。于是,鲁哀公以他所能想到的
方式,即把一国之事都托付给哀骀它,以示对他的器重与信任。但
是,这样的器重与信任却不是哀骀它所追求的,而是他避之唯恐不
及的。自然是事与愿违,鲁哀公非但没有留住哀骀它,反而促使他
早早辞去。为此,鲁哀公"寡人恤焉若有亡也,若无与乐是国也",
感到十分戚戚然。

至此,庄子已经把哀骀它内在人格之魅力渲染到了极致:其形
骸虽丑,却丝毫不因"恶骇天下"而自惭形秽,反而以自己特有的人

格魅力吸引了众人万物，甚至包括君主。那么，哀骀它形象的意义究竟何在？

三　小猪为什么弃母而去

根据鲁哀公所说，哀骀它"一无权势，二无利禄，三无色貌，四无言说，五无知虑"，却能"聚集人物"（成玄英疏）。这样一个奇丑无比而又极其普通的人，为什么能有如此奇异的力量？庄子为什么要写哀骀它？通过哀骀它，庄子到底要说明什么？这，才是问题的关键。

> 仲尼曰："丘也尝使于楚矣，适见独子食于其死母者，少焉眴若皆弃之而走。不见己焉尔，不得类焉尔。所爱其母者，非爱其形也，爱使其形者也。

"使"，一作"游"，出游；"适"，遇到；"独子"，小猪；"眴若"，惊慌；"不见己"，小猪在母猪那里看不到自己，指不能与母猪交流；"不得类"，不是同类，指母猪已死，不再与小猪同类；"使其形者"，指精神。孔子说，他曾出游楚国，碰巧看到一群小猪在刚刚死去的母猪那里吸吮乳汁，不一会儿小猪就都惊慌地抛弃母猪跑掉了。这是因为母猪已死，小猪在母猪那里看不到自己，感觉不到它们是同类。可见小猪爱母亲，不是爱它的形体，而是爱它内在的精神。

《德充符》前三则故事的主角都是充德修德的形残者。他们因受刑而导致形残，却能够平静地接受命运的安排，不顾忌"形骸之外"的一切，也不为"形骸之外"所扰，专注于"形骸之内"，"游心于德之和"，保持了内心的独立与自由。无论是王骀、申徒嘉还是叔山无趾，他们都摆脱了"形"的束缚，或者进入了"德充符"的状态，或者德行已经很深。在这三则故事中，庄子都是通过比较"形"

残与"德"满，说明即便是受过刑罚之人也同样可以修德充德。但是哀骀它的故事，却从"形残"与"德满"的对比，转向对外在之"形"与内在之"精神"关系的探索。

母猪活着时，小猪"见己焉尔"，"得类焉尔"，自然会亲附母猪，然而生命一旦终结，母猪的形体依旧，其精神生命却不复存在，小猪"不见己焉尔"，也不再与之同类，自然会抛弃母猪而去。也就是说，小猪爱的是母猪的"精神"而非其形体，这就是"非爱其形也，爱使其形者也"。

在庄子看来，内在精神的力量远远超越于形体之上。"爱使其形者也"，爱的是形体的内在"精神"，也就是内在之"德"或"道"。"精神"去了，"德"或"道"消失了，形体自然也就成了一具枯木，失去了与之交流之本。这里，孔子是用小猪离弃死去的母猪比喻哀骀它离弃鲁哀公。"不见己焉尔"，是说哀骀它与鲁哀公完全没有共同的语言；"不得类焉尔"，意思是他们属于完全不同"类"的人。一个是一国之君主，所能理解的最高奖赏无非是"寡人传国焉""卒授之国"之类的功名利禄；另一个却是"无君人之位以济乎人之死，无聚禄以望人之腹""和而不唱，知不出乎四域"的丑人。成玄英说："以况哀公素无才德，非是己类，弃舍而去。骀它才德既全，比于赤子，物之亲爱，固是其宜矣。"理解得十分精辟。由于他们分属截然不同的两类人，自然完全无法交流，无法沟通，哀骀它最终离开鲁哀公也就成了必然。

此外，"独子食于其死母者"的故事，也从一个侧面表明并非人人都可成为"德充符"者。如鲁哀公者，即便与德满者朝夕相处，即便深深为德满者的魅力所吸引，但是如果没有修德的意愿，如果无法抛弃世俗社会对功名利禄的渴求，最终也只能与"德充符"者分道扬镳，终究不可能进入"德充符"的境地。

四　德离不开形

"独子食于其死母者"的故事，说明形体只是精神生命的寄托之所，在精神生命面前，形体微不足道，乃至得道的最高境界则是"忘形"。但是，值得注意的是，庄子所说的"忘形"并不等于无"形"。一旦无"形"，精神生命同样也就失去了寄托之所，内在之"德"也就无从体现。所以哀骀它尽管其形"以恶骇天下"，但同时也是哀骀它精神生命的载体，其吸引众人的内在人格魅力也是通过这样一个奇丑无比的形体表现出来的。小猪爱其母，是"爱使其形者"；人被有形体的哀骀它所吸引，是爱其内在精神，爱其内在之"德"。假如没有哀骀它内在的精神、内在之"德"，其形体本身毫无意义；同样，如果没有哀骀它的形体，其内在精神、其"德"也一样失去了立足之地，成了无源之水，无本之木。

紧接着"独子食于其死母者"的故事，孔子又举了四个例子说：

> 战而死者，其人之葬也不以翣资；刖者之屦，无为爱之，皆无其本矣。为天子之诸御，不爪翦，不穿耳；取妻者止于外，不得复使。形全犹足以为尔，而况全德之人乎！

"翣"，棺木上的装饰物；"资"，送；"屦"，鞋；"无为"，没有理由；"诸御"，指宫女；"不爪翦，不穿耳"，不剪指甲，不扎耳洞，指不伤害形体；"取"，同"娶"；"取妻者"，指刚结婚的男子；"外"，远；"止于外"，不出远门；"使"，役使，指劳役、兵役，赵以夫《庄子注》："新娶者免役，《礼记》有之。"这段话的大意是说，战死沙场的人，下葬时不加棺饰；受过刖刑断脚之人，不再爱惜旧时的鞋；这些都是因为失去了根本。做天子的嫔妃，不剪指甲，不扎耳洞；新婚的男人不出远门服劳役，都是为了保全形体。求形体完整的人尚且如此，何况是全德之人呢！

有必要指出的是，这里孔子提出的"全德之人"与"叔山无趾"故事中"夫无趾，兀者也，犹务学以复补前行之恶，而况全德之人乎"中的"全德之人"，用字虽然完全一样，其内涵却有着极大的不同。"叔山无趾"中的"全德"指的是"全形"，形体健全之人，而孔子所说的"全德之人"却指的是"德充符"者。

　　孔子举这四个例子的目的，在于进一步说明"形体"与"精神"的关系，同时也隐晦地点出哀骀它离开鲁哀公的真正原因。"战而死者，其人之葬也不以翣资"，是说战死之人，用不着再去装饰其棺椁；"刖者之屦，无为爱之"，是说对于没有脚的人，鞋也就失去了意义。这两个例子都是强调倘若失去了根本，就是有再多的装饰也无从依附。后两个例子则以人与人之间的依附关系来比喻"形"与"神"的关系。"为天子之诸御"，比喻天子为"诸御"之神，"诸御"之形不可伤，形伤，神则离去；"取妻者止于外"，比喻丈夫为妻子之神，丈夫伤，妻子则失去依附的根本。孔子通过这一系列的比喻，说明"使其形者"固然重要，但"使其形者"一旦失其"形"，"使其形者"也将失去依存的根本。

　　庄子向来重德不重形，甚至主张"忘形"。为什么在解释哀骀它"德充符"现象时，却一连用了五个比喻反复说明神为本、形为体，形神相互依存的关系呢？

　　实际上，庄子在这里借孔子之口，用这几个比喻隐晦地向鲁哀公解释哀骀它为什么最终"去寡人而行"，同时也回答鲁哀公"是何人者也"的疑问。狌子依其母是因双方皆为同类，可以在对方身上看到自己，有精神的交流；而哀骀它与鲁哀公相处，哀骀它是被鲁哀公以君主之位"召"来的，一个"游于形骸之内"，一个则"游于形骸之外"，两人的人生境况不同，追求不同，境界不同，完全是不同类的人。哀骀它与鲁哀公相处长达一年，很可能也曾暗地里希望有朝一日鲁哀公能与自己成为同"类"，然而，鲁哀公授予哀骀它相位一事成为压倒哀骀它的最后一根稻草，哀骀它与鲁哀公之间已经失去了相互依存的最基本条件，哀骀它别无选择，只能离开鲁哀公。

孔子把哀骀它离去的原因说得如此隐晦，这是因为鲁哀公不是常季。对常季，孔子可以畅所欲言；对鲁哀公，孔子却要小心谨慎，用的是先秦诸子游说君主时惯用的比拟方法。一件件看似与哀骀它、鲁哀公无关，其实每一件又都暗扣哀骀它离开鲁哀公之事，都与德充符相关。"皮之不存，毛将焉附"，鲁哀公与孔子一样同属"天刑之，安可解"之列，充德修德已不可能，故哀骀它只能选择悄然离去。哀骀它离去后，鲁哀公竟然感到"寡人恤焉若有亡也，若无与乐是国也"，一方面说明鲁哀公无缘走入"德充符"者的行列，另一方面也透露出"德充符"者震撼人心的魅力。

"才全而德不形者"

　　为了解答哀骀它为什么会离开鲁哀公，究竟哀骀它"是何人者也"这两个密切相关而又令鲁哀公百思不得其解的问题，孔子一连用了五个比喻，从小猪的"所爱其母者，非爱其形者，爱使其形者"到"战而死者"之"葬"，再从"刖者之屦"到"天子之诸御"，最后从"取妻者止于外"到"形全犹足以为尔，而况全德之人乎"，庄子这才终于把聚光灯落在了哀骀它身上。

　　在鲁哀公看来，自从"召"哀骀它进宫，自己已经竭尽所能为他提供了各种各样的荣华富贵。但是"游于形骸之外"的鲁哀公却无论如何也理解不了为什么哀骀它对他的器重丝毫不领情，反而更急切地离去。其实此中原因十分简单，那就是在庄子心中，鲁哀公之于哀骀它，是既不同形，也不同类，两人之间完全没有相互交流、信任的共同之处，更不存在成为同类的可能。既然如此，为什么孔子仍然不厌其烦地一次又一次地为鲁哀公解说呢? 原来，其真实目的是为了展开此后的"才全而德不形"之说。

一　"才全"和"德不形"是一回事吗

孔子做了一系列的比喻，绕了一个大圈子之后，才开始正面回答鲁哀公的疑问：

> 今哀骀它未言而信，无功而亲，使人授己国，唯恐其不受也，
> 是必才全而德不形者也。

"德不形"，指德不流于外形。孔子说，现在哀骀它不说话就已经获得了人们的信赖，虽不曾建有功绩，可是人人都主动亲近他；能使君主把一国之事托付给他，还唯恐他不接受，这样的人一定是"才全而德不形者"。哀骀它的"未言而信，无功而亲"，与王骀的"立不教，坐不议，虚而往，实而归。固有不言之教，无形而心成者"十分相似，都是说"德充符"之人，虽然外形残缺丑陋，但内心之"德"却自然地流露出一种超凡脱俗而又魅力十足的精神力量。这种力量是如此强大，使得这些有"德"之人无需立言，无需建功，就可感化无数的人，甚至可使一国之君担心有"德"之人会拒绝接受赋予他们的权力。这样的人被孔子称为"才全而德不形者"。

"才全而德不形"是庄子在《德充符》中提出的一个新概念，而且在"内篇"中仅仅出现了一次。"才全"指的是什么？"德不形"又指什么？"才全"与"德不形"两者的含义是否有所不同？如果不同，两者之间又存在着什么样的关系？

表面上看，庄子似乎一直否定"才"，认为"才"带给人的只是灾难。《人间世》中，庄子特别列举了不材的栎社树、商丘之木以及有材的楸柏桑，以阐发无用之用的理论，认为不材的无用才是大用。然而在《德充符》中，一向主张以不材为用的庄子却突然提出了

"才全"的概念，并把"才全"当作"德充符"者哀骀它的独特品质之一。那么，《德充符》中"才全"之"才"与"不材之木"之"材"是否相同？"才全"的"才"究竟包含着怎样的内容？

最早涉及解释"才全"的，恐怕是郭象。他在注释"不得类焉尔"与"爱使其形者也"时说：

> 夫生者以才德为类，死而才德去矣。
> 使形者，才德也。

郭象将"才"与"德"合用，以"才德"释"才"，认为"才德"是一个词。成玄英接受了郭象的说法，但又更进了一步，明确将"才德"等同于"精神"：

> 郭注曰：'使形者，才德也。'而才德者，精神也。豚子爱母，爱其精神，人慕骀它，慕其才德者也。

郭注成疏都认为"才全"之"才"指的是"才德"，也就是"精神"。这样解释的话，"才"在"豚子食于其死母者"中指的就是"爱使其形者也"；而在哀骀它现象中，则指哀骀它能吸引外物、吸引众人的"德"。而"才全"则指"才德全"，即精神全。这样，"才全而德不形者"中的"才"与"德"之间就没有了分别。假如"才""德"的意思果真相同，就是一回事，庄子为什么还要说"才全而德不形者"？此后，鲁哀公特意将"才全"与"德不形"分而问之，孔子也分而解之，显然，在"才全而德不形者"中的"才"与"德"是两个不同的概念。庄子所说的"德"，不是传统意义上的道德，而是一种能体现"道"的心态，一种"忘形""忘情"的精神世界。这种"德"不同于与"形"相对的"神"。孔子一系列比喻中所说的"使其形者"，指的都是"精神"，也就是能使母猪形体活动、与其子相互交流的生命或者灵魂，这是与生俱来的，而非后天修来的。孔子以此为比只是想说明"德"的重要，并不是说豚子对其母的爱是一种"德"。"德充符"本身已经表明"德"是通过后天的修德充德而来，与母猪和豚子相互交流的"神"不同。一个人可以无"德"，却不可以没有灵魂。由此来看，郭注成疏释"才全"之"才"为"才德"，进而解释"才德"为可以因死而离去之"神"，似乎不妥。

宋林希逸《庄子口义》释"才"说："才者，质也。如孟子曰'天之降才'也。才全，犹言全其质性也。"明释德清《庄子内篇注》也说："言才者，谓天赋良能，即所谓性真。庄子指为真宰是也。言才全者，谓不以外物伤戕其性，乃天性全然未坏，故曰全。"林希逸、释德清释"才"为天性，亦即天赋予人之性情。认为保有最纯粹善良的天性，不受任何扭曲戕伐，就是"才全"。如此来说的话，小猪也算得上是天性未坏，为什么没有这样的吸引力？而众人被哀骀它所吸引，也并不仅仅因为其天性纯粹善良。所以，释"才"为"质性""天性"，仍不能清楚地阐释"才全而德不形"的含义。

为了更准确地理解"才全而德不形"所包含的深刻内容，我们不妨先探索一下"才"的本义。"才"在先秦典籍中常指"有能力之人""才能"或"才智"。《列子·仲尼》："如乐里多才。"《论语·子路》："子曰：'先有司，赦小过，举贤才。'"《国语·齐语》："夫管子，天下之才也。"《孟子·告子上》："非天之降才尔殊也。"在先秦其他诸子文中，释"才"为"精神"或"天性"的例子几乎没有。

"才"在《庄子》"内篇"中凡七见。《人间世》一见，《德充符》三见，《大宗师》三见。《人间世》："汝不知夫螳螂乎？怒其臂以当车辙，不知其不胜任也，是其才之美者也。戒之，慎之！积伐而美者以犯之，几矣。"《大宗师》："夫卜梁倚有圣人之才而无圣人之道，我（女偊）有圣人之道而无圣人之才，吾欲以教之，庶几其果为圣人乎! 不然, 以圣人之道告圣人之才, 亦易矣。"以上"内篇"中所说之"才"都是"才能"的意思。《德充符》中的"才"也应与以上例子相同, 仍指"才能", 没有理由唯独把这一例释为"才德"。据上下文来看, "是必才全而德不形者也", 应当说的是哀骀它具有与各种人相处的才能, 虽然"德"全却并不显露出来。

二　如何理解"才全"

疏通了"才"为"才能"之"才", 再来理解"才全"。庄子是这样解释的:

> 哀公曰: "何谓才全?"仲尼曰: "死生存亡, 穷达贫富, 贤与不肖, 毁誉, 饥渴, 寒暑, 是事之变, 命之行也; 日夜相代乎前, 而知不能规乎其始者也。

"规", 测度。鲁哀公问孔子什么叫"才全"。孔子回答, 死生存亡, 贫穷富贵, 贤能与不肖, 毁誉臧否, 饥渴寒暑, 这些都是事物的变化, 天命的运行。就如同日夜相继一样, 知识也无法测度其起始。

庄子似乎已经预见到人们对理解"才全"会存在障碍, 于是借鲁哀公之口, 径直提出"才全"究竟是什么意思。由于这个问题对理解"德充符"至关重要, 孔子并没有直接回答, 而是从人一生中会阅历的种种对立的现象说起: "生死", 指人一生的历程。"存亡", 则不仅包括人的生死, 也包括人对一切身外之物, 如财产、权力等的拥有与丧失。"穷达富贵", 指人社会经济地位的高低以及可以带来的物质财富的多寡。"贤与不肖", 是说人在社会与家庭生活中是否能按照社会道德伦理侍奉君主以及父母。"毁誉", 指外界社会舆论对人的褒贬。"饥渴寒暑", 指的是人在一生中所能遭遇的冷暖饥寒的自我感受。由此来看, 所谓"全"就是无所不包, 囊括人生的各个方面。成玄英说：

> 夫二仪虽大，万物虽多，人生所遇，适在于是。故前之八对，并是事物之变化，天命之流行，而留之不停，推之不去，安排任化。所遇斯适。自非德充之士，其孰能然！此则仲尼答哀公才全之义。

在成玄英看来，能够顺应"前之八对"，顺应天命，对外在的一切不抗拒、不抵触，便是"才全"了。但孔子的"八对"仅仅是罗列出人生种种可能经历之事，并说这是"事之变，命之行"，无论人有才无才，才全或不全，都得面对这一切。由此可知，这"八对"只是全面概括了人生的遭际，与"才"无关，自然也就谈不上"才全"，只可以说是"全"。

其实，庄子所要阐释的重点在于如何应对这种种人生荣辱沉浮的变化，也就是说，既然这一切都是人生中所必然遭遇的，那就得把重点放在如何应对上：

> 故不足以滑和，不可入于灵府。使之和豫，通而不失于兑；使日夜无郤而与物为春，是接而生时于心者也。是之谓才全。

"滑"，乱；"和"，与"游心乎德之和"的"和"同义，指的是一种和谐的境界；"灵府"，心灵之府；"豫"，安适，和谐；"兑"，悦；"郤"，间断；"与物为春"，意为与万物相处，犹如春天般和睦而富有生气；"接"，与外物相交接；"生时于心"，指时间有春夏秋冬的变化，但心中之"时"却是由心而生的。这几句话的大意是，所以不值得为此而扰乱心境的和睦宁静，不可让这些外在之物侵入心灵。要使心灵安适平和，通畅而不失愉悦；使自己的心境日夜不停地与万物共处于春天般和谐愉悦有生气的氛围之中，用这样的心境与外物相交接，去感受四时的变化，这就是"才全"。

孔子回答的前半部分概括了人一生中可能遇到的种种遭际，后半部分说的是人当如何与万物和谐相处。其中最重要的，就是无论外在世界发生怎样的变化，都不能"滑和"，不可入"灵府"。但这种"不足以滑和，不可入于灵府"的态度，绝不能出于对外力的抗拒与抵触，而要顺其自然，安然处之。正所谓"风来疏竹，风过而竹不留声；雁照寒潭，雁去而潭不留影"（《菜根谭》）。从表面上看，孔子的这几句话句句强调的都是安时而处顺，没有一处牵涉到人的才能。况且孔子所说的如哀骀它之类的"才全"之人，也丝毫没有表现出任何世俗意义上的才能。那么，庄子所说的"才"以及"才全"，究竟当如何理解？

其实，孔子后半部分的回答已经清楚地透露出"才"的信息。犹如庄子之"德"与世俗之"道德"大相径庭一样，庄子所说的"才"与世俗意义上的"才"的含义也截然不同。这里所谓"才全"之"才"，实际上指的是人在现实生活中如何应对这一切的才能。这种才能更近乎于《养生主》中庖丁解牛之"技"。面对"技经肯綮"、盘根错节的"牛"，就如同面对"死生存亡，穷达贫富，贤与不肖，毁誉，饥渴，寒暑"的人生，是族庖、良庖还是"十九年而刀若新发于硎"的庖丁，就要看自己掌握了何种"解牛"的才能。庖丁解牛，"手之所触，肩之所倚，足之所履，膝之所踦，砉然向然，奏刀騞然，莫不中音。合于《桑林》之舞，乃中《经首》之会"，展示出"恢恢乎其于游刃必有余地矣"的道技合一的才能。而哀骀它的才能则是面对世上种种生死穷达、毁誉荣辱、饥渴寒暑的困扰，却能以"不足以滑和，不可入于灵府。使之和豫，通而不失于兑；使日夜无郤而与物为春，是接而生时于心者也"的才能应对一切。只是对"才全者"来说，仅仅像庖丁一样掌握了高超的解牛之技还远远不够，还要"使之和豫，通而不失于兑"，不仅不让外在的变化影响、改变自己，而且还要使之"和豫"，并且在"使之和豫"的基础上，打通"死生存亡，穷达贫富，贤与不肖，毁誉，饥渴，寒暑"这一切原本对立现象的界限。没有了这些挂碍，"万物一齐"，心中自然就能"不失于兑"，也就能以平常之心顺应万物的变化，时刻保持内心的平静、和睦、愉悦、有生气，"日夜无郤而与物为春，是接而生时于心者也"。具有了这种应对人生种种遭际的才能，就可称之为"才全"了。

三 "德不形"是什么意思

"才"是才能，是针对现实人生而言。"才全"就是应对世间一切的才能。那么，"才全而德不形"的"德不形"又是什么意思？

> "何谓德不形？"曰："平者，水停之盛也。其可以为法也，内保之而外不荡也。德者，成和之修也。德不形者，物不能离也。"

"形"，显露，显现；"荡"，动荡，摇荡；"和"，与上文"固不可以滑和"之"和"同义。这几句的意思是说，什么是德不形？孔子回答，静止的水是平的极致。它可作为取法的准绳。内心保持平静如静止之水，就不会因外在变化而动摇。德的最高修养就是内心的平静和谐。德不彰显流露于外，万物自然会与之相符合而不离弃。

孔子对"才全"的含义解释得十分详尽，虽然对"德不形"说得很简单，但其中所包含的内容却十分丰富。什么叫"德不形"？孔子先用"水"的"平"来比喻"德"。郭象说："天下之平，莫盛于停水也。"水"平"才可以吸引众人："人莫鉴于流水，而鉴于止水。唯止能止众止。"就是说，"德不形"，就像静止的水可以引人前来照见自己一样，是吸引万物的根本。哀骀它"未尝有闻其唱者也，常和人而已矣"，他从不彰显其德；不管面对什么，不管与什么样的人相处，他的内心都平静如水，任何外在的"死生存亡，穷达贫富，贤与不肖，毁誉，饥渴，寒暑"变化，都不会在他心中引起丝毫的波动，"内保之而外不荡"。在孔子看来，哀骀它就是"德不形者"，是达到了"成和之修"的最高修德境界的"德者"。如果说，"才全"是从现实人生的层面谈修"德"的话，那么，"德不形"则是从精神修养的另一个层面阐发修"德"的问题。

"德者，成和之修也。"简单地说，就是内心要修成"和"的境界。鲁哀公与哀骀它相处一年，却仍"游于形骸之外"，不理解哀骀它"是何人也"，始终徘徊在"德"门之外；而子产入伯昏无人门下的第二天就理解了修德是不能求之于"形骸"之外的，标志着他始入"德"门；申徒嘉在伯昏无人门下修德十九年，已"游于形骸之内"，能为子产启蒙，却尚未成为德充符者。这都说明德充是一个"修"德的过程，"修"就是"充"，而"和"则是判断修德程度高低的重要标准。"德者，成和之修也"的"和"就是"使之和豫，通而不失于兑""游心乎德之和""和不欲出"的"和"，都是"德充""德满"之后一个人与万物相处时的一种心境。内心修成了"和"，便可畅游于世间万物之中，也就是孔子所说的"内保之"。倘若"心和而出"，为"外在之物"所"荡"，那就是"为声为名，为妖为孽"（《人间世》）。这里，"内保之"与"外不荡"说的实际上是同一问题的两个方面。

人内心之"德"修到"和"，就是"德充"，也就是"德充符"的境界。郭象说："事得以成，物得以和，谓之德也。"就是说，只要修成了"和"，万物一切都会与之相"和"，就是"知其不可奈何而安之若命，德之至也"的"德充符"。修"德"修到如此境地，"德"便不再彰显表露于外，进入了"德不形"的境界，于是自然会形成一种独特的"物不能离也"的吸引力，这与《人间世》中所说的"鬼神将来舍，而况人乎！是万物之化也"完全相同。这也是为什么在哀骀它的身上，会自然流露出如此强烈的内在感染力与感召力。

四 鲁哀公的心得感言

"寡人恤焉若有亡也，若无与乐是国也。"哀骀它离去之后，鲁哀公一度感到无比悲戚。经孔子"所爱其母也，非爱其形也，爱使其形者也""才全而德不形"的反复"开导"，以及"德不形者，物不能离也"的详尽解说，鲁哀公终于对自己之"德"有了点滴心得：

> 哀公异日以告闵子曰："始也吾以南面而君天下，执民之纪而忧其死，吾自以为至通矣。今吾闻至人之言，恐吾无其实，轻用吾身而亡其国。吾与孔丘，非君臣也，德友而已矣。"

"闵子"，闵子骞，孔子弟子；"南面"，指君位；"纪"，纲纪，律法；"通"，精通，指深谙治国之道；"无其实"，没有真实的治国才能。这段话的意思是说，其后某日，鲁哀公对孔子的弟子闵子骞说，起初我凭着自己的君王之位治理天下，执掌治民的纲纪律法时，总是忧虑臣民的生死，我自以为是精通了治国安民之道。如今听了至人的言论，恐怕自己并没有治理国家的真实才能。我对自己的身体很轻率而危亡到自己的国家。我和孔子，并不是君臣关系，而是以德相交的朋友啊。

对鲁哀公的这段心得，郭象解释说："闻德充之风者，虽复哀公，犹欲遗形骸，忘贵贱也。"认为鲁哀公虽居君主之位，但听了孔子的一番言论，也打算充德修德，想成为哀骀它一样的"才全而德不形"的德充符者。成玄英也说："今闻尼父言谈，且陈才德之义，鲁侯悟解，方觉前非。至通忧死之言，更成虚幻；执纪南面之大，都无实录；于是隳肢体，黜聪明，遗尊卑，忘爵位，观鲁邦若蜗角，视己形如隙影，友仲尼以全道德，礼司寇以异君臣。"认为鲁哀公最终会成为像尧一样"窅然丧其天下焉"的无名圣人，进入德充符者的行列。

其实，郭、成的说法忽视了哀骀它故事中的一个基本元素，就是孔子一再暗示的鲁哀公与哀骀它并非同一类人。鲁哀公需要的是德才兼备的治世良相。哀骀它虽然是"才全而德不形者"，但他的"才"与"德"是应对这个社会或者说是处世、顺世甚至混世的"才"与"德"，而不是世俗意义上的治世之"才德"。而对鲁哀公来说，一个很现实的问题就是，他不可能放弃天下，遗其形骸，成为与哀骀它一样与自然万物和谐相处、融为一体的德充符者，就如同哀骀它不可能久居鲁宫接受鲁国宰相之职一样。鲁哀公之所以被谥为"哀公"，其平生想必一定有可"哀"之处。历史上的鲁哀公是弱君，权臣压主，政在大夫，他最终在与权臣"三桓"的冲突中流亡他国。《德充符》中的鲁哀公希望找到一位可以"信之"的宰臣，也许不完全是被庄子借来演义的，至少在一定程度上符合历史真实。与历史上的鲁哀公联系起来看，鲁哀公召哀骀它入宫的目的的确是出于政治的需要而不是为了养生。因此，哀骀它与鲁哀公最终分开是必然的，而鲁哀公内心的失落与困惑也是不可避免的。

《德充符》中，庄子实际上已经指明哀骀它的离去之所以会给鲁哀公带来长久的困惑，其根源就在于他对哀骀它的"信"而产生的一种依赖之情。"寡人恤焉若有亡也"，很明显是说哀骀它的离去给鲁哀公心中留下了一时难以填补的空虚与惆怅。作为深谙"德充符"内涵而又有济世之策的孔子，对哀骀它有着透彻的理解，同时也对鲁哀公的心情感同身受，所以他才一连以五个比喻开导鲁哀公，强调哀骀它的离去只是由于"不见己焉尔，不得类焉尔"。一个是心系国家、"执民之纪而忧其死"的君主，一个是"和而不唱，知不出乎四域"的"才全而德不形者"，诚如鲁哀公自己所说，他充其量只能与孔子为"德友而已矣"。这样一个心系天下、为"情"所困的君主，又怎么可能成为"德充符"者！

鲁哀公对闵子骞敞开心扉说出的这段"心得"感言，与"庖丁解牛"中文惠君"善哉！吾闻庖丁之言，得养生焉"类似。不过，鲁哀公悟出的不是养生之道，而是对自己往日治国之策的反思。"恐吾无其实"，实际是对以往自视过高"以为至通"的自我反省；"轻用吾身而亡其国"则是对"始也吾以南面而君天下，执民之纪而忧其死"的再认识。只不过，在鲁国与哀骀它之间，鲁哀公仍然选择了前者。所以，不是哀骀它放弃了鲁哀公，而是鲁哀公放弃了哀骀它。"寡人恤焉若有亡也，若无与乐是国也"，不过是鲁哀公的一时之痛罢了。

人之形与人之情

    鲁哀公与哀骀它相处一年，从"信之"到"传国焉"，看起来他们之间的距离似乎越来越近，实际上却是渐行渐远。尽管鲁哀公最终说自己可以与孔子成为"德友"，而非君臣，但他还是不得不与哀骀它分道扬镳。由此可知，在庄子看来，作为一代君主的鲁哀公虽然仍可受到"德者"的影响，却不可能走上修德充德之路，进入德充符之列。沿着这样的思路，庄子在说过鲁哀公与哀骀它的故事之后，又推出了两位不同类型的君主，同时也推出了另外两位形貌丑陋残缺的"德者"，来进一步阐发"形"与"德"的关系，再一次点明什么样的人与修德充德无缘。最后，庄子提出了"形"与"情"这一对全新的概念，以"有人之形，无人之情"之说完善了"德"的全部内涵，为《德充符》一文画上了一个完满的句号。

一 走向极端不是忘形

对相貌丑陋、形体残疾的"德者"的青睐,充分显示了庄子是以这种强烈的反世俗的直观形象、这种高度的夸张手段来突现"忘形"对充德修德的至关重要。继王骀、申徒嘉、叔山无趾三位"兀者"以及"以恶骇天下"的哀骀它之后,庄子再次把闉跂支离无脤与甕㼜大瘿两位形貌怪异的"德者"推到了前台:

> 闉跂支离无脤说卫灵公,灵公说之;而视全人,其脰肩肩。甕㼜大瘿说齐桓公,桓公说之;而视全人,其脰肩肩。

"闉跂",曲足;"支离",伛背;"无脤",无唇;"灵公说之"的"说",同"悦";"脰",颈部;"肩肩",形容细小;"甕㼜",陶质的盆;"大瘿",脖子上长的大瘤子。这几句的意思是说,闉跂支离无脤游说卫灵公,卫灵公很高兴,很喜欢闉跂支离无脤,再看形体健全的人,反而觉得他们的脖子太细小了。甕㼜大瘿游说齐桓公,齐桓公也很高兴,很喜欢甕㼜大瘿,再看形体健全的人,反而觉得他们的脖子太细小了。

卫灵公与齐桓公喜爱闉跂支离无脤与甕㼜大瘿,的确是受到了他们内在"德行"的吸引,而忘了他们形体的残缺,但是反过来却又嫌弃形体健全之人,这是否就是庄子主张的"忘形"呢?显然不是。庄子学说的核心,是万物一齐,道通为一。世间万物之间,没有高低贵贱美丑贫富的差别,也不存在是与非。假如走向极端,将"残"视为"全",将"全"当作"残",也就是视美为丑,视丑为美,视是为非,视非为是,同样陷入了不能"忘形"的窠臼。闉跂支离无脤游说卫灵公,甕㼜大瘿游说齐桓公,虽然以其"德者"自身的魅力,使两位君主暂时忘却其形体的残缺,却走向了黑白颠倒的极端,过犹不及。这只能说明两位君主还远在"德"门之外,完全不能领会什么是

"德"，什么是"充德"。他们对闉跂支离无脤、瓮盎大瘿两位形残者的偏爱，也仅仅是出于个人好恶而已，并非真正被两位"德者"所流露出的"德"的内在精神所吸引。郭象说：

> 偏情一往，则丑者更好，而好者更丑也。

郭象的话道出了鲁哀公、卫灵公、齐桓公之类之所以不能充德、成为德满者的真正原因。一句"偏情"，透露了卫灵公、齐桓公与"德者"相处并非是追求德的完善，走充德修德的道路，而是为"情"所困，听任"情"的操纵，实际上并未忘"形"。尽管他们对闉跂支离无脤、瓮盎大瘿两人的偏爱，打破了世俗对"形残"的偏见，不以形残者为丑，却又走到了另一个极端，反以形全者为怪异。归根结底，他们仍未能摆脱重"形"的观念，仍然没有忘"形"，因而才会颠倒"残"与"全"的不同。庄子讲忘"形"，是站在"道"的高度上来讲的，"忘形"的根本是不知"形"的残全美丑，视"厉与西施，恢恑憰怪"为一，而卫灵公、齐桓公实际上仍执着于"形"，只不过是"偏情"而已，所以庄子才深为感慨地说：

> 故德有所长而形有所忘，人不忘其所忘而忘其所不忘，此谓诚忘。

"长"，历来《庄子》注本皆解为"长短"之长。如郭象说："其德长于顺物，则物忘其丑；长于逆物，则物忘其好。"成玄英也说："大瘿支离，道德长远，遂使齐侯卫主，忘其形恶。"但是就上下文文意的贯通来说，此处之"长"当读为"增长"之长。而且，"所长"与"所忘"词语结构相同，"长"与"忘"皆为动词。"人不忘其所忘"的"所忘"，指遗忘形体；"忘其所不忘"，指忘德。这三句话的意思是说，一个人随着德的增长会逐渐遗忘人的外形，人如果不忘他所应当忘的形体，而忘掉他所不应当忘的德，这才是真正的"忘"。

"故德有所长而形有所忘，人不忘其所忘而忘其所不忘，此谓诚忘。"可以看作是对阐跂支离无脤游说卫灵公、瓮瓷大瘿游说齐桓公一事的总结。卫灵公与齐桓公虽然"德有所长"，"形"也"有所忘"，却无法忘了应该忘的"形骸"，意思是他们由于"偏情"而不能忘"形"，才导致视形全之人为残，结果仍然忘了最根本的"德"，这才是地地道道的忘。成玄英对此解释说："所忘，形也；不忘，德也；忘形易而忘德难也，故谓形为所忘，德为不忘也。不忘形而忘德者，此乃真实忘。斯德不形之义也。"成玄英的解释，实际上造成了后代注庄者对"人不忘其所忘而忘其所不忘，此谓诚忘"一句在理解上的极大谬误。本来，庄子对"人不忘其所忘而忘其所不忘，此谓诚忘"是否定的，但由于成玄英加了"忘形易而忘德难"一句，就把庄子所强调的"忘形"主旨改为"忘德"，又说"不忘形而忘德者，此乃真实忘"就是"德不形之义也"，更是对理解庄子本意的极大误导。

有必要指出的是，"忘"是庄子学说中的又一重要概念。庄子《齐物论》中提到"忘年忘义"，《养生主》中说"忘其身"，《德充符》中也提到"形有所忘"，《大宗师》中则更详细全面地对"忘"展开了多层次、多角度的阐述。由此可知，庄子这里在"忘"字前特别加一个"诚"字，就是要用"诚忘"以示与"内篇"所肯定的其他的"忘"的区别。

二 天安排好了一切

卫灵公、齐桓公都是一国君主。庄子写君主与德者相处，多多少少包含着寄希望君主之德不断有所长，最终成为人世间"不从事于务"的圣人的意图。所以在写过六位畸形残缺之人，并提出"此谓诚忘"之后，庄子开始以"圣人"所为、圣人的标准对君主提出劝诫：

> 故圣人有所游，而知为孽，约为胶，德为接，工为商。圣人不谋，恶用知？不斫，恶用胶？无丧，恶用德？不货，恶用商？四者，天鬻也。天鬻者，天食也。既受食于天，又恶用人！

"知"，通"智"；"孽"，植物的枝杈；"约"，盟约；"德"，指世俗的道德；"接"，交往，结交；"工"，工巧，技巧；不斫，不砍削；"丧"，丧失；"货"，不以货求利；"鬻"，养育。这段话的意思是说，所以圣人随心所游，对圣人来说，智是旁生的枝孽，盟约就像胶漆，施惠以德是为了笼络人心，工巧算计是商贾所为。圣人从不谋求什么，因而用不着智；圣人不斫削，也不需要用胶漆；圣人视生死为一，自然不用道德笼络人心；圣人不求牟利，也就用不着商贾的技巧。知、约、德、工，本是人禀受于自然。既然禀受于自然，就是自然给予人们的。既然是自然所得，为什么还要人为的呢？

要理解这段话在《德充符》中的作用与用意究竟是什么，首先我们得搞清楚这里的"圣人"到底指的是什么人。郭象认为指的就是圣人："游于自得之场，放之而无不至者，才德全也。"成玄英时而说指圣人，时而又说指至人："物我双遣，形德两忘，故放任乎变化之场，遨游于至虚之域也。……圣人顺之，故无所用己也。"又说："夫至人道迈三清而神游六合，故蕴智以救殃孽，约束以检散心，树德以接苍生，工巧以利群品。此之四事，凡类有之，大圣慈救，同尘顺物也。"按照郭注成疏的解释，庄子这段话中的圣人指的就是得道之后的圣人（至人），亦即《逍遥游》中的无名圣人或者无己至人。而此处庄子所说的"圣人有所游"，所谓游于"自得之场""至虚之域"，也就是《逍遥游》中的大漠之野、无何有之乡、藐姑射之山了。

在解读《逍遥游》时，我们说过无名圣人、无功神人、无己至人是三种不同的人。其中圣人有双重身份，其一是游于逍遥之境的圣人，其二是处于人世间不以名为名、不以天下为囊中之物的无名圣人，也就是《齐物论》中所说的"不从事于务"的圣人。这种圣人，其实就是庄子人间社会中的理想君主。庄子在《德充符》中接连写了鲁哀公、卫灵公、齐桓公充德而不成之后，再写圣人之所为，实际上是要以无名圣人与现实中的君主形成鲜明的对比，以说明圣人君主是如何看待并处理实际生活中的"知""约""德""工"的。

　　"知""约""德""工"四者，几乎囊括了现实社会中的各个方面，也就是说，在现实生活中，人人离不开知、约、德、工四个领域。与鲁哀公等"以南面而君天下，执民之纪而忧其死，吾自以为至通矣"的君主不同，圣人对知、约、德、工的态度是"不用"。不用，不是否定，而是由于四者皆为"天鬻"。"天鬻者，天食也。""天食"，就是天养育人的方式，也是自然的方式。人当顺从于天，顺应自然，而不是以"孽""胶""接""商"的方式强行为之。可见，庄子并不是要否定"知""约""德""工"四者，而是认为既然天已经赋予了人类生存的道德与技能，为什么人还要过度地发挥而走向极端呢？所以庄子这里所说的"圣人有所游"不是游于"逍遥之境""至虚之域"，而是游于"知""约""德""工"之间，使之顺于自然。这种游于人世间的圣人，就是庄子在《齐物论》中所说的"不从事于务"的圣人。

　　如果"圣人有所游"的圣人指的是人世间的圣人，或者说是能成为圣人的君主，那么，庄子之所以写哀骀它与鲁哀公、闉跂支离无脤说卫灵公、瓮盎大瘿说齐桓公的故事，就不难理解了。原来，庄子是希望人间的君主如鲁哀公、卫灵公、齐桓公等也都能德充，游于"知""约""德""工"之间而不走向极端。这就是庄子连举三位君主又与圣人相比较的真实用意。

三　没有人之情，就没有是与非

鲁哀公、卫灵公、齐桓公三位君主虽然都在相当程度上为哀骀它、闉跂支离无脤、瓮瓷大瘿这样的形残丑陋的"德者"所吸引，但他们终究没有成为德充符者，甚至还没有踏上充德修德之路，其根本原因就在于他们心中有放不下的"情"：

> 有人之形，无人之情。有人之形，故群于人，无人之情，故是非不得于身。眇乎小哉，所以属于人也！謷乎大哉，独成其天！

"群于人"，生活于人群之中；"謷"，高大。这段话的意思是说，一个人虽然有人的形体，可不应该有人的情。有人的形体，因此可群居于人类社会中；没有人的情，因此人世间的任何是非都无法对自身产生任何影响。这些德充符者看上去很渺小，这是为什么他们与人间的芸芸众生没有什么不同的原因，可是他们又极其高大，因为他们已与自然融为了一体。

人与物之间最显著的区别在于人有情而物无情。有情则会近此而疏彼，好此物而恶彼物，因此带来种种是非。人若无情，则与物同，就没有了喜怒哀乐，没有了是非之争。也不会用有用无用这样的态度来看待事物，与人相处也不会以利害关系为原则。如此，人与物之间也就没有了高低贵贱之分。这样的"有人之形，无人之情"的人，看似等同于物，很是渺小，但正因为如此，他们才能"大泽焚而不能热，河汉沍而不能寒，疾雷破山，飘风振海而不能惊。若然者，乘云气，骑日月，而游乎四海之外，死生无变于己，而况利害之端乎？"（《齐物论》）难怪庄子用如此充满敬意的口吻，称颂道："謷乎大哉，独成其天！"

庄子"无人之情"的思想，自始至终贯穿于"内篇"之中。庄子在《齐物论》中就已经提出人之所以不能从人生苦难中解脱出来的根本原因之一就在于人之情："喜怒哀乐，虑叹变慹，姚佚启态。"人执着于情，为"情"所掌控，就会执着于是非利害，从一个极端走向另一个极端，也就是所谓"偏情"。假如一个人放不下情，放不下人间的是是非非，也就无法充德、德满，以致"德充符"，自然也就成不了圣人、神人、至人。尽管鲁哀公、卫灵公、齐桓公等君主受到了哀骀它、闉跂支离无脤和瓮盎大瘿这些有德者的影响，但终究成不了"不从事于务"的"忘情"的圣人。

人可以忘形弃知，可是最难忘的还是自己心中各种各样的情。既然"无情"是"德"的又一个重要内容，那么，"情"究竟包含了怎样的内涵？这就是《德充符》最后一段，庄子与惠子的对话所要阐释的：

> 惠子谓庄子曰："人故无情乎？"庄子曰："然。"惠子曰："人而无情，何以谓之人？"庄子曰："道与之貌，天与之形，恶得不谓之人？"惠子曰："既谓之人，恶得无情？"庄子曰："是非吾所谓情也。吾所谓无情者，言人之不以好恶内伤其身，常因自然而不益生也。"惠子曰："不益生，何以有其身？"庄子曰："道与之貌，天与之形，无以好恶内伤其身。今子外乎子之神，劳乎子之精，倚树而吟，据槁梧而瞑，天选子之形，子以坚白鸣！"

"益"，增添；"外乎子之神"，让自己的心神流于外；精，精气；"据槁梧"，靠着干枯的梧桐树，与《齐物论》"惠子之据梧也"同；瞑，闭目假寐；"坚白鸣"，指惠施的"坚白论"。这一段的大意是说，惠子问庄子人是不是本来就"无情"，得到肯定的答复以后，惠子又问如果人没有情，是否还称得上是人。庄子回答说：道与天给人的形貌，为什么不能称之为人？但惠子仍然对人怎么可以无情提出质疑。庄子解释说，我们两人说的"情"不是一回事。我所说的情，指的是人不因个人的好恶而伤害自己的身心，顺从于自然而不用人为地增添养分。但惠子认为不补充营养，就无法保养身体。庄子再次解释说，人的形貌是道与天赋予的，人不应该由于个人的好恶而伤害身体。庄子还讥讽惠子说，像你这样整天让自己的心神游荡于外，劳神费心，倚树吟诵，靠着几案假寐。天给了你形体，你却为自己的"坚白"之论自鸣得意。

这一段话为"情"做了深刻的诠释，可看作是庄子对"有人之形，无人之情"的现身说法。庄子这里所说的无情之"情"是天下人放不下的是非之情，是伤身的"好恶"之情。其实，庄子并不否定"情"。所以当惠子对"既谓之人，恶得无情"表示质疑时，庄子明确指出"是非吾所谓情也"。也就是说，庄子所说的"情"是抛却了是非的天下至情，是人生的本质之情。也就是不以"好恶内伤其身""因自然而不益生"之情，这才是人的真性情。人之情，原本"天鬻"，"天鬻者，天食也。既受食于天，又恶用人！"而惠子"外乎子之神，劳乎子之精，倚树而吟，据槁梧而瞑，天选子之形，子以坚白鸣！"连他的"坚白论"都放不下，又怎么能放得下由欲望而产生的"情"呢？这里，庄子清楚地划出了世人所谓"情"与庄子之"情"的界限。

《德充符》的最后一段，是庄子论情最为集中的一段文字。后代《庄子》学者往往认为庄子完全不讲"情"，对现实最为无情，其实这是天大的误会。明胡文英对庄子之情曾说过一段极为动情的话，他说："庄子眼极冷，心肠极热。眼冷，故是非不管；心肠热，故感慨无端。虽知无用，而未能忘情，到底是热肠挂住；虽不能忘情，而终不下手，到底是冷眼看穿。"（《庄子独见》）胡文英之说触及到了庄子之情的根本，可谓真知灼见。

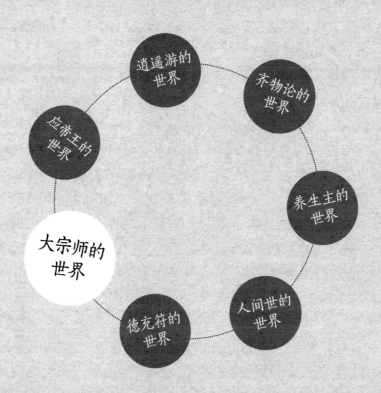

大宗师，何许人也

　　庄子在《德充符》中写到了两个半师者，一位是兀者王骀，另一位是伯昏无人，还有半个，就是那个以当头棒喝警醒郑子产的申徒嘉。根据庄子的描述，王骀、伯昏无人等有着十分独特的教学方法，所谓"立不教，坐不议"，师者上课不着一言，弟子"合堂同席而坐"，最后竟个个"虚而往，实而归"。"虚"者，指德虚；"实"者，即德实。弟子们跟随师长修德充德，由"虚"到"实"，最后就进入了"德充符"的境界。从申徒嘉为郑子产所上的启蒙课可知，充德修德的入门课，便是"忘形"。此后，还要经历弃知、无情、德满等阶段，最终成为像哀骀它、阐跂支离无脤、瓮𤬪大瘿这样"才全而德不形者"。这种人，在庄子看来，就是地地道道的"师"者。那么，《德充符》中的"师"与《大宗师》中的"师"是否存在着某种关联呢？

一　知天与人者就是大宗师吗

"大宗师"所宗之"师"究竟是谁,历来众说纷纭。但无论宗何人为师,终究是师。"师者,所以传道受业解惑也。"(韩愈《师说》)既然要"传道受业解惑",必定要有"知"才行。所以《大宗师》开篇不说谁是"大宗师"或宗何人为师,而是先从"知"以及有"知"之人谈起:

> 知天之所为,知人之所为者,至矣。知天之所为者,天而生也,知人之所为者,以其知之所知,以养其知之所不知,终其天年而不中道夭者,是知之盛也。

这段话颇有些绕,尤其是后几句。"知",认识,了解,认知;"天",指自然;"所为",所作用,所作为;"至矣",极至;"天而生",指天地万物皆自然而生,依自然而运行,非人力所为;"其知"的"知",同"智";"养",增加,助长;"中道夭",中途夭折。大多《庄子》学者认为这一段主要讨论人对天人关系的认识。但是,《大宗师》以"大宗师"为篇名,这一段之后,庄子紧接着描述"真人"以及"真知",并且在回应此段中的"知"之"至"、"知之盛"时特别指出,这些都还算不上是"真人""真知"。可见,开篇这几句阐述的主要目的并非谈人对天人关系的认识,而是为下文的"真人"与"真知"作铺垫,以便引出"知"与"真知"、有"知"之人与"真人"的对比。如此看来,这段话的大意其实是说,了解了自然的作为,也了解了人的作为,这样的认识就达到了极致。了解自然的作为,就是认识到天地万物都是自然而生,不是靠人为力量所能改变的;了解人的作为,就是以其所掌握的知识,去滋养其尚未掌握的知识,这样来尽享天年而不致中道夭折。能认识到这个程度,可说是"知"的鼎盛了。

这段话首先值得注意的是,庄子一口气连用了九个"知"字。

"知"可用作动词，意为认识、了解、知道。如"之二虫又何知"（《逍遥游》），"故知止其所不知，至矣"（《齐物论》）。而用作名词时，指智慧、智力，也可指知识。如"故夫知效一官"（《逍遥游》），"其知有所至矣"（《齐物论》），"闻以有知知者矣，未闻以无知知者也"（《人间世》）。我们知道，在"内篇"中，庄子很少从正面以肯定的态度来谈论"知"。庄子不仅在《齐物论》中对"大知小知"之"知"给予了无情的讨伐，而且在《养生主》中告诫人们说："吾生也有涯，而知也无涯。以有涯随无涯，殆已；已而为知者，殆而已矣。"在《人间世》中更索性直接把"知"比作"凶器"："德荡乎名，知出乎争。名也者，相轧也；知也者，争之器也。二者凶器，非所以尽行也。"然而，同样的"知"，到了《大宗师》，却出现了"知天之所为，知人之所为者，至矣"，"终其天年而不中道夭者，是知之盛也"这样从正面对"知"给予肯定的话语，难道庄子在"知"的问题上真的陷入了自相矛盾的困境吗？

考察庄子《齐物论》《德充符》中出现的"知"以及有"知"之人，庄子虽然用的是同一个词——"知"，但"知"以及有"知"之人的语义与内涵却截然不同。"大知小知"以"知"惑乱人心，其"知"是扰乱人心、引起争斗的根源，自然遭到庄子的猛烈抨击；而《齐物论》中的"知止其所不知，至矣。孰知不言之辩，不道之道？若有能知，此之谓天府"的"知"，已经把"大知小知"的"知"远远甩开，接触到最高层次的"知"。还有像申徒嘉、孔子等的"知"，《大宗师》这里所说的"知天之所为，知人之所为者"的"知"，都属于顺应天地万物，可让人保身、全生、养亲、尽年之"知"。这样的"知"，庄子非但不否定，并且认为需要师长传授。于是才有了《德充符》中的王骀、伯昏无人等师者，才有了"大宗师"。

《大宗师》开篇便写"知"与有"知"之人，显然是为此后的"大宗师"张目。所谓"知天之所为，知人之所为者"，就是说这样的有"知"之人对天的作为与人的所为都有着透彻的了解,知道如何根据现实需要调整自己的行为,去适应、顺从自然及周边万物之所为,所谓"知不可奈何而安之若命,德之至也"。庄子认为这样的"知"已经达到了"至"的最高境界。然后,庄子就"知天之所为"作了进一步阐发,说"知天之所为"的人由于对自然的作为有深刻的了解,知道天地万物包括人都是"天而生也",一切都由自然而生,也就不会与"天之所为"发生任何抵触与对抗。而"知人之所为"的人,懂得在人间如何处世养生,知道什么事可以做,什么事不可以做,因而能凭借自己之"知"处理各种关系,最终"终其天年而不中道夭者"。庄子认为这些有"知"之人的"知"是"知之盛也"。

至此,我们已经可以清楚地看出,庄子所说的"至矣"以及"知之盛也"的"知"与世俗之"知"有着截然不同的内涵,两个"知"之间也有着清晰的界限。世俗之"知",也就是《齐物论》中"大知小知"的"知"。这种"知",只是耗费在"日以心斗","与物相刃相靡,其行进如驰,而莫知能止"上,是"凶器"。这样的有"知"之人,属于不能"终其天年"而必定"中道夭者"的世俗"知"者。而"知天之所为,知人之所为"的"知"才是庄子肯定的"知",也是最高层次的"知"。既然这样的"知"已经达到了"知"的极致,达到了"知之盛也",那么,这样的有"知"之人是否就是大宗师呢?

二 "虽然,有患"

与《德充符》中德充至满的"德充符"者王骀、伯昏无人等相比,这些有"知"之人,即便达到了"知"的极致,被称为"知之盛也",仍有明显的差距。王骀、伯昏无人等德充符者已忘形、弃知、无情,升华到了"道通为一"的境界,成为"道"的载体、"道"的具体体现者,早已过了"知天之所为,知人之所为"的阶段,无需再"以其知之所知以养其知之所不知"。显然,庄子这里所称赞的这些有"知"之人不过是人间的善养生者，其"知"足以使之远祸、"保身""全生""养亲""尽年"。相对于普通人来说，的确是"智者"，却还远远不是与"道"融为一体的得道者，不是庄子理想中的人格榜样，也不是德充符者。因此，这样的有"知"之人，只是能在人世间养生避祸，连"师"者都算不上，更何况庄子心中的"大宗师"了：

> 虽然，有患。夫知有所待而后当，其所待者特未定也。庸讵知吾所谓天之非人乎？所谓人之非天乎？

"患"，问题，弊病；"所待"，所凭借的对象，也就是《逍遥游》中的"犹有所待者也"之"所待"；"当"，适当，指正确；"庸讵"，怎么；"天"，自然，呼应上文的"天而生"而来。这段话的意思是说，虽然这些有"知"之人的"知"已达到"至""盛"的地步，但仍存在着弊病。"知"是根据所凭借的对象而产生的，并由此而判断"知"是否正确。但是，"知"所凭借的对象时时处于变化不定的状态。如何判断我所说的"天之所为"而非"人之所为"？又如何去判断"人之所为"而非"天之所为"呢？

"虽然，有患"一句，看起来好像庄子对即便是被赞为"至""盛"的"知"仍在某种程度上予以否定，实际上却是为了以此引出更高层次上对"知"的诠释。"知天之所为"与"知人之所为"的"知"，仍属于人对自然、对人、对所接触的一切的一种认知，其目的在于认识人世间的"技经肯綮"，求得处世生存的方法。这是一种"知其不可奈何而安之若命"的"知"，是"德之至"。但这种"知"尚未经过"吾丧我""心斋"那样的"蜕变"，升华到"道通为一"的境界，因而庄子说这样的"知"仍然"有患"。

具体来说，这个"有患"之"患"又是什么样的"患"呢？这就是庄子所说的"夫知有所待而后当，其所待者特未定也"。这种"知"的不确定性就是"知"的局限性所在。郭象说：

> 夫知者未能无可无不可，故必有待也。若乃任天而生者，则遇物而当也。有待则无定也。

郭象所说的"无定"是两方面的，既包括人的"无定"，也指"天地万物"的"无定"。就是说以人"无定"之"知"去认识"天地万物"之"变"，是不可能获得真知的。就像前往南溟的大鹏需要有待于扶摇羊角的大风一样，一旦"有待"发生变化，大鹏就无法前行。正如成玄英所说：

> 夫知必对境，非境不当。境既生灭不定，知亦待夺无常。唯当境知两忘，能所双绝者，方能无可无不可，然后无患也已。

所谓"有患"，其实就是因为不能"境知两忘"，仍然纠结于是非之中。既然脱不了是非，当然也就不是"真知"。这就是说，能够"知天之所为，知人之所为"的"知"仍囿于人的"成心"，尚未能居于"环中"以应无穷，因此也就无法判断这种"知"是否"当"。人的认识、处境总是处于"未定"的变化之中，天地万物亦如是，由此而得出的"知"显然也处于"未定"的变化之中。这样产生的"知"怎么可能是亘古不变的真知呢？所以庄子说"庸讵知吾所谓天之非人乎？所谓人之非天乎？"就是说这样的"知"只是相对的，而不是绝对的。尽管庄子说这种"知""至矣"，是"知之盛"，但仍有极大的局限性，仍然"有患"，而其中最大的"患"就在于这种"知"对世间万物的认识只不过是相对正确而已，还远远不是亘古不变的真知。

三　真人与真知

既然"知天之所为，知人之所为者"的"知"即便达到"知之盛"的地步仍然"有患"，那么，什么样的"知"才算是"无患"的呢？

且有真人而后有真知。

这是庄子第一次提出了"真人"与"真知"的概念。显然，"真人"不是上文所说的有"知"之人，"真知"也不是上文所说的有"知"之人的"知"。庄子分别在"人"与"知"前冠以"真"字，以示与上述有"知"之人及上述之"知"的区别。现在，我们才明白庄子在《大宗师》开篇大谈"知"的真正原因，就在于要为下文的主题"真人"与"真知"做铺垫。

"真人"有"真知"，有"真知"的人才是"真人"。那么，"真人"又是什么样的人？"真知"又是什么样的"知"？

何谓真人？古之真人，不逆寡，不雄成，不谟士。若然者，过而弗悔，当而不自得也。若然者，登高不栗，入水不濡，入火不热。是知之能登假于道者也若此。

"逆"，抗拒，忤逆；"雄成"，以成功为雄，即自恃成功，以成功傲人；"谟"，同"谋"，谋虑；"过"，过失；"当"，与上文"当"同义，正确，得当；"栗"，惧怕；"濡"，湿；"登假"，上升到。这段话的意思是说，什么样的人才能称之为真人？古代的真人，不拒绝少数，不以成功傲人，不使用谋略而吸引士子归于门下。如此之人，有过失而不懊悔，有成就而不自得。这样的人，登高而不恐惧，入水而不湿身，入火而不热。唯有其"知"能升华到与"道"融合为一的境界的人才能如此。

根据庄子的描述，真人具有这样几个特点。其一，"不逆寡，不雄成"，是说真人胸怀博大，容得下天下万物，就像《齐物论》中的得道圣人，其胸怀"注焉而不满，酌焉而不竭，而不知其所由来"。其二，"不谟士"，是说真人不需要使用任何谋略手段，仅仅凭着自己的人格魅力，天下之"士"就会被吸引到他门下，就像《德充符》中的王骀、伯昏无人，"彼且择日而登假，人则从是也。彼且何肯以物为事乎"，可达到"鬼神将来舍，而况人乎！是万物之化也，禹、舜之所纽也，伏戏、几蘧之所行终，而况散焉者乎"（《人间世》）的境界。其三，"过而弗悔，当而不自得"，真人的内心十分平和宁静，不纠结于是非，不会以人之"知"的"无定"去追逐变化着的"无定"的天地万物，可以"夫徇耳目内通而外于心知""乘物以游心"（《人间世》），可以"官天地，府万物，直寓六骸，象耳目，一知之所知，而心未尝死者乎"（《德充符》）。其四，真人"登高不栗，入水不濡，入火不热"，能冷静地面对人间一切惊天动地的变化，如同《齐物论》中的至人一样："至人神矣！大泽焚而不能热，河汉沍而不能寒，疾雷破山飘风振海而不能惊。"

可以说，真人具有《庄子》"内篇"中各种理想人格的特点，却又与之有所不同。与圣人、神人与至人相比，真人不拥有"圣人"的天下，没有神人那样能"使物不疵疠而年谷熟"的神功，却与至人十分相近，都是生活于实实在在人间的"真"实的人。问题是，如果真人就是至人的话，庄子为什么在《大宗师》中不用"至人"的概念而要用"真人"，并且要特别强调真人的真知呢？

真人有真知，而且"是知之能登假于道者也若此"。即是说，庄子首先肯定了人有通过修养获得"真知"的可能性。如果一个人得到了真知，那么，就可以"登假于道"，而后"若此"，像真人一样"道通为一"。具体来说，一个人如要得"道"，就得像郑子产、申徒嘉等一样投到王骀、伯昏无人等的门下，修德充德，经过忘形、弃知、忘情等一系列过程,获得真人的真知,也就是"道",最终自己也成为真人。所以,真人与至人虽然都是生活于人间的真实的人,但真人更担负着传授"真知",也就是传道的重任,而至人只是个体生命的完善者,不承担授徒传道的使命。从某种意义上说,真人与至人的区别仅仅在于是否授徒为师。授徒传道的至人就是真人,而真人如果不授徒传道,就只是至人。《德充符》中那一个个具有独特授徒方式的师者都是真人,也是至人。

"且有真人而后有真知",一方面指出"真知"是要依赖真人的传授,先有"真人",而后才有"真知"。真人是师者,真人所传授的就是"真知",如同《德充符》中的王骀、伯昏无人这类师者一样,没有这样的真人,前来修德充德的弟子就无法"知之能登假于道",成为至人;另一方面,也说明虽然人人都有获得"真知"的潜能,但必须先要修德充德,把自己修养到"真人"的境界,才有可能获得"真知"。这就是"且有真人而后有真知"所包含的双重含义。

四 真人就是大宗师

真人就是德充符者。真人所传授的忘形、弃知、忘情之"知",就是与"道"一体的"真知"。那么,真人与"大宗师"是否有关系?"大宗师"到底是什么意思?

历代《庄子》研究者,大都认为"大宗师"就是宗道为师。陆德明《经典释文》说:

> 崔云:遗形忘生,当大宗此法也。

在崔譔看来,"宗"是尊崇的意思,而"师"则是"法",亦即"遗形忘生"。而"遗形忘生"是得道之后所进入的境界。因此,"大宗师"的意思就是宗"道"为师。崔譔的《大宗师》解题与他的《德充符》题解"此遗形弃知，以德实之验也"十分相似。充德是"遗形弃知"，"大宗此法"是"遗形忘生"。难道"德充符"与"大宗师"说的都是一回事吗？郭象说：

> 虽天地之大，万物之富，其所宗而师者无心也。

郭象所说的"天地""万物"指的都是自然。"其所宗而师者无心也"，可以从两个方面来理解。其一，虽然尊崇天地万物，但应以"无心"宗之，并不是为了尊崇而尊崇。其二，天地万物虽丰富博大，但人首先要尊崇的是"无心"，也就是人当宗"无心"为师，才能不受天地万物的羁绊。不过，崔譔、郭象都没有直接点明"大宗师"就是宗"道"为师。首次提出"大宗师"的意思就是以"道"为师，见于王先谦的《庄子集解》：

> 本篇云："人犹效之。"效之言师也。又云："吾师乎！吾师乎！"以道为师也。宗者，主也。

刘武《庄子集解内篇补正》则更明确直接地指出：

> 所谓大宗师者，以道为师也。

的确，《大宗师》的"意而子见许由"一段中的确有"吾师乎！吾师乎！齑万物而不为义，泽及万世而不为仁，长于上古而不为老，覆载天地刻雕众形而不为巧"之说，但许由所说的"师"意为"尊崇"，"吾师乎！吾师乎！"只是说他为什么要尊崇"道"，并不是说"道"就是他的"师"。就"大宗师"的字面意思来说，"宗"意为"尊崇"，如《诗·大雅·公刘》："食之饮之，君之宗之。""师"就是师者、老师。如《齐物论》："夫随其成心而师之，谁独且无师乎？"
《德充符》："丘也直后而未往耳。丘将以为师，而况不若丘者乎。"
还有《天地》中的"尧之师曰许由，许由之师曰啮缺，啮缺之师曰王
倪，王倪之师曰被衣"。这几处的"师"都指老师。简单说，"大宗
师"的意思就是最值得尊崇的老师。理解了"大宗师"的意思，就
很容易理解为什么《大宗师》开篇要先写"知"以及有"知"之人了，
其目的就在于以"知"反衬"真知"，以有"知"之人反衬"真人"，为
下文写"真人"与"真知"做足功夫。

　　总起来说，所谓"知天之所为，知人之所为者"的"知"是人对
世间万物，包括人的起源变化的一种最基本的认知。这种认知虽然
被称为是"知"之"至矣"，是"知之盛"，但其强调的重点仍落在对
"天而生"的认识上，目的在于让人"终其天年而不中道夭者"，也
就是《养生主》中所说的"可以保身，可以全生，可以养亲，可以尽
年"而已。而所谓大宗师，应该是那些忘形、弃知、忘情，"是知之能
登假于道"，达到与"道"同体，具有"真知"且能传道授徒之人，也
就是《大宗师》全篇所着重描述的真人。这样的真人，可以让像孔
子这样的人尊称为师，"丘将以为师，而况不若丘者乎！奚假鲁国！
丘将引天下而与从之"。说到底，这些具有能令"天下而与从之"的
人格魅力的师者就是大宗师。

真人

　　"真人"就是"大宗师",而且"有真人而后有真知"。因此,理解《大宗师》一篇的主旨,首先就要理解庄子为什么要写"真人","真人"究竟是什么样的人,"真人"在庄子思想中又具有怎样的人格意义。庄子在第一次提出"真人"与"真知"的观念时,曾概括性地指出"古之真人,不逆寡,不雄成,不谟士。若然者,过而弗悔,当而不自得也。若然者,登高不栗,入水不濡,入火不热,是知之能登假于道者也若此"。就是说,真人已经超越了一切世俗社会、现实世界的束缚,进入了精神高度自由而又宁静平和的心灵世界,而其中最重要、最关键的则是透露出真人的所谓"登假于道"的"知",就是"有真人而后有真知"的"真知"。说到"真人",还有一个有意思的现象,就是庄子每每提到"真人",均在"真人"前冠以"古之"二字,这又是为什么?

一　古之真人

"真人""真知"虽然首次现身于《大宗师》，其实早在《齐物论》中就已经露出端倪了。不过，那时庄子仅称其为"古之人"：

> 古之人，其知有所至矣。恶乎至？有以为未始有物者，至矣，尽矣，不可以加矣。其次以为有物矣，而未始有封也。其次以为有封焉，而未始有是非也。

"古之人"以及"其知"可与《大宗师》中的"真人""真知"互为补充，相互发明。古之人的时代，人与万物与道皆浑然一体，人与万物都是道的体现。即便到了"以为有封焉"的时代，古之人心中仍"未始有物"，没有"成心"，没有是非。所以，"古之人"的时代就是"真人"的时代，古之人对天地万物"未始有物"、"以为有物矣，而未始有封"、"以为有封焉，而未始有是非也"的认识便是庄子心中的"真知"。这样的"真知"是古之人时代，人对天地万物的普遍"认识"，无需传授，亦无需学习。每一位古之人都是"真人"，每一位所具有的"知"都是"真知"。那是一个道通为一、万物一齐的时代。而进入"有是非"时代之后，"是非之彰也，道之所以亏也"。是非之心导致了人们对"道"的认识的残缺，从此，只有真人才具有"真知"。后人若想得到"真知"，就只有投身真人门下，经过修德充德，以致德满，最终"知之能登假于道者"，成为如"古之人"一样的真人。这，就是庄子所说的"且有真人而后有真知"。

需要澄清的是，真人没有是非之心，不为外物所扰，所谓"登高不栗，入水不濡，入火不热"，并非就是后世道教所推崇的类似于仙人的"真人"，而是像郭象所说的：

> 虽不以热为热而未尝赴火，不以濡为濡而未尝蹈水，不以死为

死而未尝丧生。故夫生者，岂生之而生哉，成者，岂成之而成哉！故任之而无不至者，真人也，岂有概意于所遇哉！

真人是与"道"融为一体的人，他们不惧入水却不会有意入水以显示其"入水不濡"，不惧入火也不会有意入火以显示其"入火不热"。真人不会有意去做什么以显示自己的存在，不在意自己所遇到的是什么样的情境，总是以不变之"道"去应对世间的万变。因此，真人的内心才可以是宁静平和的：

古之真人，其寝不梦，其觉无忧，其食不甘，其息深深。真人之息以踵，众人之息以喉，屈服者，其嗌言若哇。其耆欲深者，其天机浅。

"寝"，睡觉；"觉"，醒；"甘"，精美；"嗌"，喉咙；"哇"，障碍；"嗜欲"，嗜好，欲望；"天机"，天然的机缘。这段话的大意是说，古代的真人，睡觉时不做梦，醒来时没有烦忧之事，饮食不求甘美，呼吸深沉。真人呼吸用脚跟，普通人呼吸用喉咙，被人所屈服的人，话常常堵在喉咙里说不出来。奢求欲望太多的人，成为得道者的机缘就很浅。

真人因有"真知"而不为外界天翻地覆的变化所动，自然"其寝不梦，其觉无忧"。这两句强调真人心境的平静，与《齐物论》中大知小知"其寐也魂交，其觉也形开。与接为构，日以心斗"的恐怖人生形成了鲜明的对照。"真人之息以踵"，描写真人无是无非，对一切都能淡然处之，呼吸深长，心境宁静，而众人因终日热衷于是非之斗，自然"之息以喉"。但是，真人与众人的根本区别还在于"欲"与"求"上。众人有"欲"有"求"，便会随时感到外在的压力，也容易屈服于外在的压力，往往"其嗌言若哇"，成为得道者的天机也就远远低于他人;而真人无"欲"无"求",因而才能享受"其寝不梦,其觉无忧,其食不甘"的平静。

真人无欲无求。众人虽有欲有求,但庄子仍不否定众人可通过充德灭欲而最终成为得道者,成为真人的可能性。庄子将生活于人间的具有大宗师"责任"的真人与众人相比较,正是要说明众人与真人之间的距离并不十分遥远。

二 "与物有宜而莫知其极"

生与死,是庄子所探讨的重要哲学问题之一。古之人"以为有物矣,而未始有封也",此物与彼物、"我"与物虽有形式的不同,但其间并没有一条截然分明的界限,所以,古之人视生死为"物化"的一种形式。"古之真人"与"古之人"有着相同的生死观:

> 古之真人,不知说生,不知恶死;其出不䜣,其入不距;翛然而往,翛然而来而已矣。不忘其所始,不求其所终;受而喜之,忘而复之,是之谓不以心损道,不以人助天。是之谓真人。

"说",同"悦";"恶",厌恶;"出",指生;"入",指死;"距",同"拒",抗拒;"翛然",形容轻松自如的样子;"往",指死;"来"指生。这段话的大意是说,古代的真人,不知道悦生,不知道恶死。出生不欣喜,死去也不抗拒。无拘无束地离开,也无拘无束地到来,仅此而已。不忘自己从何处而来,不求最终的归宿;欣然接受生的事实;忘掉生死,回复自然,这样就可以称为不因个人的心智而损害"道",也不以人为的努力去助自然。这就是真人。

庄子在《齐物论》中曾特别讨论生死问题。相比较而言,庄子在《齐物论》中,虽然并没有特别表现出对生的厌恶,但从骊姬出嫁、大圣梦、特别是蝴蝶梦的字里行间,或多或少流露出庄子对众人所恐惧的死亡世界的欣羡。但《大宗师》中所展示的真人的生死观，对死亡世界的欣羡已全然不见，更多的则是以潇洒、轻松、豁达的心态来看待生死。真人心中的生死，就像每天所要发生的"出"与"入"、"往"与"来"、"始"与"终"一样平常，一样随意。活着，不值得特别陶醉喜悦；死去，也犯不着有意去抗拒，一切都顺应自然，听之任之，自由自在地生，也自由自在地死，有了这样的"真知"，就不会"以心损道"，就可与道为一了。这不但是古之真人的生死观，也是今之真人的生死观。"是之谓真人"而非"是之谓古之真人"，说明今之真人就是古之真人。

"其寝不梦，其觉无忧，其食不甘"，"不知说生，不知恶死"，是真人平静坦然的内心世界的写照。而顺应自然的另一个方面则是不对外物施以任何的压力，不强求什么，不执着于一己之念：

> 若然者，其心志，其容寂，其颡頯，凄然似秋，暖然似春，喜怒通四时，与物有宜而莫知其极。

"心志"，精神专一，没有杂念；"容寂"，容貌安闲、宁静；"颡"，额头；"頯"，质朴的样子；"凄然"，严肃而不冷酷的样子；"暖然"，温暖和煦的样子；"极"，极点，极限。这段话的大意是说，像这样的人，用心专一，没有杂念，看起来安闲宁静，神态端正质朴，严肃时像秋天一般，温暖时则如同春天；其喜怒如四时的变化一样自然，与自然万物包括人的相处适宜，没有人能知道真人的极限究竟在哪里。

这几句说的是具有真知的真人在人世间是如何待人接物的。真人，既是道的体现，也是具体可感可知可为人师的人。他们也有着普通人的喜怒哀乐。但真人的喜怒哀乐与普通人的喜怒哀乐的最大不同，在于常人的喜怒哀乐往往出于成心，是为一己之得失，为是非之争而喜怒哀乐。而真人的喜怒哀乐则顺应自然，与四时相通，与道相通，是道的自然显现。因此，真人的胸怀容得下天地万物，"与物有宜而莫知其极"。

三　真人与圣人

真人是生活于人间的得"道"的"大宗师"，有着"莫知其极"的巨大潜力。在庄子看来，既然真人可与世间一切自然和谐地相处，也就可以自然而然地感化周围的一切，就如同圣人之用兵一样：

> 故圣人之用兵也，亡国而不失人心；利泽施乎万世，不为爱人。

"用兵"，发动战争；"亡国"，亡人之国；"利泽"，恩泽；"爱人"，指获得"爱人"的名声。这几句话的意思是说，所以圣人发动战争，灭亡了别的国家却不失去民心；让圣人的恩泽施惠于千秋万世，而不是为了获取"爱"民的名声。

这一段显得十分突兀，似乎与前后文的关系不很密切，因而被一些研究者视为衍文，例如陈鼓应的《庄子今注今译》索性把这一段全部删去。不过，从真人的"喜怒通四时，与物有宜而莫知其极"，突然转到"故圣人之用兵也"，其实也透露出庄子对现实社会中圣人的期望。这样的意图，在"内篇"中不时有所闪现。如《逍遥游》中往见藐姑射之山后"窅然丧其天下"的尧，《齐物论》中"不从事于务"的圣人君主，就都表现出庄子对君主所寄予的希望，他希望君主也能通过充德得道最终像尧一样成为使天下人免于刑戮杀伐的无名圣人。联系到真人，庄子认为真人所具有的无穷潜力，同样可以存在于君主身上。如果君主也能"喜怒通四时，与物有宜而莫知其极"，即便发动战争，也不是为了一己之私利，那就不致于像卫灵公那样造成"死者以国量乎泽若蕉"，反而可以赢得被征服国的"人心",并且"利泽施乎万世"。

庄子认为倘若人人都能具有真人的胸怀,那就必定会"与物有宜而莫知其极"。师者可成为真人,养生处世者可成为无己的至人,执政者可成为无功的神人,君主则可成为无名的圣人。可是,为什么不是人人都可以得道?妨碍人们修德得道的主要障碍是什么?特别是君主以及众人不能得道的主要原因何在?庄子接下来论述道:

> 故乐通物,非圣人也;有亲,非仁也;天时,非贤也;利害不通,非君子也;行名失己,非士也;亡身不真,非役人也。若狐不偕、务光、伯夷、叔齐、箕子、胥余、纪他、申徒狄,是役人之役,适人之适,而不自适其适者也。

"乐",乐意,相求;"亲",偏爱;"行名",追求名声;"亡身",丧生;"役",役使;"狐不偕、务光、伯夷、叔齐、箕子、胥余、纪他、申徒狄",皆为古代贤人;"适",往。这段话的意思是说,为了自身目的与人与物相交往的人,不是圣人;与人相交而有偏私的人,不是仁者;利用天时的人,不是贤人;不懂得利害相通的人,不是君子;为名而迷失本性的人,不是士子;丧身而不知养生的人,不是能役使人的人;像狐不偕、务光、伯夷、叔齐、箕子、胥余、纪他、申徒狄等,都是为他人所役使,追求他人的安适,却不知道什么才是最适合自己的人。

庄子连续用了六个"非"字,指出君主、仁者、贤人、君子、士子、役人以及种种历史传说或记载中的名人所患有的通病,就在于他们所做的一切都非出于本心,都不是顺从于自然,而是为了达到某种个人的目的,获得某种个人的利益。其病根就在于失"真",都"是役人之役,适人之适,而不自适其适者也"。因而成不了真人。

庄子认为,人一旦肯放弃"欲"的追求,成为得道者并不难。君无名，臣无功，民无己，就是庄子理想世界中的理想人格。而真人扮演的"师"的角色，可以上化君主、下化万民，他们既是普通人的大宗师，也是执政者、君主的大宗师。一旦君主在真人的"教化"下德满得道，就不再是鲁哀公、齐桓公、卫灵公一类，而是如"杳然丧其天下"的尧，其用兵也将不再是"争地以战，杀人盈野；争城以战，杀人盈城"，而是"亡国而不失人心；利泽施乎万世，不为爱人"。由此来看，庄子在描述真人时，突然转述圣人君主，当是希望有真人这样的化民之"师"能"化"出具有真人胸怀的君主来。庄子把这一希望寄托在了真人身上，所以"内篇"中着墨最多的，第一是真人，第二才是圣人。

四 愿"与有足者至于丘"的真人

真人是大宗师，可以"化"人，但对真人来说，首先要能为人师表：

> 古之真人，其状义而不朋，若不足而不承；与乎其觚而不坚也，张乎其虚而不华也，邴邴乎其似喜乎！崔乎其不得已乎！滀乎进我色也，与乎止我德也，厉乎其似世乎！謷乎其未可制也，连乎其似好闭也，悗乎忘其言也。

"状"，情态；"义"，正义；"朋"，朋党；"承"，接受；"与乎"，容与；"觚"，独立不群；"坚"，固执；"张"，宽阔广大的样子；"华"，浮华，奢靡；"邴邴"，神情开朗的样子；"崔"，动的样子；"滀"，聚；"止"，停，指归依；"厉"，当为"广"字之误（见郭庆藩辨证），广大宽阔的样子；"謷"，高大的样子；"制"，竭制；"连"，深沉邈远；"悗乎"，无心的样子。这段话的意思是说，古代的真人，公允不偏倚，不结朋党；如有不足，也不接受别人的恩赐；独立不群却不固执；胸怀开阔而不浮华；神情开朗看似喜悦，一举一动都像是不得已而为之。真人的内心充实而容颜可亲，德行宽厚引人来归依；胸襟犹如宇宙般博大；形象高大不受限制；内心深沉似好沉默；对什么都无心，就像忘了所要说的话。

　　从外表到内心，从待人接物到道德操守，庄子为真人画了一幅大宗师的"标准"像。庄子心中的"真人"，洁身自好，胸襟博大开阔，不依附他人，不偏不倚，立于中庸，这就是真人生活于人间的行为准则，也是庄子所塑造的道德典范。庄子希望世间之人都能在真人的"教化"下忘却是非利害得失，与圣人君主一道创造出一个"古之人"的藐姑射之山的盛世来。

　　然而，在"古之人"时代之后，随着"道隐于小成，言隐于荣华"，真知被是非遮蔽，人心不古，人们对"真知"的认识越来越不易。因此，庄子认为真人只有自身首先成为人间的道德楷模，才能以其"德之至"来吸引众人；唯有吸引众人之后，其"真知"才可能在现实社会中逐渐被人认识，被人所接受。尽管真人的行为准则、其"真知"与现实社会中"大知小知"们所鼓噪的所谓道德规范以及所追逐的"知"存在着巨大的差异，但既然生活于现实社会中，真人就可以凭自己的人格魅力让众人感受到"真知"的力量。为了达到这一目的，庄子认为"真人"还不得不利用现行的社会规则：

　　　　以刑为体，以礼为翼，以知为时，以德为循。以刑为体者，绰乎其杀也；以礼为翼者，所以行于世也；以知为时者，不得已于事也；以德为循者，言其与有足者至于丘也；而人真以为勤行者也。

"体"，本；"绰"，宽阔；"丘"，山丘，目标，这里指天年；"人"，指众人；"勤行"，勤于身体力行。这就是说，真人以刑为本体，以礼为翅膀，以智为时机，以德为遵循的准则。以刑罚为本体，就能游于羿之彀中而不被射中；遵循社会现存的礼仪，就能行于世而不为人所诟病；以自己的智慧顺从于时代的变化，就能知其不可奈何而安之若命；以德为自己行事的准则，就能与有脚的人一起走到山丘，达到目的，却被人认为是勤于行走者。

真人在众人面前是"师"，以无言感化众人。但是，真人又是实实在在的真实的人，就生存于真实的现实社会。而人间一切礼仪规范、行为准则都是现实的真实存在，约束着一切人，同样也约束着真人。无论何人，倘若有违现存的礼仪刑罚，都会受到惩罚。"游于羿之彀中，中央者，中地也，然而不中者，命也"，而如要避开羿之箭，就不得不"以刑为体，以礼为翼，以知为时，以德为循"。唯其如此，才能保身、全生、养亲、尽年，也才能真正实现以德"化"人。有必要指出的是，庄子在这里提出的"刑""礼""知""德"等概念，用的都是世俗意义上的，但庄子同时认为，即便是面对世俗的礼仪道德，也仍应顺其自然。

"人真以为勤行者也"，说的是真人并不违抗世俗的一切，反而顺从世俗社会中的"刑""礼""知""德"等。因此，在世人看来，这些人不过是勤于行走之人而已，实际上，他们却在这种顺应世俗的行走中，展现出如何与道融为一体的特征。唯其如此，才能"登假于道"，得到"真知"。这种"真知"的一个重要内容，就是《德充符》中所说的"忘形"。忘形，不仅要"忘"人之形，也要"忘"物之形。只有忘形，万物齐一，才不会有是非的争执。在庄子看来，这是真人传授的"真知"的重要内容之一：

> 故其好之也一，其弗好之也一。其一也一，其不一也一。其一与天为徒，其不一与人为徒。天与人不相胜也，是之谓真人。

"之"，指物；"一"，齐一；"弗好"，不喜欢。这段话的意思是说，对于人间的万事万物，人喜好也好，不喜好也好，万物都是齐一的。你认为万物是齐一的，万物是齐一的；你认为万物不是齐一的，它仍然是齐一的。认为万物齐一，此人便与自然同类；如果认为万物不是齐一的，就与众人同类。使众人认识到人与自然万物并非相互对立的，这就是真人。

这一段中所提出的"天与人不相胜也"，实际上就是庄子"万物一齐""道通为一"说法在真人身上的体现，这也是庄子"道"的学说的精髓。在庄子看来，"道"蕴含于万事万物之中，无论你喜欢不喜欢，接受不接受，"道"都是一个永恒的存在。如果能以万物一齐的观点去认识一切纷纭复杂的社会现象，那就是"与天为徒"。而要使人能理解与天为徒，首先就要让人"忘形"，从与自然的融合中，体会出"万物一齐"之"道"。这便是真人作为大宗师的责任所在。

"不如相忘于江湖"

　　真人在现实社会中具有双重身份。一方面，作为一个有生命的真实的人，虽然与世俗之人一样不得不"游于羿之彀中"，但由于能"以刑为体，以礼为翼，以知为时，以德为循"，顺从于现实社会中存在的一切，因而仍可保身全生；另一方面，作为大宗师，真人又担负着"化"人的重任，也就是说，他们的责任是因循"德"的引导，"与有足者至于丘"。而这些得以与真人同行的"有足者"，就是《德充符》中与孔子中分鲁的王骀的弟子以及伯昏无人门下的申徒嘉、郑子产等充德修德之人。真人凭着自身具有的巨大魅力，得以以"不言之教"去"化"人们心中由"成心"而产生的"形""知""情""德"等世俗观念，陪伴并引导他们一步步"至于丘"，最终"登假于道"。

一 "死生，命也"

在这个"与有足者至于丘"的长途跋涉中，庄子认为最重要的就是要使人领悟"其好之也一，其弗好之也一。其一也一，其不一也一""天与人不相胜也"的"道通为一"的理论，引导人去认识至高无上、包容一切的"道"：

> 死生，命也，其有夜旦之常，天也。人之有所不得与，皆物之情也。彼特以天为父，而身犹爱之，而况其卓乎！人特以有君为愈乎己，而身犹死之，而况其真乎！

"命"，自然的变化；"夜旦"，夜晚白昼；"天"，指自然规律；"与"，参与，介入；"彼"，众人；"卓"，卓绝，指道；"愈"，超过；"真"，这里指道。这段话的意思是说，人的生死是必然的，是不可避免的，就像有夜晚与白昼一样，是自然的规律。人无法改变自然，这是万物的本性。人们认为天创造了一切，终生敬天如侍奉父母，可是还有那卓越的道却被忘记了！人们认为君主远远超越自己，心甘情愿为君主效命，可是还有那远高于君主的"真"也被忽略了！

这里，庄子首先用"生死"这个最困扰世俗世界的人生必然以及人们每天都要面对的日夜变化，说明"命"与"天"都是自然规律，都是"物之情"，是万物的本性，人既无法参与其中，也无法改变这一切。而"主宰""死生"、"夜旦之常"这一切的，就是与万物融为一体的"道"。在世俗心目中，只有父大、君大、天大，却不理解、不认识远远超越父、君、天之上的道。道，无所不在，无时不在。自然界、人类社会的万事万物都在按照道的规律运行。所以，庄子用"彼特以天为父，而身犹爱之"以及"人特以有君为愈乎己，而身犹死之"两个充满慨叹的比喻，质疑人们为什么不能像对待天、对待君主那样，自觉自愿地顺从于"道"的变化，顺从生死，认识到这一切不过都是"道"的体现。

庄子在"内篇"中多次谈到"生死"问题，要人们"善生善死"，"悦生悦死"，"不知说（悦）生，不知恶死"，实在是因为对世俗之人来说，最难面对的就是死。所以庄子这里再次从"道"的命题出发，强调生死如同夜昼梦觉一样，是"物之情"，是自然之化，人永远无法改变。既然人能为君主而赴死，又如此信奉"天"的力量，那么，当远胜于天、君、父的"道"在人发生"物化"时，更没有必要惧怕。

如何引导人们理解生死之"化"，把"生死"之化视为"忘形"的终极，乃是真人作为大宗师的使命。倘若人可以踏出生死关，那就不仅忘了他人之形，忘了自身之形，而且不会再在意自己的形体由生到死之化。有了这样的认识，就会在"至于丘"的修德充德的途中升华至新的阶段。诚然，在现实中，"忘形"，忘到无视生死之"化"，绝非易事。从庄子"而况其卓乎""而况其真乎"两句深深的感叹中，可以体悟到他对世俗的悲哀与无奈，这也是为什么庄子在《齐物论》中不得不寄希望于未来："万世之后而一遇大圣知其解者，是旦暮遇之也。"庄子的无奈与悲哀，恰恰从另一个角度说明真人为众人之师，任重而道远。

二　"相处于陆"与"相忘于江湖"

死生是命，是自然。从生到死，再从死到生，以及生死之间穷达贫富病老等一系列貌似对立的现象，都是"道"在人的生命过程中的不同表现形态。无论你是抗争还是顺从，最终的结果无一例外。因此，庄子首先教人要顺从于生老病死的变化，甚至享受这种变化："浸假而化予之左臂以为鸡，予因以求时夜；浸假而化予之右臂以为弹，予因以求鸮炙；浸假而化予之尻以为轮，以神为马，予因以乘之,岂更驾哉! 且夫得者,时也,失者,顺也;安时而处顺,哀乐不能入也。"(《大宗师》) 为了更形象地说明这种"化",庄子又比喻说:

> 泉涸,鱼相与处于陆,相呴以湿,相濡以沫,不如相忘于江湖。

"涸",干涸;"呴",吐气;"濡",湿润;"沫",吐沫。泉水干涸了,鱼被困在陆地上,它们相互吐着湿气,用吐沫相互湿润。与其这样艰难地活着,不如大家都生活在江湖之中,相互忘掉。

很明显,庄子这里是用"泉"来比喻人们现实生活中的狭小空间,用"江湖"比喻得"道"之后可以享受的广袤无垠的天地。一边是可能干涸的"泉"水,一边是碧波荡漾的"江湖",庄子赋予真人的责任就是在"泉"与"江湖"之间,开出一条水路,将那些不愿继续"相与处于陆,相呴以湿,相濡以沫"的"鱼",引到可以让人相忘的浩瀚广阔的"江湖"之中。

"相呴以湿,相濡以沫",是千百年来人与人之间交往方式的真实写照。这种交往方式体现了人与人之间相互依赖、相互关照之"情"。然而,在庄子看来,正是这种"剪不断,理还乱"的"情",把人推到了"泉涸"的困境。所以庄子要人们彻底放弃这种依靠"呴"与"濡"而求生存的方式,把人引导到"相忘于江湖"的自由自在的生活。

庄子在说过"死生,命也,其有夜旦之常,天也。人之有所不得与,皆物之情也"之后,提出了"相忘于江湖"。对此,可以作两方面的理解。其一,与其生存于泉涸之后的陆地,失其所与,"相呴以湿,相濡以沫",不如离开"泉涸"的现实社会,坦然走向另一个世界去享受"栩栩然不知周也"的生活。庄子在此是把"陆地"比作生,而把"江湖"比作死,强调无论是死是生,这都是人的生命的延续。其二，这个比喻也透露出庄子对人在"泉涸"之后仍"相呴以湿，相濡以沫"的所谓"真情"的某种程度的嘲讽。对于就要进入枯鱼之肆的鱼来说，明明有着"相忘于江湖"的机会，却由于放不下相爱之情，放不下对生的执着，放不下对眼前利益的迷恋，宁肯挣扎在"泉涸，鱼相与处于陆，相呴以湿，相濡以沫"的困境之中苟延残喘，勉强为生，也不愿纵身跳入自由自在的"江湖"。可见，这个比喻不仅仅是泉涸之后"鱼"所处的困境的写照，也是"众人"不能忘"情"的一面镜子。在庄子眼中，与"相忘于江湖"的逍遥自得的大"情"相比，"相呴以湿，相濡以沫"之"情"显得是何等的渺小。

三　善吾生者，善吾死也

庄子所谓"相忘于江湖"不仅与人的生存性命攸关，而且与现实社会的政治也有着直接的联系。至少，庄子不单单把目光停留在"泉涸"给人造成的困境以及人们"相呴以湿，相濡以沫"的坚持，更看到人们对造成困境的暴君的谴责以及对能解救困厄的明君的期盼。庄子认为，在这样的环境下，谴责暴君或者寄希望于明君，都无法真正让人获得解救，唯一能真正改变命运的是人自己而非君主或某种政治主张：

> 与其誉尧而非桀也，不如两忘而化其道。

"誉"，赞誉；"非"，谴责；"化其道"，以道化之，指同化于大道，相忘于"江湖"。这两句话的意思是说，与其赞誉尧而谴责桀，不如忘却尧与桀的是是非非而同游于大道之境。

"两忘而化其道"，实际上指出了"相忘于江湖"的最终目的，那就是将一切融之于道。不管是贤明的圣君也好，还是天杀的暴君，都不值得在意，人应"两忘"，只有"两忘"才能彻底摆脱是非的纠缠，才能游于道的境地。虽然庄子在《大宗师》中的确表示了对"亡国而不失人心；利泽施乎万世，不为爱人"的圣人君主的期望，但强调更多的仍然是人们的自我完善、自身修养。成玄英所说的一段话："夫唐尧圣君，夏桀庸主，故誉尧善而非桀恶，祖述尧舜以勖将来，仁义之兴，自兹为本也。岂若无善无恶，善恶两忘；不是不非，是非双遣！然后出生入死，随变化而遨游；莫往莫来，履玄道而自得；岂与夫响濡圣迹，同年而语哉"，为"两忘而化其道"做了精辟的注脚。忘唐尧与夏桀，就是忘仁君与暴君，也就是忘是非、忘死生。只有忘了这一切，人们才能获得真正意义上的自由：

> 夫大块载我以形，劳我以生，佚我以老，息我以死。故善吾生者，乃所以善吾死也。

"大块"，大地，与《齐物论》"夫大块噫气"之"大块"同；"载"，承载；"劳"，劳作；"佚"，安逸；"息"，安息。这段话的意思是说，大地承载着我的形体，以活着使我劳作，以老使我安逸，以死使我安息。因此以我活着为善的，同样也以我的死为善者。

庄子认为人间有个"善吾生者"。但是，这个"善吾生者"指的是什么？郭象说："死与生，皆命也。无善则死，有善则生，不独善也。故若以吾生为善乎？则吾死亦善也。"郭象的意思是说，人觉得活着好就活着，觉得活着不好就死。生与死都是好事。但郭象并没有涉及这段话中的"者"到底指何人或指什么。宋吕惠卿《庄子注》明确提出"者"是"大块"："大块之于我，固无情也。苟为善吾生，则善吾死必矣，吾何悦恶哉？"但"大块"只是一个载体，是人由生到死的一个舞台，究竟是谁在引导或伴随着"大块"的运行呢？陈祥道《庄子注》提出"者"就是"道"："人自生至终，大化有四：载我、劳我，为可恶矣，而人悦之；佚我、息我，为可乐矣，而人恶之。

此无他，无道以善之也。道之善吾生，乃所以善吾死。"陈祥道之说当最符合庄子的原意。人，的确生存于"大块"之上，然而，这个"大块"不过是给万物与人提供了一个养老生息的场所，无论世上万物如何千姿百态，莫不是千变万化之"道"的一种表现形态。所谓"载我以形，劳我以生，佚我以老，息我以死"，就是"道"在人的一生中的不同阶段所显露出来的不同面貌。

总之，在庄子看来，从生到死，人在人生的不同阶段，有着不同的使命，自然也呈现出不同的形态，这都是道的体现，因此，人们没有任何必要对生老病死耿耿于怀，也没有任何必要竭精殚虑去寻求像尧舜一样的明君，谴责桀纣一般的暴君。一切顺从自然，便是"相忘于江湖"，便可"两忘而化其道"。

四 "藏天下于天下"

"道"是善吾生者，也是善吾死者。道，在冥冥中主宰着一切。世上千姿百态的一切都是"道"的不同的表现形态。然而，人们却很难理解"道"无所不在、无处不在的特性，理解"物之情"，因而做事难免做得事与愿违。于是，庄子又用了一个新的比喻，来说明什么是"物之大情"：

　　夫藏舟于壑，藏山于泽，谓之固矣。然而夜半有力者负之而走，昧者不知也。藏小大有宜，犹有所遁。若夫藏天下于天下而不得所遁，是恒物之大情也。

"壑"，山谷；"泽"，沼泽，湖泊；"固"，牢固，意为万无一失；"昧"，通"寐"，睡；"藏小大"，藏小于大；"遁"，亡失；"恒"，常；"大情"，至理，本质。这段话的意思是说，把船藏在山谷，把山藏在湖泊，可以说是很牢靠、万无一失的。然而，夜半三更有大力的人却把它背走了，睡着的人一点儿也不知道。小东西适宜藏在大东西里，但同样还会丢失。假如把天下藏在天下里，那就不会丢失了，这就是万物所具有的本质。

"藏"是人为之举，是人的努力。把船藏在深谷，把山藏在湖泊，不可谓不牢靠，可是人费尽了心机，结果仍不免被"有力者负之而走"。这说明"藏"还是"不藏"，结果并不存在任何的不同。也就是说，自然的一切是不需要人为去改变的，万物与人都一样，原本在什么地方，就让它留在什么地方。"生于山而长于山，生于水而安于水"，人为地去改变，不仅毫无意义，而且是徒劳无益的。就像人的生死原本就是自然的变化，为什么一定要明知不可为而为之？

庄子认为"藏天下于天下"，是"道"的作为，是自然的本性，是"恒物之大情也"，与人无关。这也是大宗师所要告诉人们的道理。成玄英说：

> 夫藏天下于天下者，岂藏之哉？盖无所藏也。故能一死生，冥变化，放纵寰宇之中，乘造物以遨游者，斯藏天下于天下也。既变所不能变，何所遁之有哉！此乃体凝寂之人物，达大道之真情，岂流俗之迷徒，运人间之小智耶！

"体凝寂之人物"，就是真人；而"达大道之真情"，就是人间为什么要尊真人为大宗师的原因。尊真人为师，就是要领悟"大道之真情"，警惕"流俗之迷徒，运人间之小智"：

> 特犯人之形而犹喜之。若人之形者，万化而未始有极也，其为乐可胜计邪！

"特"，仅，只；"犯"，通"范"，铸就，形成；"犯人之行"，指人之生。这几句的大意是，只要形成人的形体就高兴，可是像人的形体这样，总是从无到有、从死到生呈现出万般的变化，却没有止境，如果连死生的变化都让人快乐，那可以让人感到快乐的事就不可胜数了。

生不足喜，死不足悲。万物都有生死，人只不过是万物之一而已。就像郭象所说的："人形乃是万化之一遇耳，未足独喜也。无极之中，所遇者皆若人耳，岂特人形可喜而余物无乐耶！"所以，"犯人形"只是万物的一种变化，怎么知道人死不是又一种"物化"？"栩栩然蝴蝶也"，物化之后的蝴蝶，未必就不比"犯人形"更让人轻松、快乐。物化为人，人就感到高兴，人化为物之后又怎么知道物是不是高兴呢。既然都是"化"，都是"喜"，也就无所谓"喜"与"不喜"。无喜也就无悲。

庄子这几段的论述显示了其思维的极度跳跃性。从"藏舟于壑，藏山于泽，谓之固矣。然而夜半有力者负之而走，昧者不知也"，突然转到说人由于自身的狭隘为"犯人之形"而欢呼雀跃，然后又猛然联想到拥有"天下"的君主，如果不想丢"天下"，也应该掌握"藏天下于天下"之道。唯其如此，君主的"天下"才能"不得所遁"：

> 故圣人将游于物之所不得遁而皆存。善妖善老，善始善终。人犹效之，又况万物之所系，而一化之所待乎！

"妖"，也作"少"，指年少；"系"，归属；"一化"，即物化；"所待"，指道。这段话的意思说，所以作为圣人，要游于万物不会丢失的境地而与万物共存。善待少，也善待老；善待生，也善待死。倘若圣人在人间能做到"善妖善老，善始善终"，那么，人人都会效法圣人，更何况万物所归属的根本、体现着万物所化的大道呢。

庄子在"内篇"中常常提及"圣人"。《大宗师》虽然主要描述真人的特征及社会功能，但庄子还是不时地提到圣人。这里所说的圣人其实就是我们在有关《齐物论》的章节中提到的"不从事于务"的圣人君主。这样的圣人，"既不同于儒家'齐家治国平天下'的圣人，也不同于居于'藐姑射之山''大漠之野''无何有之乡'的'逍遥游'的神人或至人，而是生活于人世间、居于庙堂之上，建有'时雨''日月'般的'名'声，却又不以'名'为名，而是以'无为''不用'的方式来保持社会的最原始、最自然、最纯朴心态的圣人"。了解到圣人的这层含义，我们就更容易理解为什么庄子会写到"圣人之用兵"与此处"游于物之所不得遁而皆存"的圣人了。这样的圣人与真人在精神上同游于道的境界，而在现实社会中却又是真真实实的君主。而能使君主成为圣人君主的人，唯有真人。

　　真人既可以作为君主之师以改变君主的所作所为，使之成为"圣人君主"，也可以纠正"流俗之迷徒""人间之小智"的短视，使之"相忘于江湖""两忘而化其道"。真人在人间作为大宗师所本的是"万物之所系""一化之所待"的"道"。真人所体现出的"道"，就是《庄子》"内篇"时时所触及，并在《大宗师》中重点阐释的重要命题。

"道"与得"道"

作为大宗师的真人，对所有的"有足者"都是公平的。只要"有足者"有"至于丘"的意愿，上至君主宰臣，下到平民百姓甚至是受过刖刑之人，都可以在真人的引导之下逐步接近、得到"万物之所系""一化之所待"的"道"。然而，这个无所不在，无所不包，可以化君主、化平民百姓、化万物的"道"究竟是什么，尽管庄子在《齐物论》中多次从不同的角度谈论"道"，提出"物固有所然，物固有所可。无物不然，无物不可。故为是举莛与楹、厉与西施、恢恑憰怪、道通为一"的经典论断，却始终没有专门对"道"做一个比较完整的阐释，也没有对"道"的特征给予一个比较详尽的解说。在《大宗师》中，庄子在详细描述了身为大宗师、"知之能登假于道"的真人之后，终于以"又况万物之所系，而一化之所待乎"，引出了对"道"的专门论述。

一 "有情有信，无为无形"的道

"道"是庄子学说中最重要的概念。庄子是这样描述"道"的特征的：

> 夫道，有情有信，无为无形；可传而不可受，可得而不可见；自本自根，未有天地，自古以固存；神鬼神帝，生天生地；在太极之先而不为高，在六极之下而不为深，先天地生而不为久，长于上古而不为老。

"受"，同"授"；"固"，原本；"神"，同"生"。这段话的意思是说，道是一个真实的存在，无为无形；可以心传却不可以口授；可在心中领悟到它，却无法看到它；道是自己之本，也是自己之根，没有天地之前，道就存在了；道使天地间有了鬼神与上帝，也是天地万物的创始者；道在太极之上不算高，在六极之下不算深，生于天地之前不算久，长于上古而不算老。

这段话是《庄子》"内篇"中论"道"最为完整的文字。与"内篇"其他篇章中提到的"道"综合起来看，庄子所说的"道"有两个主要的特征。

首先，道是一个真实的存在。所谓真实的存在，并不是说"道"是一个看得见摸得着的"物"，或者是由各种"物"合成的"存在"，而是"自本自根"，没有任何其他成份，道就是道自己，它存在于万物之中，道的特征与功能是通过万物的千姿百态展现出来的，道并不自己表现自己。对于人来说，无论是否认识到道的存在，道都真实地存在在那里，不会因人的认识局限而有任何改变。《庄子·知北游》中的一段对话，可以视为对庄子"道"的学说的形象补充：

> 东郭子问于庄子曰："所谓道，恶乎在？"庄子曰："无所不在。"东郭子曰："期而后可？"庄子曰："在蝼蚁。"曰："何其下

邪?"曰:"在稊稗。"曰:"何其愈下邪?"曰:"在瓦甓。"曰:"何其愈甚邪?"曰:"在屎溺。"

道不仅存在于万物之中,而且没有高低贵贱之分。道本身虽然无形,却能"神鬼神帝,生天生地",也能生蝼蚁、稊稗、瓦甓、屎溺。天地万物皆由道而来,但道却不是一个特定之物,而是融入于万物之中的一个存在。天地万物都是道的不同的表现形态,因此,天地万物之间也不存在高低贵贱是非之别。从本质上说,万物都是一齐的。这就是道的根本,也是庄子齐同万物、齐同物论的理论依据。

道的第二个主要特征,是它超越于时间的存在,是天地万物的创始者。道是永恒的,不生不死,存在于天地万物出现之前。在《齐物论》中,庄子在论说宇宙起源而谈及"有无"时说过:"有始也者,有未始有始也者,有未始有夫未始有始也者。有有也者,有无也者,有未始有无也者,有未始有夫未始有无也者,俄而有无矣。而未知有无之果孰有孰无也。"这一段话正好可与此处对"道"的论述相互印证。既然时间是没有开始与结束的,道也就没有开始与结束。这是为什么庄子说道"在太极之先而不为高,在六极之下而不为深,先天地生而不为久,长于上古而不为老"。"俄而有无矣"之后,开始了"有"的时代,而这个"有"的时代的"有",正是"道"产生出来的。然而,道对天地万物的创造,却又不是有意为之,而是"自本自根"的"道"自然无为地产生出来的。"道"不但是天地"万物之所系",而且天地万物的任何变化都来自于道的作用,都是道之"化"。漫长的人类发展史,实际上就是道的"化"的历史。"古之人"时代,人们从未产生对人自身以及万物之"化"的任何疑问,一切顺从于"万物之所系,而一化之所待"的道。但是,自从"古之人"的时代结束后,"是非之彰也,道之所以亏也"。人类便开始将自己的"知"凌驾于道之上,以致于"道隐于小成,言隐于荣华"。在庄子看来, 这并非是道的式微, 而只反映了人心的式微。

二 "可传而不可受, 可得而不可见"的道

在庄子论道的这段文字中, 特别值得注意的是"可传而不可受, 可得而不可见"两句。

这两句是从认识论的角度, 指明"道"的特点。道, 虽然"无形""不可见", 却是"可传""可得"的。而这种"传"却不像人们对"知"的传授那样, 以"言"的方式代代相传。"道"只可心传不可言授的特点, 对理解庄子之"道"非常重要。这就是说, "道"并不是一个神秘、不可知的存在, 而是可以通过心传、体悟而使人得到的"真知", 是需要老师传授的。"道"的这个特点, 不仅再次说明为什么《德充符》中的王骀实行的是"不言之教", 同时也透露出作为大宗师的真人, 必然会以这种独特的方式让人们认知"道", 了解"是非之彰也, 道之所以亏也。道之所以亏, 爱之所以成"的道理, 从而使人去除"成心", 去领悟"道"的真谛。而对于修德学道之人来说, 则可以通过以心体会感悟的方式, 跟随大宗师真人的脚步, 去悟道、得道。一旦得道, 就可以获得无限的精神自由:

> 狶韦氏得之, 以挈天地; 伏戏氏得之, 以袭气母; 维斗得之, 终古不忒; 日月得之, 终古不息; 堪坏得之, 以袭昆仑; 冯夷得之, 以游大川; 肩吾得之, 以处大山; 黄帝得之, 以登云天; 颛顼得之, 以处玄宫; 禺强得之, 立乎北极; 西王母得之, 坐乎少广, 莫知其始, 莫知其终; 彭祖得之, 上及有虞, 下及五伯; 傅说得之, 以相武丁, 奄有天下, 乘东维, 骑箕尾, 而比于列星。

这一系列的"得之"的"之", 指的就是道。庄子一口气所列举的这些得道者, 包罗万象。根据前人的考证, 这一段中提到的"狶韦

氏""伏戏氏""黄帝""颛顼""武丁",都是得道的人间帝王;"以
挈天地",用以开天辟地;"以袭气母",指用以合阴阳元气;"维
斗",即北斗;"忒",差错;"终古不忒",永远不出差错;"不息",
指日月运行不息;"堪坏",昆仑山神,得道之前是与支离疏等相类
的普通人;"冯夷",河神,原为村夫;"肩吾",在《逍遥游》中有
关于"肩吾问于连叔"的记载,得道高人;"玄宫",北方之宫;"禺
强","人面鸟身"的神,得道之前与堪坏相似;"西王母","豹尾,
虎齿"的神人;"少广",山名;"彭祖",帝颛顼之玄孙,封于彭城;
"有虞",指舜;"五伯",指春秋五霸:齐桓公、晋文公、秦穆公、楚
庄王、宋襄公;"傅说",与冯夷相仿,成玄英说"高宗梦得傅说,使
求之天下,于陕州河北县傅岩板筑之所而得之";"奄有天下",才
拥有天下;"东维""箕尾",均为星宿名。

　　庄子这里所列举的众多得道者,出身的阶层各异,无所不包,
然而一旦得道,就可以"终古不忒","终古不息","莫知其始",
"莫知其终"。不难看出,庄子一口气列举了如此之多的得道之人,
一方面是要证实"道"的"有情有信",是一个真实的存在;另一方
面也告诉人们,道的的确确是可以"得"的,而且不分出身的高低贵
贱,人人都可以得"道"。

　　"道"可得,虽然是庄子在《大宗师》中第一次明确提出的,但
在《大宗师》之前的其他篇章中,庄子其实也从不同的角度触及到
"道可得"这个论题,只不过没有展开直接的论述而已。如《逍遥
游》中的"无名""无功""无己"、《齐物论》中南郭子綦的"吾丧
我"、《人间世》中颜回的"心斋"、《德充符》中的充德修德等,就
都是道"可得"的具体体现。还有《逍遥游》中"圣人无名""神人
无功""至人无己"的逍遥游、《齐物论》中的"天籁"、《养生主》
中的"缘督以为经"、《人间世》"心斋"之后的"虚室生白"、《德充
符》中的"才全""德不形",或者阐发"得道"的方法,或者写"得

道"后进入的境界。可以说,庄子在《大宗师》中第一次明确提出道"可传"、道"可得",正是庄子赋予大宗师真人的重任。

三　道,可以学吗

既然道"可传""可得",那么具体来说,道当如何"传",又如何"得"?什么样的人才具备学道得道的资格?在得道的过程中,特别在得道的每一阶段又会有什么样的感受?这也是《大宗师》所要回答的:

> 南伯子葵问乎女偊曰:"子之年长矣,而色若孺子,何也?"曰:"吾闻道矣。"南伯子葵曰:"道可得学邪?"曰:"恶!恶可!子非其人也。"

"孺子",童子;"恶",不。南伯子葵问女偊说,你年事已高,可是为什么看起来面如童子?女偊回答说,我得道了。南伯子葵又问,道可以学吗?女偊连说,道不可以学。你不是可以得道之人。

道存在于天地万物之中。人,只要肯放弃成心去修德,无论时日长短,终究可以得道。更何况道对天地万物一视同仁,所谓"道通为一"。庄子刚刚说过,道"可传而不可受,可得而不可见",但是为什么现在又说道不可学?而且还特别强调"子非其人"呢?原来这与南伯子葵问道、学道的目的有关。

学道修道是为了得道,而得道的最终目的是为了在精神上进入"虚室生白"、与万物为一、"不知说生,不知恶死"的境界。可是南伯子葵关心的却是女偊"子之年长矣,而色若孺子",可见他感兴趣的不过是永葆青春、返老还童的养生之术,而非道。因此,女偊一方面告诉南伯子葵自己已经"闻道",说明道可学;而另一方面又坚定地回复南伯子葵说,对你来说,道一定不可学,因为你不具备学道的基本条件。

接着，女偊以卜梁倚为例，进一步为南伯子葵阐述他之所以不可学道、得道的原因：

> 夫卜梁倚有圣人之才而无圣人之道，我有圣人之道而无圣人之才，吾欲以教之，庶几其果为圣人乎！不然。

"庶几"，或许可以。这段话的意思是说，卜梁倚有圣人之才可是没有圣人之道，我有圣人之道却没有圣人之才，我想教他，或许这样他就可以真的成为圣人了。其实不然。

郭庆藩《庄子集释》本以及当今通行的《庄子》注本在"不然"之后皆标为逗号，但是，如果在"不然"之后标为句号，似乎与上下文的文意才更为连贯，也更切合庄子本意。结合上下文看，其实这里的"不然"是对"吾欲以教之，庶几其果为圣人乎"的直接回答，意思是，用这样直接传"道"的方法使卜梁倚成为圣人，是不可行的。我们认为，只有这样理解，下文中女偊所详细阐释的传"道"方法，以及学"道"者在学"道"过程中每个阶段心境的变化才有了着落。

此处"夫卜梁倚有圣人之才而无圣人之道，我有圣人之道而无圣人之才"两句中的"才"，与《德充符》中"才全而德不形"之"才"同义，都指的是人的才能。女偊与卜梁倚都具有圣人某一方面的长处，但又都存在着某种不足。于是，有着"圣人之道"的女偊希望卜梁倚能够既有圣人之才又有圣人之道，使卜梁倚成为真正的圣人。

四 "守而告之"还是"告而守之"

道是可传、可学、又可得的。为什么女偊还要说"吾欲以教之，庶几其果为圣人乎！不然"？这并不是说卜梁倚不可以学道，而是说卜梁倚尽管有圣人之才，仍不可能马上得道，因为学道、得道不可能一蹴而就，它需要一个心悟、心斋的过程。所以女偶在断然说"不然"之后，紧接着又说：

> 以圣人之道告圣人之才，亦易矣，吾犹守而告之。参日而后能外天下；已外天下矣，吾又守之，七日而后能外物；已外物矣，吾又守之，九日而后能外生；已外生矣，而后能朝彻；朝彻，而后能见独；见独，而后能无古今；无古今，而后能入于不死不生。

"守"，持守，与《人间世》中"心斋"的过程相同，指斋心；"外"，就是忘；"朝彻"，指心境如朝阳初出，清明洞彻；"见独"，指见道。其中的"吾犹守而告之"一句，据闻一多《庄子内篇校释》说，当为"吾犹告而守之"："《疏》曰：'告示甚易，为须修守，所以成难。'又曰：'今欲传告，犹自守之。'是成本作'告而守之'。今据乙正。"这样，这段话的意思就是，凭借着有圣人之道的人来告诉具有圣人之才的人如何学道，是很容易领悟道的，可我还是告诉他得道的方法是守持；守持三天之后就能忘了天下；忘了天下之后，还要继续守持，七天之后就能忘了万物；忘了万物之后，还要继续守持，九天之后就能忘了生死；忘了生死之后，心境就会洞明清澈；心境洞明清澈之后，道就会显现于心中；道显现于心中，就没有了时间的限制；没有了时间的限制，就能进入不死不生的境地了。

庄子在前文中明确提出道"可传而不可受，可得而不可见"，这里又进一步说"吾欲以教之"，"以圣人之道告圣人之才，亦易矣"，充分肯定了"道"是可以"教"，可以"告"，可以"传"，也可以"得"的。正因为如此，仅从"以圣人之道告圣人之才，亦易矣"一句中，就可以理解到以下两层含义：其一是说由于学道之人的"才"质不同，学道也就有了难易之别。有"圣人之才"的人学道要比其他人容易得多。这句话其实也暗示了没有"圣人之才"的南伯子葵不是学道之人。其二，"以圣人之道告圣人之才"的"告"，很值得注意。"告"就是"传"，一个"告"字实际上透露了道"可传"的实际操作方式。就是说，道"可传"是以"告"的方式来"传"、来"教"的。

据女偊所说，在"教"道、"传"道、"得"道的学道过程中，人们会经历几个不同的阶段，产生不同的心灵体验。由于女偊所传的是"圣人之道"，故而卜梁倚得道的第一步是"外天下"，也就是"不以天下为务"，"忘天下"。天下是天下之天下，不是一人之天下，所以首先得忘天下。然后可以"外物"，也就是"物我一齐"，舍弃一切人与物之间的利益关系；再然后是"外生"，从此"不知说生，不知恶死"，视死生为一；再然后，就可以"朝彻"，也就是进入"心斋"所说的"虚室生白"的境地；一旦至此，就可以"见独"，也就是"唯道集虚"。到了"唯道集虚"的阶段，那就得道了。得道之后，也就贯通了古往今来，贯通了生死。在女偊看来，得道过程中的关键词只有一个，那就是"守"。所谓"守"，就是"心斋"，就是摒除一切心中的"成心"，也就是忘形、忘知、忘情、忘物我、忘天下、忘生死，唯有彻底的"忘"，才能有"得"，才能得道。这就是"告而守之"的精髓。

圣人之才与圣人之道

　　从《大宗师》对"道"的描述中，可知"道"的确"可传""可得"。按照女偊的解说，得道的过程，需依赖"守"与"外"，经历"外天下""外物""外生""朝彻""见独""无古今""不死不生"等一系列阶段，最终才能成为得道者。然而，为什么卜梁倚可以得道而南伯子葵却不能？女偊的回答是"子非其人也"，并且特别提出"卜梁倚有圣人之才而无圣人之道，我有圣人之道而无圣人之才。吾欲以教之，庶几其果为圣人乎"。就是说，南伯子葵感兴趣的是"年长矣，而色若孺子"的长生不老之术，而非视生死为一、万物一齐、"吾丧我"的逍遥游，因此不适于学道。而卜梁倚则不同，他的问题仅仅是"有圣人之才而无圣人之道"，所以可以学道。那么，女偊这里为什么要特别提出卜梁倚学的是"圣人之道"，而且说他有"圣人之才"，想使之"果为圣人"？所谓"圣人之道"，究竟指的是什么？

一 "杀生者不死"是什么意思

女偊在与南伯子葵分享了自己悟道得道的不同阶段，所得到的不同感悟，说到"而后能入于不死不生"之后，突然转而说了这样一段话：

> 杀生者不死，生生者不生。其为物，无不将也，无不迎也；无不毁也，无不成也。其名为撄宁。撄宁也者，撄而后成者也。

"将"，送走，抛弃；"迎"，迎接；"毁"，毁坏；"成"，成就；"撄"，扰乱；"宁"，宁静。庄子的这段话颇令人费解。女偊刚刚为南伯子葵详细解说了得道的过程，为什么会转到"杀生者不死，生生者不生"一段上？从内容到口气，都显得十分突兀，自然也引起了后代庄子学者的注意。

首先，宋陈碧虚《南华真经阙误》引江南古藏本上的这一句与郭庆藩《庄子集释》本略有不同。江南古藏本的"杀生者不死，生生者不生"前还有一个"故"字，作："故杀生者不死，生生者不生。"一个"故"字，使"杀生者不死，生生者不生"与前文有了逻辑上的联系，可理解为"见独，而后能无古今；无古今，而后能入于不死不生"这几句说的是得了圣人之道后所进入的境界，而"故杀生者不死，生生者不生"以及后面的几句，说的都是得道之后的圣人因此而该做的事情。

虽然一个"故"字使上下文有了因果关系，但无论如何，"杀生者不死，生生者不生"两句与《庄子》"内篇"中一贯描绘的得道者形象很不协调。《逍遥游》《齐物论》《人间世》《德充符》中的一位位得道者，无一不是胸襟博大，心境平和宁静，"注焉而不满，酌焉而不竭，而不知其所由来"，"和豫，通而不失于兑；使日夜无郤而与物为春，是接而生时于心者也"。而"故杀生者不死，生生者不生。其为物，无不将也，无不迎也；无不毁也，无不成也"，与得道者所具有的胸怀极不相符，也不像是从一位有圣人之道的女偊口中说出来的。大概前人也觉得庄子这几句中的"杀"字过于血腥，故对"杀"作"亡"解。如唐陆德明《经典释文》说：

> "杀生者不死"，李（颐）云：杀，犹亡也，亡生者不死也。崔（譔）云：除其营生为杀生。"生生者不生"，李云：矜生者不生也。崔云：常营其生为生生。

李颐释"杀"为"亡"，"亡"就是死。这样解，则这两句的意思就成了"以生为死的人不死，以生为生的人不生"。崔譔的解释与李颐大致相同。李、崔之说的影响很大，后世《庄子》注本大都采用了他们的说法。

李颐、崔譔的解释虽勉强可以说通，但并非就是庄子的原意。《庄子》"内篇"经常谈论死生问题，每每谈及于此，庄子总是"死生"或者"生死"连用，从不曾把"死生"或"生死"说成是"杀生"。因此，把"杀生者不死"的"杀"释为"亡"，进而解释"杀生者不死，生生者不生"为"谓此死者未曾灭，谓此生者未曾生。既死既生，能入于无死无生"，显然不妥。今人陈鼓应解释这两句话说："'杀生者'（死灭生命的）和'生生者'（产生生命的）都是指'道'。谓'道'的本身是不死不生的。"（见《庄子今注今译》）陈说看起来更为合理，而且与下文的"其为物，无不将也，无不迎也；无不毁也，无不成也"也能顺理成章。但陈说仍存在着两个方面的问题。其一，"有情有信，无为无形；可传而不可受，可得而不可见；自本自根，未有天地，自古以固存"的"道"不"死灭生命"，也不"产生生命"。生与死都是"道"的一种表现形态，体现了如同庄周与蝴蝶般的"物化"关系，死是生的"物化"，生也是死的"物化"，生死原本一体，不存在"死灭生命"或"产生生命"的问题。其二，道"宁"而不"撄"，道总是按照自己的规律运行。所谓"扰乱中保持安宁"（陈鼓应《庄子今注今译》）并不是道的表现形式。庄子说得很清楚："撄宁也者，撄而后成者也"，先"撄"而后"宁"。不是乱中取静，而是先乱而后治。所以，陈说也值得商榷。

除了以上解释之外，对这两句还有其他不同的解释。如宋吕惠卿《庄子注》说：

> 则死者我杀之而我未尝死，生者我生之而我未尝生。

意思是说，那些死的人，是我令他们被杀死的，然而我并不曾要他们死；那些活着的人，是被我救活的或是是我使他们活着的，然而我并不曾使他们活。这里，吕惠卿采用了"杀"的本意来解释"杀"。陈祥道的《庄子注》解释"杀生者不死"也说：

> 谓戮贪生之贼者身存。

意思是杀死那些残害生命之贼的人不会死，也将"杀生"之"杀"解为"杀人"之"杀"。

"杀"在《庄子》一书中共出现四十余次，"内篇"中凡六见。除"杀生者不死，生生者不生"中的"杀"有别解之外，其余皆用"杀"的本意。如《人间世》中的"昔者桀杀关龙逢""纣杀王子比干""为其杀之之怒也""故其杀者逆人也"，以及《大宗师》中的"以刑为体，绰乎其杀也"。即便是"外、杂篇"中的"杀"，也从未用作"亡"或"灭"之意。所以，将"杀生者不死"中的"杀"释为"亡"或者"灭"，应当不符合庄子原意。我们认为，庄子这里的"杀"采用的应该就是"杀"字的本义。"杀生者不死，生生者不生"

的意思是说，杀生者杀生不认为是杀生，生生者使人重生不认为是生生，那么，这是一种什么样的人呢？这就是原本就有"圣人之才"又得了"圣人之道"的像卜梁倚这样的人。或者说，"杀生者""生生者"指的是既有"圣人之道"又有"圣人之才"的圣人君主。如此一来，庄子的这一段话就好理解了。圣人君主杀生不是杀生，使人重生不是生生。对于万物来说，圣人君主没有什么是不可以抛弃的，没有什么是不可以迎接的，没有什么是不可以毁灭的，也没有什么是不可以成就的。这就叫作"撄宁"。"撄宁"就是先"将"后"迎"、先"毁"后"成"。总之，"杀生者不死，生生者不生""撄而后成者"指的就是圣人君主所从事之务。

二　为什么要说"圣人之道"

"圣人之道"在《庄子》"内篇"中是一个很特殊的提法。貌似庄子将"道"划分出了不同的种类，如果真有"圣人之道"，似乎也应当有相应的至人之道、真人之道、神人之道。显然，这不是《庄子》"内篇"中屡屡述及的"道"。实际上，女偊这里所说的"圣人之道"与王骀、伯昏无人传给弟子之道并无不同。如果说有不同的话，那仅仅体现在卜梁倚所独具的"圣人之才"上。也就是说，"道"相同，但由于得道者的社会地位与职责不同，得道者在其社会活动中所展现出的"道"也就有了不同的表现形式。

对现实社会中的人来说，庄子认为人的人格精神是不存在高低贵贱之别的。君主、执政者也罢，支离疏、兀者也罢，都可以"德充符"，可以成为得道之人。所谓"万物一齐"，齐的不是万物的形态，也不是人的社会地位或作用，而是"道通为一"。以道的眼光来看待一切，才能"其好之也一，其弗好之也一。其一也一，其不一也一"，一切都不是对立的，在本质上都是同一的。以这样的眼光来看待事物、看待人，就不会否认差异。也就是说，同样的"道"，对不同才质的得道者,可以有不同的表现形态。申徒嘉得道之后是无己至人,郑国执政子产得道之后是无功神人,具有圣人之才的卜梁倚得道之后自然是无名圣人,也就是"圣人君主"。得道的至人、神人、圣人、真人在人间各有不同的社会功能与活动场所,因此庄子"圣人之道"的真正含义也不在于"道"的差异,而在于得道之后的圣人如何行使君主的权力,如何体现出"圣人之道"来。

何谓"圣人之道"?

《庄子》"内篇"中除《养生主》以外,其他六篇都不同程度地论及圣人。比较"内篇"中有关圣人的所有文字,可以清楚地看到,庄子所说的圣人有两种。一种如《逍遥游》中的尧:

> 尧治天下之民,平海内之政,往见四子藐姑射之山,汾水之阳,窅然丧其天下焉。

尧一身兼有两种圣人的特点,"窅然丧其天下焉"是其分水岭。在尧"往见四子藐姑射之山,汾水之阳"以前,有圣人之才但尚未具备圣人之道的尧还有"欲伐宗、脍、胥敖"之心,并经常因此"南面而不释然"。但在"往见四子藐姑射之山"以后,尧成为了"窅然丧其天下"的圣人君主。"窅然丧其天下",不是说尧从此不再过问天下之事,不再"治天下之民,平海内之政",而是说尧从此不再把天下当作自己的囊中之物。这样的圣人,也就是庄子在《齐物论》中所说的"不从事于务"的圣人。其实,庄子还是把治世的希望寄托在君主身上的。他在儒家所推崇的圣人身上又注入了自己的治世理想,创造出现实社会中的"无名"的圣人君主。庄子实际上也是希望这样的圣人能通过"不用而寓诸庸"的方式,"治天下之民,平海内之政",使四海晏然。这也是为什么庄子在讲到人世间时,一方面猛烈地抨击现实社会中的暴君,一方面又屡屡赞颂圣人君主。其中的真正原因，就是庄子至少在潜意识中感觉到，真实的世界还是需要靠得了道的"无名"圣人君主去治理。

尧，是既有圣人之才又有圣人之道的圣人君主。在其成为得道圣人之后，如果还要继续"治天下之民，平海内之政"，就会遇到即使以"进乎日"之德也仍然"化"不了的宗、脍、胥敖君主，也会遇到"死者以国量乎泽若蕉""其德天杀"的他国君主的挑衅，面对这样的情况，圣人君主仍然会有"杀生"之举。圣人君主的这一使命，庄子在《大宗师》中论及真人时就已经说得非常清楚了：

> 故圣人之用兵也，亡国而不失人心；利泽施乎万世，不为爱人。

圣人君主发动战争，亡他人之国却能不失被亡国的人心，那是因为圣人君主不曾把天下当作自己的私利，也不是为了博得"爱人"之"名"去征战，而是为了"利泽施乎万世"，为了此后万世的君主不再杀人。近现代不少《庄子》学者认为庄子在论述真人时，提出"故圣人之用兵也，亡国而不失人心；利泽施乎万世，不为爱人"一段，不符合庄子的思想主旨，也与真人无关，因而断定这一段文字是从别处"错入"而当删去（见陈鼓应《庄子今注今译》）。其实，这种看法只是尚未对《庄子》"内篇"中的大宗师真人以及圣人君主的意义理解透彻的缘故。庄子在描述具有大宗师使命的真人时，自然会谈及大宗师对各类人物的影响。平民百姓可以得道，可以为大宗师所"化"，君主也同样可以得道，同样可以是大宗师所"化"的对象。而且，在庄子看来，只有既有圣人之才又有圣人之道的君主才能做到"亡国而不失人心，利泽施乎万世"。理解了这一点，再回过头去重读《大宗师》中的另一段话，或许会对庄子所说的"圣人之道"有更深的理解：

> 夫藏舟于壑，藏山于泽，谓之固矣。然而夜半有力者负之而走，昧者不知也。藏小大有宜，犹有所遁。若夫藏天下于天下而不得所遁，是恒物之大情也。

这段话实际上也是针对圣人君主而言的。"藏舟""藏山""藏小大"，实为"藏天下"的比喻。而"藏天下于天下"，正如成玄英所说的"岂藏之哉？盖无所藏也"。这就是说不把天下当作自己的囊中之物，这才是具有圣人之才与圣人之道的圣人君主所具有的胸怀与境界。

三 圣人之才与君主之才

如果说"圣人之道"指的是"故圣人之用兵也，亡国而不失人心；利泽施乎万世，不为爱人"，那么，"圣人之才"的"才"又指的是什么呢？按照女偊所说，"以圣人之道告圣人之才，亦易矣"。这个"圣人之才"的"才"，字面上可以指卜梁倚学道的才质，意思是有"圣人之才"的人学道、得道比他人更容易。但是，女偊所说的"圣人之才"的"才"绝不单单是学道之才，更重要的还是做君主之才。这种"才"，不是匠人之才，不是宰辅之才，而是做君主之才。匠人之才体现在对木质优劣的鉴定上，宰辅之才体现在治理国家的功绩上，而圣人之才则体现在"治天下之民，平海内之政"，即统领天下上。匠人、宰辅之才或可通过学而得之，圣人之才却难以通过学而得之。所以女偊即便有"圣人之道"也不可能成为圣人君主，而"有圣人之才而无圣人之道"的卜梁倚却可以成为圣人君主。

圣人之才的"才"与君主之才的"才"看起来十分接近，实际上却有区别。有君主之"才"而做君主的人很多，如鲁哀公、卫灵公、齐桓公以及《人间世》中的"卫君"，但他们都仅仅有君主之才而已，却没有"圣人之才"。因此，尽管鲁哀公、卫灵公、齐桓公有哀骀它、阐跂支离无脤、瓮㼜大瘿与之相处，他们也都只能是普通君主而不是圣人君主。可见，对于圣人君主来说，圣人之道与圣人之才缺一不可。只有具备了圣人之才，才可能具备圣人君主之道。换言之，圣人之才是得圣人君主之道的重要条件。只有具有圣人之才的人得了圣人之道，才能"杀生者不死，生生者不生"，才能"其为物，无不将也，无不迎也；无不毁也，无不成也。其名为撄宁。撄宁也者，撄而后成者也"。

女偊在为南伯子葵解释为什么"子非其人也"时，还特别提到"吾欲以教之"。在《德充符》中，王骀对弟子采取的是"立不教，坐不议"的"不言之教"，而其弟子可"虚而往，实而归"。但《大宗师》中女偊却说"吾欲以教之"。显然，卜梁倚学道的主动者为女偊而非他自己。这是因为有圣人之才而无圣人之道的人一旦成为君主，给人间带来的很可能是"其年壮，其行独；轻用其国，而不见其过；轻用民死，死者以国量乎泽若蕉，民其无如矣"的灾难，然而一旦有"圣人之才而无圣人之道"的卜梁倚得了圣人之道，结果很可能是"利泽施乎万世"，"杀生者不死，生生者不生"。这也是为什么女偊这样主动地想为卜梁倚传圣人之道。而且，女偊把"外天下"作为传"圣人之道"的第一关，目的就是要有"圣人之才"的卜梁倚得了圣人之道，成为圣人君主，却不以天下为天下，因而也就可以"杀生者不死，生生者不生。其为物，无不将也，无不迎也；无不毁也，无不成也。其名为撄宁。撄宁也者，撄而后成者也"。一个"故"字，充分说明只有同时具有圣人之才与圣人之道的圣人君主，才可能面对社会上的一切，给动乱的社会带来安定。

四　女偊的宏论从何而来

女偊这番有关学道以及"圣人之才"与"圣人之道"的宏论，显然不是对长生不死之术感兴趣的南伯子葵所能理解的，自然让他感到十分诧异困惑,想知道这番宏论的出处。"子独恶乎闻之",你的这番宏论是从哪里听来的呢?

> 南伯子葵曰:"子独恶乎闻之?"曰:"闻诸副墨之子,副墨之子闻诸洛诵之孙,洛诵之孙闻之瞻明,瞻明闻之聂许,聂许闻之需役,需役闻之于讴,于讴闻之玄冥,玄冥闻之参寥,参寥闻之疑始。"

"副墨",书册文字;"洛诵",诵读;"瞻明",见解洞彻;"聂许",听闻;"需役",日常生活劳动;"于讴",歌咏;"玄冥",幽远;"参寥",空阔;"疑始",迷茫之始。在这一段话中,庄子用了一连串杜撰出来却又具有特定含义的名字,追溯女偊这一番有关"道"的宏论的出处。

前人解释女偊的这段话,大都承袭了郭象的说法:

> 夫自然之理,有积习而成者。盖阶近以至远,研粗以至精,故乃七重而后及无之名,九重而后疑无是始也。

按照郭象的说法,"闻道"的过程是由近及远、由粗至精的,这其中一共有九个层次。而最远最精的是"九重而后疑无是始也"。"疑始"又是什么呢?成玄英说:

> 始,本也。夫道,超此四句,离彼百非,名言道断,心知处灭,虽复三绝,未穷其妙。而三绝之外。道之根本,所谓重玄之域,众妙之门,意亦难得而差言之矣。是以不本而本,本无所本,疑名为本,亦无的可本,故谓之疑始也。

郭象的"疑无是始",成玄英的"不本而本,本无所本,疑名为本,亦无的可本",都认为"疑始"就是"道"。可是庄子已经明确说了："夫道，有情有信，无为无形；可传而不可受，可得而不可见；自本自根，未有天地，自古以固存；神鬼神帝，生天生地；在太极之先而不为高，在六极之下而不为深，先天地生而不为久，长于上古而不为老。"所以，"疑始"并不是道。实际上，"疑始"很简单，意思就是从质疑开始，而质"疑"的对象，就是人间的是非。如果对人间的种种是非发生"疑"问，那么，对"道"的寻求也就开始了。从女偊对自己得道的过程以及得道方法的描述来看，女偊得道的源泉几乎涉及了人类生活的各个方面。可见，人类社会的每一个角落、每一件事中都有道，关键在于一个人能不能发现道，认识道。庄子认为一个人发现道的第一步就是"疑始"。所以，当人对人间的是非产生怀疑的时候，就开始了寻找答案的历程。这个"历程"就是充德，就是一步步地"外"，一层层地"忘"，最终就会找到这一切的答案，也就是贯通一切之"道"。道在太极之先，在六极之下，在人自身，甚至"在蝼蚁""在稊稗""在瓦甓""在屎溺"，道"无所不在"。

"安时而处顺，哀乐不能入"

　　《庄子·大宗师》描述真人时，反复强调这些"不逆寡，不雄成，不谟士"；"登高不栗，入水不濡，入火不热"；"其寝不梦，其觉无忧，其食不甘，其息深深"；"不知说生，不知恶死；其出不䜣，其入不距，翛然而往，翛然而来而已矣。不忘其所始，不求其所终；受而喜之，忘而复之"；"其心志，其容寂，其颡頯；凄然似秋，暖然似春，喜怒通四时，与物有宜而莫知其极"的人，统统都是"古之真人"。在真人前"冠"以"古"字，说明这些自由自在、超乎现实世界制约之外的真人，距离庄子的时代已经十分遥远。既然他们都是"古之真人"，那么庄子时代的"真人"又是什么样子的呢？他们又有着怎样的风采？他们如何置身于生老病死的日常生活中？这，便是庄子在谈过"圣人之才"与"圣人之道"后所要重点描述的。

一　莫逆于心的"生死之交"

较之"鸡犬之声相闻，老死不相往来"的古之人，庄子时代的"真人"似乎过得颇有生活气息：

> 子祀、子舆、子犁、子来四人相与语曰："孰能以无为首，以生为脊，以死为尻，孰知死生存亡之一体者，吾与之友矣。"四人相视而笑，莫逆于心，遂相与为友。

"尻"，尾骨；"逆"，违背。子祀、子舆、子犁、子来四人聚在一起相互说，谁能把"无"当作头，把"生"当作脊背，把"死"当作尾；谁能认识到死生存亡原本是一体的，我就可与之为友。说罢，四个人相视而笑，莫逆于心，遂成为好朋友。

一般来说，人们谈论到生死时，往往先说生，再由生谈到死；唯独庄子认为生死没有先后，生也好，死也罢，不过是人体"物化"的形式而已。在庄子看来，人的生命从"无"到"有"再到"无"，或者从"死"到"生"再到"死"，死生存亡只是一个变化的循环，是一个"物化"的过程；死或生不过是这个"物化"链中的一个"点"。基于这样的认识，庄子认为人们大可不必执着于生而厌恶死，而应当像"古之真人"那样"不知说生，不知恶死"，或者像"今之真人"子祀、子舆、子犁、子来一样，"以无为首，以生为脊，以死为尻"，视"死生存亡"为"一体"。

子祀、子舆、子犁、子来四人由于有着这样的共同认识，所以可以"相视而笑，莫逆于心，遂相与为友"。"相与为友"，是《庄子》"内篇"中颇为引人注目的话题。庄子明明刚说过"鱼相与处于陆，相呴以湿，相濡以沫，不如相忘于江湖"，似乎对人与人之间这种"相呴以湿，相濡以沫"的情意很是不以为意，但是为什么这里又用带着欣赏的口吻赞颂四人之间"相与为友"的友情呢？其实，这两者之间并不存在任何的矛盾。其中的关键点在于如何面对死亡的来临，面对"相处于陆"的困境。"相呴以湿，相濡以沫"，说到底就是与死抗争，所以才要"以湿""以沫"相互支撑，以图勉强地活下去。只是在这样的情况下，庄子才说"不如相忘于江湖"。这里的"不如"二字很值得回味。显然庄子的意思是说与其这样相互救助、苟延残喘，还不如坦然面对死亡，彼此相忘。换句话说，就是在死亡来临之时，不必这样迷恋生，而应从容淡定。而这，也正是子祀、子舆、子犁、子来对待生死的态度。由此可知，庄子不但不否定人间之友情，对于这种因"道"而产生的人与人之间"莫逆于心"的默契、理解，反而是给予充分肯定的。

像子祀、子舆、子犁、子来这样的朋友，都是视生死存亡为一体的得道者。因此，他们不但能以坦然的态度对待生死之"化"，即使是在遭受病患的折磨时，也同样表现得不同凡响：

> 俄而子舆有病，子祀往问之。曰："伟哉！夫造物者将以予为此拘拘也！"曲偻发背，上有五管，颐隐于齐，肩高于顶，句赘指天。阴阳之气有沴，其心闲而无事，跰𨇤而鉴于井，曰："嗟乎！夫造物者又将以予为此拘拘也！"

"拘拘"，人体卷曲不能伸展的样子；"曲偻"，驼背；"发背"，脊骨向上；"颐"，面颊；"齐"，通"脐"，肚脐；"句赘"，发髻；"沴"，凌乱；"跰𨇤"，步履艰难。这段话的意思是说，四人相与为友后不久，子舆患了病，子祀前去看望。子舆一见子祀就说，造物主真伟大，把我的身躯变成了如此卷曲的样子。子舆弯腰驼背，脊骨向上，面颊贴着肚脐，双肩高过头顶，发髻朝天，阴阳二气错乱，可他心中却十分安闲，好像什么事也没发生一样。子舆步履蹒跚地走到井边，照见了自己的形象，说，哎呀，造物者又把我的身躯变成了如此卷曲的样子。

人的一生中，生老病死不可抗拒。由于庄子在《大宗师》中写的都是现实社会中真实的人，就免不了遭受病痛的折磨。显然，庄子时代的"真人"是无法像"古之真人"那样"入水不濡，入火不热"，也无法像至人、神人那样生活在"无何有之乡""大漠之野"或者"藐姑射之山"，以致"大泽焚而不能热，河汉冱而不能寒"（《齐物论》）；"物莫之伤，大浸稽天而不溺，大旱金石流土山焦而不热"（《逍遥游》）。既然是真实的人，他们就会有跟普通人一样的心理体验，尽管这种体验是如此与众不同："伟哉！夫造物者将以予为此拘拘也！"

对于自己的身体因病痛而带来的形体上的变化，子舆的第一个反应是对造物者的由衷赞叹，一句"伟哉"，道出了此中多少对"死生存亡之一体"的"道"的感悟与体验。也正是在这一点上，子祀、子舆、子犁、子来四人才"相与为友"。然而，当子舆在井水中真实地看到自己"拘拘"的形体，却情不自禁地感慨道："嗟乎！夫造物者又将以予为此拘拘也！"从"伟哉"到"嗟乎"，再加上这个"又"字，可知虽然子舆可以坦然轻松地看待自己的生老病痛，以及生与死之间的"物化"，一旦真真切切地亲眼见到发生在自己身上的变化，还是很难保持住以往内心的安逸泰然，忍不住发出"哎呀"的惊叹。这种微妙的心理变化，正反映了生活于现实世界的"真人"的真实心理活动。这也说明，即使超脱潇洒如真人，也很难彻底摆脱现实生活的约束。这一点，从"子舆有病，子祀往问之"一事中，也可以看出来。朋友患病，子祀前去探望，这不也正是现实社会中的人情与友情在"真人"之间的体现吗？看来，庄子所说的"无情"只是针对那些尚未踏入"道"之门槛者而言，而对于真正领悟了"道"并在"道"的基础上产生的"大情"，至少庄子在潜意识中是欣赏的。

二 "哀乐不能入"

对于子舆前后两次感叹"夫造物者将以予为此拘拘也"时所流露出的微小的心境与情绪的波动,子祀是感觉到了的:

> 子祀曰:"女恶之乎?"

子祀问子舆:"你对你的样子感到厌恶吗?"子祀来看望子舆,眼见子舆正在遭受病痛的折磨而呈"拘拘"之形,未置一词。听到子舆说"伟哉!夫造物者将以予为此拘拘也"时,所感到的也只是对子舆置"死生存亡之一体"的"莫逆于心"的欣慰。然而,在听到子舆再次提到"夫造物者"时,把充满赞颂的"伟哉"改为带有几分感叹的"嗟乎",还在"夫造物者"后添加了一个"又"字,不免让子祀感到惊诧,于是立即插话问道:"女恶之乎?"细细体味"女恶之乎"的疑问,是不难感受到其中所包含着的子祀对子舆的深深隐忧:其一,子祀担心子舆在身罹病患时,对"死生存亡之一体"的"道"产生了动摇,丧失了信念;其二,如果子舆果真不能"忘形",子祀担心自己会失去一位"莫逆之交"的朋友;其三,也透露出子祀对自己所期待的回答还不是那样的信心十足。

> 曰:"亡!予何恶!浸假而化予之左臂以为鸡,予因以求时夜;浸假而化予之右臂以为弹,予因以求鸮炙;浸假而化予之尻以为轮,以神为马,予因以乘之,岂更驾哉!"

"浸",逐渐;"假",假使;"时夜",司夜,公鸡报晓;"鸮炙",烤鸟肉。子舆回答说,不!我怎么会厌恶我现在的躯体呢?假使造物主逐渐将我的左臂化为鸡,我就用它来报晓;假使造物主逐渐将我的右臂化为弹丸,我就用它去打可做烤肉的小鸟;假使造物主逐渐将我的尾骨化为车轮,将我的精神化为马,我就乘着它行走,我怎么可能还需要换驾其他的车呢?

子舆"亡!予何恶"的回答,说得斩钉截铁,说明他马上就从子祀的疑问中意识到自己的慨叹引起了他人的误解,所以迫不及待地要表明自己对"道"的信念的坚定。在这一段话中,子舆一连用了三个"浸假而化",表示自己对"化"的从容与坦然。"化"是庄子思想中又一个极为重要的概念。从《齐物论》中庄周与蝴蝶之间的"物化",到《德充符》中"死生亦大矣,而不得与之变;虽天地覆坠,亦将不与之遗。审乎无假而不与物迁,命物之化而守其宗也",再到《大宗师》的"若人之形者,万化而未始有极也,其为乐可胜计邪?故圣人将游于物之所不得遁而皆存。善妖善老,善始善终,人犹效之,又况万物所系,而一化之所待乎",都表明庄子的"化"是"道"的一个重要表现形态,"化"既包含了物我互化、生死互化的一体性,又包含了人生历程中生老病死无时无刻不处在变"化"之中的持续性、不间断性。子舆说不论是"化"为"鸡","化"为"弹",还是"化"为"轮",自己都会顺从造化的安排,一任其变,正是对庄子"化"的理论的形象诠释。

真人,在《大宗师》中都是以得道者的形象出现的,自然会完美地体现道而不是背道而驰。所以紧接着,子舆又对自己对"化"的顺从做了进一步解说:

> 且夫得者,时也,失者,顺也;安时而处顺,哀乐不能入也。此古之所谓县解也,而不能自解者,物有结之。且夫物不胜天久矣,吾又何恶焉!

"得",指生;"失",指死;"悬解",指对外在束缚的解脱。这段话的意思是说,所谓生是依从时运的结果,死也是顺应自然的必然。

安于时运，顺应自然，哀乐就不会扰乱内心了。这就是古人所说的彻底解脱。那些不能自己解脱的人，是被外物所束缚。况且，万物不能胜天由来已久，我为什么要厌恶自己躯体的变化呢？

子舆的这段话与《养生主》中"秦失吊老聃"时所说"适来，夫子时也；适去，夫子顺也。安时而处顺，哀乐不能入也，古者谓是帝之县解"的用语几乎完全相同，可以视作是对"生死存亡之一体"的高度概括。从死到生再到死，从无到有再到无，这就是道所呈现出的"化"的历程。面对"化"，人抗争也罢，顺从也罢，结局都一样，既然结局一样，人又为什么不能"安时而处顺"呢？一旦"安时而处顺"，人便摆脱了一切"物累"，达到"哀乐不能入"，也就真正得到了解脱。"且夫物不胜天久矣，吾又何恶焉！"这既是子舆发自内心的感叹，也是得道者对自然、对道、对世界的一个深刻认识。不是"物"不想胜"天"，而是人在长期试图胜天的挣扎中，终于意识到"物"无法胜"天"的事实。"吾又何恶焉"，既然如此，子舆很坚定地表示自己并没有什么可厌恶的。无论子舆的回答是否包含着无可奈何的因素，但只要足以消除子祀的惊疑，足以显示"道"的力量，就够了。

三　以天地为大炉

与那些不食人间烟火、吸风饮露、居住于"无何有之乡"的神人、至人、古之真人相比，庄子时代真人的最大不同在于他们不仅真实地生活在"当今之世，仅免刑焉"的现实世界中，而且随时随地经历着生老病死的挑战：

> 俄而子来有病，喘喘然将死，其妻子环而泣之。子犁往问之，曰："叱！避！无怛化！"倚其户与之语曰："伟哉造化！又将奚以汝为，将奚以汝适？以汝为鼠肝乎？以汝为虫臂乎？"

"喘喘然"，呼吸急促的样子；"怛"，惊动。不久，子来病重，呼吸急促，就要死去。他的妻子儿女围在子来身边哭泣。子犁前去探望，喝斥子来的家人说，走开吧，不要惊动了正在经历生死之"化"的人。然后子犁倚着门对子来说，造物者真伟大啊！它要把你"化"成什么呢？它要把你送到何处？要把你变成老鼠肝吗？要把你变成虫子的臂膀吗？

子来与子祀、子舆、子犁都是"相与为友"的得道者。面对子来之将死，其家人很自然地表现出了对亲人即将离世的悲泣。然而，这种对死的悲恸、对生的眷恋，在庄子看来，却有悖于自然法则，有悖于"安时而处顺"的"道"的精神，所以庄子一反人之常情，借子犁之口，竟大声赞颂造物者，也就是"道"的伟大，要求子来的家人不要打扰正在经历"物化"的子来，而让他可以安适从容地经历生死之"化"。子犁所说的"无怛化"，既是对子犁家人说的，也是对在"生死存亡之一体"的信念上与自己"莫逆于心"的子来说的。"又将奚以汝为，将奚以汝适？以汝为鼠肝乎？以汝为虫臂乎？"既然"道"无所不在，那么，活着的人形体现的是"道"，而将"物化"为的"鼠肝""虫臂"同样体现的是"道"。人的生与死不过是宇宙间道"化"万物的一个小小插曲而已，不足以为意。子犁就是以这样一种诙谐轻松的心情与子来一起分享"安时而处顺，哀乐不能入也"的"物化"过程，以示与友人之间的默契。

果然，子来与子犁之间"莫逆于心"的默契程度甚至远在"心有灵犀一点通"之上：

> 子来曰："父母于子，东西南北，唯命之从。阴阳于人，不翅于父母，彼近吾死而我不听，我则悍矣，彼何罪焉！夫大块载我以形，劳我以生，佚我以老，息我以死。故善吾生者，乃所以善吾死也。"

"不翅"，不仅，何止。子来回答子犁说，儿子对于父母，不管父母要自己去东西南北，只有唯命是从。造物者对于人，何止是儿子对父母的关系。现在，造物者要我死而我不依从，我就是强悍不顺，造物者没有任何过错。大地承载着人的形体，年轻时，让人操劳，年老时，让人安逸，死时，让人安息。所以，能让我很好地活着的，也能够让我很好地死去。

子来的这段话，实际上是对《大宗师》前文所阐释的"死生，命也。其有夜旦之常，天也。人之有所不得与，皆物之情也"之生死观的形象说明。其中"大块载我以形"几句，甚至是只字不差地对前文的重复。这一段中，特别值得注意的是，庄子再一次透露了真人就是人世间真实之人的重要信息。由于真人就是真实的人，所以他们有家庭，有父母，有妻子儿女，有友人，有人与人之间的日常交往，有病痛与衰老的遭际。子舆的惊叹，子犁对子来妻子的呵斥，儿子对父母之命的遵从，都体现了真人的生活常态。庄子在《大宗师》中对真人日常生活的具体描述，大大缩短了真人与普通人之间的距离，在某种程度上也褪去了得道者的神秘感。在现实社会中，真人也要娶妻生子，也同样过着柴米油盐的日常生活，在家里担当起子与父母的责任。"父母于子，东西南北，唯命之从"，实际上也透露出庄子对人世间最普遍的家庭观、伦理观的认可。这种家庭观、伦理观延伸到社会和政治生活中，则有了君臣与君民的关系。所以，在《庄子》中，有圣人君主如尧、卜梁倚，有无功神人如得道后的郑子产，有大量掌握了"道"之精髓的至人、真人。这，就是庄子所建立的理想社会。

由于真人经常要面对生老病死，所以庄子在谈论真人时，特别强调"安时而处顺"，顺从于命，坦然面对生死之"化"的重要，再三强调每个人在每一个人生阶段都有着不同的使命，生则劳，老则佚，死则息，人无法抗命，也不必抗命：

"今之大冶铸金，金踊跃曰'我且必为镆铘'，大冶必以为不祥之金。今一犯人之形，而曰'人耳人耳'，夫造化者必以为不祥之人。今一以天地为大炉，以造化为大冶，恶乎往而不可哉！"成然寐，蘧然觉。

　　"大冶"，铁匠；"镆铘"，良剑名；"成然"，安闲舒适；"蘧然"，怡然自在的样子。这段话的大意是说，现在有一位铁匠在铸造一块金属。金属跳起来说，一定要把我铸造成镆铘宝剑。铁匠一定会认为这是一块不祥的金属。而人，一旦有了人形，就高叫着，把我造成人！把我造成人！造化一定会认为这是不祥之人。现在，我把天地当作大熔炉，把造化当作铁匠，那么，到哪里去不可以呢？子来说完，便安然地睡去，又欣欣然地醒来。
　　"金踊跃曰'我且必为镆铘'"，实际上是"金"由于不甘心自己的命运而表现出的对"大冶"的对抗。然而，这块"金"究竟将造成什么样的剑，决定权却不在"金"自己而在于"大冶"。"物不胜天久矣"，对抗也罢，顺从也罢，"金"都不可能胜"大冶"。对抗，只能招致自己的毁灭。所以，庄子反复告诫人们，既然生存于天地这个大熔炉中，就应当"安时而处顺"，"道"如何安排你的命运，"道"要你以什么形式出现，你只有服从，才能获得真正的安适与宁静。无论是化作鼠肝、虫臂、镆铘，还是人，都应泰然处之，顺从于"道"之"化"。否则，"造化者必以为不祥之人"，必将遭受命运的惩罚。

现实生活中的真人

    "以无为首，以生为脊，以死为尻""知死生存亡之一体"，是子祀、子舆、子犁、子来四人相与为友的出发点，也是所有得道者对生与死、有与无的共同看法。从"首"到"脊"，再到"尻"，也就是从"无"到"生"，再到"死"，"生"不过是人生旅程中的一个阶段。虽然生要"保身、全生、养亲、尽年"，但就"生"的本质来说，生或死都是"道"的一种体现，都是"物化"的一种形式，生死间并没有质的区别。唯有在这样的认识基础上，子舆才能在病得"曲偻发背，上有五管，颐隐于齐，肩高于顶，句赘指天"时，仍表现出"心闲而无事"；子来在病至将死、"妻子环而泣之"时，仍可"成然寐，蘧然觉"。"大块载我以形，劳我以生，佚我以老，息我以死。故善吾生者，乃所以善吾死也"，这就是大宗师真人对待生老病死的超脱潇洒的人生境界。

一　临尸而歌

所谓"善吾死也"，是说不但在死亡来临之时，要像子来、子舆那样坦然从容、轻松应对，就是在安葬死者时也要表现得惊世骇俗，非同一般。这便是下面"子桑户"故事的意义。

> 子桑户、孟子反、子琴张三人相与友，曰："孰能相与于无相与，相为于无相为？孰能登天游雾，挠挑无极；相忘以生，无所终穷？"三人相视而笑，莫逆于心，遂相与为友。

"相与"，指相互交往。"相为"，指相互帮助。"登天游雾"，形容精神游于道的境界。"挠挑"，李颐注说："挠挑，犹宛转也，宛转玄旷之中。"指遨游。"终穷"，成玄英说："终穷，死也。相与忘生复忘死，死生混一，故顺化而无穷也。"指视死生为一体。这段话的意思是说，子桑户、孟子反、子琴张三人相交为友谈论说，"谁能相交于无相交？谁能相助于无相助？谁能超然于物外，遨游于无极？谁能忘了生死，永远没有终结与穷尽？"三个人相视而笑，莫逆于心，遂成为朋友。

与子祀、子舆、子犁、子来四人相比较，除了在视"死生之一体"这一点上，子桑户、孟子反、子琴张三人与子祀四人十分相似以外，似乎子桑户、孟子反、子琴张三人的友情更多了几分精神层面上的追求：所谓"相与于无相与，相为于无相为"，强调的是一种无心的相互交往与无心的相互帮助，也就是人与人之间精神层面的相互契合，而不是物质利益方面的相互利用；"登天游雾，挠挑无极；相忘以生，无所终穷"，则摆脱了世俗伦理的约束，寻求的是一种心灵的自由，把自己置身于宇宙天地之中，让心灵自由地翱翔。

有了这样独特的追求与认识，在对待死的问题上自然会超凡脱俗、卓尔不群：

莫然有间而子桑户死,未葬。孔子闻之,使子贡往侍事焉。或编曲,或鼓琴,相和而歌曰:"嗟来桑户乎!嗟来桑户乎!而已反其真,而我犹为人猗!"子贡趋而进曰:"敢问临尸而歌,礼乎?"二人相视而笑曰:"是恶知礼意!"

"莫然",淡漠无心,形容三人之间"相与于无相与,相为于无相为"的交往方式;"有间",过了一段时间;"侍事",协助办理丧事;"编曲",编写挽歌;"反",通"返",返归;"真",指归于"道",亦即"无"。这段话的大意是说,三人相交了一段时间,子桑户死去,还没有下葬。孔子得知,派子贡前去帮助料理丧事。子贡到时,一个人在编写挽歌,一个人在弹琴,然后两人相和唱了起来:"子桑户啊子桑户,现在你已经返本归真了,而我们还是活着的人啊。"子贡快步走上前说:"请问,你们面对尸体唱歌,这合乎礼仪吗?"两人相互看了一眼笑着说:"我们怎么会懂得你所说的礼义之意!"

"子桑户死",可以看作是"子舆病"与"子来将死"两段故事的续集。从病重到濒死,最后到丧葬,这一系列小故事真实而又独特地展现了得道的真人在对待生老病死问题上,与世俗世界截然不同的态度。世俗之人由于无法摆脱"悦生恶死"的观念,必定会以悲痛哀伤哭泣为治丧的基调;然而,对于得道的真人,死,不是生命的结束,而是新的人生阶段的开始,是"悬解",是一种解脱。从世俗的眼光来看,孟子反、子琴张"或编曲,或鼓琴,相和而歌",是在为子桑户办丧礼,可是如果仔细揣摩歌词的内容,不难看出他们实际上是在庆贺子桑户生命新阶段的开始,歌唱他"栩栩然蝴蝶也"的惬意生活,表露出的是强烈的欣羡:"嗟来桑户乎!嗟来桑户乎!而已反其真,而我犹为人猗!"在他们看来,死是"反其真",是先人一步回到了人人出发的地方,完成了人生从无到有又到无的历程,而"犹为人"的"我"却还生存在一个"假"而虚幻的世界中,等待着

"反其真"那一天的来临。从这里表现出的对死的欣羡,可以看出庄子实际上是把现实世界看作是一个虚幻的存在,而人不过是虚幻世界中飘然而过的影子。人们由假归真,由虚归实,回归故里,这样的"化",又怎么会产生悲戚之心呢?

值得一提的是,一般庄子注本都将"是恶知礼意"一句,译作"你这样的人怎么会懂得礼义之意呢"。如果这样解的话,实际上等于说孟子反、子琴张仍然理解子贡所说之礼,这样不但与两人的所作所为相矛盾,而且与孔子后来说"彼又恶能愦愦然为世俗之礼"不符,不如解释为"我们怎么会懂得你所说的礼义之意",更能体现两位得道者的不同凡俗之处。

二　游方之外

从"子桑户死,未葬。孔子闻之,使子贡往侍事焉"这几句话中可知,孔子之所以派子贡前往协助料理子桑户的丧事,是想让他尽早入土为安。子贡是孔子的弟子,必然以孔子的伦理道德观来衡量办丧事的礼仪。所以当他看到孟子反、子琴张两人不合礼制地"临尸而歌",在质问两人时,反遭"是恶知礼意"的嘲讽。这种出力不讨好的遭际当然让子贡感到惊疑与愤怒:

> 子贡反,以告孔子,曰:"彼何人者邪?修行无有,而外其形骸,临尸而歌,颜色不变,无以命之。彼何人者邪?"

"修行",德行修养;"命",名。子贡回来后对孔子说,他们都是些什么人呀!没有道德修养,人死了不仅不下葬,反而对着尸体唱歌,脸上没有丝毫的悲戚之情,简直不知道该怎么形容他们。他们究竟是些什么人啊?

看来,子贡是真的被孟子反、子琴张两人气坏了。人死了,不下葬不说，还对着尸体快乐地歌唱。自己好心去帮忙，要求他们按照世俗之礼去办理丧事，却被这两个完全不懂礼法、有悖世俗人情的家伙嘲笑。也难怪子贡如此愤怒，以至于他忍不住连着质问了两次"彼何人者邪"。有意思的是，孔子听罢子贡的"控诉"，非但没有责难孟子反、子琴张，反倒先来检讨自己：

> 孔子曰："彼，游方之外者也；而丘，游方之内者也。外内不相及，而丘使女往吊之，丘则陋矣。彼方且与造物者为人，而游乎天地之一气。彼以生为附赘县疣，以死为决疡溃痈，夫若然者，又恶知死生先后之所在！假于异物，托于同体；忘其肝胆，遗其耳目；反覆终始，不知端倪；芒然彷徨乎尘垢之外，逍遥乎无为之业。彼又恶能愦愦然为世俗之礼，以观众人之耳目哉！"

"方之外"，世俗世界之外；"造物者"，指道；"附赘"，附在身上的累赘；"县疣"，挂在身上的肉瘤；"疡"，疽；"痈"，毒疮；"假"，寄托；"芒然"，同"茫然"；"尘垢"，尘世，现实世界；"愦愦然"，烦乱的样子。孔子回答子贡说，他们是游于世俗世界之外的人，而我是游于世俗世界之内的人。世俗世界之间内外互不相关。我让你去协助他们办丧事，实在是太浅陋了啊。他们是与造物者"道"相通的人，游于天地的元气之中。他们把活着视为是附赘悬疣，把死看作是决疡溃痈。像这样的人，根本不在乎死生先后的顺序。他们认为人体不过是假借于不同之物而形成，都是道的体现，因此死生都与道同体。他们忘掉了内在的肝胆，也忘掉了外在的耳目。生与死是一个反复始终的过程，不知何时开始，何时结束。他们茫然地徘徊于尘世之外，逍遥于自然无为的境地。他们又怎么会不胜其烦地去遵循世俗的礼仪，去看世俗之人的脸色、听别人的议论呢？

　　在《庄子》"内篇"中，孔子总是以一位师长的身份出现。每当世俗之人对庄子学说有所疑问时，孔子往往会出面为人排忧解难、指点迷津。当然，孔子也有错了的时候，像这次派子贡去协助办理丧事，不但派错了人，还去错了地方。不过，孔子马上承认这是由于自己的浅陋。看来，孔子能与兀者王骀"中分鲁"，的确有着大师的风范。我们早就说过，庄子的很多思想其实是出于儒家的颜氏之学。《庄子》"内篇"中的孔子形象虽然总是有着历史真实的影子，其言行也多符合其真实身份，但孔子也经常扮演着庄子代言人的角色。这里，孔子就再一次从儒道学说的分歧上解释庄子学说是如何理解生死，理解"道"与万物的关系，理解"道"的学说与世俗礼义的根本不同。这也说明孔子的确对道家所倡导的"芒然彷徨乎尘垢之外，逍遥乎无为之业"的理想境地，有着某种心灵上的相通。只是孔子有他自己的历史使命，所以，虽然他充分理解孟子反、子琴张这样有悖于世俗的行为，却不可能走上相同之路。

由于孔子此番对"道"的学说的诠解大大出乎子贡的预料之外，于是很自然地引出了子贡更多的疑问：

> 子贡曰："然则夫子何方之依？"孔子曰："丘，天之戮民也。虽然，吾与汝共之。"子贡曰："敢问其方。"孔子曰："鱼相造乎水，人相造乎道。相造乎水者，穿池而养给；相造乎道者，无事而生定。故曰，鱼相忘乎江湖，人相忘乎道术。"子贡曰："敢问畸人。"曰："畸人者，畸于人而侔于天。故曰，天之小人，人之君子，人之君子，天之小人也。"

"戮民"，遭受刑戮之人；"畸人"，异人，奇人；"侔"，合。子贡问孔子，既然如此，那么，先生遵循的是哪一方的道理呢？孔子说，我是被天处以刑罚的人。即使这样，我还是愿意与你一同努力。子贡说，请问其中的道理。孔子说，作为鱼，适合生活在水中；做为人，应该与道同在。对于适于水的鱼,挖个池子就可以生存;对于适于道的人来说,内心淡然无事,性情自然安定。所以说,鱼相忘于江湖,人相忘于大道。子贡又问,请问畸人是什么样的人?孔子说,畸人就是与常人不同而合于天的人。所以说,对天来说是小人的人,是人间的君子;而人间的君子,对天来说却是小人。

"丘,天之戮民也。虽然,吾与汝共之",其意与叔山无趾对孔子"天刑之,安可解"的评语完全相同。在《庄子》"内篇"中多次出现的孔子,始终处于现实与理想的相互矛盾之中。孔子向往着"吾与点也"的逍遥生活,可是又自觉不自觉地承担着救天下于危难之中的重任,加上他明知不可为而为之的性格,就造就了他这种"天之戮民。虽然,吾与汝共之"的孔子式的悲剧英雄。孔子何尝不知,"相忘乎江湖"才是自由的鱼,"相忘乎道术"才是逍遥的人,可是现实与其悲剧性格之间的矛盾,注定了孔子一生挣扎在"穿池而养给"、不能"相忘乎道术"的人生旅途中。其实,这不仅是孔子的悲剧,又何尝不是庄子的悲剧?庄子一方面追求逍遥游,追求遗世独立的人格精神,一方面却又不得不生活于"池"中。不过,无论如何,庄子开创的逍遥的自由精神世界给后世文人留下了一个可以使自己立于人间的理想净土。孔子内心的矛盾,也正是庄子内心的矛盾,同时未尝不是数千年来中国文人士子所经历的内心的矛盾。

三　是醒还是梦

虽然真人的丧礼丧歌与世俗传统大相径庭,但他们在家庭伦理上却与世俗传统并不矛盾,"父母于子,东西南北,唯命之从"。显然,真人同样唯父母之命是从,于"孝"于"顺"都算得上达到了儒家推崇的父子伦常的极致。那么,在对待父母之死上,真人是否会遵循世俗传统之礼呢?

颜回问仲尼曰："孟孙才,其母死,哭泣无涕,中心不戚,居丧不哀。无是三者,以善处丧盖鲁国。固有无其实而得其名者乎?回壹怪之。"

　　"盖",覆盖;"壹",真实,实在。颜回问孔子说,孟孙才的母亲去世了,他哭泣时没有眼泪,心中并不悲伤,居丧却不哀痛。就凭这三点,他却以善于处理丧事而名闻鲁国。难道他只是虚有其名吗?我实在觉得奇怪。

　　如果说,游于方外的真人对朋友之死可以"临尸而歌",那么,有着传统家庭观念的真人对父母的丧礼,却无论如何也不适于"或编曲,或鼓琴",大加庆贺了。可是孟孙才的确在他母亲去世时,"哭泣无涕,中心不戚,居丧不哀"。显然不合乎传统的丧礼习俗。然而这样的人却以"善处丧"而名闻鲁国。这是怎么回事呢?颜回不禁感到十分困惑。

　　仲尼曰:"夫孟孙氏尽之矣,进于知矣。唯简之而不得,夫已有所简矣。孟孙氏不知所以生,不知所以死,不知就先,不知就后;若化为物,以待其所不知之化已乎!且方将化,恶知不化哉?方将不化,恶知已化哉?吾特与汝,其梦未始觉者邪!"

　　"尽之",完全做到了;"就",靠近,趋向;"先",指生;"后",指死;"若",顺;"觉",清醒。孔子说,孟孙才办丧事已达到尽善尽美,超过那些懂得丧礼的人。丧事应简办,但很多人做不到,而孟孙才却简办了。孟孙才不知道为什么生,为什么死,也不知道靠近生,或靠近死。如果人死就会化为物,他所期待的不过是他所不知道的变化。对于将要发生的变化,怎么才能知道不会变化呢?对于尚未发生的变化,怎么能知道不是已经变化了的呢?特别对于我你来说,也许还在梦中没有清醒过来吧。

办丧事,涉及外在的丧事形式以及因生死之变给活着的人带来的内心的悲哀两个方面。让颜回感到困惑的是,孟孙才为其母办丧事"无涕""不泣""不哀",与孔子主张的"礼,与其奢也,宁俭;丧,与其易也,宁戚"(《论语·八佾》)似乎有矛盾,而孔子却回答说:"夫孟孙氏尽之矣,进于知矣。"认为孟孙才为其母所办的丧礼已经尽善尽美,"以善处丧盖鲁国"是名副其实的。

毋庸赘言,孔子在这里再一次充当了庄子的代言人。无论如何,孔子无法为"孟孙才为其母办丧事"无涕""不泣""不哀"找到最为合乎世俗礼仪的解释,因而只能从孟孙才属于"游于方外之人"上加以阐述。对于"游于方外之人"自然无法以"游于方内之人"的礼仪加以约束。游于方外之人,视死生为一体,生死无别。生是"化",死也是"化",生死循环。"不知所以生,不知所以死;不知就先,不知就后。"这就是人生之"化"。在生死面前,人只能顺应"物化"的过程,而不需要了解其中的原因。所以这里孔子连用四个"不知",强调顺应自然、顺应道之"化"的重要,然后落到虚拟的"吾特与汝,其梦未始觉者邪"上来。这种"梦""觉"之间的物化,诚如庄周梦蝶一样,暗示出人是无法辨清梦与觉的:

> 且彼有骇形而无损心,有旦宅而无情死。孟孙氏特觉,人哭亦哭,是自其所以乃。且也相与吾之耳矣,庸讵知吾所谓吾之乎?且汝梦为鸟而厉乎天,梦为鱼而没于渊。不识今之言者,其觉者乎,其梦者乎?造适不及笑,献笑不及排,安排而去化,乃入于寥天一。

"骇",惊;"旦",日;"情",神;成玄英疏:"旦,日新也。宅者,神之舍也。以形之改变为宅舍之日新耳";"厉",通"戾",至;"造适",内心极为惬意;"献笑",突然发笑;"排",安排;"寥天一",

指道。这段话的意思是说，孟孙才认为，死者的躯体虽然发生了变化，但心神并没有因此而受到损害；其精神进入了一个新的处所却没有离去。孟孙才对此了解得十分清楚。别人哭他也哭，这就是他"哭泣无涕"的原因。人们相互说"这就是我"，可是你怎么知道我所说的"这就是我"真的就是我呢？你做梦化为鸟在天空飞翔，化作鱼游于深水之中。不知道现在说话的我们是清醒着呢还是在梦中？心中惬意的时候来不及笑出声，发自内心的笑并不是人安排出来的。听任自然的安排，顺应"化"，这就进入了与道同在的境界。

庄子在《齐物论》中提出来的"死生梦觉"以及"物化"之说，在《大宗师》中得到了进一步的深化。人之死，不过是换了一个居处而已，躯体发生的变化虽然惊人，但这正是"物化"的表现形式之一。物可以"化"，人当然也可以"化"。况且，人的生死之化只是形体的改变而非精神，"有骇形而无损心，有旦宅而无情死"。人所重者是"神"而不是形，孟孙才"所爱其母者，非爱其形也，爱使其形者也"。这就是"其母死，哭泣无涕，中心不戚，居丧不哀"的真正原因。

"且也相与吾之耳矣，庸讵知吾所谓吾之乎？"是庄子在这一段话中提出的另一个与死生关系密切的论题。生是我，死也是我；蝴蝶是我，庄周也是我。那么，我是什么？如何界定我？在"化"的过程中，"我"不过是道的一种体现，无论"我"做出怎样的努力，也无法改变道"化"的轨迹。今日之"我"与明日之"我"，必定由于"化"而有所不同。一旦"物化"完成，"我"将变成什么？是鸡？是弹？是车？是马？是鼠肝？是虫臂？是鸟？是鱼？还是蝴蝶？没有人可以知道。但是，如果能"安时而处顺"，就能"入于寥天一"。梦与觉无悲无喜，死生也不必有悲有喜。这才是庄子提出"我是什么"命题的意义，也是大宗师真人在使人认识到"我是什么"的时候，去领悟"物化"的真正意义。

意而子·颜回·子桑

　　"安排而去化，乃入于寥天一"，不仅是真人的处世之则，而且也是天降大任于真人的使命。真人集至人与大宗师于一身的身份，决定了他们在现实生活中不但自己要顺从于"化"，还肩负着引导"有足者至于丘"的重任。子舆、子来面对生老病死的坦然，孟子反、子琴张的临尸而歌，孟孙才为其母治丧"不涕""不戚""不哀"，既是真人精神境界的写照，也是大宗师的一种"不言之教"。但是，大宗师真人并不能使每个人都"入于寥天一"，就像哀骀它无法使鲁哀公成为德充符的得道者，闉跂支离无脤、瓮㼜大瘿无法吸引卫灵公、齐桓公改而学道，就是对"道"有着深刻理解的孔子也无法因为叔山无趾而放弃他的理想一样。只有那些有心的"有足者"，才能够与真人同行"至于丘"。有鉴于此，在说过子舆、子来等四人以及子桑户等三人如何对待生死的系列故事之后，《大宗师》又重新回到了大宗师真人的使命上。在《德充符》中，我们已经看到遭受过刑罚而形残之人仍可入于真人门下充德修德，那么，对于一个灵魂曾遭受过刑罚之人呢？

一 谁能"息我黥而补我劓"

《庄子》"内篇"中，似乎从未指责过自愿前来充德修德学道之人，但对意而子却是个例外：

> 意而子见许由。许由曰："尧何以资汝？"意而子曰："尧谓我：'汝必躬服仁义而明言是非。'"许由曰："而奚来为轵？夫尧既已黥汝以仁义，而劓汝以是非矣，汝将何以游夫遥荡恣睢转徙之涂乎？"

"资"，帮助，教益；"躬服"，身体力行；"而"，同"尔"；"轵"，同"只"，语助词；"黥"，墨刑，以刀刻额或面颊并涂以墨的刑罚；"劓"，割鼻的刑罚；"遥荡"，逍遥放荡；"恣睢"，无拘无束的行为；"转徙"，变化。意而子前去见许由。许由问他，尧给了你哪些指教？意而子说，尧告诉我，对仁义，必须要身体力行；而对是非，必须明辨。 许由问，那你为什么还要到我这儿来呢？尧既然已经用仁义给你施了墨刑，用是非给你施了劓刑，你还如何去逍遥于无拘无束随自然变化之"道"？

意而子，作为一位深受传统礼义道德影响的人，在庄子看来，就如同在心灵上遭受了"墨刑""劓刑"一样，难以摆脱"仁义""是非"给予的深深烙印。我们知道，"仁义"是儒家的重要道德观念之一，但庄子这里所说的"黥汝以仁义"的"仁义"并不单单指狭义的"仁义"，而是包括了所有束缚人精神的道德礼法；而"劓汝以是非"的"是非"则与《齐物论》中揭露的大知小知们制造出的种种是非之争同义。在此，庄子将"仁义"与"是非"连用，并以"黥刑"

与"劓刑"比喻意而子所受到的戕害之深，如同贴在脸上的标记一样，难以抹平。意思是说，身体因受刑罚而残仍有可能充德修德得道，形体的残缺并不构成"安排而去化，乃入于寥天一"的障碍，真正的障碍却是身体健全但精神上却遭受了仁义之"黥"、是非之"劓"。特别意而子曾在尧的门下"躬服仁义而明言是非"，说明是他自己主动去寻求的仁义是非之说，自己给自己套上了礼仪制度的枷锁，现在他却想改投在许由门下，自然得先遭受一番震撼心灵的当头棒喝："而奚来为轵？夫尧既已黥汝以仁义，而劓汝以是非矣，汝将何以游夫遥荡恣睢转徙之涂乎？"

> 意而子曰："虽然，吾愿游于其藩。"许由曰："不然。夫盲者无以与乎眉目颜色之好，瞽者无以与乎青黄黼黻之观。"意而子曰："夫无庄之失其美，据梁之失其力，黄帝之亡其知，皆在炉捶之间耳。庸讵知夫造物者之不息我黥而补我劓，使我乘成以随先生邪？"

"藩"，藩篱，这里指边缘地带；"黼黻"，衣上绣的花纹；"无庄"，古时美女；"据梁"，古时力士；"炉捶"，冶炼；"乘成"，使受损的形体完整。这段话的大意是说，意而子虽已遭受仁义是非的黥、劓之刑，但仍愿意游于道的境地，接触"道"。可是许由却告诉他，视力差的人无法看到美丽的容颜，盲人无从欣赏衣服上漂亮的锦绣色彩。意而子回答许由说，无庄为了"道"忘记了自己的美丽，据梁为了"道"忘记了自己的勇力，黄帝为了"道"忘记了自己的智慧，这些都是在学"道"的熔炉中锤炼而成的。你怎么知道造物者不会修复好我受过黥刑的伤痕，养好我受过劓刑的鼻子，让我恢复完整的形体而追随先生呢？

意而子这番话陈述得极有说服力。他引经据典，用三位以

"美""力""知"而闻名于世的无庄、据梁、黄帝为例，说明任何人只要心中有追求"道"的愿望，有长期在"道"的"炉捶之间"修炼的毅力，即使是再深的烙印、再重的伤痕也可以为"道"所抚平修复。虽然许由起初仍坚持说"不然"，而且用"盲者""聱者"指出意而子自身的局限，但口气已经缓和了许多，或许许由原本就是想用这样一种一口回绝的方式来测试意而子学道的决心如何吧。果然，意而子学道的决心已定，他做好了通过"炉捶之间"的冶炼去补好精神上的残缺的准备，并斩钉截铁地表示"庸讵知夫造物者之不息我黥而补我劓，使我乘成以随先生邪"！意而子的这番话终于打动了许由：

> 许由曰："噫！未可知也。我为汝言其大略。吾师乎！吾师乎！齑万物而不为义，泽及万世而不为仁，长于上古而不为老，覆载天地刻雕众形而不为巧。此所游已。"

"齑"，调和，齐同。许由说，唉，虽然这么说，我还是不知道你是否真的能游于"道"的境界。不过，我可以为你说说"道"的大致情况。我所尊崇的是道。大道，调和万物而不为义，泽及万世而不为仁，存在于上古之先而不算老，覆天载地、创造了万物的不同形态却不显示其巧。这就是得道者所游的境界。

许由的一声长"噫"，应该是对意而子的决心的感叹，也是为意而子所打动而做出的一种承诺。"未可知也"既暗示自己还不知道意而子是否可以最终达到"道"的境界，也透露出学道之路的遥远漫长。但从许由的话中还是可以看出，无论是什么人，只要诚心学道，就有得道的可能。大宗师真人并不拒绝任何真心愿意修德之人，甚至包括意而子这样受过仁义是非的"黥""劓"之刑的人。庄子深知自己不能救世，却要以最大努力救人。难怪清胡文英说："庄子眼极冷，心肠极热。眼冷，故是非不管；心肠热，故感慨万端。虽知无用，而未能忘情，到底是热肠牵住；虽不能忘情，而终不下手，到底是冷眼看穿。"（《庄子独见·论略》）当许由直言"而奚来为轵"，就是他冷眼看穿了仁义是非，但对意而子却终究是"热肠牵住"，一个"噫"字，"感慨万端"尽在其中。

在对"吾师乎！吾师乎"之"师"的理解上，成玄英说："吾师乎者，至道也。然至道不可心知，为汝略言其要，即吾师是也。"所谓"吾师乎者，至道也"之"师"是动词，意为效法、尊崇；而"为汝略言其要，即吾师是也"之"师"，则是名词，意为"师长"，指道。这样来说，"吾师"就是我的老师，即大宗师，也就是道。于是，"吾师乎！吾师乎"的意思就成了"大宗师啊！大宗师！"后世《庄子》注本大都采用了这样的说法。但也有将"吾师乎！吾师乎"之"师"解为动词的。如宋赵亦夫《庄子注》："吾师乎，言吾所师之道。"褚伯秀《庄子义海纂微》："人之所师者道，吾师乎，指道而言也。"意思是"我师法的是道"。我们也认为这里的"师"是师法，而不是大宗师。大宗师是真人，真人所传是道。所以"吾师乎！吾师乎！"是说我尊崇的是道，而不是说我的老师是道。

许由对意而子所描述的"道"是《大宗师》中"夫道，有情有信，无为无形"一段的补充。相比较而言，"夫道，有情有信"一段描述的更多的是道的性质、道的特征，而这里则更多地强调道与万物之间的关系和道对万物的作用。在庄子看来，尧教给意而子的所谓"仁义"并不是真正意义上的仁义，而能"齑万物""泽及万世""覆载天地、刻雕众形"却"不为义""不为仁"的大"道"才是世间根本所在。

二 颜回的"坐忘"

意而子决意要像"无庄之失其美，据梁之失其力，黄帝之亡其知"那样,经历"炉捶之间"的冶炼,以求在"造物者"的指引下,得以"息我黥而补我劓","使我乘成以随先生"。但是,在具体操作上,对于像意而子这样已深受"仁义是非"浸染的人,当如何在"炉捶之间"冶炼去除"仁义是非"的烙印、脱胎换骨,最终得以同其他得道者一样"游夫遥荡恣睢转徙之涂?"颜回的"坐忘"为意而子这样的人提供了途径:

> 颜回曰:"回益矣。"仲尼曰:"何谓也?"曰:"回忘仁义矣。"曰:"可矣,犹未也。"他日,复见,曰:"回益矣。"曰:"何谓也?"曰:"回忘礼乐矣。"曰:"可矣,犹未也。"他日,复见,曰:"回益矣。"曰:"何谓也?"曰:"回坐忘矣。"仲尼蹴然曰:"何谓坐忘?"颜回曰:"堕肢体,黜聪明,离形去知,同于大通,此谓坐忘。"仲尼曰:"同则无好也,化则无常也。而果其贤乎!丘也请从而后也。"

"益",进步;"蹴然",惊奇的样子。"堕",通隳,毁弃,废弃。"黜",废除。"大通",成玄英:"犹大道也。道能通生万物,故谓道为大通也。"这段话的大意说的是,颜回告诉孔子,我进步了。孔子问,是哪方面的进步?颜回说,我忘了仁义了。孔子说,很好,但还不够。过了些日子,颜回又见孔子说,我进步了。孔子问,是哪方面的进步呢?颜回说,我忘了礼乐了。孔子说,很好,可还不够。又过了些日子,颜回又告诉孔子,我进步了。孔子又问,是哪方面的进步?颜回回答说:我坐忘了。孔子很吃惊地问,什么叫坐忘?颜回说,我忘却了自己的形体,废除了耳目,超脱了形体的束缚,毁弃了智慧,与道融为了一体,这就是坐忘。孔子说,与道融为一体就不会再有是非执着,与万物同"化"就不会囿于常理,你果真是一位贤人!你对道的理解已经超越于我了。

颜回的"坐忘"，是庄子认可的又一种修德得道的修养方法。在庄子看来，对像意而子以及颜回这样深受仁义礼乐是非浸染的人来说，所谓"坐忘"，首先就是要忘仁义，"仁义"之说是产生一切是非之争的根源；其次是忘礼乐，也就是摆脱一切束缚人的精神桎梏；然后才是忘形体、忘智慧、忘知识，从各种各样的束缚中彻底解脱出来，最终才可以还原一个与道融为一体的自由的真我。

　　颜回在"内篇"中出现的次数并不多，但庄子每次写到颜回，阐释的都是庄子极其重要的思想。例如对中国文化史以及后世文人影响极深的"心斋"与"坐忘"，就都是通过孔子与颜回的对话转述出来的。从《人间世》中颜回"请行"开始，到《大宗师》中颜回提出"坐忘"，佐以《论语》及其他史料，我们不难看出颜回一步步走向"颜氏之儒"的思想发展轨迹。《人间世》中的"心斋"，是颜回在孔子循循善诱的引导下所进入的得道的境界。虽然"心斋"与"坐忘"说的都是个人心性的修炼，但"心斋"的重点在于如何保护自己在尔虞我诈的官场中不受伤害，同时又能达到"愿以所闻思其则，庶几其国有瘳乎"的目的；而"坐忘"则在于如何使心灵脱离各种物质的或精神的桎梏，"堕肢体，黜聪明，离形去知，同于大通"。从"心斋"到"坐忘"，标志着颜回从起初的"救世"士子完全走向内心的完善，从而成为不同于孔孟所倡导的"济天下"，而偏重"善其身"的一代大儒。孔子对颜回"而果其贤乎"的评价，与《论语》及其他典籍几乎完全相同。因此，我们不可以把《庄子》中颜回的思想等同于庄子的思想，而应视为是经庄子发挥的"颜氏之儒"的思想。而"内篇"中所记载的有关颜回的言论，很可能源于已失传的颜氏之儒的理论。

　　从《齐物论》中南郭子綦的"吾丧我"、《人间世》中颜回的"心斋"、《德充符》中的修德忘德，到《大宗师》中女偊、卜梁倚的"守"、意而子的"炉捶"、颜回的"坐忘"，庄子勾勒出各种人学道得道的过程以及不同的方法。在修德得道者中，人们的社会地位不同，经历不同，扮演的社会角色也不同，因而在学道的道路上所遇到的障碍也不同。君主需要抛弃的是"名"，郑子产需要抛弃的是"功"，普通人需要抛弃的是"己"，南郭子綦需要抛弃的是"我"，卜梁倚需要抛弃的是天下，而意而子、颜回需要抛弃的则是仁义礼乐与才知。无论需要抛弃的是什么，目标只有一个，那就是为了还原一个自由、无拘无束的真我，最终进入与"道"相通的逍遥境界。

三 子桑为什么以歌当哭

庄子在《大宗师》中推出了这么多"不知悦生，不知恶死"，逍遥彷徨于自由自在的"道"之境的古之真人，又描写了如此多超凡脱俗、"知死生存亡之一体""临尸而歌"，有悖于"世俗之礼"的得道者，还有那决意洗心革面以求"息我黬而补我劓""堕肢体，黜聪明，离形去知"的曾经的"仁义礼乐"追随者，足以让人感到真人大宗师以及一切修德学道之人的巨大吸引力。但是，《大宗师》最后的一个故事却像是从天马行空、潇洒超脱的苍天，突然降落到凄凉悲戚的冰冷大地上：

> 子舆与子桑友，而霖雨十日。子舆曰："子桑殆病矣！"裹饭而往食之。

"霖雨"，连日不停的雨；"殆"，大概；"裹"，包；"食"，给人饭吃。子舆和子桑是朋友，这些日子阴雨连绵已经下了十天。子舆说，子桑可能饿病了。于是带着饭去见子桑。

子舆与子桑原本都应该是得道者，也应是《逍遥游》中所说的至人。真人、至人在精神上可以"相忘于江湖"，可以"登天游雾，挠挑无极"，然而在现实生活中却无法"不食五谷，吸风饮露"。一连十几天的阴雨天气，子桑就可能会因挨饿而生病，就像当年子祀去探望子舆、子犁去问候子来一样，现在子舆惦记着子桑没有饭吃，可能会病倒，要去给他送饭。可见真人之间也是需要相互帮助的，只不过这种帮助，在庄子看来都属于"相与于无相与，相为于无相为"一类心灵上的默契。

> （子舆）至子桑之门，则若歌若哭，鼓琴曰："父邪！母邪！天乎！人乎！"有不任其声而趋举其诗焉。

"不任"，不堪，不胜；"趋"，同促；"趋举其诗"，形容唱得急促断续。这几句是说，子舆走到子桑家门口，听到子桑又像是在唱歌，又像在哭泣，他弹着琴唱道："父亲啊！母亲啊！天啊！人啊！"声音微弱，歌词唱得急促且断断续续。

这一段的叙说带着浓浓的伤感悲戚的情调。这在庄子"内篇"中十分罕见。子桑已濒于饿死，他一边呼天喊地叫着父母，一边泣不成声、断断续续地歌唱。从他那急促微弱的声调中，不难让人感受到他内心深处的怨怼。庄子以往写普通人，即便是处于社会下层的支离疏，重点也是写他如何"足以养其身，终其天年"，如何"挫针治繲，足以糊口；鼓筴播精，足以食十人"，以及"上与病者粟，则受三钟与十束薪"这样安贫乐道的生活，从来没有像写子桑这样，写得如此凄凄惨惨、悲悲戚戚：

> 子舆入，曰："子之歌诗，何故若是？"曰："吾思夫使我至此极者而弗得也。父母岂欲吾贫哉？天无私覆，地无私载，天地岂私贫我哉？求其为之者而不得也。然而至此极者，命也夫！"

"极"，指子桑所处的绝境。子舆进屋以后问道，你是在唱诗吗？为什么是这样的声调？子桑说，我在思考是什么使我处于这样的绝境却找不到答案。难道是父母使我这样贫困的吗？天无偏私覆盖万物，地无偏私承载万物，难道天地只是让我这样贫困的吗？我百思不得其解。可我正处于这样的绝境中，这就是命运吧。

一篇洋洋洒洒的《大宗师》就在子桑无可奈何的"命也夫"的感慨声中戛然而止，给人留下了无尽的思索空间。按照庄子一贯的思想，人是应该"安时而处顺，哀乐不能入也"的。然而，当子桑在陷入生活绝境时，却表示了对父母、对天地的强烈质疑，发出了深沉的怨天尤人的呐喊。虽然子桑最终把一切都归结为命运的安排，可能自此也真的会顺从命运的安排，但是子桑这里所说的"命矣夫"，显然与庄子此前所主张的"知其不可奈何而安之若命"所包含的内容有着显著的不同。那么，子桑的形象究竟要说明什么？他所抱怨的又到底是什么？庄子为什么要让子桑如此尽情地发泄对父母、天地的怨怼？而且，一篇《大宗师》为什么要以这样不同寻常的故事做结？此中又寄予了怎样的深意？对于这一连串的疑问，庄子没有在《大宗师》中给予任何的回答，所以我们也只能留待读过《应帝王》之后再来解开此中谜团了。

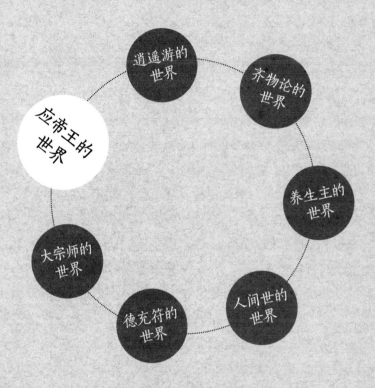

"顺物自然而无容私"

 庄子在《大宗师》中写到的两个人物与《应帝王》有着直接的关系。一位是具有圣人之才的卜梁倚。按照庄子所说，这样的人做了治理天下的圣人君主，是可以"杀生者不死，生生者不生""亡国而不失人心；利泽施乎万世，不为爱人"的。有了这样的君主，就可以避免出现像卫国那样"轻用民死，死者以国量乎泽若蕉，民其无如矣"的惨状。而另一位，就是那个发出"父邪？母邪？天乎？人乎"的质疑，并最终将这一切归结于"命矣夫"的子桑。子桑，显然有悖于庄子一贯描述的得道者的形象。问题是，庄子为什么要把一向重精神、"游于形骸之内"的人置于如此贫困窘迫的绝境？为什么要发出"父母岂欲吾贫哉""天地岂私贫我哉"的诘问？从这大声诘问的呐喊中，我们不难感受到，庄子实际上已经对这两个问题做了回答：那就是使我"贫"且无法活下去的，不是父母，不是天地，唯一可能的只能是"人"。而在现实社会中，能与"天地父母"相提并论之人，除了君主帝王，别无他人。至此，我们终于可以理解庄子为什么要写子桑了。子桑，实际上起着上承《大宗师》、下启《应帝王》的作用。按照庄子的设想，平民百姓应该是"知其无可奈何而安之若命"的"顺民"，而作为一国之君的君主帝王就应当"藏天下于天下"，负起"利泽施乎万世"的重任，唯其如此，才不致让子桑们陷入如此之"贫"的困境。可见庄子在《大宗师》中特别谈圣人之才与圣人之道，目的之一就是探索一旦像卜梁倚这样有圣人之才的人得道成为圣人君主，当如何治理天下，如何解决其臣民最基本的衣食保障等现实问题，而这也正是《应帝王》所要回答的。

一　应帝王是什么意思

在谈《应帝王》之前，首先要搞清楚"应帝王"这三个字究竟是什么意思。今天所能见到的最早解释"应帝王"的，是崔譔。据唐陆德明《经典释文》记载：

> 崔（譔）云：行不言之教，使天下自以为牛马，应为帝王者也。

崔譔认为，作为帝王应当像王骀那样实行"不言之教"，像牧马牧牛那样治理天下。所谓"应帝王"就是"应为帝王"，即应当如何做帝王。崔譔的解释显然是根据《应帝王》中所说的"泰氏，其卧徐徐，其觉于于；一以己为马，一以己为牛"而来。但问题是，庄子所说的"以己为马""以己为牛"指的是泰氏作为古之帝王视物我一齐、物无贵贱的人生态度，其意并不在表述"行不言之教，使天下自以为牛马"的帝王观。郭象说：

> 夫无心而任乎自化者，应为帝王也。

郭象的意思是，作为帝王应当无心而治，任凭百姓"自化"。相比较而言，郭象所说的帝王"无心而任乎自化者"当更符合《应帝王》一篇的主旨。庄子在《应帝王》中的确说了"顺物自然而无容私，而天下治矣"的话。尽管崔、郭二人在对帝王应如何去做的解释上有所不同，但都认为"应帝王"就是"应为帝王"，也就是说帝王应当如何做好帝王。此后的《庄子》注本也大都采用了这样的解法。

帝王所统治的是臣民，没有臣民则没有帝王。所以庄子"应帝王"的含义应该是双向的。一方面是从帝王角度而言，指帝王当如何治理天下才算得上是圣人君主，不会让自己的臣民陷入子桑这样的困境，也就是崔、郭两人所说的"应为帝王"；而另一方面则是从臣民的角度而言，处于"溥天之下，莫非王土；率土之滨，莫非王臣"的社会中，作为帝王的臣民，又当如何应对帝王。简而言之，"应帝王"就是帝王应如何为帝王，百姓又如何应对帝王。

至于"应为""应对"的具体内容，郭象"无心而任乎自化"的解释给了我们启发。"无心而任乎"，是对帝王而言的，这应该是帝王治理天下的方法。而"自化"，则是对百姓而言的，百姓应以"自化"处世。所谓"自化"，并非像崔譔所说的那样是帝王"行不言之教，使天下自以为牛马"那么简单。对百姓来说，百姓当顺应道之"化"，"知其不可奈何而安之若命"，忘知忘形，忘生死，安贫乐道，得至人之道；而对帝王来说，则是"无心而任乎"，也就是庄子所说的"顺物自然而无容私"，而"任乎"的关键又是"无心"。明陆西星《南华真经副墨》说："《老子》云：'王法天，天法道，道法自然。'此篇以'应帝王'名者，言帝王之治天下，其与道相应如此。"也就是说，一旦帝王"无心"，那就进入了"道"的境界。因此，作为帝王，首先得是得道的圣人君主，也就是《大宗师》中有"圣人之才"还有"圣人之道"的卜梁倚们。假如君主心中有圣人之道，以圣人之道治理天下，对待臣民，那么，臣民也就会以至人之道应对帝王。在这个意义上，我们说庄子"应帝王"的含义是双向的。对帝王来说，是"应为帝王"；对臣民来说，则是"应对帝王"。

二 "其卧徐徐，其觉于于"

《应帝王》开篇说：

> 啮缺问于王倪，四问而四不知。啮缺因跃而大喜，行以告蒲衣子。

这几句的意思是说，啮缺问了王倪四个问题，但是王倪都说不知道。啮缺因此高兴得跳了起来，急忙去告诉蒲衣子。"啮缺问于王倪"的故事见于《齐物论》：

> 啮缺问乎王倪曰："子知物之所同是乎？"曰："吾恶乎知之！""子知子之所不知邪？"曰："吾恶乎知之！""然则物无知邪？"曰："吾恶乎知之！虽然，尝试言之……"啮缺曰："子不知利害，则至人固不知利害乎？"王倪曰："至人神矣！大泽焚而不能热，河汉冱而不能寒，疾雷破山飘风振海而不能惊。若然者，乘云气，骑日月，而游乎四海之外，死生无变于己，而况利害之端乎！"

在《齐物论》中，啮缺向王倪请教"物之所同是"，亦即衡量万物的标准。王倪以人们熟悉的生活为例，解释了物无是非、万物一齐的道理。庄子在《应帝王》中再一次提到"啮缺问于王倪，四问而四不知"这件事，说明这四问与"应帝王"有关。特别是其中的第四问："子不知利害，则至人固不知利害乎？"这也是庄子在《齐物论》中大加阐发的重点。

"死生无变于己，而况利害之端乎"，是庄子所描述的至人的特征。至人内心自由，视生死为一，不计利害，顺从于自然之"化"，不受外界的任何干扰，也不为任何来自外界的外力所改变。需要指出的是，"啮缺因跃而大喜"，并不是说啮缺因为四问王倪而王倪四不知而兴奋，而是说啮缺由于从王倪那里获得了在君主统治下，百姓当如何活着的重要线索而高兴。这个线索就是，平民百姓都应像至人那样，无是无非，不计利害。这样就是"民"之"化"了。以上是就臣民百姓而言，但对于治理天下的君主圣人却有着很大的不同：

> 蒲衣子曰："而乃今知之乎？有虞氏不及泰氏。有虞氏，其犹藏仁以要人；亦得人矣，而未始出于非人。泰氏，其卧徐徐，其觉于于；一以己为马，一以己为牛；其知情信，其德甚真，而未始入于非人。"

"有虞氏"，即舜；"泰氏"，"泰"通"太"，指太昊，伏羲氏；"藏仁"，指心怀仁义；"要"，结，指结交人；"非人"，指物；"徐徐"，舒缓安闲的样子；"于于"，悠然自得的样子。蒲衣子对啮缺说，现在你知道了吧。有虞氏不如泰氏。有虞氏向人显示仁义，使人归顺自己，虽然他也得到了人，但他从来没有跳出物的牵累。泰氏睡觉时安闲舒适，醒来时悠然自得；他视物我为一，听任别人把自己看成是马，看成是牛。他理解什么是"情"，什么是"信"，他的"德"极真，从不受物的牵累。

蒲衣子的话，表达了庄子"无为而治""以不治为治"的政治思想。有虞氏舜与泰氏、伏羲氏都是古代帝王中的圣人。特别是舜，一直被视为是继尧之后最具有圣人之才而又仁义的君主，堪称君主的楷模。但是在庄子看来，舜根本算不上是圣人君主。舜标榜"仁义"，虽然也能得到百姓的拥戴，但他以"物"得人，并不能超然于物外。而泰氏则不然。泰氏对百姓采取的是顺于自然、听之任之、任由其"化"的办法，视物我为一，泰氏"得人心"是以"无心"而得之，与"物"、与利益无关。

这几句中的"其卧徐徐，其觉于于；一以己为马，一以己为牛"是形容泰氏不辨物我，不分是非，以闲适悠然、放任自由的方法为政的情形，但是"其知情信，其德甚真"两句是什么意思呢？郭象说："任其自知，故情信。"成玄英说："率其真知，情无虚矫，故实信也。"都是说泰氏有真知、真情、真信、真德。可是庄子这一段分明是在比较有虞氏与泰氏"得人"的方法。有虞氏"得人"以"仁"、以"物"，"未始出于非人"。而泰氏"得人"是以"其知情信，其德甚真，而未始入于非人"。这样看来，此处的"知情信"应当指的是泰氏如何"得人"，如何得人心，吸引人们依附泰氏的原因。《德充符》以及《大宗师》中像王骀、哀骀它这样的人之所以具有极强的人格魅力，就是因为他们得了"道"，泰氏"得人"的"知情信"也应当与道有关。所以我们认为，"其知情信，其德甚真"这两句话中，"情信"指的就是"有情有信，无为无形"的"道"；"知"，同"智"，指的是泰氏之"智"；而"其德甚真"之"德"，也不是"既率其情，其德不伪"（成玄英）的"德充符"之"德"，而应当训为"得"，即"得人"之"得"。"德"的这种用法在先秦时十分普遍。如《老子》第四十九章中有："善者吾善之，不善者吾亦善之，德善。信者吾信之，不信者吾亦信之，德信。"《墨子·节用上》："是故用财不费，民德不劳。"《庄子·骈拇》："骄拇枝指，出乎性哉！而侈于德。"《庄子·达生》："开天者德生，开人者贼生。"也就是说，"其知情信，其德甚真"是说泰氏心中只有道，其"得人"以道，是真得人，而有虞氏"得人"是以"仁"以"物"，算不上是真正的得人。

泰氏时代与有虞氏时代是完全不同的两个时代。泰氏时代属于《齐物论》中所描述的"古之人"时代，那时万物一齐、物无贵贱、人无是非。而到了有虞氏时代，人已经有了高低贵贱之别，物有了有用无用之分，是非之争也随之而生。因此，有虞氏治天下，不再以道,而是以仁、以物来获取人心,此后的帝王也都以仁义礼乐来治理天下,才带来了"大知小知"是非之辩日甚一日的局面。可见庄子这里是以泰氏与有虞氏时代的对比,提出了"无心""无为"的为政、为帝王之道。

三 "经式义度"是"欺德"

《应帝王》开篇先以"其卧徐徐,其觉于于;一以己为马,一以己为牛"从正面充分肯定泰氏的为政之道,紧接着的有关"经式义度"一段,则对帝王的有为而治展开了激烈的抨击:

> 肩吾见狂接舆。狂接舆曰:"日中始何以语女?"肩吾曰:"告我君人者以己出经式义度,人孰敢不听而化诸!"狂接舆曰:"是欺德也;其于治天下也,犹涉海凿河而使蚉负山也。夫圣人之治也,治外乎?正而后行,确乎能其事者而已矣。且鸟高飞以避矰弋之害,鼷鼠深穴乎神丘之下以避熏凿之患,而曾二虫之无知!"

"经式义度",指法度;"欺德",虚伪不实;"治外",指以经式义度治理社会;"矰弋",带有丝绳射鸟的短箭。这段话的意思是说,肩吾去见狂人接舆。接舆问他,日中始跟你说了些什么?肩吾说,日中始告诉我,帝王统治天下要根据自己的需要制定和颁布法度,如此则没人敢不听从,时间久了必然会以法度教化臣民。接舆说,这是虚伪不实的;用这样的方法治理社会,就像是在大海中开河,让蚊虫背负大山一样。圣人治理天下,用的是这样的法度吗?圣人知道怎样去治理天下然后化人,顺从人们所能做的而已。况且鸟都知道高飞以躲避短箭的伤害,鼷鼠知道在社坛下打深洞以避免烟熏挖掘的祸患,难道人连这两种小动物都不如吗?

如果说有虞氏时代标志着人类脱离了泰氏"古之人"时代而进

入到人为而治的第一阶段的话，那么，日中始所说的社会就是当今现实社会的真实写照。君主根据维护一己统治的需要制定出一系列的律法制度来束缚人，以残酷的刑罚使人不敢不从，以为时间久了，百姓就会习惯成自然，自觉自愿地遵循这样的礼法制度。但在庄子看来，这只是君主的一厢情愿。"且鸟高飞以避矰弋之害，鼷鼠深穴乎神丘之下以避熏凿之患"，庄子认为用严酷的律法约束百姓，结果只能迫使百姓像鸟与鼷鼠一样去寻找对抗律法的办法与途径以躲避"害"与"患"。长此以往，只会形成恶性循环，导致社会越来越黑暗混乱。

"夫圣人之治也，治外乎? 正而后行，确乎能其事者而已矣。"这里的圣人指的就是圣人君主，也就是以道"无心"化人而不是以礼仪法度束缚人的帝王。"正而后行"之"正"包括了两个方面，君正与民正。君不设网罟，先正自己之身，民也就不会千方百计设法避开网罟，也就会使民正。君主能"正"，则君主所行之事皆正，就能"利泽施乎万世"，甚至"圣人之用兵也，亡国而不失人心"。然而，如果依靠"君人者以己出经式义度，人孰敢不听而化诸"的方法治理天下，不过是"欺德"而已。所谓"正而后行"，就是顺从人的本性，以"道"来"化"民，结果必然是使民做其所能做之事，"确乎能其事者而已矣"。庄子认为这才是帝王君主应采用的治国治民之道。

四 心境淡漠，天下可大治

庄子对日中始所说的有为而治造成的"鸟高飞以避矰弋之害，鼷鼠深穴乎神丘之下以避熏凿之患"的彻底否定，实际上从反面再一次表示了对泰氏"应为帝王"方式的肯定。现实社会中的"应帝王"应该是"应为帝王"与"应对帝王"的统一。帝王不设"网罟"，百姓则不避"网罟"。于是，庄子在下面"天根游于殷阳"一段中对其帝王观做了进一步的阐述：

天根游于殷阳，至蓼水之上，适遭无名人而问焉，曰："请问为天下。"无名人曰："去！汝鄙人也，何问之不豫也！"

"鄙人"，鄙陋之人；"豫"，悦，愉快。这段话的意思是说，天根出游到了殷阳，至蓼河河边，恰好碰到了无名人，便向他请教如何治理天下。无名人说，赶快走开，你这个鄙陋之人，为什么问我这个令人不快的问题！

无名人对天根的严词斥责，表现出庄子对以"经式义度"治天下的极度厌恶。在庄子看来，天下人尔虞我诈，"其寐也魂交，其觉也形开。与接为构，日以心斗"。生活在这个社会中，犹如"游于羿之彀中"，其罪恶的根源不在民众，而在于帝王制定的种种仁义礼乐法度。作为逃离于"经式义度"网罟之外的无名人，当然不可能去谈论什么帝王当如何治理天下的问题。不过，无名人还是补充了几句说：

予方将与造物者为人，厌，则又乘夫莽眇之鸟，以出六极之外，而游无何有之乡，以处圹埌之野。汝又何帛以治天下感予之心为？

"莽眇"，轻虚的样子；"圹埌"，辽阔无际；"帛"，通"㗓"，即呓，梦话，指"为天下"之事；"感"，摇撼，动摇。无名人告诉天根，我正要与造物者一起讨论如何为人，忽然得到了答案，我就乘着轻虚之鸟飞往六极之外，游于无何有之乡，处于大漠之野。你为什么又用治理天下这种梦话来撼动我的内心呢？

"予方将与造物者为人"，陈鼓应《庄子今注今译》说："谓予方将与大道为友。即正要和大道同游的意思。'为人'，训为偶。"其实，这里的"为人"，当与上文"请问为天下"的"为"意思相同。郭象："任人之自为。"成玄英："夫造物为人，素分各足，何劳作法，措意治之！既同于大通，故任而不助也。"郭与成的意思都是说造物主（道）并不治理人，而是按照人的天性任人自为，也就是要帝王与百姓都能"其卧徐徐，其觉于于；一以己为马，一以己为牛"。在一个没有是非、没有网罟的社会，不存在"君人者以己出经式义度"，因而也就没有必要去"为人"，治理人了。

如果将"予方将与造物者为人"的"为人"释为治理人，那么，此后的"厌"也就不是陈鼓应所说的"我正要和造物者交游；厌烦了，就乘着'莽眇之鸟'，飞出天地四方之外，而游于无何有之乡"。这里的"厌"，意为"满足"，如《论语·述而》："学而不厌，诲人不倦，何有于我哉？"《左传·僖公三十三年》："文嬴请三帅，曰：'彼实构吾二君，寡君若得而食之，不厌，君何辱讨焉！使归就戮于秦，以逞寡君之志，若何？'公许之。"《庄子·人间世》也有："弟子厌观之。"这里的意思是我了解到了应该怎么"为人"。这样理解的话，"予方将与造物者为人"后，"厌"当断为句号。如此一来，后面的"又乘夫莽眇之鸟，以出六极之外"，就不是说天根与造物者玩累了，远离造物者到六极之外、大漠之野去游玩。而是说，无名人正要与造物者探讨如何"为人"时，他突然明白了人就是道的体现，根本没有讨论的必要，所以径自去了逍遥游之地，正在享受逍遥游的自由。偏偏在这个时候却被天根"请问为天下"这样的话所打扰。尽管无名人已经明确地回答了天根的问题，可天根却仍不罢休，再次重复了自己的问题：

> 又复问。无名人曰："汝游心于淡，合气于漠，顺物自然而无容私焉，而天下治矣。"

"淡""漠"，都是形容清静无为的。这几句的大意是，天根又来问无名人。无名人回答说，你游心于恬淡的境界，清静无为，顺应自然的变化，不掺杂任何个人的私心，这样，天下就会大治了。

无名人所说的"汝游心于淡，合气于漠"，正是庄子《人间世》中所写的"心斋"之后的"虚"、《大宗师》中女偊"守"后的"朝彻"、颜回"坐忘"之后"离形去知，同于大通"的境界，这就是道的境界。庄子认为如果帝王能达到"道"的境界，与"道"融为一体，顺应自然，抛弃个人的私心杂念，也就是为天下公，臣民也就不再需要为躲避网罟刑罚而煞费苦心了。这就是帝王"游心于淡，合气于漠，顺物自然而无容私"的根本所在。如此，则天下也就会实现大治了。

浑沌之死

　　《应帝王》的前三则故事从正反两个方面阐释了如何"应为帝王"，以呼应"内篇"前六篇中不时触及的如何"应对帝王"。就如何"应为帝王"的问题，庄子抨击了有虞氏"藏仁以要人"的虚伪，批判了日中始所鼓吹的"以己出经式义度"给社会造成的恶性循环，肯定了泰氏"一以己为马，一以己为牛"之无心、无为的为政方法，同时，还对帝王提出了"汝游心于淡，合气于漠，顺物自然而无容私焉"的治世主导思想。在这样的社会，帝王与"道"融为一体，"淡漠"万事万物，"眘然丧其天下"，心中不再有"容私"之地，于是，民顺"道"化，帝王顺民之"化"，帝王与民互"顺"互"化"，也就实现了天下大治的理想。这就是庄子的政治观与帝王观。

　　一　"明王"就是圣人君主
　　在庄子看来，只有用"顺物自然而无容私焉"的方式治理天下，君主才可以像《逍遥游》中"窅然丧其天下"的尧、《齐物论》中"不从事于务"的圣人一样,"利泽施乎万世",去实现"明王之治"。传统意义上的所谓"明王",就是圣明的君主帝王,看来庄子也借鉴了"明王"的概念:

> 阳子居见老聃,曰:"有人于此,向疾强梁,物彻疏明,学道不倦。如是者,可比明王乎?"

"向疾",形容敏捷;"强梁",果敢决断;"物彻",洞彻万物;"疏明",疏通明达;"明王",圣明之王。阳子见到老聃说,有这样一个人,思维敏捷,行事果断,能洞彻万物,与人相处疏通明达,学道勤奋不倦。像这样的人,可以与圣明之王相比吗?

就传统意义上衡量君主是否圣明的标准,阳子所说的"有人于此"之"人"应该算得上是"明王"了。然而,如果将此"明王"的"向疾强梁,物彻疏明,学道不倦"与泰氏的"其卧徐徐,其觉于于;一以己为马,一以己为牛;其知情信,其德甚真,而未始入于非人"相比较,可知这样的帝王充其量不过是有虞氏,距离"窅然丧其天下""游心于淡,合气于漠"的圣人君主还相差很远:

> 老聃曰:"是于圣人也,胥易技系,劳形怵心者也。且也虎豹之文来田,猿狙之便执斄之狗来藉。如是者,可比明王乎?"

"胥",乐官;"易",变更;"技",技艺;"系",束缚;"劳形",使形体操劳;"怵心",扰乱心思;"田",田猎;"便",敏捷;"藉",绳系,拘系。老聃回答说,对于圣人来说,这样的人所行之事,就像乐官总是想着变化演奏的方法,他们为技艺所累,身心劳苦。虎豹因为皮上的花纹招来田猎,猿猴因动作敏捷、狗因会抓狐狸才被绳索所系。像这样的人与物,可以与明王相比吗?

　　阳子居满心以为"向疾强梁,物彻疏明,学道不倦"的人就可以称为明王圣人,可是在老聃眼中,这样的品格不过如同乐官的才艺、虎豹皮上的花纹、猿猴与狗的本能一样,不但毫无价值,而且只能导致让自己陷入劳心费神、受制于人、为物所累的境地,其所为与圣人君主之所为相差何止千里万里!老聃用乐官、猿狙与狗等地位低下的人与物来比喻阳子居心目中的圣人明王,实在是让阳子居感到十分震惊:

　　　　阳子居蹴然曰:"敢问明王之治。"老聃曰:"明王之治:功盖天下而似不自己,化贷万物而民弗恃;有莫举名,使物自喜;立乎不测,而游于无有者也。"

　　"蹴",惊恐;"贷",施;"莫",不。阳子居听了老聃之说,十分震惊地问,那什么才是明王之治呢?老聃说,明王治理天下,功盖天下却好像与自己无关,化育天下万物可是百姓却感觉不到依赖于任何人。有了功德却不推举彰显,而使万物各得其所。自己则立于变化莫测的境地,与"道"同游。

　　老聃这里所说的"明王"的特征与《庄子》"内篇"中屡屡提起的进入"圣人无名"境地的圣人君主几乎完全相同,都是说圣人君主心中有道,顺应道的变化,不以名为名,不以功为功,"化贷万物而民弗恃",于是臣民也就会为道所化,进入"其卧徐徐,其觉于于;一以己为马,一以己为牛"的"大治"之世。在"天下大治"的社会里,君主不需要制定什么"经式义度",臣民也不会因"避矰弋之害"而"高飞",因"避熏凿之患"而"深穴",一切任其自化,"确乎能其事者而已矣"。

　　庄子在阐述"明王之治"的思想时,提出了圣人君主"立乎不测，而游于无有者也"的主张，其意并不是要君主立于神秘莫测之地，使民不知君主的意图，以便巧使心机来驾驭臣民，而是像郭象所说的那样，君主当"居变化之涂，日新而无方者也"。这才是圣人君主治世之本，也是"应为帝王"者的根本。

二　如何应对"立乎不测"的帝王

圣人君主当"立乎不测"以顺应万物的变化，这是庄子所主张的"应为帝王"之术。然而，作为臣民，又当如何去"应对帝王"？庄子认为，为臣民者，只需顺应自然，无需去揣测"立乎不测"的帝王之意，这才是臣民的"应对帝王"之方。臣民的任何揣测，在道的变化面前，只能是徒劳无益的：

> 郑有神巫曰季咸，知人之死生存亡，祸福寿夭，期以岁月旬日，若神。郑人见之，皆弃而走。列子见之而心醉，归，以告壶子，曰："始吾以夫子之道为至矣，则又有至焉者矣。"壶子曰："吾与汝既其文，未既其实，而固得道与？众雌而无雄，而又奚卵焉！而以道与世亢，必信，夫故使人得而相汝。尝试与来，以予示之。"明日，列子与之见壶子。出而谓列子曰："嘻！子之先生死矣！弗活矣！不以旬数矣！吾见怪焉，见湿灰焉。"列子入，泣涕沾襟以告壶子。壶子曰："乡吾示之以地文，萌乎不震不正。是殆见吾杜德机也。尝又与来。"

"期"，预言；"既"，尽；"文"，同"纹"，纹饰，指外在形式；"亢"，通"抗"，较量；"湿灰"，毫无生气的样子；"地文"，大地的样子；"萌乎"，茫然；"震"，动；"杜"，闭塞；"德机"，指生命力、活力。这段话的大意是说，郑国有位名季咸的巫师，能预知人的生死存亡，祸福夭寿，甚至能算到年月日，精确如神。醉心于此术的列子认为季咸之道比自己的老师壶子之道更加高深。于是壶子邀请季咸为自己看相。季咸看到壶子毫无生气的面相后告诉列子说，你的老师很快就要死了。列子伤心欲绝地把季咸的话转述给壶子。壶子告诉他，季咸所看到的只是自己的一种变化，这种人为的变化不过是假象而已，类似这样的假象，壶子能够表现出很多种。

人的"死生存亡，祸福寿夭"都是道的变化而已。死生存亡、祸福寿夭原本一体，并不值得任何人去担忧惦念。但季咸却以面相为技能，以为自己的确可以预测即将发生之事，试图以人抗道。壶子之所以见季咸，其意就在于使醉心于巫术的列子认识到道的表现形式虽然随时处于变化之中，但其中所蕴含的道却是始终如一的：

> 明日，又与之见壶子。出而谓列子曰："幸矣子之先生遇我也！有瘳矣，全然有生矣！吾见其杜权矣。"列子入，以告壶子。壶子曰："乡吾示之以天壤，名实不入，而机发于踵。是殆见吾善者机也。尝又与来。"明日，又与之见壶子。出而谓列子曰："子之先生不齐，吾无得而相焉。试齐，且复相之。"列子入，以告壶子。壶子曰："吾乡示之以太冲莫胜。是殆见吾衡气机也。鲵桓之审为渊，止水之审为渊，流水之审为渊。渊有九名，此处三焉。尝又与来。"

"瘳"，病愈；"杜权"，闭塞之中显示出的一点活力；"善者机"，指生意萌动的征兆；"不齐"，指精神恍惚不定；"太冲"，太虚；"莫胜"，没有征兆；"衡"，平衡；"鲵"，大鱼；"桓"，停留；"审"，深。这段话的大意是说，季咸第二天再次见到壶子，壶子显现出天地之间的生气。于是季咸告诉列子，你的老师有幸遇到我，他有痊愈的希望了。又过了一天，季咸再一次见到壶子，而后对列子说，你的老师心神恍惚，我无法给他看相。我还是等他心神安宁时再来吧。壶子告诉列子说，自己刚刚显示的是没有征兆的太虚之境；深渊有九种，我只是让他看到了其中的三种。你可以让他再来见我。

季咸总共见了壶子三次，每次壶子所显示的面相都与以往不同。看起来，壶子的外在面相发生了一次又一次的变化，呈现出完全不同的表象，但实际上壶子本人并没有任何的不同。这种"立于不测"的"道"的"化"，即便是神巫季咸也无从知晓：

> 明日，又与之见壶子。立未定，自失而走。壶子曰："追之！"
> 列子追之不及。反，以报壶子曰："已灭矣，已失矣，吾弗及已。"
> 壶子曰："乡吾示之以未始出吾宗。吾与之虚而委蛇，不知其谁何，
> 因以为弟靡，因以为波流，故逃也。"然后列子自以为未始学而归，
> 三年不出。为其妻爨，食豕如食人。于事无与亲，雕琢复朴，块然
> 独以其形立。纷而封哉，一以是终。

"失"，通"佚"，逃走；"吾宗"，指道；"委蛇"，顺从；"弟靡"，如草随风；"爨"，烧火做饭；"亲"，偏私；"封"，守。这段话的大意是说，季咸第四次去见壶子，一见面便掉头逃走，列子追出去，却没有追赶上。回来后，壶子对列子说，我刚才向季咸所显示的，万变不离其宗，都是道的体现。我游于道的境界，所以他测不出我是谁。我顺从万物的变化，如同随波而流，所以他才逃走了。这时列子才知道自己虽追随壶子，实际上却什么也没有学到。从此，他回到家中三年不出门，终日为妻子烧火做饭，喂猪如同养人一样，对任何事物都无远近亲疏，除掉雕琢，返回质朴，安然独立地立于世间，在纷乱的世上守着自己的内心，终生如此。

季咸、列子与壶子的故事说明季咸所掌握的，不过是一种技，这种"技"可以接触到事物的表面，却无法接触、认识世界之根本的"道"。在"道"的面前，季咸只能落荒而逃。季咸的溃败，隐喻着以

"测"应对"立于不测"的帝王的失败。而对于曾经徘徊于道与技之间的列子来说，只有返璞归真，才是"块然独以其形立""一以是终"的唯一正道。

在《庄子》内七篇中，"神巫季咸"是一则十分奇特的寓言故事。在一篇以阐释政治观、帝王观为主的篇章中，却以近600字的篇幅大谈看相以及神巫的荒谬，似乎很难理解。但是如果结合上下文来看，就不难看出"神巫季咸"的故事，实际上是紧扣"明王"当"立乎不测"而来，庄子是借季咸、列子、壶子三人围绕看相的叙述，说明既然帝王顺应于"道"，任民自"化"，而立于"不测"，作为臣民，就不必去"测"帝王之意，而应以"于事无与亲，雕琢复朴，块然独以其形立。纷而封哉，一以是终"，来"应对帝王"。诚如郭象所说：

> 萌然不动，亦不自正，与枯木同其不华，湿灰均于寂魄，此乃至人无感之时也。夫至人，其动也天，其静也地，其行也水流，其止也渊默。渊默之与水流，天行之与地止，其于不为而自尔，一也。今季咸见其尸居而坐忘，即谓之将死；睹其神动而天随，因谓之有生。诚能应不以心而理自玄符，与变化升降而以世为量，然后足为物主而顺时无极，故非相者所测耳。此应帝王之大意也。……夫至人用之则行，舍之则止，行止虽异而玄默一焉，故略举三异以明之。虽波流九变，治乱纷如，居其极者，常淡然自得，泊乎忘为也。

郭象所说的"此应帝王之大意也"，揭示了这段故事的真正用意。在庄子看来，帝王虽不可能如同普通人那样"用之则行，舍之则止"，但至人、圣人当各就其位，各顺其变，圣人知如何"应为帝王"，百姓则知如何"应对帝王"。其实郭象所说的"应帝王之大意"之"用之则行,舍之则止",也不是说帝王当深藏不露,"非相者所测",而是说帝王的根本从不曾有意藏之,也不曾有意变之,在季咸面前呈现出的种种变数只是告诫那些自以为能"测"的大知小知,远离帝王;同时,没有了这些"测"者,也才可以让"列子"们专心学道,不至于背"道"而驰。

这篇故事中的壶子,实际不仅是得道者的象征,而且在某种程度上,也是道的象征。庄子认为,人世中有多少种现象,道就有多少种变化。壶子在季咸与列子面前以多种面目出现,并非像季咸与列子所惊异的那样,是壶子有着对生死存亡的掌控,而是壶子已与道融为一体,理解怎样才能立于"有无"的"不测"之地。为使"心醉"面相之术的列子迷途知返,壶子必须在季咸的招摇面前显示出"地文""天壤""太冲莫胜"等等变化,使列子明白所谓测是测非不过是蛊惑人心而已。同时,庄子也借季咸"测"壶子生死的失败,以及列子的返璞归真,隐喻"测"帝王,实际就是"测"道;道不可"测",帝王亦不可"测"。

三 儵与忽之罪

庄子在"神巫季咸"的故事中,虽已明确指出季咸的"测"技在"道"的面前只能一败涂地,并且展示了壶子以及所代表的"道"最终使列子迷途知返、返璞归真的力量,但庄子并没有明确点出这篇寓言故事的真正寓意。至于庄子究竟为什么要讲这个寓言,其中又蕴含着怎样的思想主旨,下面的几句话为我们揭开了谜底:

> 无为名尸,无为谋府;无为事任,无为知主。体尽无穷,而游无朕;尽其所受乎天,而无见得,亦虚而已。至人之用心若镜,不将不迎,应而不藏,故能胜物而不伤。

"为"，做；"尸"，主，载体；"谋府"，智囊；"事任"，做事；"知主"，以智巧为主宰；"体"，体悟，领会；"朕"，朕兆，迹象；"虚"，指空明的心境；"将"，送。这段话的意思是说，放弃名声，放弃谋略，放弃人为的事情，放弃智巧，体会无穷无尽的道，游心于道的境界；顺乎道的变化，不要从中求得什么，这就是空明的心境。至人用心犹如镜子，任万物来去不迎不送，顺应自然不留不藏，所以能超然物外而不为物伤。

这几句话显然是承前文"神巫季咸"一段而来。褚伯秀《庄子义海纂微》就说："此段乃承前'季咸'章而立说，用以总结其意，观文义可知。'名尸'、'谋府'、'事任'、'知主'，言季咸恃知谋以察物，而要名任事也。'体尽无穷'以下，言壶子之道不可测识。'至人'，则指壶子明矣。非有心于胜物而不能不胜，使季咸自失而走是也。唯其不争，所以善胜物，又恶能伤之哉！盖明任道则其用无穷，任技则其能有限也。"不过，褚伯秀认为至人指壶子却不准确。庄子所说的至人应当指的是列子。列子未得道时，曾"醉心"于季咸之术，但得道之后，"为其妻爨，食豕如食人。于事无与亲，雕琢复朴，块然独以其形立。纷而封哉，一以是终"。这正符合庄子一向对至人心境与行为的描述。"至人之用心若镜，不将不迎，应而不藏，故能胜物而不伤"，与前面几句最大的不同就在于，这几句是特别针对臣民当如何"应对帝王"而来，要求臣民顺应自然，保持心明如镜，不留不藏，超然于物外。

但是前面的"无为名尸，无为谋府；无为事任，无为知主"几句，确实是针对帝王而言，这几句实际上也是《应帝王》一篇的主旨所在。身为帝王，首先就要"无为名尸"，"顺物自然而无容私焉"，不仅不为名，而且不以名为名，固守"圣人无名"；"无为谋府"，则针对原本纯朴的"古之人"时代被帝王"以己出经式义度"所异化、所摧毁的现状，提出帝王不得"以己出经式义度"，不应以谋略治理天下。后面的"无为事任，无为知主"，则是对"泰氏，其卧徐徐"时代的理论概括，要求帝王放弃一切人为的努力，放弃一切心智技巧，以避免"浑沌之死"的悲剧结局：

> 南海之帝为倏，北海之帝为忽，中央之帝为浑沌。倏与忽时相与遇于浑沌之地，浑沌待之甚善。倏与忽谋报浑沌之德，曰："人皆有七窍以视听食息，此独无有，尝试凿之。"日凿一窍，七日而浑沌死。

"待"，款待；"谋"，商量。这段寓言说，南海之帝倏与北海之帝忽常相遇于中央之帝浑沌之处。浑沌总是很好地款待他们。为了报答浑沌的美意，倏、忽商量着要为浑沌开凿七窍，使浑沌可视、可听、可食、可息。于是倏与忽每天为浑沌开凿一窍，凿到第七天，浑沌死了。

这篇寓言的寓意极为深刻。倏与忽完全是出于好意要为浑沌开凿七窍，希望他从此有目可视、有耳可听、有鼻可嗅、有口可言。然而，浑沌原本没有七窍，也不需要七窍，将原本不需要的东西强加于浑沌，违背了"无为事任，无为知主"的自然之本，其结果必定是事与愿违。果然，倏与忽非但没能报答浑沌，反而造成了浑沌之死。浑沌之死既是人为的悲剧，同时也揭露了"知"的荒诞。

"浑沌之死"的寓言反映了庄子对人类历史发展的深刻思索。"古之人"时代，"其卧徐徐，其觉于于；一以己为马，一以己为牛"，正是一个"未始有物"的浑沌时代，然而，自从人为凿出了"七窍"，开启了历史上的"是非之彰"，人们能视、能听、能言、能辩，从此，那个无是无非、无贵无贱的浑沌时代便永远结束了。正是基于这样一种对历史的反思，庄子才找到了隐藏于万物之中的"道"，发现了"道恶乎隐而有真伪""道恶乎往而不存"的真相，揭示出

"道"无所不在的本质。

从《逍遥游》到《应帝王》，庄子从纯精神的逍遥游境界最终回到了实实在在的现实社会，并把改变社会现实的希望重新放在了帝王身上，呼唤帝王回归"无为名尸，无为谋府；无为事任，无为知主"的"泰氏"时代，却又不得不以"浑沌之死"这个充满悲剧性却又荒诞的结局结束"内篇"，是极富深意的。一方面，说明庄子哲学的落脚点并不是如人所误解的那样，只是在追求一种纯精神的逍遥游；另一方面，也说明庄子已经深刻地认识到当今社会已如"浑沌之死"一样无法挽救。

后　记

　　写《庄子的世界》一书的念头产生于1984、1985年间。早在北京大学中文系随褚斌杰先生做硕士研究生时，我就选定了《庄子》为论文题目。当时为搜集资料，从晋郭象的《庄子注》到现代的各类《庄子》注本，读了很多种。各类注本读得多了，特别是发现明清时期大量注家对《庄子》的点评颇有见地，却鲜为人知，于是动员徐匋与我一起整天泡在北京大大小小的图书馆里，读《庄子》，做卡片，抄录各家《庄子》评点，打算做一部《庄子诸家评点汇编》。当时预想的体例是：庄子原文，简要注释，白话翻译，诸家点评，最后是我们自己的简论。几年下来，两人抄录积攒了竟近百万字的卡片。两人边抄录边交流、探讨对《庄子》精神及文学的理解，在很多问题上对《庄子》产生了新的看法。那时，我还在中央戏剧学院文学系任教，住学校的集体宿舍。1985年暑假期间我暂住北大。不承想，就在这两个月中，中央戏剧学院调整教师宿舍，把我留在学校宿舍的物品全部遗失。生活用品丢就丢了，可我上大学、研究生六年半间积攒下来的各种读书资料、上课笔记，特别是那近百万字有关《庄子》的卡片也从此一去不复返，成了我心中永远无法弥补的遗憾。

1991年8月我先赴美国探亲，继而移民加拿大，不但远离了中国，而且由于种种现实的原因，与学术、学问也渐行渐远。直到2011年，一个偶然的机会，我敲出了长篇小说《缘分》，其中讲到禅宗，谈到做学问，言及学术，自此，在心中掩埋了多年的重做学问、重回学术的念头竟一下子被激活，且一日强似一日。原本一直就对禅宗有着浓厚兴趣，现在有关禅宗的想法又开始在脑海中翻腾起来，于是与徐匋合写了《坛经与禅宗六祖》《说说惠能的顿悟》两篇短文。这两篇文章的发表，引起了学界的注意，"百度"有关"六祖坛经"条目中的部分内容就采用了我们的观点。这对在学界沉寂已久的我们来说是很大的鼓舞，重做学问的愿望也一发不可收拾起来。特别在如今信息资料共享与获取条件空前便利的情况下，几十年前需要跑数十天图书馆才可获取的资料，而今只需上网搜索点击，便可迅速复制到自己的文档中，再不必像过去那样耗时费力地一家家跑图书馆忙于繁复的抄写，这也使得我们做学问的想法在现实中成为可能。随着在网上以及通过国内亲友找到并重读的各种《庄子》版本越来越多，沉积在心底多年的有关庄子的想法，也一点一点地浮现出来，越来越清晰。于是，我们全力以赴开始了《庄子的世界》的写作。就这样，边写边改边讨论，花了几年的时间，才终于将此书完成。

此书中有关《逍遥游》与《齐物论》的篇章曾连载于《文史知识》，有关"内篇"其他五篇的部分则是首次与读者见面。在此，我们要特别感谢原《文史知识》杂志社副主编胡友鸣兄以及原《文史知识》编辑部副主任刘淑丽博士。没有他们的大力支持与鼓励，这本书恐怕还不会这么快就能以如此的面貌问世。同时，我们也非常感谢傅可先生对此书的编辑付梓所付出的努力。

2019年5月6日

王景琳于渥太华寓所